国家文化产业资金支持媒体融合重大项目

普通高等教育“十一五”国家级规划教材

全国优秀畅销书

21世纪新概念教材：“换代型”系列

高职高专教育市场营销专业教材新系

U0791927

商品学概论

SHANGPINXUE GAILUN

汪永太 李萍 编著

（第七版）

东北财经大学出版社

Dongbei University of Finance & Economics Press

大连

图书在版编目（CIP）数据

商品学概论 / 汪永太，李萍编著. —7版. —大连：东北财经大学出版社，2021.8

（高职高专教育市场营销专业教材新系）

ISBN 978-7-5654-4256-8

Ⅰ. 商… Ⅱ. ①汪… ②李… Ⅲ. 商品学-高等职业教育-教材 Ⅳ. F76

中国版本图书馆CIP数据核字（2021）第126869号

东北财经大学出版社出版

（大连市黑石礁尖山街217号 邮政编码 116025）

网 址：http://www.dufep.cn

读者信箱：dufep@dufe.edu.cn

大连市东晟印刷有限公司印刷 东北财经大学出版社发行

幅面尺寸：185mm×260mm 字数：438千字 印张：19.5

2021年8月第7版 2021年8月第1次印刷

责任编辑：许景行 周 晗 责任校对：周小焕

封面设计：张智波 版式设计：钟福建

定价：45.00元

教学支持 售后服务 联系电话：（0411）84710309

如有印装质量问题，请联系营销部：（0411）84710711

总 序

随着“教育兴国”战略的实施，面对21世纪社会经济发展对人才的需要，党中央、国务院决定扩大高等教育规模，通过多种形式积极发展高等教育，使我国高等教育的毛入学率至2015年达到36%左右，实现由“精英型”高等教育向大众化高等教育的转变。高职高专是我国高等教育的重要组成部分，培养拥护党的基本路线，适应生产、建设、管理、服务第一线需要，德、智、体、美全面发展的高等技术应用型专门人才，学生应在具有必备的基础理论和专门知识的基础上，重点掌握从事本专业领域实际工作所需的基本能力和基本技能，具有良好的职业道德和敬业精神。大力发展高等职业教育，培养大量的高等技术应用型专门人才，是实现高等教育大众化目标的必然选择。

高职高专教育要完成培养高等技术应用型专门人才这一根本任务，迫切需要解决的问题之一是教材问题，因为目前高职高专院校使用的教材基本上是本科教材、原专科教材和成人高校教材。与高职高专教育新的培养目标相适应的新教材建设，从严格意义上讲，还是一块未开垦的“处女地”。切实做好占整个高等教育在校生规模60%以上的高职高专教育教材的建设已迫在眉睫。

《中华人民共和国国民经济和社会发展“九五”计划和2010年远景目标纲要》明确指出，国有企业要按照市场需求组织生产，“搞好市场营销，提高经济效益”，要积极发展“代理制、连锁经营等新的营销方式”“建立科研、开发、生产、营销紧密结合的机制”。1999年8月12日，江泽民总书记在东北和华北地区国有企业改革与发展座谈会上所做的题为“坚定信心，深化改革，开创国有企业发展的新局面”的讲话中指出：“加强企业发展战略管理，关键是要根据不断变化的市场要求，抓住发展战略、技术创新战略和市场营销战略这些重点环节。”这就把市场营销战略提到了与发展战略、技术创新战略并驾齐驱的位置上。社会主义市场经济发展的客观需要和党中央、国务院对市场营销工作的重视，表明市场营销专门人才存在着广阔的市场需求潜力，预示着高职高专教育的市场营销专业将有强劲的发展态势。

有鉴于此，在21世纪初，以具有开设市场营销专业的历史经验和师资、规模优势的上海商业职业技术学院、山东商业职业技术学院、安徽商贸职业技术学院、无锡商业职业技术学院、浙江商业职业技术学院、温州职业技术学院、浙江工商职业技术学院和广东农工商职业技术学院等为主体的全国商业高职高专院校，按照教育部关于高职高专教育“专业课程等依据教学大纲组织自编教材”的精神，提议编写高职高专教育市场营销专业课程教材。

根据高职高专市场营销专业教学计划和培养目标的要求，列入编写初版的教材有《市场营销学》《现代企业经营管理》《广告原理与实务》《公共关系原理与实务》《现代推销理论与实务》《市场营销策划》《价格理论与实务》《国际贸易理论与实务》《市场调查与预测》《商务谈判》《现代营销礼仪》《电子商务与网络营销》《消费者行为学》《商品学概论》共14本。

这些教材自初版起便具有如下特点：

（1）依据高职高专教育的培养宗旨和人才培养模式的基本特征，围绕市场营销职业岗位群的要求，坚持以提高学生整体素质为基础，以培养学生市场营销综合能力特别是创新能力和实践能力为主线，兼顾学生的后续发展需要，确立专业课程新体系和教材内容新体系。各门课程的教材在基本理论和基础知识的选择上以应用为目的，以“必需、够用”为度，服从培养能力的需要，突出针对性和实用性。

（2）着力于学生市场营销能力的培养，但不是与中等职业教育相同的一些单项技能，而是综合运用营销理论分析、解决营销实际问题的能力。因此，“必需、够用”的基本理论也必须理论概念清楚、知识完整准确、重点突出，有一定的深度和难度，使其与中等职业教育教材相区别。

（3）坚持实用性与前瞻性的统一。高职高专教育属于大众化教育，旨在培养适应我国社会主义市场经济体制下新型企业市场营销岗位第一线需要、具有市场营销综合能力的高等技术应用型专门人才。学生毕业后，绝大多数要进入营销岗位就业或者自己去创业，因此教材内容必须强调实用性和针对性。同时，兼顾市场营销职业岗位群发展和学生的后续发展需要，教材编写必须坚持前瞻性原则，在内容上要新，做到充分吸收本学科海内外最新教科书、最新科研成果和最新营销实践经验、举措和案例，并把这些新内容与高职高专教育教学要求及学生的接受能力结合起来，以强化教材的科学性、先进性和适应性。

（4）自觉摆脱“传统专科教育的学科型教育和专科教育教材为本科教育教材的压缩”的框框，摈弃“传统教材以理论知识为核心，以原理、范畴、概念分类为主线，以从理论到理论的阐述为章节结构”的惯性做法，在重点、扼要、完整地论述“必需、够用”的基本理论知识的同时，增加图、表、典型案例、专栏、补充阅读资料等栏目的内容比例，设置课堂讨论题、自测题、实训题和复习思考题，以强化理论与实际的结合、学习知识与开发智力的结合、动脑思考与动手操作的结合，真正体现高等职业教育的特色。

光阴荏苒。到2014年，东财版“21世纪新概念教材：换代型系列·高职高专教育市场营销专业教材新系”大部分已出第四版，印刷24次左右。其中：有8种入选“普通高等教育‘十一五’国家级规划教材”，有6种入选“‘十二五’职业教育国家规划教材”，3种成为“国家级精品课程教材”，1种入选“教育部普通高等教育精品教材”，多种被评为全国、行业或省级畅销书，深受广大高职院校师生的喜爱与欢迎。

为了将《国家中长期教育改革和发展规划纲要（2010—2020年）》中提出的“着力提高人才培养水平”“坚持育人为本，德育为先”“强化能力培养，创新人才培养模式”“着重培育学生的主动精神和创造性思维”等新时期教育要求进一步落到实处，完成“十二五”时期起我国高等职业教育新型人才培养的阶段性目标，市场营销专业教材必须与时俱进，体现国内外先进的专业技术水平、教育教学理念和课改新趋势，实现课程教材建设的模式转换。为此，我们于2013年年底启动了对原版教材的全面修订。

改版的教材在以下方面沿着“21世纪新概念教材：换代型系列”的方向继续前行：

（1）同步提升了高职高专职业教育经管类专业的人才培养目标定位。借鉴发达国家高等职业教育关于“职业教育与学术教育有机结合”的课改经验，“克服高职各类专业的同质化倾向”，将高职高专职业教育经管类人才培养目标由先前的“教高〔2006〕16号”（培养“面向生产、建设、服务和管理第一线高素质技能型专门人才”），经过“教职成〔2011〕9号”、“教高〔2012〕4号”和国发〔2014〕19号等文件的一般定位（培养“高端技能型人才”、“应用技术型人才”乃至“技术技能型人才”），提升到“职业知识”、“职业能力”与“职业道德”并重的“高等复合应用型”人才培养目标上来；同时，对照《国家中长期教育改革和发展规划纲要（2010—2020年）》关于“创新人才培养模式”“着重培育学生的主动精神和创造性思维”等新时期教育要求，将“问题思维”和“创新意识”的培养纳入新版教材的人才赋型机制中。

（2）兼顾了“衔接”和“层次区别与提升”。在教学重点、课程内容、能力结构等方面，既细化了高职教材与中职教材的有机衔接，也研究和探索了前者不同于后者的层次区别与提升。

（3）兼顾了“工学结合型”教育所要求的“双证沟通”与“互补”。在把国家职业资格标准融入专业课程内容与标准的同时，一方面着眼于高等职业学历教育与职业培训的重要区别，强化了对学生“职业学力”的全面建构；另一方面通过同步反映行业领域、国内外高职教育教学及课程改革新发展、新标准、新成果，弥补国家职业资格标准的相对滞后性。

（4）兼顾了“理论”、“实务”、“案例”和“实训”等教学与训练环节。与只侧重“实务”的中职教材不同，修订版教材依照“原理先行、实务跟进、案例同步、实训到位”的原则，循序渐进地展开高职教材内容。

（5）扩展了“职业学力”建构的基本内涵。将学生“职业学力”基本内涵的建构，由先前的“职业知识”和“职业能力”两者并重，扩展到“职业知识”、“职业能力”和“职业道德”三者并重，致力于建构以“健全职业人格”为更高整合框架的教材赋型机制。

（6）兼顾了各种教学方法。将“学导式教学法”“案例教学法”“问题教学法”“讨论教学法”“项目教学法”“工作导向教学法”等诸多先进教学方法具体运用于专业课程各种教学活动、功能性专栏和课后训练的教材设计中。

（7）联合国教科文组织的研究表明：进入21世纪，不少学科知识更新周期已缩短至2～3年。这意味着在高职院校学习的相当多知识在毕业后已经过时。为应对日益加速的“知识流变性”，自第五版起，本系列教材将“自主学习”训练视为与“实训操练”同等重要的能力训练：在奇数各章“学习目标”的“职业能力”中用“自主学习”子目标替换第四版“实训操练”项，并相应调整了其章后“基本训练”中“能力题”的子题型。

（8）为阶段性落实《教育部关于进一步推进职业教育信息化发展的指导意见》（教职成〔2017〕4号）和“推进教育教学与信息技术深度融合”（《教育部高教司2018年工作要点》等文件）的要求，2018年起本系列再版教材增加二维码教学资源，解决传统教材所缺少的“互联网+”移动学习，即纸质教材与二维码数字资源融合的问题。

（9）自2020年起，全面落实《国家职业教育改革实施方案》（国发〔2019〕4号）、《关于实施中国特色高水平高职学校和专业建设计划的意见》（教职成〔2019〕5号）、《职业院校教材管理办法》（教材〔2019〕3号）和《职业教育提质培优行动计划（2020—

2023年）》（教职成〔2020〕7号）等文件要求与精神，在落实立德树人根本任务方面，进一步创新思想政治教育模式，将社会主义核心价值观融入专业课教材。

教材改革与创新是一项系统工程，旨在培养“高等复合应用型人才”的高职高专教育经管类专业教材的改革与创新更是如此。我们试图在深入调查研究、系统总结国内外教材建设先进经验的基础上，与时俱进地不断推出具有我国高等职业教育特色、优化配套的市场营销专业的新型教材。

期待广大专家、学者和读者们继续给我们以宝贵的意见与支持，使本系列教材通过阶段性修订，与我国新时期高等职业教育教学及课程改革发展始终保持同步。

“高职高专教育市场营销专业教材新系”项目组

第七版前言

《国家职业教育改革实施方案》明确提出，把职业教育摆在教育改革创新和经济社会发展中更加突出的位置，牢固树立新发展理念，服务建设现代化经济体系和实现更高质量更充分就业需要，着力培养高素质劳动者和技术技能人才。“十四五”时期国家进入高质量发展阶段，职业教育也进入了高质量发展阶段，为了使本教材与职业教育培养高素质技术技能人才目标同步，强化学生综合职业能力的培养、基础理论知识的创新和整体素质的提高，促进职业技术技能培养与职业精神培养融合，本书在第六版的基础上，依照教育部行业指导委员会专家组推荐的《高职市场营销专业教学标准》和东北财经大学出版社教材升级版的要求，根据经济社会和职业教育的新发展做了相应修订，以保证教材的先进性。

本书第七版沿着“总序”第（8）、（9）项要求继续前行，并坚持突出如下特色：

1.继续以提高学生基本素质为基础，落实立德树人根本任务，以能力为本位，融思想性、知识性、技能性和时代性为一体，着力培养学生的社会适应能力、岗位适应能力和实践操作能力。

2.本着高职高专教育以职业能力为本位、德技并修的教学思想，修改或删除教材中业已陈旧过时的内容，替换为本专业课程发展及国内外研究最新成果，并同步更换了相关案例、习题。

3.体例结构上，在保持原栏目的基础上，各章继续嵌入了数字学习资源二维码学习微平台，供教师和学生进一步理解教材内容。在案例上，一方面尽量选用近几年的新案例，另一方面将一些有长期价值的案例作为典型案例予以保留，以保持教材的延续性。

4.在具体内容上，对家用电器等部分内容做了较多修改；食品生产许可证编号、智能仓库等与商品学相关的最新研究成果也有所反映。

为方便教学，本书仍为主教材配置了PPT电子教学课件，并为主教材的章后和书后习题编写了三个附录，即“附录1　章后习题参考答案与提示”“附录2　综合案例分析提示”“附录3　综合实训教学建议”。使用本教材的任课教师可登录东北财经大学出版社网站（www.dufep.cn）查询或下载这些网上教学资源。

本书由原作者安徽商贸职业技术学院副教授汪永太修订，在修订过程中参阅了大量文献，得到了东北财经大学出版社、安徽商贸职业技术学院等有关单位领导、专家和老师的大力支持和帮助，在此一并致谢。

由于编者水平有限，修订中的缺点和错误在所难免，敬请同行专家和广大读者赐教匡正。

编　者

2021年6月于芜湖

第六版前言

《国务院关于加快发展现代职业教育的决定》明确提出，职业教育要服务经济社会发展和人的全面发展，推动专业设置与产业需求对接，课程内容与职业标准对接，教学过程与生产过程对接，毕业证书与职业资格证书对接，职业教育与终身学习对接。为了使本书与高职高专教育培养满足生产、建设、管理、服务第一线所需要的高素质技能型人才的目标同步，强化学生综合职业能力的培养、基础理论知识的创新和整体素质的提高，促进职业技能培养与职业精神培养融合，本书在第五版的基础上，依照教育部行指委专家组推荐的《高职市场营销专业教学标准》和东北财经大学出版社教材升级版的要求，根据经济社会和高职教育的新发展做了相应修订，以保证教材的先进性。

1.第六版教材继续以提高学生基本素质为基础，以能力为本位，融思想性、知识性、技能性和时代性为一体，着力培养学生的社会适应能力、岗位适应能力和实践操作能力。

2.内容更新。本次改版对商品检验与评价、家用电器等部分内容做了较多修改；根据2018年起施行的《中华人民共和国标准化法》和《中国居民膳食指南（2016）》等法律法规，对部分内容进行了修改；人造纤维新产品、智能包装、智能家电、智能汽车、区块链应用于食品安全溯源等与商品学相关的最新研究成果也有所反映。

3.案例、习题更新。一方面尽量选用近几年的新案例，另一方面将一些有长期价值的案例作为典型案例予以保留，以保持教材的延续性；同步更换了部分习题。

为方便教学，本教材第六版仍为主教材配置了PPT电子教学课件，并为主教材的章后和书后习题编写了三个附录，即“附录1　章后习题参考答案与提示”“附录2　综合案例分析提示”“附录3　综合实训教学建议”。使用本教材的任课教师可登录东北财经大学出版社网站（www.dufep.cn）查询或下载这些网上教学资源。

本书由原作者安徽商贸职业技术学院副教授汪永太、李萍修订，在修订过程中参阅了大量文献，得到了东北财经大学出版社、安徽商贸职业技术学院等有关单位的领导、专家和老师的大力支持和帮助，在此一并致谢。

由于编者水平有限，修订中的缺点和不足在所难免，敬请同行专家和广大读者赐教匡正。

编　者

2018年5月于北京

第五版前言

《国务院关于加快发展现代职业教育的决定》明确提出，职业教育要服务经济社会发展和人的全面发展，课程内容与职业标准对接，教学过程与生产过程对接，职业教育与终身学习对接。为了使本书与高职高专教育培养满足生产、建设、管理、服务第一线所需要的高素质技能型人才的目标同步，强化学生综合职业能力的培养、基础理论知识的创新和整体素质的提高，本书在第四版的基础上，依照东北财经大学出版社教材升级版的要求，根据经济社会和高职教育的新发展做了相应修订，以保证教材的先进性。

1.第五版教材继续以提高学生基本素质为基础，以能力为本位，融思想性、知识性、技能性和时代性为一体，着力培养学生的社会适应能力、岗位适应能力和实践操作能力。

2.本着高职高专教育以职业能力为本位的教学思想，修改或删除教材中业已陈旧过时的内容，替换为本专业课程发展及国内外研究最新成果，并同步更换了相关案例、习题。

3.在体例结构上，将原来学习目标中的知识目标、技能目标和能力目标修订为职业知识、职业能力和职业道德；对原来设置的栏目进行了调整，增设了同步思考、同步业务、同步案例、教学互动和重点实务、能力训练、善恶研判等功能性栏目，充分体现了国内外先进的专业技术水平、教育理念和课改新趋势。将《国家中长期教育改革和发展规划纲要（2010—2020年）》中提出的人才培养水平，坚持育人为本，德育为先，强化能力培养，创新人才培养模式，“着重培养学生的主动精神和创造性思维”等新时期教育要求落到实处。

4.在具体内容上，对商品检验与评价、家用电器、汽车等部分内容做了较多修改。在案例上，一方面尽量选用近几年的新案例，另一方面将一些有长期价值的案例作为典型案例予以保留，以保持教材的延续性。

为方便教学，本书仍为主教材配置了PPT电子教学课件，并为主教材的章后和书后习题编写了三个附录，即“附录1　章后习题参考答案与提示”“附录2　综合案例分析提示”“附录3　综合实训教学建议”。使用本教材的任课教师可登录东北财经大学出版社网站（www.dufep.cn）查询或下载这些网上教学资源。

本书由原作者安徽商贸职业技术学院副教授汪永太修订，在修订过程中参阅了大量文献，得到了东北财经大学出版社、安徽商贸职业技术学院等有关单位领导、专家和老师的大力支持和帮助，在此一并致谢。

由于编者水平有限，修订中的缺点和错误在所难免，敬请同行专家和广大读者赐教匡正。

编　者

2015年6月于芜湖

第四版前言

《商品学概论》在第三版的基础上，根据教育部教学评估中关于教材使用的相关要求，做了如下修订：

1.第四版教材继续以提高学生基本素质为基础，以提高学生能力为本位，融思想性、知识性、技能性和时代性为一体，着力培养学生的社会适应能力、岗位适应能力和实践操作能力。

2.修改或删除教材中陈旧过时的内容，用近几年本专业课程发展及国内外研究最新成果更换。根据社会经济发展和科技进步的新形势，增加了食品安全、服装安全、家用电器能效新要求等内容。

3.根据国家有关法规，有些标志虽形式上相同，但内涵已发生了变化，如“QS”标志，原为“食品质量安全市场准入标志”，现已定义为“生产许可证标志”；国家对商品免于检验也做出了新的规定。诸如此类的内容，本版做了相应的修订。

4.在保持原栏目的基础上，将“补充阅读资料”调整为“相关链接”，这样使教材更具时代感；在案例上一方面尽量选用近几年新案例，另一方面将一些有长期价值的案例作为典型案例予以保留。

为方便教学，本书仍为主教材配置了PPT电子教学课件，并为主教材的章后和书后习题编写了三个附录，即“附录1　章后习题参考答案与提示”“附录2　综合案例分析提示”“附录3　综合实训教学建议”。使用本教材的任课教师可登录东北财经大学出版社有限责任公司网站（www.dufep.cn）查询或下载这些网上教学资源。

本书仍由原作者安徽商贸职业技术学院副教授汪永太、李萍修订，具体分工如下：李萍修订第4、5、7、8章，汪永太修订第1、2、3、6、9、10、11章及书后的综合案例和综合实训。全书最后由汪永太总纂。

本书在修订过程中参阅了大量文献，得到了东北财经大学出版社、安徽商贸职业技术学院等有关单位领导、专家和老师的大力支持和帮助，在此一并致谢。

由于编者水平有限，修订中的缺点和错误在所难免，敬请同行专家和广大读者赐教匡正。

编　者

2012年4月于芜湖

目　录

第1章 绪论

◆ 学习目标

通过本章学习，应该达到以下目标：

职业知识：学习和把握商品学的研究对象和内容，进一步认知商品，明确商品学的研究任务，了解商品学的研究方法；能用本章理论知识指导相关认知活动，用实务知识规范相关技能活动。

职业能力：运用本章知识研究相关案例，培养在特定业务情境中分析问题与决策设计的能力；通过“不同消费者商品消费情况考察”的实训操练，训练学生的专业操作技能。

职业道德：结合绪论的教学内容，依照行业道德规范或标准，分析“职业道德与企业伦理1-1”和章后“基本训练”之“善恶研判”中企业及其从业人员在商品开发和经营活动中行为的善恶，强化职业道德素质。

【引例】

去寺庙推销梳子

背景与情境：厉以宁教授关于商品的开发与销售有一段精彩的演讲，他说，有一个木梳厂，派出四个销售人员到寺庙去推销梳子。第一个销售员空手而回，说到了庙里，和尚说没头发不需要梳子，所以一把都没卖掉；第二个销售员向和尚们宣传梳子梳头的活血健身功能，卖出十多把梳子；第三个销售员向老和尚强调，梳子可以方便香客整理仪容，有助于寺庙香火旺盛，卖出了百十把梳子；第四个销售员找到老和尚，给他出主意说，“您在梳子上写上庙的名字，再写上‘积善梳’三个字，说可以保佑对方，这样可以作为礼品储备，香客来了就送，保证庙里香火更旺”。老和尚当场就订购了好几千把。后来，寺庙又不断向木梳厂订货，成为木梳厂的一大客户。这一事例中的第四个销售员找到了一个很好的切入点，把梳子和佛教文化、人的情感有机地结合起来，创造了新的商机，并且不知不觉中已把梳子作为一件情感商品来推销了。

这一案例表明，人们对商品的需求是多方面的，推销商品要在商品的使用价值上做文章。

商品学是研究商品使用价值的科学。商品学以商品质量为中心内容，来探讨商品使用价值的形成、评价、维护、实现和再生。

1.1 商品的概念及构成

1.1.1 商品的概念

商品是用来交换的劳动产品，具有使用价值和价值两个基本属性。

凡是商品必须是劳动产品，如果不是劳动产品不能成为商品，劳动产品如不用于交换，也不能成为商品。随着社会经济的不断发展，人们认识到商品已从物质形态的劳动产品，发展到能够满足人们某种社会消费需要的所有形态（如图1-1所示）。

- 商品种类
  - 物质形态
    - 生产资料
      - 工业生产资料
      - 农业生产资料
    - 生活资料
      - 食品
      - 纺织品
      - 日用工业品
      - 家用电器
  - 其他形态
    - 劳务形态
    - 资本形态
    - 知识形态
      - 科学技术
      - 文化艺术
      - 信息商品

图1-1 商品种类

综上所述，作为特殊劳动产品的商品具有以下基本特征：

（1）商品是具有使用价值的劳动产品。

（2）商品是供别人消费即社会消费的劳动产品。

（3）商品是必须通过交换才能到达别人手中的劳动产品。

1.1.2 商品的构成

消费者购买商品，本质是购买一种需要。这种需要，不仅体现在商品消费时，而且表现在商品购买和消费的整个过程中。综合来说，商品不仅是使用价值和价值的统一，而且是有形和无形服务的统一，商品能给人们带来的实际利益和心理利益，构成了商品的整体。因此，商品的整体可以看成由核心部分、形式部分和延伸部分组成。

1）核心部分

核心部分，即商品所具有的满足人们某种用途的功能，是消费者真正要购买的服务和利益。如消费者购买苹果，是因为它能满足人们的需要，能给人体提供营养物质；买洗衣机是为了洗衣服。核心部分表达的是商品实质，是商品构成中最基本、最主要的部分。

2）形式部分

形式部分，即商品的具体形态。其主要包括商品的成分、结构、外观、质量、商标、品牌、使用说明书、标识、包装等。这些是商品的外在形式，是形成商品使用价值的客观物质基础。

3）延伸部分

学习微平台

延伸阅读 1-1

延伸部分，即人们在购买商品时所获得的附加利益的服务，如商品信息咨询、送货上门、免费安装调试、免费培训、提供信贷、售后保证与维修服务、退换服务承诺等。善于开发和利用商品的延伸部分，不仅有利于满足消费者的综合需要，使消费者称心如意地购买商品，而且有利于企业在生产经营同类商品的企业中立于不败之地。

1.2 商品学的研究对象和内容

1.2.1 商品学的研究对象

商品学是研究商品的科学，着重从商品的使用价值方面来研究商品，因此，商品学是研究商品使用价值及其变化规律的科学。

商品的使用价值是指商品对消费（使用）者的有用性或效用。商品的使用价值是由商品的属性所决定的，离开商品就不存在了，因此，商品学必须从商品的属性来研究商品的使用价值；另外，商品的使用价值是满足他人和社会的使用价值，所以在研究商品使用价值时，还要研究商品满足人和社会需要方面的特性。从这个意义上说，商品使用价值实际上反映了商品属性与人和社会需要之间的满足关系。

具体来说，商品的使用价值是指商品的有用性，也就是商品满足人和社会的需要性。研究商品的使用价值，不仅要研究商品的成分、结构、外形、化学性、生物学性质和物理学性质等商品的自然属性，还要研究商品的流行性、时代感、地区性、民族性和经济性等社会经济属性，满足人和社会在商品方面的物质需要和精神需要。

商品有多少种自然属性，就可能有多少种使用价值，例如煤既可作燃料，又是极具价值的化工原料。商品的自然属性不同，它们的使用价值也不同，例如羽绒衣可御寒，食品可以充饥。在不同的社会经济条件下，同一商品也会出现不同的使用价值，例如绿色，在中国象征着生命，而在西欧举办葬礼时用绿色树叶铺地，所以忌用绿色地毯；再如对于贫穷型消费者而言，坚固、耐用的商品使用价值最大，而对于富裕型消费者而言，舒适、美观、体现个性风度的商品更具有使用价值。同一消费者消费同一种商品时，也可以有多种使用价值。例如，高档服装可用于一般的遮体御寒，也可以用于美化人体、弥补某些体型缺陷，还可以用来显示穿着者的身份和地位。

【同步业务 1-1】

业务分析：参照表 1-1，分析不同经济条件的消费者对商品使用价值的要求。

表 1-1 **不同经济条件的消费者对商品使用价值的要求**

消费者类型	对商品使用价值的要求
贫穷型消费者	实用、坚固耐用
温饱型消费者	实用、美观、坚固耐用
富裕型消费者	美观、舒适、实用、坚固耐用
富豪型消费者	美观、舒适、气派、实用

业务程序：

首先，进一步认知商品使用价值的定义，理解消费者购买商品，本质上是购买一种需要。

其次，研究商品使用价值与满足人和社会物质需要以及精神需要的关系。

最后，分析不同时代、地区的消费者对商品使用价值要求的变化，形成新表。

特别值得提出的是：商品的使用价值是随着科学技术的发展和人们经验的不断丰富而陆续被发现的，商品的使用价值是一个动态的、综合性的概念。准确而全面地理解商品的使用价值，运用商品的使用价值学说指导商品的生产、经营和消费，对发展我国社会主义市场经济具有重大的现实意义。商品自然属性的相对稳定性和商品社会经济属性的相对变化性，决定着我们的商品生产者、经营者要不断地调整商品结构，一切从市场出发、从消费者需求出发，注重适销对路，使企业将主观上求利润与客观上生产、经营具有社会使用价值的商品有机地结合成一体。

【教学互动 1-1】

情境：猪肉是人们经常食用的一种食物，而对有些人来说，却无食用价值；中山服原来为我国的国服，而现在流行的是休闲服、西服等；灯具已大大突破了照明这一效用，成为美化生活的一种工具；手机也已经大大突破了原来的通信功能。

互动问题：以上事例使你对商品使用价值有哪些更深入的理解？

互动要求：

（1）课前学生就“互动问题”上网查阅相关资料，做好互动准备。

（2）教师不直接提供上述问题的答案，而是引导学生结合本节教学内容就这些问题进行独立思考、自由发表见解，组织课堂讨论。

（3）教师把握好讨论节奏，对学生提出的典型见解进行点评。

1.2.2 商品学的研究内容

商品学是研究商品使用价值的科学，我们常用商品质量来表示商品的有用程度，反映商品满足人和社会需要的程度。由此可以推出，商品质量是商品使用价值的集中反映，商品使用价值的大小是用商品质量来衡量的，因此，商品质量是商品学研究的中心内容。

商品学研究的具体内容，是与商品质量密切相关的问题，包括商品的成分、结构、性质、生产工艺、工作原理、功能用途、分类品种、质量要求、检验评价、使用维护等。

从整体来说，商品学研究内容还包括商品与人、商品与时代、商品与环境等诸多方面的问题。在环境保护日益被关注的今天，商品学已从着重研究环境对商品的污染，发展到同时研究商品对环境的污染。在研究商品对环境的污染时，既研究商品对社会环境的污染，防止商品对人们身心的损害，也研究商品对自然环境的污染和对生态环境的破坏等问题；既研究清洁的商品生产技术，也研究商品流通和消费时的环保等问题。商品学在研究和评价商品时，已把商品的环境效应作为一个重要内容。随着科学技术的不断发展，智能商品成为商品学研究的新内容。

【同步思考 1-1】

问题：为什么说商品学研究的中心是商品质量？

理解要点：从商品学研究对象、研究对象与研究内容的关系来理解。

学习微平台

延伸阅读 1-2

1.3 商品学的研究任务和方法

1.3.1 商品学的研究任务

商品学是为政府和企业对商品从规划开发、生产、流通、消费到废弃全过程实行科学管理和决策服务的一门应用学科，它阐明商品质量形成、评价、维护、实现和再生的内外因素及规律，解决与商品质量密切相关的问题，使商品使用价值得以充分实现。商品学的研究任务是：

1）指导商品使用价值的形成

通过商品资源和市场的调查预测、商品的需求研究等手段，为有关部门实施商品结构调整、商品科学分类、商品的进出口管理与质量监督管理、商品的环境管理、制定商品标准及政策法规、商品发展规划提供决策的科学依据；为企业提供商品基本质量要求，指导商品质量改进和提高经营管理素质，保证市场商品物美价廉，适销对路。

2）评价商品使用价值的高低

通过商品检验与鉴定手段，保证商品质量符合规定的标准，维护正常的市场竞争秩序，保护买卖双方的合法权益，创造公平、平等的商品交换环境。

3）防止商品使用价值的降低

通过确定适宜的商品包装、运输、保管的条件和方法，防止因商品质量发生不良变化而造成损失。

4）促进商品使用价值的实现

通过大力普及商品知识和消费知识，使消费者认识和了解商品，学会科学地选购和使用商品，掌握正确的消费方式和方法，由此促进商品使用价值的实现。

5）研究商品使用价值的再生

通过对商品废弃物与包装废弃物处置、回收和再生政策、法规、运行机制、低成本加工技术等问题的研究，推动资源节约、再生和生活废弃物减量等保护环境的绿色行动。

【职业道德与企业伦理1-1】

华为倡议：过年请教会爸妈使用智能手机

背景与情境：春节对于中国人来说，是一年中最重要的节日，无论有多远，都要赶着回家与家人团聚过年。然而，因为疫情防控的需要，为大家，不回家，2020年很多人不得不选择就地过年了。不管父母是否在身边，不管能否回家过年，我们和父母之间的爱和牵挂从来都不会断。

疫情改变了很多事情，数字化生存成为常态，并被按下了快进键。对于年轻人来说，只要一部智能手机在手，衣食住行基本上没有任何问题。可是，对于年迈的父母甚至更上一辈的老人来说，健康码、支付码、网约车、智慧医疗……这些年轻人看似简单的应用，却让不熟悉智能手机和互联网的老人们举步维艰，无所适从。

数据显示，中国目前有2.5亿60岁以上的老人。而据中国互联网信息中心的统计报告，截至2020年6月，中国9.6亿网民中，60岁以上的老人有9 700万——这意味着还有1.5亿多老人可能尚未接触互联网。数字时代的银发一族在衣食住行方面的不便，屡屡见诸报端。

因此，华为倡议，不管春节回不回家，我们都来教爸妈及长辈们做这件事——教会他们使用智能手机，不要让他们在数字世界中掉队。这样，当我们不在身边的时候，让智能手机协助他们更便捷地生活和出行。

通过华为手机的智慧助手“小艺”，便可以用语音帮助爸妈轻松完成生活中的各种实用操作。目前我们出入医院、机场、车站等公共场所都需要出示健康码，在手机中翻找健康码，对部分老人来说有些困难。现在只要简单一句语音“打开健康码”，便可在手机上快捷呈现健康码。如果在外面购物需要手机支付，也可以直接试着唤醒小艺：“打开支付码”即可。

小时候的温情，是爸妈耐心教会我们咿呀学语；长大后的温情，是我们教会爸妈使用手机里的常用功能。和小艺的对话时时有，但最亲的声音还是你。这个春节，不论你是陪在爸妈身边，还是身在他乡，让我们一起为爸妈做这件事，教会他们使用智能设备，不要让他们在数字世界中掉队。

资料来源　华为新闻中心. 华为倡议：过年请教会爸妈使用智能手机［EB/OL］.［2021-02-02］. https：//consumer.huawei.com/cn/press/news/2021/technology-leaves-no-one-behind/.引文进行了删改.

问题：你对华为倡议过年请教会爸妈使用智能手机有何感想？

分析提示：华为几十年来坚持以客户为中心，不让任何一个人在数字世界中掉队，并希望通过技术、应用和技能，赋能每个人、每个家庭、每个组织，实现数字包容愿景，共同构建万物互联的智能世界。华为这样做，体现了企业良好的社会责任和企业伦理，也有利于企业的不断发展。

1.3.2 商品学的研究方法

1）科学实验法

科学实验法是在实验室内运用测试仪器和设备，对商品的成分、构造、性能等进行理化分析鉴定的研究方法。此法具有良好的控制和观察条件，所得的结论正确可靠，是分析商品成分、鉴定商品质量、研制新产品的常见方法。这种方法需要一定的物质技术设备，投资较大。

2）现场实验法

现场实验法是通过一些商品专家，或有代表性的消费者群，凭人体感官的直觉，对商品质量做出评价的研究方法。这种方法的正确程度受参加实验者的技术水平和人为因素影响较大，但简便易行，许多商品的质量评比，如一些新产品的试穿、试戴、试用都采用这种方法。

3）技术指标法

技术指标法是一种在科学实验的基础上，对一系列同类商品，根据国内或国际生产力发展水平，确定质量技术指标，供生产者和消费者共同鉴定商品质量的方法。这种方法有利于促进商品质量的提高，但确定各类商品的质量指标是一项复杂而巨大的工程。

4）社会调查法

商品的使用价值是一种社会性的使用价值，全面考察商品的使用价值需要进行各种社会调查，特别是在商品不断升级换代、新产品层出不穷的现代社会，社会调查显得更加实际和重要，其具有双向沟通的重要作用。社会调查法主要有现场调查法、调查表法、直接面谈法和定点统计法等。

5）对比分析法

对比分析法是将不同时期、不同地区、不同国家的商品资料收集起来，加以分析比较，从而找出提高商品质量、增加花色品种、拓展商品功能的新途径。流通部门可以利用联系面广、信息来源多的特点，运用对比分析法正确识别商品，促进生产部门改进产品质量，实现商品的升级换代，更好地满足广大消费者的需要。

6）系统分析比较法

商品的研究还需要考虑到商品与环境、商品与人、商品与国民经济的关系，这是一个复杂的、系统的工程。单从一个方面或几个方面来研究，有时难免有偏差，只有把商品作为一个小系统，放在社会这个大系统中加以分析、研究和考察，才能得出一个全面、公正的结论。

【同步案例1-1】

历届国际商品学学术研讨会的会议主题

背景与情境：第一届至第十六届国际商品学学术研讨会的会议主题分别是：各国和国际商品学的发展现状与目标；商品包装与现代商品学；商品学与消费需求研究的合作领域；未来的商品开发与商品学的发展；商品质量保证与现代商品学；商品研究与商品的生产、流通和消费；21世纪的商品；变化中的欧洲商品与技术；无环境污染的商品和技术；市场经济条件下现代商品学的发展；商品与可持续发展；21世纪的质量；全球未来产品的商品学——技术、质量和环境；聚焦新世纪——商品、贸易、环境；全球商品安全、环境、生活品质；卓越的商品与服务。

问题：从历届国际商品学学术研讨会的会议主题来看，商品学的发展贯穿了一条什么样的主线？

分析提示：从商品学研究对象、研究内容和研究任务，科学技术进步、社会经济发展、人们生活水平提高与商品学发展关系等方面来分析。

■ 本章概要

□ 内容提要

● 商品是用来交换的劳动产品，具有使用价值和价值两个基本属性，以物质形态或其他形态存在于社会，由核心部分、形式部分和延伸部分构成商品整体。

● 商品学是研究商品使用价值及其变化规律的科学。商品的使用价值是指商品对消费者的有用性或效用，商品的使用价值是由商品的属性所决定的，是满足他人和社会的使用价值，并随着科学技术的发展和人们经验的不断丰富，而陆续被发现的，因此，商品的使用价值是一个动态的、综合性的概念。

● 商品学研究的中心内容是商品质量，研究的具体内容是与商品质量密切相关的问题，研究的具体内容还包括商品与人、商品与时代、商品与环境等方面的问题。

● 商品学的研究任务是指导商品使用价值的形成、评价、维护、实现和再生，满足人们物质文明和精神文明的需要，不断提高企业的效益。

● 商品学研究方法有科学实验法、现场实验法、技术指标法、社会调查法、对比分析法和系统分析比较法等。

□ 主要概念和观念

▲ 主要概念

商品　商品的使用价值　科学实验法　现场实验法

▲ 主要观念

商品构成　商品使用价值　商品学研究内容

□ 重点实务

商品使用价值分析　商品学研究中心内容认知　商品学发展主线探讨　商品消费需求考察

■ 基本训练

□ 知识训练

▲ 简答题

（1）简述商品的种类。

（2）为什么说商品的使用价值是一个动态的、综合性的概念？

（3）商品学研究的整体内容有哪些？

（4）商品学的研究任务是什么？

▲ 填空题

（1）商品的构成包括核心部分、形式部分和________。

（2）商品质量是商品学研究的________。

▲ 单项选择题

（1）商品的使用价值就是商品的（　　）。

A.功能　　B.有用性　　C.价值性　　D.质量

（2）商品使用价值的大小是用（　　）来衡量的。

A.消费者需要　　B.商品属性　　C.商品质量　　D.商品价值

（3）商品学研究的具体内容是（　　）。

A.商品使用价值　　B.商品质量

C.与商品质量密切相关的问题　　D.商品性能

▲ 多项选择题

（1）商品的基本属性有（　　）。

A.商品的使用价值　　B.商品质量　　C.消费者需要

D.商品的价值　　E.环境保护

（2）社会调查法主要有（　　）。

A.现场调查法　　B.直接面谈法　　C.对比分析法

D.技术指标法　　E.定点统计法

▲ 讨论题

（1）商品的构成可分为哪三部分？试举例说明。

（2）据研究，《红楼梦》一书关于茶的饮用方法有几十种，你能说出几种饮茶方法？

（3）商品学的研究方法有哪些，各有何特点？

□ 能力训练

▲ 案例分析

课桌椅的发展前景

背景与情境：以前课桌椅的使用存在着很大问题，它没有根据学生的身高来设计尺寸，从小学到初中，甚至高中一直用一个尺寸让学生们使用。由于课桌椅设计不合理，不能根据学生每个阶段的需求来制作，严重影响了学生们的健康成长和学习生活。

现在随着人们生活水平和对学生成为栋梁之材的期望的提高，课桌椅也渐渐让社会重视起来。从简单的木板搭建而成多人使用的课桌椅，逐渐变成现在可以升降的课桌椅，相信我们的课桌椅会越来越好的。

资料来源　何艳峰．课桌椅的发展前景［EB/OL］．［2019-03-25］．https：//club.1688.com/threadview/52995770.htm.原文基础上的节选与改编．

问题：

（1）你对课桌椅的发展前景有何感想？

（2）教室内的课桌椅能满足同学们上课学习的要求吗？如不能满足，请你对教室内的课桌椅提出一些改进方案。

分析要求：学生分析案例提出的问题，拟出《案例分析提纲》；小组讨论，形成小组《案例分析报告》；班级交流和相互点评各组的《案例分析报告》；在校园网的本课程平台上展示经过修订并附有教师点评的各组《案例分析报告》，供同学借鉴。

▲ 实训操练

实训项目：不同消费者商品消费情况考察。

实训步骤：

(1) 3～5人一组，制订考察方案，在学校或社会选择5名以上的消费者，观察和调查这些消费者的商品消费情况，分析研究其差异。

(2) 进行实地观察和调查，考察实际生活中，由于消费对象不同，对商品使用价值要求不同的实例。

(3) 对观察和调查的资料进行分析整理。

(4) 运用商品使用价值理论进行分析研究，写出实训报告。

(5) 各组在班级讨论交流、相互点评与修订各组的实训报告。

(6) 在校园网的本课程教学平台上展示经过修订和教师点评的各组实训报告，供同学借鉴。

□ 善恶研判

网红面霜汞超标7 000多倍，已售70多万瓶

背景与情境：据浙江省临海市市场监督管理局2021年2月1日通报，近日，该局与当地公安部门辗转浙江、重庆等地，捣毁了一家生产、销售伪劣化妆品的团伙，10多名犯罪嫌疑人被采取刑事措施，另外两名人员因为疫情困在加拿大被列为网上逃犯。而该化妆品正是此前微商圈的网红产品“琼曼”“豪曼”“伍昱洁”美容霜。

通报中显示，2020年8月有消费者向监管部门举报使用该美白产品出现红肿蜕皮等不良反应后，监管部门将该美容霜送至药品研究机构检测，发现汞超标了7 000多倍，而且该美容霜未取得特殊化妆品批准文号。

随后市场监管与公安部门成立联合专案组展开调查。通过蹲点守候，于2020年9月5日对经营场所进行突击检查，现场抓获了嫌疑人包某，并缴获大量“琼曼”“豪曼”美容霜。在对生产窝点排摸后，2020年11月专案组在重庆将生产场所查获。

天眼查APP显示，涉案的重庆熙妃萱日用化妆品有限公司成立于2016年11月，法人代表田长陇。该公司在2017年7月获得化妆品生产许可证，注册商标包括熙妃萱、伍昱洁、冰情昱洁等。

临海市市场监管局表示，案件中的化妆品汞含量严重超标，使用这样的化妆品的确能在短时间能达到美白的效果，但长期使用汞超标化妆品可引起皮炎、色素沉积甚至诱发过敏性皮炎和皮肤癌，汞还可导致肝肾损害，严重危害消费者健康，而孕妇使用之后，汞还会通过胎盘屏障影响到胎儿。

2021年1月1日，《化妆品监督管理条例》正式实施，确立了一系列制度，形成了化妆品全过程监管制度体系。

临海市市场监管局提醒，市民在购买化妆品时应选择营业执照齐全、有固定经营场所的商店或专柜以及合法网站等有质量保证的商家。如有发现商家生产销售假冒伪劣化妆品，可向市场监管部门举报投诉。

资料来源　卢燕飞. 网红面霜汞超标7 000多倍，已售70多万瓶［EB/OL］.［2021-02-02］. http://static.cdsb.com/micropub/Articles/202102/37883ca3746338bbdfa9eeba997be73b.html.引文进行了节选.

问题：

（1）本案例中存在哪些道德伦理问题？

（2）试对上述问题做出你的善恶研判。

（3）通过网络或图书馆调研等途径搜集你做善恶研判所依据的行业规范。

（4）你对本案例有何感受？

研判要求：学生分析案例提出的问题，列出《善恶研判提纲》；小组讨论，形成小组《善恶研判报告》；班级交流和相互点评各组的《善恶研判报告》；在校园网的本课程教学平台上展示经过修订并附有教师点评的各组《善恶研判报告》，供同学借鉴。

第2章 商品质量与商品质量管理

◆ 学习目标

通过本章学习，应该达到以下目标：

职业知识：学习和把握商品质量的概念、基本要求及商品质量管理的内容，认识影响商品质量的主要因素；能用本章理论知识指导相关认知活动，用实务知识规范相关技能活动。

职业能力：运用本章知识研究相关案例，培养在特定业务情境中分析问题与决策设计的能力；通过“商贸企业商品质量管理实况考察”的实训操练，训练学生的专业操作技能。

职业道德：结合商品质量与商品质量管理的教学内容，依照行业道德规范或标准，分析“职业道德与企业伦理2-1”和章后“基本训练”之“善恶研判”的企业及其从业人员在商务活动中制假行为的善恶，强化职业道德素质。

【引例】

九阳豆浆机的质量理念

背景与情境： 九阳股份有限公司从1994年的一个小企业发展成为中国小家电行业的知名品牌，2010年九阳营养王豆浆机荣获“中国小家电原创奖”行业最高殊荣，“2020中国品牌500强”排行榜中九阳排名第277位，2020年实现营业收入112.63亿元。九阳的成功与九阳豆浆机的质量理念密不可分，九阳董事长王旭宁说：卖产品先要卖理念，九阳要做的不仅仅是产品本身，而是要创立中国人的生活标志，要让九阳豆浆机走进每一个家庭，人人以之为日常生活的一部分，就像西方国家家家有咖啡壶一样。九阳在技术革新的同时，大力普及豆浆养生理念，通过豆浆文化传播来培育细分市场，并通过“食尚”理念扩充产品领域。九阳将1/3的费用放在研发推广豆浆机上，2/3的费用则用来普及豆浆养生知识。一方面，在国内成立“豆浆营养研究室”，搜集民间经典豆浆配方，推出健康豆浆食谱；另一方面，积极联合超过500家媒体进行大豆与豆浆营养知识的宣传，在豆浆机广告中引入豆浆食谱，将健康理念通过食物内容融入消费者心中。技术革新和营养普及这两项工程造就了九阳豆浆机的今天。

未来，九阳将定位厨房、升级厨房，用现代科技打造智能、无烟、开放的中式厨房，创造更加健康、便捷、时尚的中式料理，将公司发展成为智能厨房的首选品牌。九阳，创造健康生活！

这一案例说明，商品质量是一个动态的概念，在满足产品本身质量要求的同时，要求满足消费者不断发展的其他方面的需求。

2.1 商品质量的概念及构成

2.1.1 商品质量的概念

商品质量是指商品满足规定或潜在要求（或需要）的特征和特性的总和。这里的规定是指国家或国际有关法规、质量标准或买卖双方的合同要求等方面的人为界定；潜在要求（或需要）是指人和社会对商品的适用性、安全性、卫生性、可靠性、耐久性、美观性、经济性、信息性等方面的人为期望；特征是指用来区分同类商品、不同品种的特别显著的标志；特性是指不同类商品所特有的性质，即品质特性。可以说，商品质量是商品具备适用功能，满足规定和消费者需求程度的一个综合性的概念。

商品质量包括狭义的商品质量和广义的商品质量。狭义的商品质量主要是指商品与其规定标准技术条件的符合程度，它是以国家或国际有关法规、商品标准或订购合同中的有关规定为最低技术条件，是商品质量的最低要求和考核商品是否合格的依据；广义的商品质量是指商品适合其用途所需的各种特性的综合及其满足消费者需求的程度，是市场商品质量的反映。

商品质量是一个动态的概念，表现在其具有时间性、空间性和消费对象性，不同时代、不同地区、不同的消费对象，对同一商品有不同的质量要求，并随着科技进步、生活水平的提高和社会的发展而不断变化。例如，我国消费者对商品的要求，以前注重实用价值，而现在对商品既要求实用价值又要求审美价值。人们消费商品时，在满足物质享受的同时，要求获得一定程度的精神享受的愿望越来越强烈。

【同步思考2-1】

问题：为什么说，商品质量是一个动态的综合性概念？

理解要点：以彩色电视机为例，不仅要求它图像清晰、色彩逼真、音质优美、安全可靠、智能、有一定的使用寿命，还要求其外形美观、操作方便、经济实惠、信誉好、牌子响、销售环境和售后服务良好等，并且不同时代、不同地区、不同的消费对象，对彩色电视机的质量要求是不同的。

【同步案例2-1】

国际上质量观念的创新

背景与情境：国际上质量观念的创新大体上经历了三个阶段：一是符合型质量阶段，即符合标准；二是适应型质量阶段；三是满意型质量阶段。适应型与满意型的区别在于，在适应型阶段，企业是被动的，即市场和用户提出要求，然后企业去满足他们的要求，用户不提出来，市场不把这种信息反馈出来，企业就不知道做什么，不知道怎样去满足他们的要求。满意型阶段就是要求企业主动地满足用户的要求，变被动为主动，甚至用户还没有想到，企业就应该想到和做到。质量观念创新的三个阶段也反映在国际标准对质量的定义上，如1986年版ISO 8401对质量的定义是：产品或者服务满足规定或潜在需要的特征和特性的总和；1994年版ISO 9000对质量的定义是：反映实体满足明确和隐含需要的能力的特性总和；2000年版ISO 9000对质量的定义是：达到持续的顾客满意。

问题：国际上质量观念为什么能不断创新？

分析提示：从消费者购买商品，本质上是购买一种需要以及科学技术进步、社会经济发展、人们生活水平提高等方面来分析。

2.1.2 商品质量的构成

1）在表现形式上，商品质量由外观质量、内在质量和附加质量构成

商品的外观质量，主要是指商品的外部形态以及通过感觉器官能直接感受到的特性，如商品的式样、造型、结构、色泽、气味、声响、规格（尺寸、大小、轻重）等。商品的内在质量，是指通过测试、实验手段而反映出来的商品特性或性质，如商品的物理性质、化学性质、机械性质以及生物学性质等。商品的附加质量，主要是指商品信誉、经济性、销售服务等。

不同种类的商品，对商品的外观质量、内在质量和附加质量三者侧重不同。商品的内在质量往往可以通过外观质量表现出来，并通过附加质量得到更充分的体现。

2）在形成环节上，商品质量由设计质量、制造质量和市场质量构成

设计质量是指在生产过程以前，设计部门对商品品种、规格、造型、花色、质地、装潢、包装等方面的设计过程中形成的质量因素。制造质量是指在生产过程中，所形成的符合设计要求的质量因素。市场质量是指在整个流通过程中，对已在生产环节形成的质量的维护保证与附加的质量因素。

设计质量是商品质量形成的前提条件，是商品质量形成的起点；制造质量是商品质量形成的主要方面，它对商品质量的各种性质起着决定性作用；市场质量是商品质量实

现的保证。

3）在有机组成上，商品质量由自然质量、社会质量和经济质量构成

学习微平台

延伸阅读 2-1

自然质量是商品自然属性给商品带来的质量因素。社会质量是商品社会属性所要求的质量因素。经济质量是商品消费投入时要考虑的质量因素。

自然质量是构成商品质量的基础。社会质量是商品质量满足社会需要的具体体现。经济质量则反映了人们对商品质量经济方面的要求。

2.2 商品质量的基本要求

商品质量的基本要求是根据其用途、使用方法以及消费者的期望和社会需求来确定的。商品的种类很多，各有不同的用途，其质量的基本点也各不相同。一般可根据商品的用途，按吃、穿、用分为食品、纺织品和日用工业品三大类，再分别提出质量方面的基本要求。

2.2.1 食品质量的基本要求

食品是人类生活的必需品，是人体发育、身体健康和工作的物质基础。对食品质量的基本要求是具有一定的营养价值，安全和色、香、味、形俱佳。

1）具有一定的营养价值

食品的营养价值主要表现在供给人体热量、形成细胞组织、调节人体各种生理代谢，因此，食品的营养价值包括食品的营养成分、可消化率和发热量三项指标。

（1）营养成分

食品的营养成分主要有糖类、蛋白质、脂肪、矿物质、维生素等，是食品营养价值的物质基础。不同食品，营养成分不同，其营养功能也不一样。粮食、食用油脂是人体热量的主要来源；而蔬菜、水果、肉类、鱼类、蛋类、乳类及其加工制品等副食品，则对人体发育、调节代谢起主要作用。

（2）可消化率

可消化率是指食品在食用后，人体能消化和吸收的程度。食品中所含的营养成分，除了水、无机盐、某些维生素和单糖等能够直接被人体吸收外，蛋白质、脂肪、多糖类等必须在消化道内进行分解，将结构复杂的大分子物质变成结构简单的小分子物质才能被人体吸收利用。植物性食品中的粗纤维、不溶性果胶、木质素等物质是人体不能消化也不能吸收的物质，但它们对肠壁有刺激作用，有利于食物的消化吸收。从可吸收利用程度来说，动物性食品的营养价值高于植物性食品，如动物蛋白质的可消化率可高达90%以上，而植物蛋白质（大豆蛋白除外）的可消化率只有67%左右。

（3）发热量

发热量是指食品营养成分经人体消化吸收后，在人体内能够产生的热量。如三大营养素每克产生的热量分别是：碳水化合物16千焦耳，蛋白质16～18千焦耳，脂肪38千焦耳。一般来说，能量不足时，体重减轻，严重时会贫血；能量过剩时，体重增加。因此，人体需要从多种食品中获取各种营养成分，以保持身体健康，人体还应吸收所需热量，以维持正常体重。

2）安全

食品安全指食品无毒、无害，符合应当有的营养要求，对人体健康不造成任何急性、亚急性或者慢性危害。食品的无毒、无害性是指食品中不应含有或仅含有不超过允许限量的有害物质和微生物等，这是食品商品最基本的质量要求。食品安全关系到人们的身体健康和生命安全，甚至会影响到子孙后代。因此，食品必须符合有关的安全规定和标准，若超过规定的安全要求，其他质量要求也就随之失去了意义。食品有害物的来源，通常有食品自身产生的毒素、其他物质对食品的污染、加工中混入的毒素、保管不善产生的毒素、环境或化学药品造成的污染等。

3）色、香、味、形俱佳

食品的色、香、味、形是指食品的颜色、香气、滋味、外观形状，其是评定食品新鲜程度、加工精度、品质特点以及质量变化状况等的重要外观指标。这个指标是人们可以从直观上判断的感官指标，是选择食品时首先接触的重要问题。色、香、味、形俱佳的食品，能促进人们的食欲，有助于提高食品的可消化率。巴甫洛夫把食用前引起的消化液分泌称为反射性分泌，当食品接触到消化器官后所引起的消化液分泌称为化学性分泌。两者结合起来就能产生旺盛的食欲，从而使食品中各种营养成分得到比较充分的消化和吸收。

食品的色、香、味、形，也是食品美方面的基本要求。食品具有悦目的颜色、诱人的香气、可口的滋味、赏心的形状，不仅能满足人们的味觉享受，而且能同时作用于人的视觉、嗅觉，乃至人的听觉，给人以美的联想，从而产生良好的心理效应。

【同步思考2-2】

问题：食品无毒、无害性，就是要求食品中不含有对人体有毒、有害的物质？

理解要点：食品无毒、无害性的定义，现实存在性，人体免疫力。

2.2.2 纺织品质量的基本要求

纺织品是满足人们日常穿着需要的生活必需品，它对生活起着美化装饰的作用，对纺织品的质量要求也是根据其用途来确定的。纺织品的主要用途是制作服饰，满足人们穿着的需求。因此，对纺织品质量的基本要求是服用性、耐用性、卫生安全性及审美性等。

1）服用性

服用性是指纺织品适合穿着的各种性能，如纺织品的起毛性、起球性、缩水性、刚挺度、悬垂性和舒适性等。要求纺织品不易起毛、起球，缩水率小，不然会造成纺织品变形，影响外观。要求纺织品具有较好的刚挺度、悬垂性和舒适性。刚挺度是指纺织品抵抗形变的能力，它能影响纺织品的手感和服装的挺括性；悬垂性是指从中心位置提起纺织品后，纺织品本身自然悬垂产生匀称美观褶裥的特性，悬垂性好的纺织品制成的服装很贴体，并能产生美观悦目的线条；舒适性是指人着装后，纺织品具有满足人体要求并排除任何不舒适因素的性能。

纺织品的舒适性表现在触觉舒适性、热湿舒适性和运动舒适性三方面。触觉舒适性主要反映在纺织品和皮肤接触时的粗糙感、瘙痒感、温暖感或阴凉感等触觉感受上。实验研究表明，化纤纺丝过程中纤维黏结的硬头丝或珠子丝等疵点会让人产生瘙痒感。热湿舒适性是指由于人体自身调节热平衡的能力有限，故需要通过穿着适当的服装来进行调节，使衣服内层空间形成舒适的小气候。服装的热舒适性是由服装面料的保温性、透气性、透湿性以及服装的式样与组合等因素决定的，而湿舒适性是由服装面料的吸湿性、透气性等因素决定的。运动舒适性是指由于人体运动的多方面、多角度和大弯曲性，要求纺织品有一定的延伸性，能自由地依顺人体活动。不同种类的纺织品要求的延伸性不同，如西装的延伸性要求为15%～25%，内衣、运动装等的延伸性要求更高。

2）耐用性

耐用性是指纺织品在穿用和洗涤过程中抵抗外界各种破坏因素作用的能力，直接影响到纺织品的使用寿命。耐用性包括断裂强度和断裂伸长率、撕裂强度、耐磨强度、耐疲劳强度、耐日光性、耐热性、染色牢度、耐霉耐蛀性等。

3）卫生安全性

纺织品的卫生安全性是指纺织品为保证人体健康和人身安全而应具备的性质，主要包括纺织品的卫生无害性、抗静电性等。卫生无害性不仅要求纺织纤维对人体无害，而且要求纺织品在加工和染色过程中使用的染料、防缩剂、防皱剂、柔软剂、增白剂等化学物质对人体无害。这些化学物质如残留在纺织品表面，就可能对皮肤产生刺激。吸湿性差的涤纶、腈纶、氯纶、丙纶等合成纤维容易形成静电。减少静电的方法有：一是在纺织品中混入导电纤维；二是将静电防止剂加入合成纤维内部或固着在纤维表面。

4）审美性

审美性要求纺织品和服装能满足消费者审美需要，达到精神与物质的统一、技术与艺术的结合。随着时代的发展，审美性已成为消费者购买纺织品和服装的首选特性之一。审美性是一种整体美，主要包括内在美和外在美。内在美是指纺织品蕴含的文化内涵；外在美是指纺织品呈现的外观、风格、色泽、装饰、图案等所体现的技术艺术性。

2.2.3 日用工业品质量的基本要求

日用工业品种类繁多，用途极其广泛，不仅能满足人们某种使用上的需要，而且起着美化生活的作用，对日用工业品质量的基本要求是适用性能好、坚固耐用性、卫生安全性、结构合理与外观完好、舒适美观性。

1）适用性能好

适用性是指满足这种商品重要用途而必须具备的性能。它是构成这种商品使用价值的基本条件和评定其质量的重要方面。例如，钟表要求走时准确，保温瓶必须保温，电视机要求图像清晰、伴音优美动听。

2）坚固耐用性

坚固耐用性是指商品在使用时抵抗各种外界因素对其破坏的能力和对其适用性的影响，它反映了日用商品的耐用程度。例如，皮革、橡胶常用强度和耐磨性来评定其坚固耐用性，电器商品往往用使用寿命、可靠性、可修复性来反映其耐用性。商品坚固耐用，是消费者的普遍要求，但对某些商品和不同的消费水平有一定的弹性，只要达到物尽其用即可。

3）卫生安全性

卫生安全性是指商品在使用时，有关保护人身安全和人体健康所需要的各种性质。

例如，盛放食物的器皿、化妆品、玩具等商品应具有无毒性和无刺激性；电器商品应有防触电、防火灾、防损害人身安全的设计。以现代观念来看，卫生安全性还包括不污染环境的低公害性。低公害性又称环境价值，是指商品在流通、消费、废弃和回收等环节，应不造成允许限度以上的环境恶化和污染。不符合低公害要求的商品，无论使用价值多大，也要限制使用，有的将逐步退出市场。在社会环境保护方面，各种有害人们身心健康的商品，应限制使用，如管制刀具等。例如，无氟冰箱、无磷洗衣粉、可降解塑料、低噪声家用电器等商品近些年备受欢迎，就是商品环境效应的一个缩影。

4）结构合理与外观完好

造型结构主要指商品的形状、大小、部件装配等。若造型结构不科学、不合理，将直接影响日用品的适用性和坚固耐用性。商品的外观疵点，不仅严重破坏了商品外观，直接影响着商品的适用性和坚固耐用性，而且有些商品的外观疵点还反映了商品的变质情况。

5）舒适美观性

商品的外观艺术性是通过商品的造型、款式、装饰、色泽、花纹、图案来体现的，它是日用工业品商品美观性的基本要求。商品美观性方面的指标已成为人们评价质量的一个重要组成部分。例如，有些灯具，就其照明和美观来说，后者几乎成了这种商品的主要质量要求。实际工作中，即使商品的适用性和耐用性都很好，若其造型、式样不够新颖，外观不够美观，花纹图案不够高雅，也会造成滞销和积压。商品的舒适性是指商品造型、选材等满足人体运动生理学的要求，有益于人们的活动和健康。例如，运动鞋类根据运动项目要求和人体运动生理学原理，分为跑鞋、球鞋、登山鞋等。

【同步业务2-1】

5号保温瓶胆的质量要求

（1）容水量：一、二等品均为2 000±50ml。

（2）质量：一、二等品均不小于500g。

（3）耐温急变性：温差95℃～100℃，一、二等品均反复5次不破裂。

（4）保温性：在室温10℃以上时，灌入沸水24小时后，一、二等品均不低于68℃。

（5）瓶口高低偏斜之差：一等品不大于2mm，二等品不大于3mm。

（6）瓶口缺角：一等品不允许有，二等品不大于2mm。

（7）抽气尾管超出瓶底顶端：一等品不允许，二等品不大于2mm。

（8）银层：一等品不露光，二等品轻微露光。

（9）抽气尾管破裂、冷爆、石棉脱落、内外瓶相搭等情况，一、二等品均不允许有。

业务分析：从日用工业品商品质量基本要求和保温瓶胆的用途，分析评价5号保温瓶胆的质量要求是否科学。

业务程序：

首先，分析日用工业品商品质量基本要求和保温瓶胆的用途。

其次，判别5号保温瓶胆质量要求的科学性。

最后，将判别结果记录下来，并做出评价。

商品质量除上述基本要求外，还包括商品经济质量的基本要求，主要有商品的成本、使用寿命和使用费用等。对消费者来说，商品成本包括商品价格及运输、安装、配套等费用；使用费用包括水、电、气、煤、油的能耗，维修养护费用，学习操作费用，商品使用后放置与安装占用的地面和空间位置等发生的费用；商品寿命包括商品的自然寿命和社会寿命，一般来说，商品寿命短，则意味着商品经济质量差。

商品质量的各项基本要求并不是独立的、静止的、绝对的，特别是对某种商品提出具体质量要求时，不仅要根据不同的用途进行具体分析，还必须与社会生产力、国民经济的发展水平以及人们的消费习惯相适应。

【教学互动2-1】

互动问题：你是如何理解商品成本中包括的运输、安装、配套费用的？

互动要求：同“教学互动1-1”的“互动要求”。

2.3 影响商品质量的因素

商品质量是商品生产、流通和消费全过程中诸多因素共同影响的产物，为了能够对商品质量实施控制并达到预想的质量，就要分析和掌握这些影响商品质量的因素。

2.3.1 生产过程对商品质量的影响

来自农业、林业、牧业、渔业等产业的天然商品，其质量主要取决于品种的选择，栽培、饲养的方法，生长的自然环境，收获季节及方法等因素。

对于工业品商品来说，其生产过程中的市场调研、开发设计、原材料、生产工艺、成品检验及包装环节都会影响其质量。

1）市场调研

市场调研是商品开发设计的基础，在开发设计之前，首先要充分研究商品消费需求，因为满足消费需求是商品质量的出发点和归宿；其次要研究影响商品消费需求的因素，以使商品开发设计具有前瞻性；最后必须搜集、分析与比较国内外同行业不同生产者的商品质量信息，总结以往成功的经验和失败的教训，通过市场预测来确定何种质量等级、品种规格、数量、价格的商品才能适应目标市场需要。

2）开发设计

开发设计是形成商品质量的前提，开发设计包括原材料配方，商品的结构原理、性能、形式、外观结构及包装装潢设计等。若开发设计不好，会给商品质量留下许多问题；设计出了差错，制造工艺再高超，生产操作再精细，也生产不出合格的商品来。

3）原材料

原材料是构成商品的物质基础，主要表现在对商品成分、结构、性质方面所引起的差别。例如，用含蛋白质较多的大麦酿造啤酒，会使啤酒的稳定性降低；生产玻璃采用的硅砂中含铁量较高，会影响玻璃制品的色泽和透明度；用不同长度的棉纤维纺出的纱线，其外观和强度都有明显的区别。因此，在研究商品质量时，应该了解这种商品所选用原料的成分、结构和性质对制品的影响，才能进一步分析商品质量的各种特点，寻求提高商品质量的途径。在分析原材料质量对商品质量的影响的同时，还要考虑合理利用原材料的问题，但绝不能把节约原材料同保证和提高商品质量对立起来，只有在保证和提高商品质量的基础上，节约原材料才有意义。

4）生产工艺

在很多情况下，虽然原材料相同，但若采用不同的生产工艺，不仅商品数量可能出现差异，而且商品质量也会不同。例如，猪皮毛孔粗大，若加以表面美化处理，就能改进猪皮制品的外观质量；酿酒时，同样的五谷杂粮，因酿造方法不同，可以得到清香型、浓香型、酱香型等风格各异的白酒。科学的发展和技术革新、技术革命可以使商品质量发生质的飞跃，这种变化很多是通过生产工艺的改进来实现的。例如，在平板玻璃的生产中，浮法工艺是使熔融玻璃在锡液表面上成型，其平整、光洁程度是垂直引上法工艺所无法比拟的。

5）成品检验及包装

成品检验是根据商品标准和其他技术文件的规定，判断成品及其包装质量是否合格的工作。对大批量的商品来说，通常重要的质量特征、安全及外观项目要百分之百检验，其他项目可采用分批抽样或连续抽样的检验方法。对不合格返修的商品仍需重新检验。

商品包装与装潢是构成商品质量的重要因素，良好、合理的包装与装潢，有利于流通过程中对商品的储存养护，保证商品的质量；有利于商品的销售与使用，提高竞争力，增加商品的价值。

2.3.2 流通过程对商品质量的影响

1）商品运输

运输对商品质量的影响，与路程的远近，运输时间的长短，运输路线、方式、工具等有关，因此，应以最少的环节、走最近的路程、用最短的时间为标准来选择恰当的运输方式。合理地使用运输工具，安全地将商品运到目的地，是防止运输对商品质量造成不良影响的有效措施。

2）商品的储存与养护

商品在储存期间的质量变化与商品的性质、仓库内外环境条件、储存场所的适宜性、养护技术与措施、储存期的长短等因素有关。商品本身的性质是商品质量发生变化的内因，仓储环境是商品储存期间发生质量变化的外因，通过一系列保养和维护仓储商品质量的技术与措施，有效地控制储存商品的环境因素，可以减少或减缓外界因素对仓储商品质量的不良影响。某些食品通过适宜的贮藏，还能改善其品质。

3）销售服务

销售服务过程中的进货验收、入库短期存放、商品陈列、提货搬运、装配调试、包装服务、送货服务、技术咨询、维修和退换服务等各项工作质量都是最终影响消费者所购商品质量的因素，商品良好的售前、售中、售后服务质量已逐渐被消费者视为商品质量的重要组成部分。商品销售服务中的技术咨询是指导消费者对复杂的新商品进行正确安装、使用和维护的有效措施。

2.3.3 消费过程对商品质量的影响

1）消费心理与消费习惯

爱美之心，人皆有之。商品美对商品质量的影响越来越重要，合规律地创造完美的商品形式，是为了合目的地满足人们的审美需要。人们的审美观有共同的一面，也有差异的一面，不同时代、民族、宗教、区域、阶层、环境、职业、年龄、性别的审美观是有差异的，因此，不同消费者对美的商品的认同和追求是不一样的。消费习惯会影响人们对某一商品质量的认可，例如，饮食在我国素有南甜、北咸、东酸、西辣的习惯。

2）商品使用

商品的使用价值最终要在使用消费中得到实现。各种商品都有自己的特性，若在消费过程中安装不妥、使用不当、保管不善、环境不好、养护不及时等，也会直接影响到商品质量。例如，蔬菜中的维生素，若烹调不当，会所剩无几。有的商品若不注意使用条件，甚至会带来严重后果。如燃气热水器，若使用不当，会造成人身伤亡事故。所以，对有些商品应认真细致地编制使用和养护说明书，并采取多种形式向消费者宣传、传授商品使用和养护知识，以保证商品的使用质量。随着人们对环境保护的日益重视，使用后对环境造成污染的商品，将会逐渐退出市场。

【同步案例2-2】

产品安全与安全产品

背景与情境：

（1）产品安全与健康的概念

人们使用或消费某种产品，都不可避免地要承担一定的风险（经济的、安全的、健康的风险）。问题在于人们总是期望这种风险是可以接受的、可以允许的，也就是合理的，在经济、身体和心理上都可以接受的。通常，这种风险越低越好。

①产品安全风险：消费者独立使用某个产品而导致人员伤亡或财产损失的可能性。

②产品健康风险：消费者使用某产品而造成短期或长期健康问题的可能性。

③广义的产品健康安全风险既包括产品消费或使用中带给消费者的合理的健康和安全风险，也包括产品生产、流通过程中带给生产者、经营者的合理的健康和安全风险。

（2）安全产品与产品安全

2001年，欧盟委员会通过修订的《通用产品安全指令》(2001/95/EC)，规定了除特别法管辖（如医药品，受指令75/319/EEC和81/851/EEC管辖）以外的所有产品（小至婴儿用安慰奶嘴，大至机动车辆）均应满足的安全要求。

安全产品：在产品有效期内，在任何正常或合理可预见的使用情况下（如交付使用、安装和维护），不引起任何危险或者是风险最低的产品。也就是说，风险可接受且与产品使用相容，并与高水平人身安全及健康保护一致。

问题：你对产品安全与安全产品是如何理解的？

分析提示：从商品质量基本要求、社会经济发展、科学技术进步、人类生活水平提高等方面来分析。

2.4 商品质量管理

商品质量不仅与设计制造、储运销售、消费使用有关，也是各个环节质量管理的结果，商品质量管理已成为商品质量保证的一个重要组成部分。

2.4.1　商品质量管理及其发展

质量管理是指确定质量方针、目标和职责并在质量体系中通过诸如质量策划、质量控制、质量保证和质量改进使其实施的全部管理职能的活动。质量管理这个概念，是随着现代化工业生产的发展而逐步形成、发展和完善起来的，现已广泛应用到各个领域。**商品质量管理**是指以保证商品应有的质量为中心内容，运用现代化的管理思想和科学方法，对商品生产和经营活动过程中影响商品质量的因素加以控制，使用户得到满意的商品而进行的一系列管理活动。

商品质量管理大体经历了三个发展阶段：检验质量管理阶段、统计质量管理阶段和全面质量管理阶段。

1）检验质量管理阶段

从20世纪初期到30年代，主要是按既定质量标准要求对产品进行检验；管理对象限于产品本身的质量；管理领域限于生产制造过程。因此，检验质量管理是一种消极防范型管理，依靠事后把关，杜绝不合格产品进入流通领域，无法在生产过程中起到预防、控制作用。

2）统计质量管理阶段

从20世纪40年代到50年代末，主要是按照商品标准，运用数理统计方法在从设计到制造的生产工序间进行质量控制，预防产生不合格产品。管理对象包括产品质量和工序，管理领域从生产制造过程扩大到设计过程。统计质量管理是一种预防型（事先监控型）管理，依靠对生产过程的质量控制，把质量问题消灭在生产过程中。

3）全面质量管理阶段

学习微平台

延伸阅读
2-2

从20世纪60年代至今，世界各国积极推行全面质量管理。**全面质量管理**是指一个组织以质量为中心，以全员参与为基础，目的在于通过让顾客满意和本组织所有成员及社会受益而达到长期成功的管理途径。全面质量管理是一种全面、全过程、全员参与的积极进取型管理，强调调动人的一切积极因素，根据系统论的观点把管理对象看成一个整体，分析系统各要素之间的相互联系、相互作用的相关性，采取相应对策，使商品设计、开发、生产、流通和消费的全过程均处于监控状态，从而保证商品质量符合消费者或用户需求。

2.4.2　商品质量管理的基本方法

1）PDCA循环

（1）PDCA循环的运用

对商品实施全面质量管理的过程，就是要求各个环节、各项工作都按照PDCA循环，周而复始地运转。PDCA循环是美国质量管理专家休哈特博士首先提出的，由戴明采纳、宣传而获得普及，所以又称戴明环。PDCA循环把质量管理过程分为四个阶段，即计划（Plan）、执行（Do）、检查（Check）、处理（Action）。

PDCA循环基本工作如下：

①计划阶段。其任务是制订计划，根据存在的问题或用户对商品质量的要求，找出

问题存在的原因和影响商品质量的主要因素，以此为依据，确定质量方针、质量目标，制订出具体的活动计划和措施，并明确管理事项。

②执行阶段。其任务是执行计划，按计划阶段的计划和标准进行具体实施。

③检查阶段。其任务是检查计划的实现情况，检查执行的结果，将工作结果与计划对照，总结经验，找出问题。

④处理阶段。其任务是把执行的结果进行处理总结。把C阶段执行成功的经验加以肯定，纳入标准或规范，形成制度，以便今后照办；对失败的教训加以总结，以后不再出现同样的错误；遗留问题转入下一个PDCA循环。

PDCA循环既适用于整个企业的质量工作，也适用于各部分、各环节的质量工作。

（2）PDCA循环的特点

①大环套小环，互相促进。PDCA循环作为企业管理的一种科学方法，适用于企业或商品经营、流通等各方面的工作，因此整个企业是一个大的PDCA循环，各部门都有各自的PDCA循环，依次又有更小的PDCA循环，直至具体落实到每个人。这样就形成了一个个大环、中环和小环，且环环相扣、环环联动，推动整个企业的PDCA循环转动起来，使各部门、各环节和整个企业的质量管理工作有机地联系起来，彼此协调，相互促进。

②爬楼梯。PDCA循环依靠组织力量推动，循序进行，循环不是原地转圈，而是每一次转动都有新的内容和目标，因而意味着前进了一步，犹如爬楼梯，逐步上升。在质量管理上，经过一次循环就意味着解决了一批问题，质量水平就有了提高。

③关键在"处理"阶段。"处理"就是总结经验、肯定成绩、纠正错误，以利再战。为了做到这一点，对此阶段必须加以"标准化""制度化"，以便在下一个循环中巩固成绩，避免重复犯错。

【教学互动2-2】

互动问题：为什么说PDCA循环的关键在"处理"阶段？

互动要求：同"教学互动1-1"的"互动要求"。

2）商品全面质量管理的工具和技术

在运用PDCA循环实施全面质量管理时，可借助于以下几种工具和技术进行数据分析，找出质量问题及其影响因素，进行有效的质量控制。

（1）排列图法

排列图法又称帕累托图法。这是找出影响产品质量主要问题的一种有效图表工具。它由一个横坐标、两个纵坐标、几个矩形和一条累计百分比折线组成。排列图有两个作用：一是按重要顺序显示出每个质量改进项目对整个质量问题的作用；二是识别进行质量改进的机会。下面举例说明排列图法。

例如，某电风扇厂收到反映该厂电风扇质量问题的投诉合计120件。其投诉内容见表2-1，根据表中数据计算频率和累计频率，即可画出主次因素排列图，如图2-1所示，并找出影响电风扇质量的关键因素，及时加以解决。由表2-1可看出，该厂首先需要解决运行噪声大和转速不稳定问题。

表2-1　　　　　　　　　　　　　　　　**电风扇质量问题**

投诉原因	件数（件）	频率（%）	累计频率（%）
运行噪声大	56	46.7	46.7
转速不稳定	32	26.7	73.4
输出风量小	13	10.8	84.2
摇头角度小	7	5.8	90.0
网罩不够美观	4	3.3	93.3
其他	8	6.7	100.0
合计	120	100	—

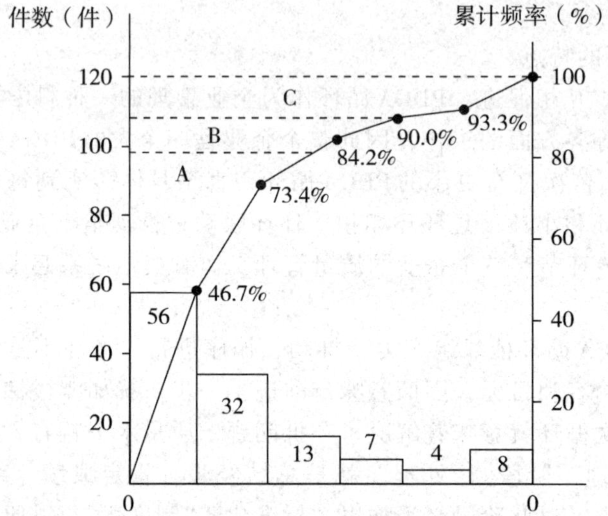

图2-1　主次因素排列图

（2）因果分析图法

因果分析图法也称特性因素图法，主要用于分析各种质量问题产生的原因（如图2-2所示）。在生产、流通和经营过程中，影响商品质量的因素很多，如人、机器、设计、工艺、原材料及经营环境等。通过因果分析图，可以集思广益，寻找和分析造成质量事故的主要原因。因果分析图以粗线条箭头表示质量问题，图上呈现各种原因的分支线条，犹如树枝或鱼刺，故又称树枝或鱼刺图。

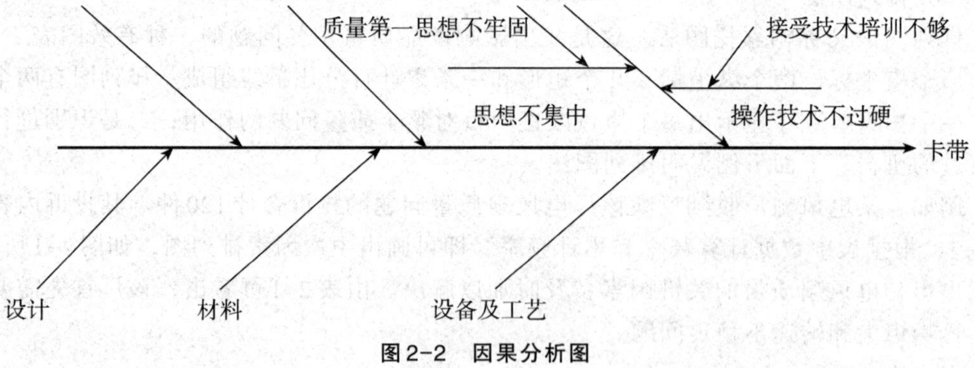

图2-2　因果分析图

（3）直方图法

直方图法，又称质量分布图或频数分布图法。直方图是用一系列宽度相等、高度不等的长方形表示数值的图。长方形的宽度表示数据范围，长方形的高度表示在给定范围内数据的数值。直方图的作用是：①显示质量波动状况；②较直观地传递有关过程质量状况的信息；③当人们研究了直方图中所示的商品质量数据波动状况之后，就能掌握过程的状况，从而确定在什么方面进行质量改进。

例如，某商场销售的白糖是由该商场自己分装的，规定每袋重量为500±10g，某日随机抽取100袋检测其重量，发现最重的509g，最轻的493g。为绘制直方图，需将数据整理成频数表，见表2-2。如以2g为组距，则：

$$组数=\frac{最大值-最小值}{组距}=\frac{509-493}{2}=8\text{（组）}$$

表2-2 **白糖重量频数表**

以白糖重量分（g）	频数（袋）	频率（%）
493～495	2	2
495～497	6	6
497～499	18	18
499～501	26	26
501～503	22	22
503～505	14	14
505～507	8	8
507～509	4	4
合计	100	100

直方图的绘制是以横坐标作为组的数据范围，纵坐标作为频数。在图内以频数为矩形之“高”，以组距为其“宽”。直方图如图2-3所示。

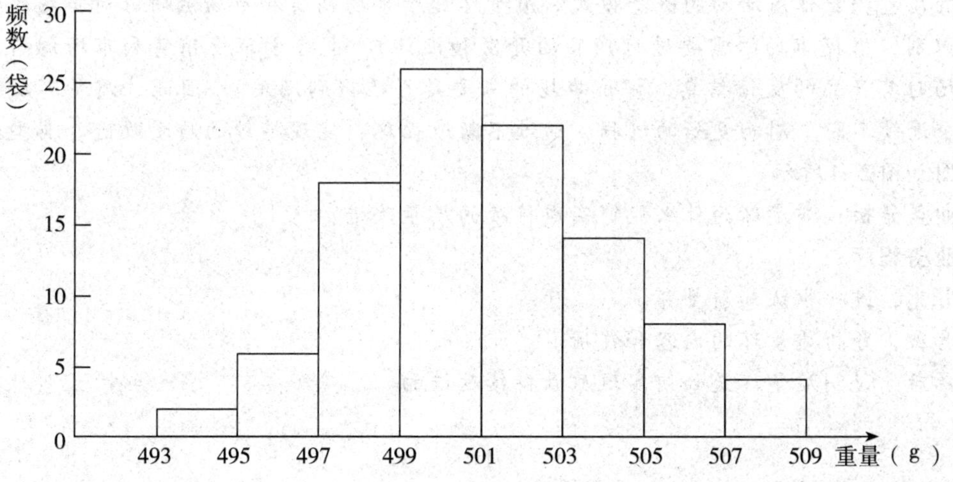

图2-3　直方图

由图2-3可见，实际重量分布范围落在公差范围之内，而且分布也显示正常形态（正态分布），说明质量稳定。如果实际重量分布范围过大，超出公差范围，就会出现废品；如果矩形分布出现异常形态，就需分析原因，防止产生废品。

（4）控制图法

控制图法又称管理图法。它是画有控制（或管理）界限的一种图表，用来区分质量波动究竟是由偶然原因引起的，还是由系统原因引起的。分析和判断工序是否处于稳定状态，从而判断商品质量是否处于可控制（或管理）状态，预报影响质量的异常原因。它利用图表形式，来反映生产过程中的状况，并据此对生产过程进行分析、监督和控制。

（5）散布图法

散布图法又称分散图法，或相关分析法。商品的质量与影响质量的因素之间，常常有一定的依存关系，但它们又不是严格的一一对应的函数关系，即不能由一个变量的数值精确地求出另一个变量的数值，这种依存关系称为相关关系。如玻璃、陶瓷制品的破损率与运输距离之间的关系等。分析商品质量和影响因素之间的关系，并自觉运用这种关系，对提高商品质量有很大的作用。相关分析比较简单的方法是画出散布图，又称散点图（或分散图、相关图）。

（6）调查表法

调查表法又称检查表法、核对表法、统计分析表法，是进行数据整理和粗略分析事故原因的常用工具。其格式各种各样，一般因调查目的不同，可以设计出不同的表格。在质量管理中，最常用的有：调查缺陷位置的统计调查分析表；工序内质量特性分布统计调查表；不合格项分类的统计调查表等。它们是日常工作中班组、柜组管理的有效方法。

除上述6种质量管理的工具和技术外，还有对策表法、系统图法、水平对比法、流程图法和亲和图法等方法。

【同步业务2-2】

质量环又称朱兰质量螺旋，是指从识别需要到评定这些需要是否得到满意的各阶段中影响质量相互作用活动的概念模式。质量环始于市场销售和市场调研（对市场的需求进行识别，根据市场的需要进行产品的开发和设计），也终于市场销售和市场调研（根据市场对其产品的反馈信息，评价市场的需要是否已得到满足）。因此，质量环反映的是一个连续不断、周而复始的过程，通过不断地循环，实现持续的质量改进。典型的质量环图如图2-4所示。

业务分析：质量环为什么能够实现持续的质量改进？

业务程序：

首先，进一步认知质量环。

其次，分析质量环的内容和作用。

最后，说明质量环是如何实现质量持续改进的。

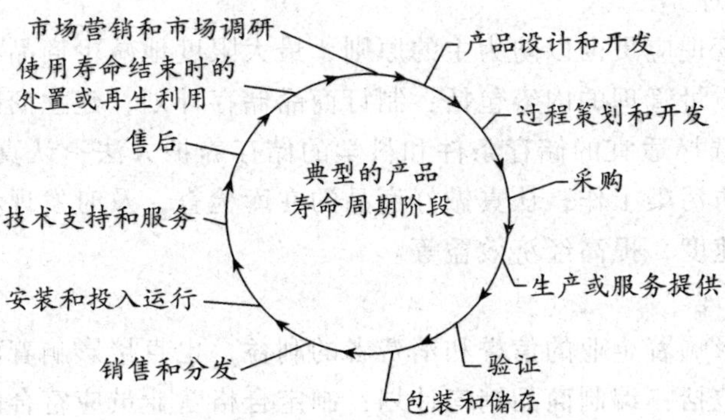

a.生产质量环

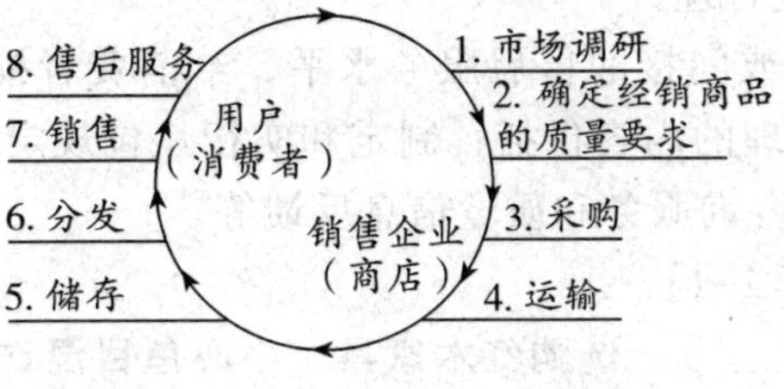

b.销售质量环

图2-4　典型的质量环图

2.4.3　流通领域的商品质量管理

商品质量管理已不局限在具体的商品质量上，而是建立企业质量保证体系——ISO 9000系列，也就是质量管理和保证的国际标准。商品流通领域的质量管理主要表现在调研、采购、运输、储存、销售和售后服务质量等方面。

1）市场调研质量管理

市场调研能有效地减少企业经营活动中的盲目性，有助于企业科学地制订购销计划，组织适销对路的商品；同时，也可以促进工业企业产品更新换代、结构调整、改进和为提高商品质量提供可靠依据。市场调研质量管理的内容主要包括：消费者需求市场调查、确定经营商品的质量要求以及经营特色和经营管理费用。

2）采购质量管理

严格把好进货关，防止不合格品和假冒伪劣商品进入流通领域，是企业搞好商品质量管理的重要环节，也是流通质量管理的基础。采购质量管理的内容包括：建立商品进货管理制度，编制采购计划；选择合格的货源单位并签订商品质量合同；建立商品验收、检验制度和商品检验机构，培训检验人员；对经销的商品进行分类管理。

3）运输质量管理

保证运输质量是商品质量管理在流通领域的重要环节，商品运输质量管理要遵循“及时、准确、安全、经济”的原则。运输质量管理的内容包括：制订科学的运输计划；选择合理的运输路线；确定适宜的运输条件和运输工具；建立商品交接验收制度；采用先进合理的运输方法；科学堆放，文明装卸等。

4）储存质量管理

商品储存质量管理应贯彻以防为主的原则，最大限度地减少商品在储存期间的质量变化和损失。储存质量管理的内容包括：制订商品储存计划；建立商品出入库验收制度和仓库管理制度；选择适宜的储存条件和科学的储存养护方法；认真管理仓库温湿度，做好防霉、防锈、防污染工作；认真做好商品的在库检查，及时发现和处理商品质量问题；加快商品出库速度，提高经济效益等。

5）销售质量管理

销售质量直接影响着企业的信誉和消费者的利益，也直接影响着商品质量。销售质量管理的主要内容包括：编制商品销售计划；制定合格营业员应符合的条件；确定适宜的销售环境；规定销售过程及其质量要求；培训营业员，提高服务质量等。

6）售后服务质量管理

企业应提高直接或间接的售后服务水平，给消费者提供质量保证，并搜集质量信息。售后服务质量管理的内容包括：制定和实行三包规定；送货上门；免费安装调试；免费培训、开展质量咨询服务和质量信息反馈等。

【职业道德与企业伦理2-1】

选购红木家具　小心鱼目混珠

背景与情境：明明买的是名贵的红酸枝全红木家具，可有些部件用的却是其他廉价的木种；标价5万元一套的黄花梨圈椅，可实际上木料用的却是不足万元的“亚花梨”；一些标称“海南黄花梨”的家具，其实用料却是“越南黄花梨”，产地之差别，价格就有天壤之别。还有的以卢氏黑黄檀冒充小叶紫檀，或在普通木材表面涂上红木色漆来蒙骗消费者。

问题：这样的炒作会给红木家具市场带来什么样的影响？

分析提示：据业内一位知情人士透露，这些制假现象绝不是个别问题，目前红木家具市场中三成产品是以次充好。“现在造假的手法越来越多，连收藏家都要花很大的精力和时间来辨别真伪”。专家提醒，由于红木家具市场陷阱多，外行人难辨真假，因此购买红木家具时要格外慎重。这些制假企业的行为与企业职业道德和企业伦理格格不入。这样发展下去，不仅消费者受害，也会给红木家具市场带来严重的危害。

■ 本章概要

□ 内容提要

● 商品质量是指商品满足规定或潜在要求（或需求）的特征和特性的总和，是商品具备适用功能、满足规定和消费者需求程度的一个动态的、综合性的概念。商品质量在表现形式上，由外观、内在和附加质量构成；在形成环节上，由设计、制造和市场质量构成；在有机组成上，由自然、社会和经济质量构成。

● 商品质量的基本要求是根据其用途、使用方法及消费者期望和社会需求来确定的。食品质量的基本要求是，具有一定的营养价值，安全性，良好的色、香、味、形；纺织品质量的基本要求是服用性好，耐用，卫生安全，满足消费者审美需要；日用工业品质量的基本要求是，适用性好，坚固耐用，卫生安全，结构合理与外观完好，舒适美观；商品经济质量的基本要求包括商品成本、使用费用和使用寿命三个方面。

● 影响商品质量的因素有生产过程的市场调研、商品开发设计、原材料、生产工艺、成品检验及包装等；流通过程的商品运输、储存与养护、销售服务等；消费过程的消费心理、消费习惯、商品使用等。

● 商品质量管理是随着现代化的发展而逐步形成和完善的。经历了检查质量管理、统计质量管理和全面质量管理三个阶段。商品质量管理的基本方法有PDCA循环法、质量环法、排列图表法、因果分析图法、直方图法、控制图法、散布图法和调查表法等。流通领域的商品质量管理包括市场调研、采购、运输、储存、销售和售后服务方面的质量管理。

□ 主要概念和观念

▲ 主要概念

商品质量　食品安全　适用性　商品质量管理　全面质量管理

▲ 主要观念

商品质量基本要求　商品质量管理

□ 重点实务

商品质量概念理解　商品质量基本要求分析　商品质量管理实况考察

■ 基本训练

□ 知识训练

▲ 简答题

(1) 什么是商品质量？举例说明商品质量的概念。

(2) 食品质量的基本要求有哪些？

(3) 决定和影响工业商品质量的因素有哪些？

(4) 简述PDCA循环法和质量环法的特点。

▲ 填空题

(1) 在表现形式上，商品质量由外观、________和__________质量构成。

(2) 纺织品质量的基本要求是服用性、耐用性、________和________。

(3) 商品质量管理经历了检验质量管理、________和________三阶段。

▲ 单项选择题

(1) 不属于服用性质量指标的是（　　）。

A.起毛起球性　　B.抗静电性　　C.舒适性　　D.缩水性

(2) 用来区分商品质量波动究竟是偶然原因还是系统原因引起的方法是（　　）。

A.直方图法　　B.控制图法　　C.散布图法　　D.排列图法

(3) 防止不合格品和假冒伪劣商品进入流通领域的关键是（　　）。

A.采购质量管理　　B.储存质量管理　　C.销售质量管理　　D.运输质量管理

▲ 多项选择题

(1) 日用工业品质量的基本要求是（　　）。

A.适用性　　B.坚固耐用性　　C.卫生安全性

D.美观性　　E.吸湿透气性

（2）PDCA循环，PDCA表示质量管理过程的（　　）阶段。

A.计划　　B.检查　　C.执行

D.奖励　　E.处理

▲ 讨论题

（1）日常食品是否都符合食品质量的基本要求，有没有例外？如有的话，是哪些食品，为什么？

（2）有哪些因素影响服装质量？这些因素是怎样影响服装质量的？

（3）怎样进行流通领域的商品质量管理？

□ 能力训练

▲ 案例分析

别拿方便面当干粮？

背景与情境：有资料表明，中国已成为世界上最大的方便面生产和销售国，2000年方便面销量达140亿包，平均每人每年消费11包。一些在校大学生、单身上班族更是把方便面当成了每日一餐，但有关专家提醒消费者，方便面只宜当作救急食品，而不应是日常餐桌上的主角。

资料来源　桑司文. 别拿方便面当干粮［N］. 中国消费者报，2001-08-10（6）.

问题：

（1）在2020年9月3日第二十届中国方便食品大会上，世界方便面协会会长安藤宏基介绍，数据显示，截至目前，我国方便面市场规模已经达到990亿元人民币，一个千亿元的市场呼之欲出。请问你所在集体每人每月方便面消费量是多少？

（2）方便面符合食品质量的基本要求吗？

（3）为什么说方便面只宜当作救急食品，而不应充当日常餐桌上的主角？

分析要求：同第1章“基本训练”中本题型的“分析要求”。

▲ 实训操练

实训项目：商贸企业商品质量管理实况考察。

实训步骤：

（1）同学们3～5人一组，制订考察方案。

（2）进行实地观察和调查。

（3）对观察和调查的资料进行分析整理。

（4）运用商品质量管理的理论、方法和工具，对所考察商贸企业商品质量管理实况进行分析研究，提出改进建议，并写出书面报告。

（5）各组在班级讨论交流、相互点评与修订各组的实训报告。

（6）在校园网的本课程教学平台上展示经过修订和教师点评的各组实训报告，供同学借鉴。

□ 善恶研判

中国消费者协会揭露盲盒营销四大问题　部分商家将盲盒当清库存工具

背景与情境：盲盒，顾名思义就是在相同的盒子中放置不同的商品，消费者事先不知道盒子里装的是什么，但有一定概率能够抽到自己心仪的商品，正是这种类似于抽奖的营销策略，极易刺激消费者购买的欲望，成为当下吸引青少年群体消费的营销方法之一。除最初的玩具外，餐饮、美妆、文具、图书等诸多消费领域也都掀起了“盲盒风”，消费市场上随处可见盲盒的身影。

在盲盒经济迅猛发展的同时，伴随而来的一些问题却不容忽视。1月26日，中国消费者协会发布关于盲盒的消费提示，指出“盲盒经济”存在过度营销、虚假宣传、假劣产品时有出现、消费纠纷难解决等问题，甚至有的商家将盲盒当成清库存的工具。

过度营销　消费者易入套上瘾

盲盒经营者营销手段众多，有的是通过与明星、综艺节目、网红主播等合作，不停地刷存在感；有的是通过玩家分享、讨论、交换等方式，唤起消费者的收藏和炫耀心理，激发消费者的购买欲望；还有的打造系列概念，并设置一个最难获得的隐藏款等进行饥饿营销。这类营销手段促使很多消费者醉心于享受拆盲盒所带来的不确定性与惊喜感，引发消费者冲动购买，助长了非理性消费行为，尤其是青少年群体，他们好奇心强、喜欢攀比、消费观念尚不健全，十分容易因为盲盒而上瘾。

此外，还衍生出了炒盲盒的二手交易市场，一些隐藏款等稀有盲盒玩具被炒到上千元的高价。这种投机行为也为盲盒持续升温起到了推波助澜的作用。

虚假宣传　到手货品与宣传不符

盲盒与普通商品相比，具有很强的信息不对称性，消费者只能依靠商家的广告宣传来选购，这就很容易被商家夸大商品价值、虚构中奖概率、颜色款式不符等虚假宣传所误导。

某经营者在2019年“双11”时推出了“新品优享礼包”盲盒产品，广告宣称每月会给玩家发一个当月新款盲盒以及一套当月明信片，连续发12个月。但在2020年1月，消费者收到的却不是新品，而是2019年12月预售过的旧款。很多玩家认为这与当初的广告宣传不一致，涉嫌欺骗消费者，引发消费者群体投诉。

2020年10月，消费者侯先生向深圳市消委会投诉称，其花100元网购的盲盒商品实际与宣传严重不符，宣传使用的图片过于美化，实物娃娃肤色与宣传图片差别很大。

质量较差　“三无”产品时有出现

有的盲盒里的产品可能不符合有关国家标准安全性指标，甚至可能是山寨品或者二次销售品；有的是没有生产日期、质量合格证以及生产厂家的“三无”产品；还有的存在划痕、掉漆、污渍等质量瑕疵。

上海市浦东新区消保委曾于2019年12月委托专业检测机构对10组不同品牌的盲盒产品进行检测，结果发现8件样品存在“小零件”隐患，可能存在造成儿童堵塞呼吸道、隔绝空气流通而导致的窒息危险。

2020年12月，消费者阮先生向深圳市福田区消委会投诉称，其花9.9元在网上购买了一只盲盒，盲盒里是一个U型枕。但是阮先生使用了20天，U型枕就出现了脱线的问题。阮先生在查找经营者信息的时候发现该U型枕是“三无”产品。

纠纷难解　售后服务亟待改善

有消费者反映一些商家“店大欺客”，消费者遇到质量问题只换不退；还有的商家售后效率低下，对消费者的问题一直拖延处理。

河北省衡水市消费者李女士2020年7月底在网上购买了一只盲盒，价格为47元，收到后发现盲盒里的是假货。李女士联系商家客服要求退货，客服称会帮忙处理，但是李女士等了一周也没有任何处理结果，最后李女士投诉到上海市消保委寻求帮助。

资料来源　任震宇．中国消费者协会揭露盲盒营销四大问题　部分商家将盲盒当清库存工具（摘录）[EB/OL]．[2021-01-28]．https：//zxb.ccn.com.cn/shtml/zgxfzb/20210128/165410.shtml.

问题：

（1）点评本案例中的道德伦理。

（2）试对上述案例做出你的善恶研判。

（3）通过网上或图书馆调研等途径搜集你做善恶研判所依据的行业规范。

（4）你对本案例有何感受？

研判要求：同第1章“基本训练”中本题型的“研判要求”。

第3章 商品检验与评价

◆ 学习目标

通过本章学习，应该达到以下目标：

职业知识：学习和把握商品检验、评价的内容和方法，了解商品检验和质量监督的形式，掌握商品标准的分级和内容；能用本章理论知识指导相关认知活动，用实务知识规范相关技能活动。

职业能力：运用本章知识研究相关案例，培养在特定业务情境中分析问题与决策设计能力；通过“日用塑料外观鉴别实验”的实训操练，训练学生对常见商品进行初步质量检验与评价的操作技能。

职业道德：结合商品质量检验与评价的教学内容，依照行业道德规范或标准，分析“职业道德与企业伦理3-1”和章后“基本训练”之“善恶研判”中企业及其从业人员基于商品质量保证的商务活动行为的善恶，强化职业道德素质。

【引例】

山东省市场监督管理局抽查30批次验配眼镜产品不合格3批次

背景与情境： 2020年12月8日，山东省市场监督管理局网站公布2020年验配眼镜产品质量省级监督抽查结果。本次共抽查了全省30家企业生产/销售的30批次验配眼镜产品，其中，生产领域30家企业30批次。抽查发现3家企业的3批次产品不符合相关标准的要求，不合格项目为柱镜轴位偏差、光学中心水平偏差、光学中心单侧水平偏差。

本次抽查依据GB 10810.1—2005《眼镜镜片第1部分：单光和多焦点镜片》、GB 10810.3—2006《眼镜镜片及相关眼镜产品第3部分：透射比规范及测量方法》、GB 13511.1—2011《配装眼镜第1部分：单光和多焦点》等标准的要求，对验配眼镜产品的球镜顶焦度偏差、柱镜顶焦度偏差、柱镜轴位偏差、可见光谱区透射比、紫外光谱区透射比、光学中心水平偏差、光学中心单侧水平偏差、光学中心垂直互差、装配质量、标志等11个项目进行了检验。

资料来源　陈娟女. 山东省市场监督管理局抽查30批次验配眼镜产品不合格3批次［EB/OL］.［2020-12-09］. http://www.cqn.com.cn/ms/content/2020-12/09/content_8651210.htm?tdsourcetag=s_pcqq_aiomsg.

这一案例说明，质量监督检验是商品质量保证的一个重要组成部分，商品质量是否符合规定，只有经过检验才能确定；而商品质量能否满足消费者需求，则必须进行全面的商品质量评价，开展商品质量管理和监督活动。

3.1　商品检验的概念、形式和内容

3.1.1　商品检验的概念

商品检验是指商品的产方、买方或者第三方在一定条件下，借助某种手段和方法，按照合同、标准或国际、国家的有关法律、法规、惯例，对商品的质量、规格、数量以及包装等方面进行检查，并做出合格与否或通过验收与否的判定，或为维护买卖双方合法权益，避免或解决各种风险损失和责任划分的争议，便于商品交接结算而出具各种有关证书的业务活动。其中，商品质量检验是商品检验的中心内容，狭义的商品检验即指商品质量检验。

商品检验在早期质量管理的发展阶段发挥了保证商品质量的把关作用，在全面质量管理不断发展、完善的今天，由于预防、控制并非总是有效的，所以商品检验仍然是商品质量保证工作的一项重要内容。

3.1.2　商品检验的形式

1）根据检验有无破坏性，分为破坏性检验和非破坏性检验两种形式

（1）破坏性检验指经测定、试验后的商品遭受破坏的检验。

（2）非破坏性检验指经测定、试验后的商品仍能使用的检验，也称无损检验。

2）根据检验商品的相对数量，分为全数检验、抽样检验和免于检验三种

（1）全数检验。全数检验是对被检批的商品逐个地进行检验，也称百分之百检验。其优点是能提供较多的质量信息，给人一种心理上的放心感。缺点是由于检验量大，费用高，易造成检验人员疲劳而导致漏检或错检现象。全数检验适用于批量小、质量特性少且不稳定的商品，如照相机、手表、彩电、冰箱等的检验，是一种非破坏性的检验。

（2）抽样检验。抽样检验是按照事先已确定的抽样方案，从被检批商品中随机抽取少量样品，组成样本，再对样本逐一测试，并将检验结果与标准或合同技术要求进行比较，最后由样本质量状况统计推断受检批次商品整体质量是否合格的检验。其优点是检验的商品数量相对较少，节约费用，具有一定的科学性和准确性。缺点是提供的质量信息少，适用于批量大、价值低、质量特性多且质量较为稳定的商品，是一种具有破坏性的商品检验，适用于天然矿泉水、糕点、乳制品的检验。

（3）免于检验。免于检验是指对生产技术和检验条件较好、质量控制具有充分保证、成品质量长期稳定的生产企业的商品，在企业自检合格后，商业和外贸部门可以直接收货，免于检验。

另外，根据商品内、外销售的情况，商品检验还分为内贸商品检验和进出口商品检验两种形式。

3.1.3 商品检验的内容

1）商品质量检验

商品质量检验包括成分、规格、等级、性能和外观质量等方面，是根据合同和有关检验标准规定或申请人的要求，对商品的使用价值所表现出来的各种特性，运用人的感官或化学、物理等各种手段进行测试、鉴别。其目的就是判别、确定该商品的质量是否符合合同中规定的商品质量条件和标准。

【同步业务 3-1】

我国某外贸公司与欧洲G国某公司签订了出口半漂布合同。根据双边贸易协定，凡从中国进口货物，均按G国国家标准进行验收；我国出口到对方的货物按我国国家标准验收。这批出口半漂布合同的品质条款规定交货品为一等品，每100m半漂布最多允许有10个疵点，每个疵点让码10cm。我国某外贸公司出口后即遭对方索赔，G国认为我国出口的500多万m半漂布不符合合同品质条款，提出高达110万美元的索赔要求。G国某公司也承认，这个合同的品质要求实际做不到，但已签订了合同，就要赔偿，最后我国公司赔付违约金后了结此案。

资料来源 万融. 商品学概论［M］. 北京：中国财政经济出版社，2000.

业务分析：出现上述问题的主要原因有哪些？这个合同的品质要求实际做不到，我方为什么还要赔偿？

业务程序：

首先，合同签订者未按当时双边协定的规定办理，而是另外制定了一套品质规格和检验标准。

其次，一方面说明我国签订合同的人员不懂商品的业务技术（事实上我国标准规定

每30cm允许10个疵点，每类疵点都有具体规定），而合同却远远超出了我国标准，听任对方提条件；另一方面G国人员也缺乏诚实的商业品德。

最后，已签订了合同，就要执行。

2）商品重量和数量检验

商品的重量和数量是贸易双方成交商品的基本计量和计价单位。商品重量和数量的多少，与其质量的优劣一样，直接关系到买卖双方的经济利益，因此，要求检验机构做出检验和鉴定。重量检验就是根据合同规定，采用不同的计量方式，对不同的商品计量出它们准确的重量。数量检验是按照发票、装箱单或尺码明细单等的规定，对整批商品进行逐一清点，证明其实际装货数量。

【同步案例3-1】

合同上的一字之差

背景与情境：某出口公司在某次交易会上与外商当面谈妥出口大米1万公吨，每公吨USD275F.O.B.中国口岸。但我方在签约时，合同上只笼统地写了10 000吨（ton），我方当事人主观上认为合同上的吨就是公吨。后来，外商来证要求按长吨（long ton）供货，如我方照证办理则要多交大米160.5公吨，折合44 137.5美元。

资料来源　万融．商品学概论［M］．北京：中国财政经济出版社，2000.

问题：这里一字之差却相差几万美元，你有何感想？

分析提示：业务人员不了解计量单位（1长吨=1.016公吨），缺乏经验。

3）商品包装检验

商品包装检验是根据贸易公司或契约的规定，对商品的包装标志、材料、种类、方法等进行检验，查看商品包装是否完好、牢固等，商品包装检验就是对商品的销售包装和运输包装进行检验。

包装也是贸易合同的要素之一，如所用的包装与规定不符，不管质量是好、是坏，也不管价格是贵、是贱，都是违约，买方有权拒收并提出索赔。例如，我国某公司出口某种化工原料，共500吨，合同规定以“单层新麻袋，每袋50千克”包装，但我方装船发货时发现新麻袋只够装450吨的货物，剩余50吨货物用一种更结实、价格也比新麻袋贵的涂塑麻袋包装，结果被对方索赔。

【教学互动3-1】

互动问题：更好的包装，结果反而被对方索赔，法理何在？

互动要求：同“教学互动1-1”的“互动要求”。

4）商品安全、卫生检验

商品安全检验主要是指电子电器类商品的漏电检验、绝缘性能检验和X光辐射检验等。商品卫生检验是指对商品中的有毒有害物质及微生物的检验，如食品添加剂中砷、铅、镉的检验，茶叶中的农药残留量检验等。

对于进出口商品的检验除上述内容外，还包括海损鉴定、集装箱检验、进出口商品的残损检验、出口商品的装运技术条件检验、货载衡量、产地证明、价值证明以及其他业务的检验。我国加入WTO后，可直接参与WTO成员方制定新的技术法规、标准和合格评定程序征求意见的全过程。在享用这些权利的同时，我国的商品检验工作既面临机遇，也面临更大的挑战。

3.2 商品检验的主要依据

商品检验的主要依据是商品标准，商品标准是标准体系中的一个重要组成部分，是社会化工业大生产的一个必然产物。

3.2.1 商品标准的定义、分类、构成与内容

1）商品标准的定义

标准是对重复性事物和概念所做的统一规定。它以科学、技术和实践经验的综合成果为基础，经有关方面协商一致，由主管机构批准，以特定的形式发布，作为共同遵守的准则和依据。它说明：制定标准的领域和对象是需要协调统一的重复性事物和概念；制定标准的依据是科学技术和实践经验的综合成果；标准经有关方面在充分协商的基础上产生；标准的本质特征是统一；标准文件有特定的格式和制定颁布程序。

标准按其性质可以分为技术标准、生产组织标准和经济管理标准三大类。商品标准是技术标准的一个组成部分，也叫产品标准。**商品标准**是对商品质量和与商品质量有关的各方面需要统一的技术要求。商品标准对商品的结构、化学组成、规格、等级、质量要求、试验方法、验收规则、标志、包装、运输、储存、使用以及生产技术等方面均有统一的规定。商品标准是商品生产、检验、验收、监督、使用、维护和贸易洽谈的技术准则，也是发生商品质量争议时仲裁的技术依据。

2）商品标准的分类

商品标准按其存在形式，有文件标准和实物标准两类。文件标准是有特定格式的文件，通过文字、表格、图样等形式，表达全部或部分商品质量有关方面技术内容的统一规定。目前，绝大多数商品标准是文件标准。实物标准是用实物作为标准样品，对某些难用文字准确表达的色、香、味、形、手感、质地等质量要求，由标准化机构或指定部门用实物做成与文件标准规定的质量完全或部分相同的标准样品，按一定的程序发布，作为文件标准的补充。

商品标准按其约束性，有强制性标准和推荐性标准两类。

3）商品标准的构成

学习微平台

延伸阅读 3-1

构成商品标准的全部要素可分为概述要素、标准要素和补充要素三类。概述要素包括识别标准，介绍标准内容，说明标准背景，标准的制定以及与其他标准的关系等内容；标准要素，规定了标准的要求和必须遵守的条文；补充要素，提供有助于理解标准或使用标准的补充信息。产品标准要素的编排见表3-1，一个标准不需要包括表中所有的要素，但可以包括表中所示之外的其他要素。

4）商品标准的内容

（1）封面。其主要内容有：标准名称、标准的级别与代号、批准机构、发布与实施时间等。

（2）前言。其由专用部分和附加说明部分组成。专用部分内容主要有：指明采用国际标准的程度，该标准废除或代替其他文件的全部或其中一部分的说明，实施标准过渡

表3-1　**产品标准要素的编排**

要素的类型		要素
概述要素		封面 目次 前言 引言 首页
标准要素	一般要素	标准名称 范围 引用标准
	技术要素	定义 名词术语与符号代号 技术要求 抽样 试验方法 分类与命名 标志、标签、包装 标准的附录
补充要素		提示的附录 脚注 采用说明的注释

期的要求，哪些附录是标准的附录，哪些是提示附录等；附加说明部分包括本标准的提出部门，归口单位，主要起草人，首次发布、历次修订和复审确定的年、月，委托负责解释的单位等。

（3）范围。其明确规定标准的主题及其所包括的方面，指明该标准的使用限制，包括本标准适用于何种原料、何种工艺生产、做何用途等内容。

（4）名词术语与符号代号。有关该商品的名词术语和符号代号，凡在国家基础标准中未做统一规定的，都应在标准中做出规定。

（5）技术要求。这是为了保证商品使用要求而必须具备的产品技术性能方面的规定，是指导生产、使用以及对商品质量检验的主要依据。主要内容有：理化性能，质量等级，使用特性，稳定性，耗能指标，感官指标，材料要求，工艺要求及有关卫生、安全和环境保护等方面的要求，引入标准的技术要求应是决定商品质量和使用特性的关键性指标，并应该是可以测定和鉴定的。在规定技术要求时，必须同时规定商品的工作条件，在某些标准中，还需要规定该商品的附有注意事项、用户须知或安装指南等。

（6）试验方法。内容包括试验项目、适用范围、试验原理与方法、仪器用具、试剂样品制备、操作程序、结果计算、平行试验允许误差、分析评价和试验报告等。

（7）标志、标签和包装。为了使商品在从出厂到交付使用的整个过程中质量不致受损，标准中必须对商品的标志、标签和包装制定合理的统一规定。内容包括制造商或销售商的商标、牌号或型号；搬运说明、危险警告、制造日期等；规定包装材料、包装技术与方式，每件包装中商品的数量、质量和体积等。

【同步思考3-1】

问题：有了商品标准，商品质量就完全有了依据吗？

理解要点：商品标准是对商品质量的技术规定，是技术准则，也是商品质量仲裁的技术依据。

3.2.2 商品标准的分级

标准按照其适用领域和有效范围不同，可分为不同的层次、级别，其目的是适应不同技术水平、不同管理水平以及满足不同的经济要求。根据《中华人民共和国标准化法》，标准包括国家标准、行业标准、地方标准和团体标准、企业标准。国家标准分为强制性标准、推荐性标准，行业标准、地方标准是推荐性标准。强制性标准必须执行。国家鼓励采用推荐性标准。从世界范围来说，标准通常被分为国际标准、区域标准、国家标准、行业或专业团体标准以及公司（企业）标准五级。

1）国内标准的分级

（1）国家标准。国家标准分为强制性国家标准和推荐性国家标准。对保障人身健康和生命财产安全、国家安全、生态环境安全以及满足经济社会管理基本需要的技术要求，应当制定强制性国家标准。对满足基础通用、与强制性国家标准配套、对各有关行业起引领作用等需要的技术要求，可以制定推荐性国家标准。

强制性国家标准代号由“国标”二字的汉语拼音第一个字母组成，为“GB”；推荐性国家标准代号为“GB/T”。国家标准号由国家标准代号、国家标准发布顺序号和国家标准发布年代号构成。强制性国家标准表示形式如图3-1所示：

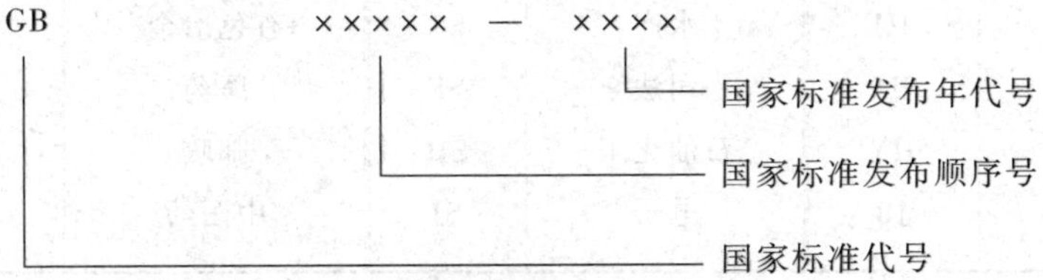

图3-1 强制性国家标准表示形式

推荐性国家标准的表示形式为：GB/T ×××××—××××。

（2）行业标准。对没有推荐性国家标准、需要在全国某个行业范围内统一的技术要求，可以制定行业标准。行业标准号由行业标准代号加/T、行业标准顺序号及行业标准发布年代号组成，我国行业标准代号见表3-2。行业标准表示形式如图3-2所示。

（3）地方标准。为满足地方自然条件、风俗习惯等特殊技术要求，可以制定地方标准。地方标准在相应的国家或行业标准实施后，自行废止。

地方标准代号由汉语拼音字母“DB”加上省、自治区、直辖市行政区代码前两位数加/T、标准顺序号及标准发布年代号组成。全国各省、自治区、直辖市代码见表3-3。

表 3-2　　我国行业标准代号

行业 标准名称	标准 代号	行业 标准名称	标准 代号	行业 标准名称	标准 代号
安全生产	AQ	建材	JC	水利	SL
包装	BB	建筑工程	JG	出入境检验检疫	SN
船舶	CB	金融	JR	税务	SW
测绘	CH	交通	JT	石油天然气	SY
城镇建设	CJ	教育	JY	铁路运输	TB
新闻出版	CY	旅游	LB	土地管理	TD
档案	DA	劳动和劳动安全	LD	体育	TY
地震	DB	粮食	LS	物资管理	WB
电力	DL	林业	LY	文化	WH
电影	DY	民用航空	MH	兵工民品	WJ
地质矿产	DZ	煤炭	MT	外经贸	WM
核工业	EJ	民政	MZ	卫生	WS
纺织	FZ	能源	NB	文物保护	WW
公共安全	GA	农业	NY	稀土	XB
国家物资储备	GC	轻工	QB	消防救援	XF
供销合作	GH	汽车	QC	黑色冶金	YB
国密	GM	航天	QJ	烟草	YC
广播电影电视	GY	气象	QX	通信	YD
航空	HB	认证认可	RB	减灾救灾与综合	YJ
化工	HG	国内贸易	SB	性应急管理	
环境保护	HJ	水产	SC	有色冶金	YS
海关	HS	司法	SF	医药	YY
海洋	HY	石油化工	SH	邮政	YZ
机械	JB	电子	SJ	中医药	ZY

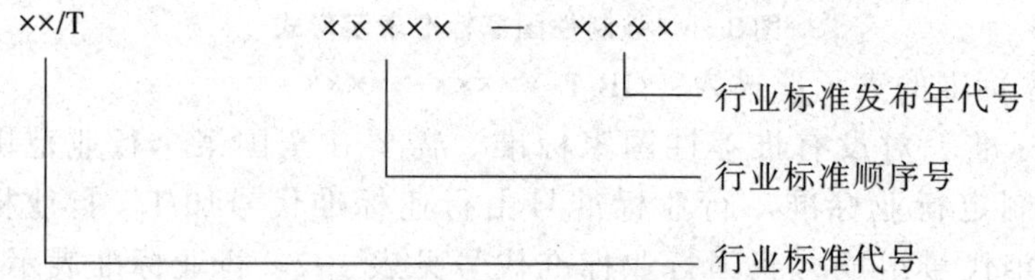

图 3-2　行业标准表示形式

地方标准的表示形式为：DB ××/T ×××××—××××。

（4）团体标准。国家鼓励学会、协会、商会、联合会、产业技术联盟等社会团体协调相关市场主体共同制定满足市场和创新需要的团体标准，由本团体成员约定采用或者按照本团体的规定供社会自愿采用。团体标准编号依次由团体标准代号（T）、社会团体代号、团体标准顺序号和年代号组成。团体标准表示形式如图 3-3 所示。

表3-3　**全国各省、自治区、直辖市代码**

名称	代码	名称	代码
北京市	110000	湖南省	430000
天津市	120000	广东省	440000
河北省	130000	广西壮族自治区	450000
山西省	140000	海南省	460000
内蒙古自治区	150000	重庆市	500000
辽宁省	210000	四川省	510000
吉林省	220000	贵州省	520000
黑龙江省	230000	云南省	530000
上海市	310000	西藏自治区	540000
江苏省	320000	陕西省	610000
浙江省	330000	甘肃省	620000
安徽省	340000	青海省	630000
福建省	350000	宁夏回族自治区	640000
江西省	360000	新疆维吾尔自治区	650000
山东省	370000	台湾省	710000
河南省	410000	香港特别行政区	810000
湖北省	420000	澳门特别行政区	820000

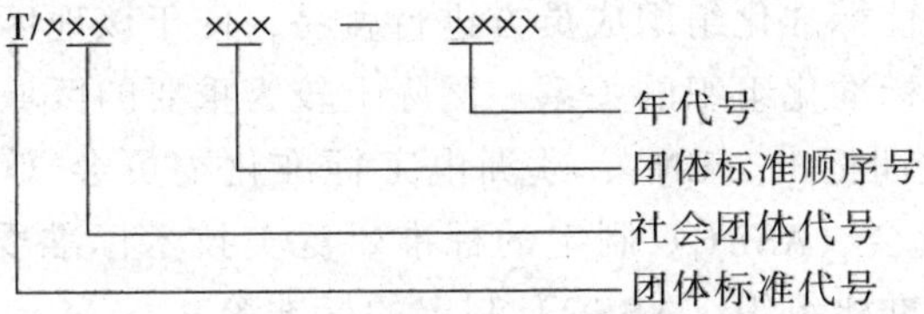

图3-3　团体标准表示形式

例如，T/CGCC 8—2017为中国商业联合会发布的《自热方便菜肴制品》。

（5）企业标准。企业可以根据需要自行制定企业标准，或者与其他企业联合制定企业标准。企业标准表示形式如图3-4所示。

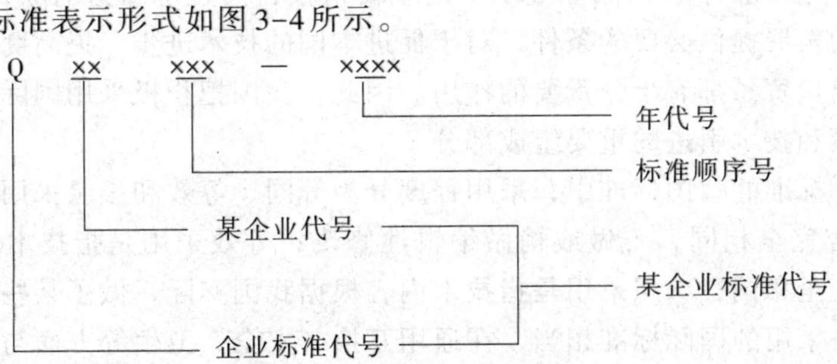

图3-4　企业标准表示形式

企业代号可用汉语拼音和阿拉伯数字或两者兼用。

例如Q/HWL 0034S—2017，是南方黑芝麻股份集团有限公司的企业标准。

国家支持在重要行业、战略性新兴产业、关键共性技术等领域利用自主创新技术制定团体标准、企业标准。推荐性国家标准、行业标准、地方标准、团体标准、企业标准的技术要求不得低于强制性国家标准的相关技术要求。国家鼓励社会团体、企业制定高于推荐性标准相关技术要求的团体标准、企业标准。

2）国际标准与区域标准

（1）国际标准。国际标准是指由国际标准化组织（ISO）和国际电工委员会（IEC）制定的标准，以及经国际标准化组织认可并收集到《国际标准题录索引》中加以公布的其他国际组织所制定的标准。它们已为大多数国家承认和不同程度地采用。

国际标准化组织认可的国际组织有：国际计量局（BIPM）、国际人造纤维标准化局（BISFA）、食品法典委员会（CAC）、关税合作理事会（CCC）、国际电气设备合格认证委员会（CEE）、国际照明委员会（CIE）、国际无线电咨询委员会（CCIR）、国际原子能机构（IAEA/AIEA）、国际劳工组织（ILO）、国际海事组织（IMO）、世界动物卫生组织（OIE）、国际法制计量组织（OIML）、国际葡萄与葡萄酒局（IWO）、联合国教科文组织（UNESCO）、世界卫生组织（WHO）、世界知识产权组织（WIPO）、联合国粮农组织（FAO）、国际羊毛局（IWS）等。

国际标准采用标准代号、标准序号及发布年号来表示。

ISO×××××——××

IEC×××××——××

在ISO/IEC中定义的标准可以是强制性的，也可以是自愿的；在WTO/TBT中标准被定义为自愿性文件，技术法规为强制性文件。

（2）区域标准。区域标准是由世界某一区域性标准化组织制定的标准。制定区域标准的目的在于促进区域性标准化组织成员方进行贸易，便于该地区的技术合作和技术交流，协调该地区与国际标准化组织的关系。国际上较为重要的区域标准有欧洲标准化委员会（CEN）制定的欧洲标准（EN）、欧洲电工标准化委员会（CENELEC）制定的标准、亚洲标准咨询委员会（ASAC）制定的标准、泛美技术标准委员会（COPANT）制定的标准、非洲地区标准化组织（ARSO）制定的标准等。

3）我国采用标准情况

国际标准和国外先进标准是世界各国均可采用的共享技术。通过采用国际标准，不仅可以获得世界生产技术、商品质量水平的重要情报，而且可以为消除贸易技术壁垒，促进外贸事业的发展提供必要的条件，对于促进本国的技术进步、提高商品质量、开发新商品和发展出口贸易都有十分重要的作用。因此，我国把积极采用国际标准作为重要的技术经济政策和技术引进的重要组成部分。

在采用国际标准的我国标准中，采用程度分为等同、等效和参照采用三种。等同采用是指技术内容完全相同，不做或稍做编辑性修改；等效采用是指技术内容有小的差异，编写上不完全相同；参照采用是指技术内容根据我国实际，做了某些变动，但性能和质量水平与被采用的国际标准相当，在通用互换、安全、卫生等方面与国际标准协调一致。采用国际标准的程度仅表示我国标准与国际标准之间的异同情况，并不表示技术水平的高低。值得指出的是，目前国际上只承认等同、等效采用，对非等同、等效采用则要做出说明，所以，在采标时，应尽可能选用等同或等效这两种形式直接采用国际标准，以避免造成技术壁垒。

3.3 商品抽样与检验的方法

进行商品检验（抽样）时，必须遵守为保证检验结果准确性而设定的各种规定，其中正确的商品检验（抽样）方法是保证获得准确检验结果的重要因素。

3.3.1 商品抽样

1）抽样的概念

抽样是根据商品标准或合同所确定的方案，从需要被检验的商品中抽取一定数量有代表性、用于检验的单位商品的过程，又称拣样或取样。

通常以一个订货合同下的商品为一批，如果同批商品质量差异较大或订货量很大，抑或连续交货，也可分为若干批。被检验商品中所含的商品总数，叫作批量，以N表示；从被检验商品中抽取的用于检验的单位商品（样品）的全体，称为样本，样本中所含的单位商品的数量称为样本大小，通常用n表示。

抽样应依据抽样对象的形态、性状，合理选用抽样工具与样品容器，抽样的同时应做好抽样记录；抽取的样品应妥善保存，保持样品原有的品质特点；抽样后应及时鉴定。

2）抽样的方法

抽取具有代表性样品的关键是确定科学的抽样方法，常用的抽样方法有百分比抽样、简单随机抽样和分层随机抽样三种。

（1）百分比抽样。从受检的批量商品中，按检验标准或合同规定的数量百分比抽取样品，称为百分比抽样。此法抽样简便易行，易于操作，对受检批量大的商品较为适用。采用百分比抽样判断为合格的大批量商品质量比用百分比抽样判断为合格的小批量商品质量的平均合格率与不合格率要准确得多，因此，检验小批量商品，一般不采用百分比抽样法。

（2）简单随机抽样。简单随机抽样是指从批量为N的被检验商品中抽取n个单位商品组成样本，共有C_N^n种组合，对于每种组合，被抽取的概率都相同的抽样方法。此法通常是利用随机数表或抽签进行抽样。例如，抽取前将被检验的商品逐一编号，编号次序与方法不受任何限制，然后在随机数表中任意指定一点，从指定点开始，依次选取与样品数量相等的号码个数，按选取的号码抽取样品。这种方法的特点是可避免检验员的主观意识的影响，它对发现这类商品的共同缺陷较为有效，对批量不大的商品可采用此法，但当被检验商品批量较大时，操作起来就较复杂，此时适宜采用分层随机抽样法。

（3）分层随机抽样。分层随机抽样是把批量为N的被检验商品分成N_1个、N_2个直至N_i个单位商品组成的i层，使每层内商品质量尽可能均匀整齐，$N=N_1+N_2+\cdots+N_i$，然后在每层内分别按照简单随机抽样法取样，合在一起组成一个样本的抽样方法。这种方法的特点是比较科学，能克服简单随机抽样法可能错过的集中性缺陷，尤其适用于批量较大且质量也可能波动较大的批量商品。分层随机抽样的样本有很好的代表性，是目前使用最广、最多的一种抽样方法。

3.3.2 商品检验的方法

商品检验的方法有很多，根据检验所用器具、原理和条件，通常分为感官检验法和理化检验法两类（如图3-5所示）。在实际工作中，是按照商品的不同质量特性对这两种检验方法进行选择和相互配合使用的。

- 商品检验方法
  - 感官检验法
    - 视觉检验法
    - 嗅觉检验法
    - 味觉检验法
    - 触觉检验法
    - 听觉检验法
  - 理化检验法
    - 物理检验法
      - 一般物理检验法
      - 光学检验法
      - 热学检验法
      - 机械检验法
      - 电学检验法
    - 化学检验法
      - 化学分析检验法
      - 仪器分析检验法
    - 生物学检验法
      - 微生物学检验法
      - 生理学检验法

图3-5　商品检验方法示意图

1）感官检验法

感官检验法是指利用人的感觉器官作为检验器具，对商品的色、香、味、手感、音色等感官质量特性，在一定条件下做出判定或评价的检验方法。它是目前商品流通领域中应用较为广泛的一种检验方法。

感官检验法检验的范围是，商品的外形结构、外观疵点、色泽、硬度、弹性、气味、声音、干鲜程度以及包装物等。感官检验法的优点是，不需要仪器、简便易行、快速灵活、成本较低，特别适用于目前还不能用仪器定量评价其感官指标的商品和不具备昂贵、复杂检验仪器的企业、部门和消费者。但感官检验法受检验人的生理条件、工作经验，以及外界环境的影响，难免带有主观性，而且检验结果在多数情况下，只能用比较性的用词、专业术语和记分法来表示，虽不可分析商品的内在质量，但它仍具有不可替代性。一般通过组织审评小组，采用一些科学的方法，以提高感官检验结果的准确性。

按照人的感觉器官不同，感官检验法可分为视觉检验法、嗅觉检验法、味觉检验法、触觉检验法和听觉检验法等。

（1）视觉检验法。视觉检验法是利用人的视觉器官来检验商品的外形、结构、颜色、光泽以及表面状态、疵点等质量特性。视觉检验法应用范围最广，凡是能直接用眼分辨的质量指标都要采用该方法。视觉检验法受光线强弱、照射方向、背景对比以及检验人员的生理、心理和专业能力的影响很大，通常应在标准照明条件下和适宜的环境中进行，而且应对检验人员进行必要的挑选和专门的培训。

（2）嗅觉检验法。嗅觉检验法是通过人的嗅觉器官检验商品的气味，来评价商品质量的方法。嗅觉检验法广泛用于食品、药品、洗化商品和香精、香料等商品质量的检验，同时对鉴别纺织纤维、塑料等燃烧的气味差异也有重要意义。嗅觉检验受检验人员生理条件、检验经验及环境条件的影响很大，所以必须对检验人员进行测试、严格选择和培训；在检验中还应避免检验人员的嗅觉器官长时间与强烈的挥发物质接触。检验按气味淡到气味浓的顺序进行，并注意采取措施防止串味等现象。

（3）味觉检验法。味觉检验法是利用人的味觉器官，通过品尝食品的滋味和风味来检验食品质量的优次。食品的味觉主要有酸、甜、苦、咸、辣、涩、鲜、碱味等，食品滋味和风味的好坏，是决定食品质量高低的重要指标。凡质量合格的食品均具有特有的滋味和风味，同一类别的天然食品因品种不同，滋味与风味也常有明显的区别，经过加工调制的食品，由于调制方法和使用调料的不同，滋味和风味各异。食品一旦腐败变质，则会改变原有的滋味和风味，即使未变质的食品，如滋味不佳，质量也会下降，所以对于各种食品的滋味和风味必须采用味觉检验法进行检验，以区分其品质。味觉检验受味觉、味觉刺激温度和时间等因素的影响。为了顺利进行味觉检验，一方面要求检验人员必须具有辨别味觉特征的能力，并且被检样品的温度要与对照样品温度一致；另一方面要采用正确的检验方法，遵循统一的规程，如检验时不能吞咽物质，应使其在口中慢慢移动，每次检验前后须用温水漱口等。

(4) 触觉检验法。触觉检验法是利用人的触觉器官触摸、按压或拉伸商品，根据商品的光滑细致程度、干湿、软硬、有无弹性、拉力大小等情况来评价商品质量。其主要用于检查纸张、塑料、纺织品等商品的表面特性。进行触觉检验时，应注意环境条件的稳定和保持手指、皮肤处于正常状态，并加强对检验人员的专门培训。

(5) 听觉检验法。听觉检验法是凭借人的听觉器官对商品发出的声音进行检查，从而检验商品质量。如检查玻璃制品、瓷器、金属制品有无裂纹或内在的缺陷；评价以声音作为质量指标的乐器、家用电器等商品；评定食品成熟度、新鲜度、冷冻程度等。听觉检验至今尚无法用仪器来替代，其主要原因之一就是人的耳朵灵敏度高且听觉范围广。但听觉检验和其他感官检验一样，需要适宜的环境条件，即力求安静，避免外界因素对听觉灵敏度的影响。

2) 理化检验法

理化检验法是在实验室的一定环境下，利用各种仪器器具和试剂作为手段，运用物理的、化学的及生物学的方法来测试商品质量的方法。它主要用于商品成分、结构、物理性质、化学性质、安全性、卫生性以及对环境的污染和破坏性等方面的检验。在商品生产和流通中，理化检验法应用越来越广泛。

理化检验法的特点是，能客观、准确地反映商品质量情况，而且能得到具体数据，深入阐明商品的化学组成、结构和性质，也能探明某些商品的内部疵点，对商品质量的鉴定具有较强的科学性，较感官检验客观和精确，但对检验设备和检验条件要求严格，同时还要求检验人员具有扎实的基础理论知识及熟练的实验操作技术。现代检测技术在检验仪器上与计算机联用，实现自动控制和数据处理，使理化检验走向快速、少损或无损以及自动化。理化检验法根据其原理可分为物理检验法、化学检验法和生物学检验法。

(1) 物理检验法。这是根据物理学原理，应用物理仪器测定商品物理性质的一种检验方法。常见的有：

①一般物理检验法。一般物理检验法是通过各种量具、量仪、天平及专门仪器来测定商品的长度、细度、面积、体积、厚度、比重、黏度、渗水性、透气性等一般物理特性的方法。例如，棉纤维长度和细度的测定。

②光学检验法。光学检验法是通过各种光学仪器来检验商品品质的一种方法。这种方法不仅可以用来检验商品的物理性质，还可用来检验某些商品的成分和化学性质。常

见的仪器有显微镜、折光仪、旋光仪、比色计等。例如，利用折光仪测定油脂的折光率，可判断油脂的新陈、掺假或变质情况；利用旋光仪测定糖的比旋光度，可确定糖中蔗糖的含量；利用比色计测定某些商品的颜色，可确定其品质或等级。

③热学检验法。热学检验法是利用热学仪器测定商品的热学特性的一种检验方法。这种方法可用来检验商品的熔点、凝固点、沸点、耐热性、耐寒性等。玻璃和陶瓷制品、金属制品、化妆品、化工商品、塑料制品、橡胶制品以及皮革制品等，它们的热学性质都与商品的质量有关。例如，将玻璃杯置于0℃～5℃水中5分钟，取出后即投入沸水中，不炸裂者为合格。

④机械检验法。机械检验法是利用各种力学仪器测定商品机械性能的一种检验方法。很多商品的质量指标，如抗拉力强度、抗压强度、硬度、弹性、塑性、脆性等，都采用这种方法进行检验。机械检验法所用的仪器很多，常见的有万能试验机、拉力试验机、冲击试验机、扭转试验机、硬度试验机等。例如，皮革的耐磨强度用耐磨强度试验机测定，试验机上有成垂直相接的黏附皮革试样的直转盘和黏附金刚砂布的平转盘，测定时，以30转/分的速度转动转盘，使皮革试样与平转盘上的金刚砂布相摩擦。

⑤电学检验法。电学检验法是利用电学仪器测定商品电学特性的一种检验方法。检验的项目通常有电阻、介电系数、电容、电压、电流强度、静电性等。通过商品的某些电学特性的测定，如电阻、电容等的测定，往往还可以间接测定商品的其他特性，如吸湿性等。电学检验法可节省大量的材料，能迅速得出较准确的结果或数据，使用简便。

（2）化学检验法。化学检验法是利用化学试剂和各种仪器对商品的化学成分及其含量进行测定，进而判断商品品质是否合格的检验方法。根据其具体操作方法，它可分为化学分析检验法和仪器分析检验法两种。

①化学分析检验法。化学分析检验法是根据已知的、能定量完成的化学反应进行分析的一种检验方法。依其所用的测定方法的不同，又分容量分析法和重量分析法。容量分析法是用一种已知准确浓度的标准溶液与被测试样发生作用，最后用滴定终点测出某一组合的含量，如酸碱滴定法。重量分析法是根据一定量的试样，利用相应的化学反应，使被测成分析出或转化为难溶的沉淀物，再通过过滤、洗涤、干燥、灼烧等，使沉淀物与其他成分分离，然后称取沉淀物的重量，由此计算出被测定成分的含量，如以灼烧法测定原料中灰分等。此外，化学分析检验法还可根据试样重量不同，分为常量分析（试样量在100mg以上）、半微量分析（试样量为10～100mg）、微量分析（试样量为0.01～10mg）及超微量分析（试样量少于0.01mg）。

②仪器分析检验法。仪器分析检验法是采用光、电方面等比较特殊或复杂的仪器，通过测定商品的物理性质或化学性质来确定商品的化学成分的种类、含量和化学结构以判断商品质量的检验方法。它包括光学分析法和电学分析法。光学分析法是通过被测成分吸收或发射电磁辐射的特性差异来进行化学鉴定的，具体有比色法、分光光度法（原子吸收光谱、红外光谱等）、荧光光度法等。例如，用光量（计）光谱仪可在1～2分钟内分析出钢中20多个合金元素的含量。电学分析法是利用被测物的化学组成与电物理量（电极、电位、电流等）之间的定量关系来确定被测物的组成和含量，具体有极谱法、电位滴定法、电解分析法等。仪器分析检验法适用于微量成分含量分析。仪器分析检验法因具有测定的灵敏度高、选择性好、操作简便、分析速度快的特点而被应用广泛，但由

于样品前处理费时，仪器价格昂贵，对操作人员要求高，故其应用受到一定的限制。

（3）生物学检验法。生物学检验法是食品类、药类和日常工业品等商品质量检验常用的方法之一，包括微生物学检验法和生理学检验法两种。

①微生物学检验法。微生物学检验法是利用显微镜观察法、培养法、分离法和形态观察法等，对商品中有害微生物存在与否及其存在的数量进行检验，并判断其是否超过允许限度的一种检验方法。这些有害微生物包括大肠杆菌、沙门氏菌、霉腐微生物、致病性微生物等。它们直接危害人体健康及商品的安全储存。微生物学检验法是判断商品卫生质量的重要手段。

②生理学检验法。生理学检验法是用来检验食品的可消化率、发热量及营养素对机体的作用以及食品和其他商品中某些成分的毒性等的一种检验方法。检验多用鼠、兔等动物进行试验，通过动物发育、体重的改变来检查食品的营养价值；通过观察动物健康状况变化、动物解剖结果来测定有害物质的毒性。只有经过无毒害试验，视情况需要并经有关部门批准后，才能在人体上进行试验。

3.4 商品质量评价与监督

3.4.1 商品分级

1）商品分级的概念

根据商品标准规定的质量指标，按一定的标志，将同类商品分为若干个等级的工作，称为商品分级。商品种类不同，分级标准也不同。例如，茶叶按色、香、味、外形等感官指标分级，糖、食盐按其化学成分含量分级，鸡蛋按十个重量分级。日用工业品的分级，一是根据商品外观疵点多少和这些疵点对质量的影响程度；二是根据商品理化性质与标准相差的程度。

国家标准GB/T 12707—1991《工业产品质量分等导则》中规定，优等品的质量标准必须达到国际先进水平，且实物质量水平与国外同类商品相比达到五年内的先进水平；一等品的质量标准必须达到国际一般水平，且实物质量水平达到国际同类产品的一般水平；按我国现行标准组织生产，标准为国内一般水平，实物质量水平达到相应标准要求的为合格。优等品、一等品的产销率要求在90%以上，销售量在同类商品中占有一定比例。

商品分级常用等级的顺序表示，通常用几等、几级或甲、乙、丙来表示。等级顺序的高低具体地表示了商品质量的优次。对各种商品每一等级的具体要求以及确定商品分级的方法，通常在标准中都有规定，凡不符合最低一级要求的商品称为等外品。

许多商品还同时以特殊的标记来表明自身的质量等级。例如，瓷器是以底部的印记来表示等级的，图形印记“○”为一等品、印记“□”为二等品、印记“△”为三等品，不合格瓷器的底部则印有“次品”字样。又如，布匹上字的颜色表示不同等级，红色字为一等品、绿色字为二等品、蓝色字为三等品、黑色字为等外品。

2）商品分级的方法

商品分级的方法，常用的有记分法和限定法两种。

（1）记分法。常用的有百分记分法和限度记分法两种。

百分记分法，是将商品的各项指标的标准状况规定一定的分数，重要的指标所占的分数高，次要的指标所占的分数低。如果商品质量符合标准规定的要求，其总分就能达到100分；若其中某些指标达不到标准要求，其总分相应降低，等级也相应降低。这种方法在食品和部分日用工业品中采用得较多。

限度记分法，是将商品的每种疵点规定为一定的分数，由疵点总分来确定商品的等级。疵点越多，总分越高，商品等级就越低。这种方法一般在日用工业品和纺织品进行分等分级时采用。限度记分法在标准分数上规定的不是最低值，而是最高值。如棉色织布的外观质量，标准中将布面各种疵点分为七项，按疵点对布面影响程度确定各项疵点的分数，分数总和不大于10分为一等品，超过40分为等外品。

（2）限定法。在标准中规定商品每个等级限定疵点的种类数量、不能有哪些疵点以及决定商品成为废品的疵点限度。限定法大多用于工业品分级。如全胶鞋13个外观指标中，就有鞋面起皱或麻点一级品稍有，二级品有；鞋面砂眼一级品不准有，二级品中，砂眼直径不超过1.5mm，深不超过鞋面厚度等规定。

【同步业务3-2】

全脂乳粉感官分析表见表3-4。

表3-4 **全脂乳粉感官分析表**

项目		特征	得分
色泽（10分）		色泽均一，呈乳黄色或浅黄色；有光泽	10
		色泽均一，呈乳黄色或浅黄色；略有光泽	8～9
		黄色或带浅白色；基本无光泽	6～7
		色泽不正常	4～5
组织状态（20分）		颗粒均匀、适中、松散，流动性好	20
		颗粒较大或稍大、不松散，有结块或少量结块，流动性较差	16～19
		颗粒细小或稍小，有较多结块，流动性较差；有少量肉眼可见的焦粉粒	12～15
		粉质粘连，流动性非常差；有较多肉眼可见的焦粉粒	8～11
冲调性（30分）	下沉时间（10分）	下沉时间≤10秒	10
		10秒<下沉时间≤20秒	8～9
		20秒<下沉时间≤30秒	6～7
		下沉时间>30秒	4～5
	挂壁和小白点（10分）	小白点≤10个，颗粒细小；杯壁无小白点和絮片	10
		有少量小白点，颗粒细小；杯壁上的小白点和絮片≤10个	8～9
		有少量小白点，周边较多，颗粒细小；杯壁有少量小白点和絮片	6～7
		有大量小白点和絮片，中间和四周无明显区别；杯壁有大量小白点和絮片而不下落	4～5
	团块（10分）	0	10
		1个≤团块≤5个	8～9
		5个<团块≤10个	6～7
		团块>10个	4～5
滋味及气味（40分）		浓郁的乳香味	40
		乳香味不浓，无不良气味	32～39
		夹杂其他异味	24～31
		乳香味不浓同时明显夹杂其他异味	16～23

资料来源　根据中国乳制品工业行业规范RHB 201—2004《全脂乳粉感官评鉴细则》整理得来。

业务分析：对照全脂乳粉感官分析表，对市场上的3种全脂乳粉进行感官质量检验，撰写实验报告。

业务程序：

首先，按照实验要求，准备3种全脂乳粉及感官质量检验有关的材料。

其次，对照全脂乳粉感官分析表，进行全脂乳粉感官检验实验。

最后，撰写全脂乳粉感官检验报告。

3.4.2 商品质量标志

1）商品质量标志的含义

商品质量标志是依一定法定程序颁发给生产企业，以证明其商品达到一定水平的符号或标记。比较常见的质量标志有合格标志、认证标志、免检标志、环境标志、绿色食品标志、有机食品标志、地理标志、纯羊毛标志、真皮标志、节能标志、名牌产品标志等。商品质量标志表明的是商品质量所达到的水平和质量状态，只有法定机构经过一定程序对达到一定条件的企业授权后，企业才能使用质量标志。

实行商品质量标志，不仅是保证商品质量的有效手段，也是维护消费者利益的一种有效方法。特别是对一些有关人身安全与健康的商品，国家必须强制实行质量标志，这样才能有效地防止粗制滥造，避免不合格品投放市场。有了商品质量标志，对消费者来说，可以方便选购；对生产者来说，既是对商品质量的担保，也是一种荣誉和信任，又可带来经济效益。

2）商品质量标志的种类

（1）质量合格标志。**质量合格标志**是商品出厂前经工厂质检部门检验，产品的各项质量指标均已达到要求而颁发的合格证标志，又称产品检验合格证。任何产品出厂前，都要经过合格检验。质量合格标志的形式根据产品的形状、性质等特点不同而异，一般用图案或代号表示，或者系挂，或者贴在包装上。不同等级的同类产品，可以用不同图案或颜色的标志来表示。

（2）质量认证标志。质量认证标志是由认证机构为证明某个产品符合特定的标准和技术要求而设计、发布的一种专用标志。国内常见的认证标志有方圆标志、PRC标志和3C标志等。方圆标志为中国方圆标志认证委员会产品质量认证标志，分为方圆合格认证标志和方圆安全认证标志（如图3-6所示）。商品的全部性能，依据标准或相应的技术要求进行认证，获准合格认证的产品，使用合格认证标志；以安全标准依据进行认证或只对产品中有关安全的项目进行的认证，获准安全认证产品，使用安全认证标志。PRC标志为中国电子元器件质量认证委员会电子元器件专用的合格认证标志。

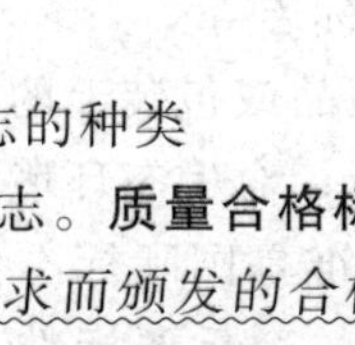

认证标准号
注册号
方圆合格认证标志

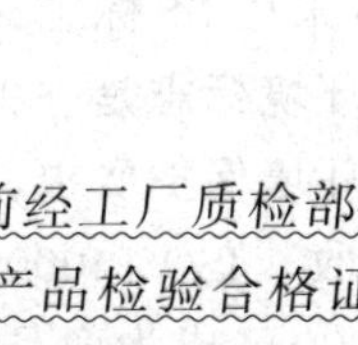

认证标准号
注册号
方圆安全认证标志

图3-6 方圆标志

3C标志为国家强制性认证标志，名称为“中国强制认证”，英文名称为“China Compulsory Certification”，英文缩写为“CCC”。对于国家实行强制认证的产品，由国家公布统一的目录，确定统一适用的国家标准、技术规则和实施程序，制定统一的标志，规定统一的收费标准。凡列入强制性产品认证目录内的产品，必须经国家指定的认证机构认证合格，取得相关证书并加施认证标志后，方能出厂销售、进口和在经营性活动中使用。中国强制认证标志如图3-7所示。

图3-7 中国强制认证标志

产品质量认证标志作为一种质量标志，其基本作用在于向产品购买者传递正确可靠的质量信息。随着贸易的全球化，实行第三方产品质量认证制度是国际上保证商品质量的一种普遍做法，有利于提高产品的信誉度，减少重复检验，减少和消除技术壁垒，维护生产、经销和消费者各方面的权益。目前ISO和IEC的成员方和地区会员基本上都开展了产品质量认证工作，英国采用风筝标志，法国采用NF标志，德国为VDE标志，美国实行UL标志，日本采用JIS标志，中国香港为HK标志等。

（3）环境标志。环境标志是一种印刷或贴附在商品或包装上的图案，证明该种商品在其生命周期中符合环境保护要求，不危害人体健康，对生态环境无害或危害极少，有利于资源的节约和回收。ISO 14000环境管理系列标准是国际标准化组织关于环境体系的认证标准，ISO 14000已成为商品进入国际市场的一个重要标准。目前世界上已有不少国家和区域性组织相继实施环境标志（如图3-8所示），我国的环境标志于1993年8月发布（如图3-9所示），1994年5月中国环境标志产品认证委员会（CCCEL）正式成立，现由中环联合认证中心（CEC）对各类环境标志进行认证。

图3-8 某些国家和地区的环境标志

图3-9　中国环境标志

【同步案例3-2】

地理标志产品

背景与情境： 地理标志产品是指产自特定地域，所具有的质量、声誉或其他特性本质取决于该产地的自然因素和人文因素，经审核批准以地理名称进行命名的产品。地理标志产品包括：来自本地区的种植、养殖产品；原材料全部来自本地区或部分来自其他地区，并在本地区按照特定工艺生产和加工的产品。

地理标志产品保护作为一项与国际接轨的知识产权保护制度，目前已被世界上许多国家所采用，是世界通行的国际品牌保护制度。

问题：《地理标志产品保护规定》实施对我国商品生产和经营产生了什么样的影响？

分析提示： 从商品生产、市场销售和消费者消费地理标志产品等方面来分析。

3.4.3　商品质量评价的内容

商品质量的本质是满足消费者需求的程度，在日常的商品质量评价中，人们常用好吃、好用、好看、有品位来形容，用物美价廉来表示。因此，在评价商品质量时，应既注意商品质量符合标准的状况，也考虑商品质量满足人和社会需求的程度；既注意消费者的基本需求，也考虑消费者对商品质量的特殊要求；既用一般方法来评价商品质量，也把商品质量放在社会大系统中，作为一个系统工程来研究。

1）商品质量评价的一般内容

商品质量评价的一般内容有：一是检查商品质量是否符合标准，以评价商品质量技术指标的高低；二是考察商品的造型、花色、款式和包装是否具有时代感，以评价商品满足消费者审美需要的程度；三是考察商品使用是否简便易学，说明书是否清楚易懂，以评价商品使用的方便性；四是检查商品证件标志的齐全完整性，以评价商品质量的真实可靠性；五是考察商品的售后服务性，以评价商品的附加质量；六是考察商品品牌的知名度，以评价商品的美誉度和消费者的认可性；七是考察商品消费群体的特殊要求性，以评价商品质量满足具体消费对象的需求程度；八是考察商品与人、商品与社会和商品与环境的关系，把商品质量放在社会这个大系统中加以评价，以评价商品质量的全面性。

2）顾客满意度

随着科学技术的发展和人类社会的进步、人类对商品质量的不懈追求，使顾客满意成为企业关注的焦点。商品的质量起于顾客需要，终于顾客的满意水平，谁最了解顾客的期望，及时掌握顾客的满意水平，谁的商品就会受到顾客欢迎。近些年来，一些发达的市场经济国家，正在积极研究和采用顾客满意度作为测定顾客对商品服务满意程度的质量指标，它对商品质量的评价着眼于顾客的实际感受，体现了一种全新的质量观念。

顾客满意度测评的基本要素为：顾客预期质量、顾客感知质量、顾客感知价值、顾客满意程度、顾客抱怨率和顾客保持率（如图3-10所示）。

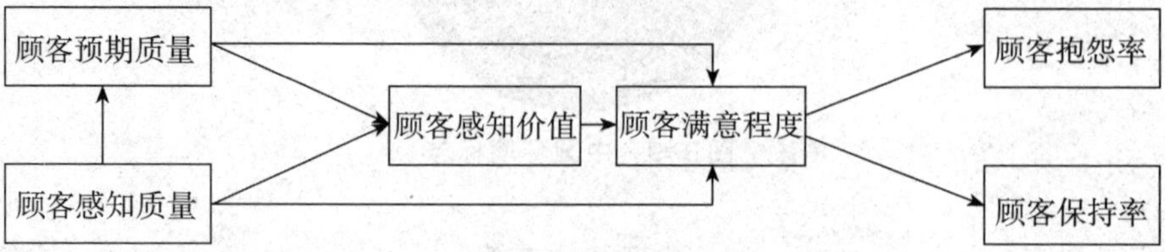

图3-10　顾客满意度测评的基本要素

顾客满意程度有三个前提，即顾客的预期质量、感知质量和感知价值。如果顾客对商品的感知质量超过顾客的预期质量，那么顾客感到有价值，从而达到顾客满意；如果顾客对商品的感知质量没有达到顾客的预期质量，那么顾客就不满意。顾客满意度又与顾客抱怨率和顾客保持率有关，因此，顾客满意度客观地反映了商品质量满足消费者需要的程度。

【同步思考3-2】

问题：什么是优质产品？

理解要点：从人们对优质产品认识存在的误区、消费者心目中的优质产品来讨论。

说明：消费者对优质产品的认识存在不少误区。

3）假冒伪劣商品的识别

假冒伪劣商品是指含有某种足以导致普通大众误认的不真实因素的商品，也是人们对各种假货、次货的总称。识别假冒伪劣商品的方法很多，常见的方法有注册商标识别法、内在质量识别法、防伪标志识别法等。

（1）注册商标标志的识别。名优商品的外包装上都有注册商标标志，商标上印有“R”或“注”的标志，有的还粘贴了全息防伪标签。假冒伪劣商品，有的有假商标，有的没有商标。假商标标志中，有些用废次商标标志，有些用相似或相近商标标志，有些使用旧标志或自行制版印刷的标志，普遍存在制作粗糙、比例不符、镶贴不齐、容易脱落、颜色不正、无凹凸感、标志歪斜、有磨损痕迹等现象。

（2）查看外包装的标记。名优商品的外包装上印有商品名称、生产批号、产品合格证、厂名、厂址、优质产品标志、认证标志等，限时使用的还注有出厂日期、失效时间、保质期、保存期等。假冒伪劣商品的上述标志往往残缺不全，或乱用标记，有的无厂名或使用假名。

（3）注意装潢。多数名优商品的装潢图案清晰、形象逼真、色彩鲜艳和谐，做工精致，包装用料质量好。假冒伪劣商品的装潢色彩暗淡陈旧、图案模糊、包装物粗制滥造。

（4）注意生产厂家和售货单位。以地名为商品名称的名优商品，生产厂家很多，但正宗名优商品的厂家只有一家，因此，必须认准厂名，以防假冒。如正宗名优商品镇江香醋，生产厂家是江苏恒顺集团有限公司。有些高档名优商品，主要在大商场或专卖店出售，因此在市场上购买此类商品时，要注意选择售货单位。

（5）仔细查看商品包装的封口处。一般情况下，绝大部分名优商品采用机器包装，不论是箱装、盒装、袋装，均严格按装订线装订，封口处平整、笔直、松紧适度。不少假冒伪劣商品采用手工包装，封口处往往不平整，有折皱及胶痕等。

（6）检查防伪标记。有些名优商品在商品或包装上的某些特定部位印有标志。近些年来，许多名优商品的厂家采用特殊材料与技术制作成一种能证明产品的真实身份，又不容易被他人假冒的防伪标记。常见的防伪标记有激光信息防伪、荧光材料、荧光纤维、水印纸、防伪油墨、双面对印、磁码、电码防伪等。电码防伪是在每一件产品上设置一个密码，一般为21位码，无重复。消费者可通过电话、上网或其他能够连接到防伪网络的工具，将产品密码输入就可以进行防伪核对，辨别产品真伪。由于密码由计算机随机生成，查询后即刻记录在案，仿冒者无法仿冒，而且相对来说成本较低，是当前较为实用和有效的防伪技术。

（7）注意商品的内在质量。假冒伪劣商品内在质量低劣。如假冒自行车，电镀部件粗糙，少光泽，烤漆遇水浸、火烤时会自行剥落；伪劣化妆品，可能会使皮肤红肿、发炎，甚至造成永久性伤害。

【同步业务3-3】

业务分析： 到市场上考察有关商品的商品标准和质量标志，并写出能反映国内5级标准的商品名称、厂家及相应的标准号和质量标志？

学习微平台

延伸阅读
3-2

业务程序：

首先，到市场上考察能反映国内5级标准的相关商品信息。

其次，分析整理考察材料。

最后，写出考察实训报告。

3.4.4 商品质量监督

1）商品质量监督的概念

商品质量监督是根据国家的质量法规和商品质量标准，由国家指定的商品质量监督机构对生产和流通领域的商品和质量保证体系进行监督的活动。因此，我们可以认为，商品质量监督是一种质量分析、评价和保证活动；商品质量监督的对象是实体，如产品、商品、质量保证体系等；商品质量监督的范围包括生产、运输、储存和销售整个过程；商品质量监督的依据是国家质量法规和商品技术标准；商品质量监督的主体是用户或第三方。

2）商品质量监督的种类

我国的商品质量监督有国家的质量监督和社会的质量监督两种。

（1）国家的质量监督。国家的质量监督是指国家授权，指定第三方专门机构以公正的立场对商品质量进行的监督检查。这种国家法定的监督，以政府行政的形式，实行定期或经常监督抽查和检验，公开公布商品质量抽查检验结果，并根据国家有关法规及时处理质量问题，以维护社会经济生活的正常秩序和保护消费者合法权益。国家的商品质量监督由国家市场监督管理部门规划和组织。

（2）社会的质量监督。社会的质量监督是指社会团体或新闻机构根据用户和消费者的反映，对流通领域中的某些商品进行抽样检验，将检验商品的质量状况和企业名单进行公布，以造成强大的社会舆论压力，迫使企业改进质量，对用户和消费者承担质量责任。社会的质量监督还包括用户的质量监督，用户的质量监督是指内外贸易部门和使用单位为确保商品质量而进行的监督检验。

3）商品质量监督的形式

商品质量监督的形式，一般分为抽查型、评价型和仲裁型三种。

（1）抽查型质量监督。抽查型质量监督是指国家市场监督管理机构，从市场、生产企业或仓库等地随机抽取样品，按照技术标准进行监督检验，判定其是否合格，从而采取强制措施，责成企业改进产品质量所进行的监督活动。抽查型质量监督的特点是：它是一种强制性的质量监督形式；对抽查产品采用地点不限、随机抽样检查的方式；抽查检测数据科学、准确，对产品质量的判断、评价公正；抽查产品的质量检验结果公开；对抽查检验不合格的单位限期整改。

（2）评价型质量监督。评价型质量监督是指国家市场监督管理机构通过对企业的产品质量和质量保证体系进行检验和检查，考核合格后，以颁发产品质量证书、标志等方法确认和证明产品已经达到某一质量水平，并向社会提供质量评价信息的一种质量监督活动。评价型质量监督是国家干预产品质量的手段之一，它的特点是按照国家规定标准，对产品进行检验，以确定其质量水平；对生产产品企业的生产条件、质量保证体系进行严格审查和评定，由政府和政府主管部门颁发相应的证书；允许在产品上、包装上、出厂合格证上使用、宣传相应的质量标志；实行事后监督，使产品质量保持稳定和不断提高。

（3）仲裁型质量监督。仲裁型质量监督是在对产品质量有争议、进行仲裁时使用的手段，是国家市场监督管理机构站在第三方的立场上，公正地处理质量争议的问题，从而加强对质量不法行为的监督，促进产品质量提高的一种质量监督活动。仲裁型质量监督的特点是：仲裁监督的对象是有争议的产品；具有较强的法制性；根据监督检验的数据和全面调查情况，由受理仲裁的相关部门进行调解和裁决，质量责任由被诉方承担。

【职业道德与企业伦理3-1】

剑南春采用多种防伪技术保护自身品牌

背景与情境：名酒因其高额的利润，受到制假售假者的青睐，“茅五剑”作为中国名酒铁三角，首当其冲，也深受其害。随着电商渠道的兴起，网络售假层出不穷，如唯品会假茅台事件、1919酒类直供于2014年涉嫌售假，这些负面新闻让消费者对市场上流通的白酒真伪性产生很大的怀疑，造假行为扰乱市场产品流通秩序，动摇消费者购酒信心，使处于调整期的白酒行业雪上加霜。白酒防伪技术作为产品的防火墙，直接影响了消费者对产品的选择，难怪剑南春集团公司董事长乔天明经常说：防伪技术是产品的生命线。

剑南春作为有责任担当的全国名酒企业，一直致力于产品防伪技术的研发，现阶段剑南春产品防伪技术主要包含三个层面：

1）三重八关

第一重：一次性开启拉环，杜绝包装回收利用。

第二重：剑南春纹理防伪标签，具有唯一性。

（1）在剑南春纹理防伪标签纸张制作过程中，将纹理丝嵌入其中，具有生成随机、无法复制的特点。

（2）因为纹理丝嵌在纸张的中间，所以从正反两面看，其纹理走向都相同，而假标多为正面油墨印刷，背面镶嵌头发丝，走向无法统一。

（3）用肉眼观察到的纹理纤维，可以通过针状物挑出来；真纹理防伪标签须同时满足以下三个条件：序号正确；纹理分布与查询结果一致；纤维丝能从纸张中挑出。

第三重：采用德国“施瓦茨”防伪技术，具有八个方面的防伪特性即“八关”：第一关，在紫外灯照射下“防伪”和“标识”汉字处会出现防复印的橘色及随机荧光点；第二关，使用高精度的烫金徽标；第三关，防伪标签右侧遇热后，粉红色会变淡，散热后复原；第四关，在“防伪”和“标识”汉字下方使用中文微缩文字；第五关，在检测窗下，防伪标签两侧的纽索纹颜色为红色和绿色；第六关，在纽索纹下方使用英文微缩文字；第七关，使用肉眼可见的安全膜切，防止标签回收利用；第八关，在激光笔照射下，标签左右纽索纹和Ⓡ中，能测出亮点。

2）物流码系统

剑南春酒盒“施瓦茨”防伪标识上方，有一组（两行）24位物流号码（2010年前为20位物流号码），同时在红色底盒上加注了生产日期和随机码。

通过查看酒盒或酒瓶上的物流码，公司可准确判断酒的生产日期、代理经销商及经营区域、产品销售渠道，消费者也可输入物流码通过短信查询产品信息，以鉴别真伪。

3）剑南春满天星计划

“满天星”是阿里巴巴“码上淘”计划的重要组成部分，基于二维码，为品牌企业提供生产数据管理、产品溯源、防伪验真、产品说明、用户互动、品牌营销等一整套解决方案。“满天星”计划采用了目前国际领先的二维码技术，通过个人密钥数字签名加密、与线下离线SDK数据验证相结合等方式，可以做到产品上的二维码独一无二，实现“一品一码”，成为品牌产品身份证。

剑南春为提高消费者购酒体验，携手淘宝，加入阿里满天星计划，将防伪识别及促销奖励直接赋予在每瓶金剑南K6瓶身上的二维码中，使消费者在购买金剑南时能直接通过扫描二维码识别真伪，无须担心买到假酒。

资料来源　中国防伪行业协会. 剑南春采用多种防伪技术保护自身品牌［EB/OL］.［2020-07-02］. http：//www.chinatt315.org.cn/fwzs/2020-7/2/212466.html .

问题：剑南春为什么要采用多种防伪技术保护自身品牌？

分析提示：从社会经济发展、科学技术进步、剑南春自身品牌保护、消费者利益维护等方面来分析。剑南春这样做，体现了企业良好的社会责任和企业伦理，有利于企业自身形象的提升。

【教学互动3-2】

互动问题：为什么说商品质量监督是一种质量分析、评价和保证活动？

互动要求：同“教学互动1-1”的“互动要求”。

■ 本章概要

□ 内容提要

● 商品检验是商品质量保证工作的一项重要内容，商品检验的内容主要有商品质量检验、数量检验、包装检验和安全卫生检验等。商品检验的形式有破坏性检验和非破坏性检验；全数检验、抽样检验和免于检验。

● 商品检验的主要依据是商品标准，商品标准是对商品质量和与质量有关的各个方面所做的技术规定。商品标准按其适用领域和有效范围不同，分为国际标准、区域标准、国家标准、行业或专业团体标准和公司（企业）标准五级。商品标准的内容有封面、前言、范围、名词术语与符号代号、技术要求、试验方法、标志、标签和包装规定等。

● 商品检验大多数为抽样检验，商品抽样有百分比抽样、简单随机抽样和分层随机抽样三种。商品检验的方法有感官检验法和理化检验法两类，在日常业务活动中，常用感官检验法来检查商品质量。

● 商品质量评价是一项综合性工作，既要根据商品检验的结果进行商品质量的分等定级，依据质量标志确定商品质量所达到的水平和质量状态，也要根据市场和消费者需求来全面考察和识别商品质量。在商品相对繁多的今天，顾客满意度已成为全社会关注商品质量的焦点。

● 商品质量监督是国家依法保证商品质量的一种有效活动。商品质量监督的种类有国家的商品质量监督和社会的商品质量监督两种；商品质量监督的形式有抽查型、评价型和仲裁型三种。

□ 主要概念和观念

▲ 主要概念

商品检验　商品标准　感官检验法　质量认证标志　商品质量监督

▲ 主要观念

商品检验　商品质量认证　商品质量评价

□ 重点实务

认知商品标准号　商品质量感官检验和鉴别　常见商品质量评价

■ 基本训练

□ 知识训练

▲ 简答题

（1）什么是商品检验？其内容有哪些？

（2）商品检验的方法有哪些？各有何特点？

（3）商品质量评价的内容包括哪些方面？

▲ 填空题

（1）商品抽样的方法有百分比抽样、________随机抽样和________随机抽样等。

（2）商品分级的方法，常用的有________和________两种。

（3）顾客满意的三个前提是顾客预期质量、________和________。

▲ 单项选择题

(1) 不适宜感官检验的质量指标有（　　）。

A. 气味　　B. 弹性

C. 商品成分　　D. 卫生性

(2) 属于商品质量认证标志的有（　　）。

A. 方圆标志　　B. 商检标志

C. 绿色食品标志　　D. 全羊毛标志

(3) 仿冒者无法仿冒的防伪标志是（　　）。

A. 激光标志　　B. 条形码标志

C. 电码标志　　D. 水印纸标志

▲ 多项选择题

(1) 国家标准的代号是（　　）。

A.ISO　　B.GB　　C.DB

D.QB　　E.GB/T

(2) 商品质量监督的形式有（　　）。

A. 抽查型监督　　B. 质量型监督　　C. 评价型监督

D. 数量型监督　　E. 仲裁型监督

▲ 讨论题

(1) 怎样检验商品质量?

(2) 常见的商品质量标志有哪些?

(3) 如何识别假冒伪劣商品?

□ 能力训练

▲ 案例分析

食品生产许可证编号

背景与情境：某市市场监督管理局的专家提醒："食品生产许可证编号作用可不能小觑，它是与企业对应的唯一编号，能够实现食品追溯。"食品生产许可证编号由SC（"生产"的汉语拼音字母缩写）和14位阿拉伯数字组成，SC ××××××××××××××。数字从左至右依次为：3位食品类别编码、2位省（自治区、直辖市）代码、2位市（地）代码、2位县（区）代码、4位顺序码、1位校验码。其中，最前面3位的第1位，代表食品、食品添加剂生产许可识别码，数字1代表食品，数字2代表食品添加剂，第二、三位数字代表具体类别。如101代表粮食加工品，102代表食用油、油脂及其制品，103代表调味品……127代表保健食品，128代表特殊医学用途配方食品，129代表婴幼儿配方食品，130代表特殊膳食食品，131代表其他食品。食品添加剂类别为，201代表食品添加剂，202代表食品用香精，203代表复配食品添加剂。

值得注意的是，食品生产许可证编号一经确定便不再改变，以后申请许可延续及变更时，许可证书编号也不再改变。

资料来源　程茜."QS"标志10月1日起"退役"[N]. 大江晚报，2018-09-11.原文基础上的节选与改编.

问题：

（1）食品生产许可证编号有何作用？

（2）你在日常生活中是怎样鉴别食品质量的？

分析要求：同第1章“基本训练”中本题型的“分析要求”。

▲ 实训操练

实训项目：日用塑料外观鉴别实验。

实训步骤：

（1）制订塑料外观鉴别方案。

（2）按实验要求选取5种塑料。

（3）从各种塑料的外观特征如色泽、透明度、手感、表面硬度、敲击声及将其放入常温水中和沸水中等来区分与判断塑料种类。有关塑料的外观特征参见本书的塑料制品内容。

（4）将5种塑料的外观鉴别结果填在表3-5中。

表3-5 **塑料外观鉴别结果**

塑料类别	外观鉴别项目							
	色泽	透明度	手感	表面硬度	气味	敲击声	常温水中	沸水中
聚丙烯								
聚乙烯								
聚氯烯								
聚苯乙烯								
有机玻璃								

（5）在班级讨论交流、相互点评或修正各自的鉴别结果。

（6）在校园网的本课程教学平台上展示经过修正和教师点评的鉴别结果，供同学借鉴。

☐ 善恶研判

《民用卫生口罩》团体标准发布

背景与情境：2020年3月11日，《民用卫生口罩》团体标准由中国纺织工业联合会和中国产业用纺织品行业协会联合发布，双标准号：T/CNTAC 55—2020、T/CNITA 09104—2020，该标准于发布之日起正式施行。

据该标准发布单位介绍，新冠肺炎疫情防控期间，口罩需求量急剧增加，出现了民用口罩企业采标乱、市场监管难、消费者无从辨别、儿童口罩标准缺失等一系列新问题。为更好地满足民众对卫生口罩的迫切需求，便于在紧急情况下口罩生产/转产企业的采标应用，保证产品质量，便于政府部门进行市场监管，标准规定了民用卫生口罩的术语和定义、分类与规格、要求、试验方法、检验规则、标识、包装和储运等内容，为相关口罩生产企业提供技术支撑。

据了解，目前，我国关于口罩产品共有5个标准，3个属于医用领域：GB 19083—2010《医用防护口罩技术要求》、YY 0469—2011《医用外科口罩》、YY/T 0969-2013《一次性使用医用口罩》，1个属于民用领域：GB/T 32610—2016《日常防护型口罩技术规范》，1个属于工业领域GB 2626—2006《呼吸防护用品自吸过滤式防颗粒物呼吸器》。国外有EN 14683和ASTMF 2100、EN149等口罩或口罩材料标准。对比上述标准，《民用卫生口罩》团体标准核心指标细菌过滤效率与相关国内外标准基本一致，颗粒物过滤效率对比YY 0469和EN 14683有所加严。成人用口罩材料压力差与国内外标准基本保持一致，结合当前过滤材料技术水平和市场需求，增加了儿童用口罩材料的压力差指标。此外，相比于YY 0469，该标准还增加了口罩材质的安全性（如甲醛、pH值等）规定。

据悉，考虑到不同的佩戴人群，该标准将民用卫生口罩分为儿童用口罩和成人用口罩，并分别在规格上分为大号、中号和小号。标准要求口罩表面不得有破洞、污渍，口罩与口鼻直接接触织物不得染色。口罩带与口罩体的连接断裂强力是保障口罩佩戴牢固的因素之一，标准规定单根口罩带与口罩体连接断裂强力不低于10N。同时规定民用卫生口罩的细菌过滤效率不低于95%。

该标准还规定，口罩原材料不应使用再生料，不应含有致癌、致过敏、致皮肤刺激等有害物质，限制使用物质残留量应符合相关要求。口罩不应存在可触及的锐利角和锐利边缘，不应对佩戴者构成伤害，儿童用口罩不应存在金属材料。儿童用口罩建议采用耳挂式口罩带，不应有可拆卸小部件，口罩带不应有自由端。配有鼻夹的口罩应采用可塑性材质。

资料来源　何可.《民用卫生口罩》团体标准发布［N］. 中国质量报，2020-03-31.

问题：

（1）本案例中存在哪些道德伦理问题？

（2）试对上述问题做出你的善恶研判。

（3）通过网上或图书馆调研等途径搜集你做善恶研判所依据的行业规范。

（4）你对本案例有何感受？

研判要求：同第1章“基本训练”中本题型的“研判要求”。

第4章

商品分类

◆ 学习目标

通过本章学习，应该达到以下目标：

职业知识：学习和把握商品分类的概念和标志，商品分类和编码的方法，了解商品目录及商品分类体系；能用本章理论知识指导相关认知活动，用实务知识规范相关技能活动。

职业能力：运用本章知识研究相关案例，培养在特定业务情境中分析问题与决策设计能力；通过“商品分类‘实战演习’”的实训操练，训练学生的商品分类操作技能。

职业道德：结合商品分类教学内容，依照行业道德规范或标准，分析“职业道德与企业伦理4-1”和章后“基本训练”之“善恶研判”情境下企业及其从业人员在商品经营活动中行为的善恶，强化职业道德素质。

【引例】

再度携手，中国物品编码中心与京东加速推动商品数字化进程

背景与情境：2021年1月29日，中国物品编码中心再度与京东携手，签署战略合作协议，在商品条码办理便利化、进口商品数据服务、商品源数据服务等方面达成深度合作，可谓新意多、亮点多。这是双方继2016年战略合作以来，又一次合作升级，标志着双方在加速推动我国商品数字化战略上高度契合，开启了深化合作的新篇章。

时值“十四五”开局之年，国家加快建设发展现代产业体系，推动互联网、大数据、区块链等信息技术与各产业深度融合之际，中国物品编码中心进一步加快服务我国互联网平台经济的步伐，深化与互联网顶级平台、龙头企业、卓越服务商等各方合作，通过构建开放的、共享的价值生态，加速推动商品数字化进程，为我国平台经济发展注入新的强大动能。

资料来源　中国质量新闻网. 再度携手，中国物品编码中心与京东加速推动商品数字化进程［EB/OL］.［2021-02-07］. http：//www.cqn.com.cn/ancc/content/2021-02/07/content_8665917.htm.

对商品进行科学、系统的分类，最终编制出各种简便实用的商品目录，并赋予科学代码，以满足各方面需要，是商品学研究的重要内容之一。

4.1　商品分类的概念和标志

4.1.1　商品分类的概念和意义

1）商品分类的概念

商品、材料、物质、现象等概念都是概括一定范围的集合总体。任何集合总体都可以根据一定的标志逐次归纳为若干范围较小的单元（局部集合体），直至划分为最小的单元。这种将集合总体科学地、系统地逐次划分的过程称为分类。分类具有普遍性，凡有物、有人、有一定管理职能的地方都存在分类。分类是我们认识事物、区分事物的重要方法。分类的结果给我们带来效率，使日常事务大大简化。

根据一定的目的，选择恰当的标志，将任何一个商品集合总体进行合理划分的过程，即**商品分类**。商品分类，一般将商品集合总体划分为大类、品类、品种或大类、中类、小类、品种、细目等范围逐次缩小、特征更趋一致的局部集合体。

商品的大类一般根据商品生产和流通领域的行业来划分，既要同生产行业对口，又要与流通组织相适应。商品品类或中类等是指若干具有共同性质和特征的商品的总称，它们各自包括若干商品品种。商品品种是按商品特性、成分等方面的特征进一步划分得到的商品类组。品种的名称即具体商品名称。上述商品的局部集合体，可以继续划分至最小的单元——商品细目。细目是对品种的详尽区分，包括商品的规格、花色、型号、质量等级等。细目能更具体地反映商品的特征。

2）商品分类的意义

商品分类既是商品学的重要研究内容，也是商品经营管理的一种手段。商品分类为国民经济各部门、各企业实施各项管理活动奠定了科学基础。商品的科学分类有助于商业经营管理，是实行现代化管理的前提，有利于开展商品研究和教学工作，便于消费者选购商品。

【同步思考4-1】

问题：你所熟悉的超市的商品分类便于消费者选购商品吗？

理解要点：结合你所熟悉的超市的商品分类，根据市场和企业的实际情况，分析其是否达到了方便顾客购物、方便商品组合、体现企业特点的目的。

4.1.2 商品分类的标志

1）选择商品分类标志的基本原则

分类标志是编制商品分类体系和商品目录的重要依据和基准。对商品进行分类，可供选择的标志有很多，在选择时，应遵循如下原则：

（1）目的性。分类标志的选择必须保证在此基础上建立的分类体系能满足分类的目的和要求。

（2）包容性。分类标志的选择必须保证在此基础上建立的分类体系能够包容拟分类的全部商品，并为不断纳入新商品留有余地。

（3）区分性。分类标志本身含义明确，必须保证能从本质上把不同类别的商品明显区分开来。

（4）唯一性。分类标志的选择必须保证每个商品只能在体系内的一个类别中出现，不得在不同类别中反复出现；体系内的同一层级范围只能采用同一种分类标志，不得同时采用几种分类标志。

（5）逻辑性。在唯一性原则得到强调的同时，还要兼顾到分类标志的选择必须保证使商品分类体系中的下一层级分类标志成为上一层级分类标志的合乎逻辑的继续和具体的自然延伸，从而使体系中不同商品类目间或并列或隶属的逻辑关系明晰了然。

（6）简便性。分类标志的选择，必须保证建立的商品分类体系在实际运用中便于操作，易于使用，有利于采用数字编码和运用电子计算机进行处理。

2）常用商品分类标志

商品分类标志，实质是商品本身固有的品种属性，目前还未发现一种能贯穿商品分类体系始终，对所有商品类目直到品种和细目都适用的分类标志。因此，在一个分类体系中，常采用几种分类标志，往往在每一个层次用一个适宜的分类标志。商品分类实践中，常见的分类标志有如下几种：

（1）以商品的用途作为分类标志

商品用途是体现商品使用价值的重要标志，以商品用途作为分类标志，不仅适合于对商品大类的划分，也适合于对商品品类、品种的进一步划分。例如，商品按用途可分为生活资料和生产资料；生活资料按用途的不同可分为食品、衣着类用品、日用品等；日用品按用途又可分为器皿类、玩具类、洗涤用品类、化妆品类等；化妆品按用途还可继续划分为护肤用品、美容美发用品等。

以商品的用途作为分类标志，便于分析和比较同一用途商品的质量和性能，从而有利于生产部门改进和提高商品质量、开发商品新品种、生产适销对路的商品，也便于商业部门经营管理和消费者按需要选择商品。但对于多用途的商品，不宜采用此分类标志。

(2) 以原材料作为商品分类标志

商品的原材料是决定商品质量、使用性能、特征的重要因素之一。例如，纺织品按原料不同可分为棉织品、毛织品、麻织品、丝织品、化学纤维织品、金属原料织品等；鞋类商品可分为布鞋、皮鞋、塑料鞋、人造皮革鞋等；食品按原料来源可划分为植物性食品、动物性食品和矿物性食品等。

以原材料作为商品分类标志，不仅使商品分类清楚，而且能从本质上反映出每类商品的性能、特点、使用及保管要求，特别是那些原材料替代种类多，且原材料对性能影响较大的商品比较适用。但对那些由两种以上原材料所构成的商品，采用此标志进行分类会产生一定困难，例如，各种家用电器和汽车等工业品。

(3) 以商品的加工方法作为分类标志

很多不同的商品往往是用同一种原材料制造的，就是因为选用了不同的加工方法，最后便形成质量特征截然不同的商品种类，由此可见，生产加工方法也是商品分类的重要标志。这种分类标志，对那些可以选用多种加工方法，且质量特征受加工工艺影响较大的商品最为适用。例如，按加工方法上的区别，茶叶有全发酵茶、半发酵茶、不发酵茶和后发酵茶；酒有配制酒、蒸馏酒和发酵酒；纺织品有机织品、针织品、钩编织品、编结织品和无纺布；烟叶有烤烟、晒烟、晾烟和晒晾烟等。

对那些加工方法虽不同，但对质量特征不会产生实质性影响的商品，则不宜采用此种标志来分类。

(4) 以商品的主要成分或特殊成分作为分类标志

商品的很多性能取决于它的化学成分。很多情况下，商品的主要成分是决定其性能、质量、用途或贮运条件的重要因素。对这些商品进行分类时，应以主要成分作为分类标志。例如，化肥可分为氮肥、磷肥、钾肥等。

有些商品的主要化学成分虽然相同，但是所含的特殊成分不同，可形成质量性质和用途不同的商品。对这类商品分类时，可以其中的特殊成分做分类标志。例如，玻璃的主要成分是二氧化硅，但根据其中一些特殊成分，可将玻璃分为钠玻璃、钾玻璃、铅玻璃、硼硅玻璃等；根据护肤霜添加的特殊成分，可以将其分为人参霜、珍珠霜等。

以主要成分或特殊成分作为分类标志，适用于对化学成分已知，且成分对质量特性影响较大的商品。采用这种标志分类，便于研究商品的特性、包装、贮运、使用方法、养护等问题，也便于消费者识别商品，因此，该方法在生产管理、经营管理和教学科研中广泛应用。但对化学成分构成复杂、成分容易发生变化或区别不明显、成分不清楚的商品，不适宜采用这种分类标志。

如今还要注意一点，有些商品类目的名称，不仔细看会以为是依据商品特殊成分分类的结果，实际上是歧化了"概念营销"的策略，利用哗众取宠的手段吸引消费者。

(5) 以商品的生产加工过程和环境质量作为分类标志

随着社会的发展，人们越来越意识到健康、环保以及社会和谐的重要性。吃什么、穿什么、用什么，人们的关注点已从商品本身延伸到商品的生产过程和生产环境的关系。因此，纺织品被分为生态纺织品和非生态纺织品；食品被区分为无公害食品、绿色食品和有机食品；茶叶等受地域性条件影响很明显的名特产品可分为一般产品和地理标志产品等。

（6）以商品经营习惯作为分类标志

这是商业零售企业为方便经营、方便消费者辨认和选购常用的方法。这种分类往往与以商品的用途作为分类标志的分类方法结合使用。

除上述常见分类标志外，另有一些商品本身的属性、特征也在一些特殊场合下作为分类标志。如工业制成品以花色、规格、型号作为分类标志；农产品中的种植业产品以收获季节或产地作为分类标志；畜产品中的肉类可以采集部位作为分类标志；蜂蜜以花粉源作为分类标志等，在此不一一列举。

【同步业务4-1】

业务分析：试用商品用途、加工方法、原材料、化学成分4种分类标志，对新鲜鸡蛋和彩色电视机进行分类，不能进行时，要说明理由。

业务程序：

首先，熟悉4种分类标志的特点。

其次，试用4种分类标志对新鲜鸡蛋和彩色电视机进行分类，分析其是否适宜。

最后，记录分类过程和结果，做出可行性判断。

4.2 商品分类的方法和体系

4.2.1 商品分类体系的概念

在商品分类中，可将商品集合总体划分为包括大类、中类、小类、品种、细目在内的完整的、具有内在联系的类目系统。这个类目系统即**商品分类体系**。

商品分类的排列程序及应用实例见表4-1。

表4-1 **商品分类的排列程序及应用实例**

商品类目	应用实例	
	食品	消费品
商品大类	食品、饮料	日用工业品
商品中类	乳和乳制品	肥皂、洗涤剂
商品小类	牛奶	香皂
商品品种	全脂饮用牛奶	力士香皂
质量等级	……	……

4.2.2 建立商品分类体系的基本方法

1）线分类法及线分类体系

按线分类法建立的体系即线分类体系。表4-2就是一个线分类体系应用示例。线分类法也称层级分类法，是把拟分类的商品集合总体按选定的属性或特征逐次地分成相应的若干个层级类目的过程。这种分类方法可将商品集合总体逐级划分，直至商品单品，分类结果可编制成一个层级分明的分类体系。体系中大类、中类、小类等级别不同的商品类目逐级展开，相互关系一目了然。在线分类中，各层级所选用的标志可以不同；体系中各个类目之间构成并列或隶属关系。

表 4-2　**线分类体系应用示例**

大类	中类	小类
家具制造业产品	木制家具制造业产品 金属家具制造业产品 塑料家具制造业产品 竹藤家具制造业产品	床 椅 凳 桌 箱 架 橱柜 笼 其他

线分类法是商品分类中常采用的方法。线分类体系的主要优点是：层次性好，能较好地反映类目之间的逻辑关系，符合传统应用习惯，既适合手工处理又便于计算机处理；商品分类体系的建立能满足商品不断发展、更新和变化的需要。但线分类体系也存在着分类结构弹性差的缺点。线分类体系建立后，它的类目、层级是固定的，因此对商品的容纳量也是有限的，这样就给未来的工作即新商品的引入带来了不便。实际应用中，通常采用在建立分类体系时预留空位的办法，克服线分类法的不足。

2）面分类法及面分类体系

按面分类法建立起来的分类体系即面分类体系。图 4-1 就是一个面分类体系结构图。**面分类法**又称平行分类法，是把拟分类的商品集合总体按其本身固有的属性或特征分成相互之间没有隶属关系的面，每个面都包含一组类目；再将分属于不同面中的类目按一定规律组配成复合类目，从而区分出特征分明的局部商品集合体。

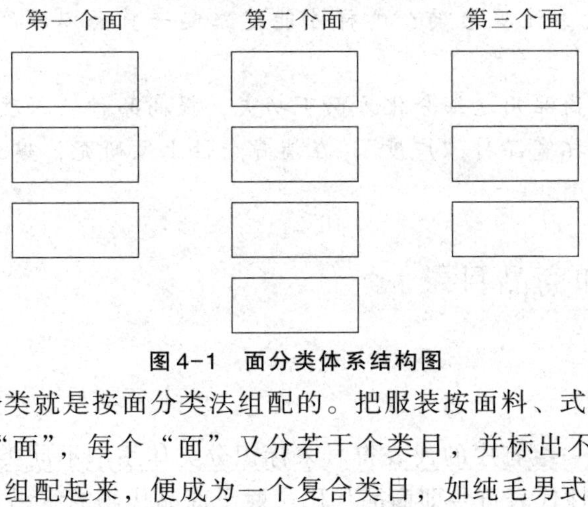

图 4-1　面分类体系结构图

通常，服装的分类就是按面分类法组配的。把服装按面料、式样、款式分为三个彼此没有隶属关系的“面”，每个“面”又分若干个类目，并标出不同范畴的独立类目。使用时，将有关类目组配起来，便成为一个复合类目，如纯毛男式中山装、中长纤维女式西装等，见表4-3。

表4-3　面分类体系应用示例

面料	式样	款式
纯棉	男式	中山装
纯毛	女式	西装
涤/棉	男式	猎装
毛/涤	女式	连衣裙
涤/粘	男式	夹克

印刷行业也常采用面分类法，按印版特性、转换模式、印后加工形式和使用价值等对印刷产品进行分类。超市的商品管理也常使用面分类法，如按商品的材料、品牌和制造商对其进行划分、陈列等。

面分类法的优点是所建立的分类体系结构弹性好，可以大量地扩充新类目，不必预先确定好最后的分组。它的缺点是组配结构太复杂，其容量也得不到充分利用。从表4-3面分类体系应用示例中就可以发现其中会出现没有意义的商品复合类目。

【同步案例4-1】

建立以顾客为中心的商品分类体系

背景与情境：目前，在我国零售企业特别是百货店和超市的商品经营中，按照商品的材料、属性、品牌和制造商对其进行划分、陈列是一种非常普遍的现象。有人认为，这种分类方法主要从店家方便管理出发，但是易造成卖场分类不清、商品陈列分散、不方便顾客关联购买等问题，可以说是一种低效率的商品分类方法。另外，由于这种分类方法得以普遍应用，其结果是使相当多的百货店和超市的卖场布局、商品结构、商品陈列甚至店内气氛雷同。零售业中商品分类最基本的经营功能在于为满足消费者需要和购买的多样性选择而对商品进行有效的组织。随着生产力的发展，市场已进入到以消费者为中心的时代，因此，现代零售企业在商品组织和管理过程中，必须建立起一整套以顾客为中心的商品分类体系。

问题：你能接受上述观念吗？怎样才能建立起一整套以顾客为中心的商品分类体系？

分析提示：可在商品用途细分化方面下功夫，提高品种“深度”；在商品的替代性和互换性上做文章，拓宽品种“广度”；在消费个性上做研究，建立多风格功能区；不同分类法灵活运用等。

4.3　商品编码和商品目录

4.3.1　商品编码

商品编码是指用一组有序的代表符号来标识分类体系中不同类目商品的工作过程。编码中所使用的标识性代表符号即商品代码。赋予商品代码的编码工作，是商品科学分类工作的重要组成部分。

1）商品编码的作用

商品编码可使名目繁多的商品便于识别和记忆，有利于商品分类体系的通用化、标准化，为建立统一的商品产、供、销、存系统以及运用计算机网络进行商流、物流的现代化科学管理创造了条件。

2）商品编码方法

商品编码方法主要有阿拉伯数字法、英文字母法、混合法等，其中最常用的是阿拉伯数字法。

（1）阿拉伯数字法。它是以阿拉伯数字为商品编码的工具，以一个或数个阿拉伯数字代表一种商品的编码方法。常见的以阿拉伯数字做商品编码的方法有连续数字编码法、层次式数字编码法等。

①连续数字编码法。它是先将所有商品依某种方式大致排列，然后自1号起依顺序编排流水号。分类项目按数字顺序编号的优点是简单明了，易于追加，但代码无分类功能，其组织和体系性较差。连续数字编码法一般用于项目少的分类。

②层次式数字编码法。它又叫分级式数字编码法，是先将商品按主要属性分大类并编定其号码，然后再将各大类根据次要属性细分为较次级的类别并编定其号码，如此逐层逐级进行下去。在此我们以国家标准GB/T 7635.1—2002《全国主要产品分类与代码 第1部分：可运输产品》为例，分析、认识层次编码。其整个代码共8位数，分6个层次，第1至第5层各用1位数字码表示，第6层用3位数字码表示，各层次分别命名为大部类、部类、大类、中类、小类和细类，如图4-2所示。由此可见，代码的层次结构反映了分类体系中不同类目间的层次关系。

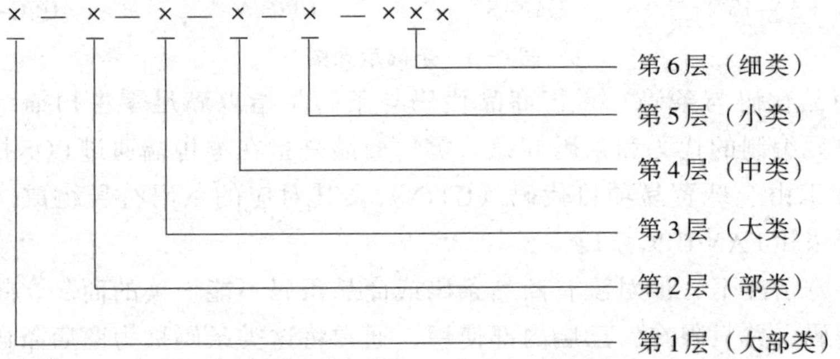

图4-2　层次式（分级式）数字编码结构

（2）英文字母法。它是以英文字母作为代码的商品编码法。英文字母I、O、Q、Z与阿拉伯数字1、0、9、2容易混淆，故多废弃不用，除此之外，尚有22个字母可用。

（3）混合法。它是指联合使用英文字母与阿拉伯数字来做商品代码，多以英文字母代表商品类别或名称，其后再用十进制或其他方式编阿拉伯数字号码。这种商品编码方法目前应用较普遍。

【同步思考4-2】

问题：商品编码为什么能使名目繁多的商品便于识别和记忆，为商流、物流现代化管理创造条件？

理解要点：编码的本质使编码对象规律化，结合学号的作用举例说明。

3）商品条码知识

商品条码，也是一种商品代表符号，它是用光电扫描阅读设备识读数据并实现计算机处理的特殊代码。条码技术的普遍推广，大大加快了商品流通的速度。

（1）商品条码概念。商品条码是由一组宽窄不同、黑白或彩色相间的平行线及其对应的字符，依照一定的规则排列组合而成的条空数字图形。在国家标准中，商品条码被定义为用于标识国际通用的商品代码的一种模块组合型条码。

（2）商品条码种类及应用。

①厂商识别代码与条码。厂商识别代码是指国际通用的商品标识系统中表示厂商的唯一代码，是商品条码的重要组成部分。厂商识别条码主要有国际通用商品条码（简称EAN条码）和北美通用产品条码（简称UPC条码）两种，如图4-3所示。UPC条码源于美国，是在美国和加拿大推广使用的通用产品代码；EAN条码是欧洲物品编码协会在吸取UPC经验的基础上开发出的与UPC兼容的欧洲物品编码系统。为了在世界范围内推行条码系统，协调条码在各国的应用，1981年欧洲物品编码协会更名为国际物品编码协会，EAN码已在世界各国普及，国际通用。我国于1988年12月成立中国物品编码中心，1991年4月被国际物品编码协会接纳为会员。1991年5月，我国颁布了推荐性国家标准《通用商品条码》。

EAN-13　　EAN-8　　UPC-A　　UPC-E

图4-3　条码示意图

②零售商品代码与条码。零售商品代码与条码是指以满足零售扫描结算为主要目的，为商品单元编制的代码和条码标识。零售商品是指在零售端通过POS扫描结算的商品。其条码标识由全球贸易项目代码（GTIN）及其对应的条码符号组成。零售商品的条码标识主要采用EAN/UPC条码。

在一些特殊情况下，如对没有商品条码或商品条码不能识读的商品，销售商可自行编码和印制条码，并只限在自己店内部使用，通常将这类条码称为商店条码，又叫店内码。店内码可分为两类：一类是用于变量消费单元的店内码，如鲜肉、水果、蔬菜、熟食品等商品是按基本计量单位计价，以随机数量销售；另一类是用于定量消费单元的店内码，这类商品是按商品件数计价销售的，但因厂家生产的商品未申请使用条码或其印刷的条码不能被识读，为便于扫描结算，商店必须制作使用店内码。

③非零售商品代码与条码。非零售商品是指不通过POS扫描结算，用于配送、仓储或批发等操作的商品。其标识代码由全球贸易项目代码（GTIN）及其对应的条码符号组成。非零售商品的条码符号主要采用ITF-14条码或UCC/EAN-128条码，也可使用EAN/UPC条码。一个装有24条香烟的纸箱、一个装有40箱香烟的托盘，都可以作为一个非零售商品进行批发、配送。

④物流单元代码与条码。物流单元是为了便于运输或仓储而建立的临时性组合包装，在供应链中需要对其进行个体的跟踪与管理。通过扫描每个物流单元上的条码标签，实现物流与相关信息流的链接，可分别追踪每个物流单元的实物移动。物流单元的编码采用系列货运包装箱代码（SSCC-18）进行标识。一个装有不同颜色和尺寸的12件裙子和20件夹克的组合包装、一个含有40箱饮料的托盘（每箱12盒装）都可以视为一个物流单元。

⑤位置代码与条码。位置代码与条码是指对厂商的物理位置、职能部门等所编制的代码与条码标识。

（3）中国商品条码标识系统，简称ANCC系统，国际上称全球统一标识系统，由中国物品编码中心依据国际物品编码协会的通用技术规范编制，适用于多领域、多环节的物品标识，可以帮助企业提高在全球贸易与供应链管理中的效率和透明度，降低企业运作成本。

中国物品编码中心以商品条码为核心技术，在全国范围内建立了农产品追溯、中药材追溯、医药零售与物流追溯、植入性医疗器械追溯与监管等20多个应用示范方法。

商品条码标识系统的应用最早是从食品、日用百货等快速消费品在零售POS系统自动结算开始的，目前广泛应用于全球的贸易、物流、生产、医药、建材、产品溯源、电子商务等领域，已成为全球通用的商务语言。

【教学互动4-1】

互动问题： EAN国家代码中中国大陆为690～695，而教材条码中的前3位为什么是978?

互动要求： 同“教学互动1-1”的“互动要求”。

学习微平台

延伸阅读 4-1

（4）其他有关条码简介。

①GS1。GS1代表国际物品编码协会，它同时包含了五个含义：一是全球的系统；二是全球的标准；三是全球的解决方案；四是世界一流的标准化组织；五是在全球开放标准（系统）下的统一商务行为。

②物品编码。物品通常是指各种有形的物理实体与无形的服务产品，而物品编码则是按一定的规则对物品赋予易于计算机和人识别、处理的代码。

③二维码。二维码（又称二维条码）是指在一维条码的基础上扩展出另一维具有可读性的条码，使用黑白矩形图案表示二进制数据，被设备扫描后可获取其中所包含的信息。二维码是在一维码无法满足实际应用需求的前提下产生的，一维码通常是对物品的标示，二维码是对物品的描述，它能在有限的空间内存储更多的信息，包括文字、声音、图像、指纹、签名等，并可脱离计算机使用，具有输入速度快、可靠性高、采集信息量大、灵活实用、易于制作、成本低等优点，是迄今为止最经济、实用的一种信息存储自动识别技术。

④RFID。RFID（Radio Frequency Identification），即射频识别，是一种非接触式的自动识别技术，通过射频信号自动识别目标对象并获取相关数据。

⑤EPC。EPC（Electronic Product Code），即产品电子代码，它是基于RFID和Internet的一项物流信息管理技术。EPC是条码技术的拓展和延续，已成为GS1系统的

重要组成部分。从狭义上说，它是一种编码（可以给世界上的任何一件物品都赋予唯一编号）；而从广义上说，它是一个先进的、综合的复杂系统。

【职业道德与企业伦理4-1】

冷链食品闭环全溯源守护“舌尖上的安全”

背景与情境：日前，市民黄薇在华庭街好又多超市购物时，在进口水产品区域发现了不少新悬挂的二维码标志，打开手机用支付宝一扫，冷冻水产品的各类信息就全部获取了，包括检验检疫证明编号、生产或进口批号、境外出口商国家名称、生产日期、进货日期等。“没想到那么方便，你看我买的冷冻巴沙鱼柳，一扫就知道是从越南进口的，什么时候生产的，什么时候进货的，都很清楚，这样我们买得也放心。”黄薇表示。

这一让消费者点赞的二维码就是“冷链食品溯源码”。为进一步健全食品安全追溯体系，近期南湖区市场监管部门依托新上线的浙江省冷链食品追溯系统，积极开展重点主体“浙冷链”系统激活和重点冷链食品赋码工作，加快实现进口冷链食品全链条追溯管理，推动疫情防控重点食品“物防”专项工作落细落实。

“浙冷链”系统是强化冷链食品全链条追溯管理的重要抓手，可以实现从供应链首站到消费环节产品最小包装的闭环追溯管理，全面掌握冷链食品供应链流向。“浙冷链”上线后，南湖区第一时间迅速行动，以进口或来自重点疫情防控地区的使用冷链运输的畜禽肉、水产品及其制品为“重点产品”，以进口食品经营企业、食用农产品批发市场、农贸市场、大中型商超、提供生食类水产品的餐饮单位、生鲜电商、食品冷库为“重点主体”，高速高质推进冷链食品闭环管理。

前期，区市场监管局已成立11个“浙冷链”基层攻坚组，确定“浙冷链”工作推进企业联系人，上门指导企业赋码扫码，并组织进口企业、大型商超开展“浙冷链”小程序专题培训。“在落实原有防控措施基础上，我们加大冷链食品的管控力度，采取加强监督检查、落实主体责任、建立追溯体系等措施，形成‘闭环管理、溯源倒查、滚动推进、强化规范’的‘物防’工作机制，实现重点主体全覆盖、重点品种全溯源、重点问题全销号。”区市场监管局相关负责人表示。

这两天，华庭街好又多超市生鲜部副总周璐正忙着超市内几款进口水产品的赋码工作，将产品进货时间、产品规格等基本信息进行录入。“前期，市场监管部门工作人员专程来走访指导，告知我们激活登录‘浙冷链’系统并进行赋码和信息录入的一些事项。”周璐介绍，目前超市涉及的6款产品均已经完成赋码，可以实时掌握产品流向。截至目前，南湖区共激活各类主体114家，赋码1 500张，出动2 319人次，检查主体1 134家次，完成抽检监测15批次，责令整改35个。

在对“重点主体”的“重点产品”开展监督检查时，南湖区还加大行政执法力度，如发现环境脏乱差、防控措施不到位、食品票证不全、来源不明、抽查不合格、存在违法违规经营行为等情形，立即启动相关核查，倒查产品来源、主体责任、监管责任。“后续我们还将进一步拓宽宣传渠道，加大‘浙冷链’系统对外宣传，不断提高公众知晓度，供消费者扫码查询，保护消费者权益，增强消费信心，倒逼经营主体自觉履行赋码工作。”区市场监管局相关负责人称。

资料来源　徐亦为. 冷链食品闭环全溯源守护“舌尖上的安全”[N]. 嘉兴日报，2020-07-07.

问题：如何看待冷链食品闭环全溯源守护“舌尖上的安全”？

分析提示：让消费者有便捷的途径来追溯所购买的食品，让食品追溯从原来的事后监督转变成为消费者日常消费的事前预防，让消费者享受安全、放心的食品。华庭街好又多超市采用“冷链食品溯源码”，进一步健全食品安全追溯体系，体现了企业良好的社会责任和企业伦理，保护了消费者权益，也有利于企业不断发展。

4.3.2 商品目录

1）商品目录的概念

商品目录又叫商品分类目录，是以特定方式系统记载相关商品集合总体类目、品种等方面信息的文件资料。从其内容结构分析，商品目录一般是商品名称、商品代码、商品分类体系三方面信息的有机结合；从其表现形式分析，商品目录是在商品分类和编码的基础上，用表格、文字、数码等全面记录和反映相关商品集合总体综合信息的文件。按适用范围，商品目录可分为国际商品分类目录、国家商品分类目录、行业（部门）商品分类目录、企业商品分类目录等；按业务性质，商品目录可分为外贸商品目录、海关统计商品目录、内贸商品目录和企业商品目录等。

编制商品目录是商品分类工作的重要组成部分，商品目录是商品科学分类的最终成果。

2）常见商品分类目录简介

国内目前影响范围较广的商品分类目录主要有全国主要产品分类、HS分类编码等。

（1）全国主要产品分类。为了适应现代化经济管理的需要，许多工业发达国家都制定和实施了商品分类国家标准。我国于1987年发布和实施商品分类国家标准GB 7635—1987《全国工农业产品（商品、物资）分类与代码》，2002年修订为《全国主要产品分类与代码》（GB / T 7635—2002），2003年4月1日起实施。《全国主要产品分类与代码》是一项大型的基础性标准，是与国际通行产品目录协调一致的国家产品分类编码标准体系，规定了全国主要产品的分类原则与方法、代码结构、编码方法、分类与代码，主要用于信息处理和信息交换。《全国主要产品分类与代码》由相对独立的两个部分组成，第一部分为可运输产品，第二部分为不可运输产品，每部分由五大部类组成，与联合国统计委员会制定的《主要产品分类》（CPC）1998年第10版相对应，一致性程度为非等效。《全国主要产品分类与代码》第一部分可运输产品代码结构是6层8位数字码；第二部分规定了服务、资产等不可运输产品的分类与代码，代码结构是5层5位数字码，每层用1位数字码表示，各层次分别命名为部类、门类、大类、中类和小类。

（2）HS分类编码。HS分类编码又叫《商品名称及编码协调制度的国际公约》，简称《协调制度》，是指在世界海关组织商品分类目录和国际贸易标准分类目录的基础上，协调国际上多种商品分类目录而制定的一部多用途国际贸易商品分类目录。在现实工作中，为了适用于海关监管、海关征税及海关统计，需要按照进出口商品的性质、用途、功能或加工程度等将商品准确地归入《协调制度》中与之对应的类别和编号。

HS分类编码是一种科学、系统的国际贸易商品分类体系。其总体结构包括三大部分：归类规则；类、章及子目注释；按顺序编排的目与子目编码及条文。这三部分是HS分类编码的法律性条文，具有严格的法律效力和严密的逻辑性。当前，世界贸易总量98%以上的货物都是以《协调制度》目录进行分类的。我国海关自1992年起采用该制度，以其为基础并结合我国实际情况，编制了《中华人民共和国进出口税则》和《中华人民共和国海关统计商品目录》。

学习微平台

延伸阅读 4-2

我国海关采用的HS分类目录，前6位数是HS国际标准编码，第7、8两位是根据我国关税、统计和贸易管理的需要加列的本国子目。为满足中央及国务院各主管部门对海关监管工作的要求，提高海关监管的计算机管理水平，在8位数分类编码的基础上，根据实际工作需要对部分税号又进一步增加了第9、10位数编码。

2018年3月1日起部分进口商品纳入法检目录。

【教学互动4-2】

互动问题：我国目前有无分类编码标准？

互动要求：同“教学互动1-1”的“互动要求”。

■ 本章概要

□ 内容提要

● 根据一定的目的，选择恰当的标志，将任何一个商品集合总体进行合理划分的过程叫商品分类。商品分类的基本方法有线分类法和面分类法两种，与之相应的分类体系分别是线分类体系和面分类体系。两种分类方法各有长短。

● 分类标志是编制商品分类体系和商品目录的重要依据和基准。商品的自然属性或社会经济属性都可用作分类标志。常用的商品分类标志有商品用途、商品加工方法、原材料、化学成分、生产过程等。商品分类标志的选择必须遵循相应的原则。

● 商品编码是赋予分类体系中不同类目的商品以统一的代表符号的过程。编码中所用的标识性商品的代表符号称商品代码。常用编码方法有阿拉伯数字法、英文字母法、混合法，其中最常用的是混合法。

● 商品条码也是一种商品代表符号，但不能将其简单地归类于商品代码，它是由一组规则排列的“条”“空”符号及其对应的数字代码组成的商品标识，是用光电扫描阅读设备识读数据并实现计算机处理的特殊代码。条码技术现已得到普遍推广，其大大加快了商品流通的速度。目前，世界范围内广泛使用的条码分EAN和UPC两大系统，我国是国际物品编码协会成员国，使用EAN条码。

● 商品目录是以特定方式系统记载相关商品集合总体类目、品种等方面信息的文件资料。从其内容结构分析，商品目录一般是商品名称、商品代码、商品分类体系三方面信息的有机结合；从其表现形式来看，商品目录是以表格、文字、数码等全面记录和反映相关商品集合总体综合信息的文件。按适用范围，商品目录包括国际商品目录、国家商品目录、行业（部门）商品目录、企业商品目录；按业务性质，常见商品目录有外贸商品目录、海关统计商品目录、内贸商品目录和企业商品目录等。

● 实现商品统一分类编码，是一种趋势。国内目前影响范围较广的商品分类目录主要有三类：全国主要产品分类（GB/T 7635）、HS分类编码、电子商务网站和各商业零售企业根据经营需要据各自经营的商品所做的相关分类目录。

□ 主要概念和观念

▲ 主要概念

商品分类　商品分类体系　线分类法　面分类法　商品编码　商品目录

▲ 主要观念

商品科学分类理论　商品统一分类与编码及其应用

□ 重点实务

商品分类标志选择　建立商品分类体系　商品经营分类考察调研

■ 基本训练

□ 知识训练

▲ 简答题

（1）什么是商品分类，其有何意义？

（2）常见商品分类标志有哪些，各有何特点？

（3）按适用范围划分，商品目录有哪些种类？

（4）国内目前影响范围较广的商品分类目录有哪些？

▲ 填空题

（1）________是编制商品分类体系和商品目录的重要依据和基准。

（2）商品目录又叫商品________目录。

（3）在代码体系中，应留有足够的________码，以便随时接纳新类目、新产品。

▲ 单项选择题

（1）唯一性原则是在选择商品分类标志时必须遵循的原则之一，其含义主要是指在体系中的（　　）范围内只能用一种分类标志。

A.同一层级　　B.不同层级　　C.所有层级　　D.大类和中类

（2）商品分类和商品编码的关系是（　　）。

A.编码在前　　B.分类在前　　C.同时进行　　D.不分先后

▲ 多项选择题

（1）商品分类标志的实质是商品本身的（　　）。

A.自然属性　　B.经济属性　　C.社会属性

D.属性　　E.价值

（2）目前世界范围内广泛使用的条码系统是（　　）。

A.EAN　　B.厂家条码　　C.UPC

D.店内码　　E.商店条码

▲ 讨论题

（1）商品条码是否具有防伪作用？

（2）线分类法和面分类法各有何特点？

（3）你对校园超市的商品分类有何评价和建议？

□ 能力训练

▲ 案例分析

淘宝网商品分类

背景与情境：淘宝网以市场为分类标志，将商品分为女装、男装、鞋类箱包、内衣配饰、运动户外、珠宝手表、数码、家电办公、护肤彩妆、母婴用品、家居建材、美食特产、日用百货、汽车摩托、文化玩乐、本地生活等大类；在女装中分为女式上装、女式裤子、女式裙子、其他女装等；女式上装类包括的商品有羽绒服、毛呢外套、针织衫、短外套、雪纺衫/蕾丝衫、T恤、风衣、皮草、真皮皮衣、衬衫、棉衣、卫衣、针织开衫等（具体分类情况见淘宝网）。

问题：淘宝网的商品分类与超市的商品分类各有何特点，对你有何启迪？

分析要求：同第1章“基本训练”中本题型的“分析要求”。

▲ 实训操练

实训项目：商品分类“实战演习”。

实训步骤：

（1）3~5人一组，制订考察调研方案。

（2）选择某商场，按店内商品大类或经营区域进行合理分工、分区调查并做详细记录。

（3）拟出商场经营商品大类，编制该商场商品分类目录，用层次式数字编码法给出上述目录中商品的数字代码。

（4）应用科学分类观念，结合经营习惯对该商场商品分类提出合理化建议。

（5）各组在班级讨论交流、相互点评与修订各组的商品分类合理化建议。

（6）在校园网的本课程教学平台上展示经过修订和教师点评的各组商品分类合理化建议，供同学借鉴。

□ 善恶研判

超市三楼为什么不设入口？

背景与情境：上海一家零售业巨头抢滩安徽某中等城市市场，开设分店以来，生意做得很是红火。分店占据该市步行街繁华地段一座楼宇的一、二、三层，有一点Shopping Mall的味道，底层是休息、餐饮区，二、三层设超市。不要看超市这两层楼的经营面积小，商品却很齐全。但耐人寻味的地方不在于超市经营的商品品种的多寡，而是在进口和出口的设置上：两层楼的营业区只在二楼设置多个入口，三楼不设入口，与二楼共用入口，而二楼、三楼营业区又各自拥有出口。三楼为什么没有自己的入口呢？三楼不需要入口吗？答案是什么？答案就在于商品分类，人们日日必需、时时要消费的各种生活必需品包括日化用品、生鲜食品尽在三楼，而服装、书籍、玩具、音像制品、家电类产品等人们购买频数较低的耐用消费品在二楼。人们要上三楼购物，二楼是必经之路。琳琅满目、陈列有序的商品似乎总是在提醒到三楼的顾客“不要脚步匆匆，顺便把我带回去吧！”陪同购物的顾客也大多会在二楼自然而然地分流，或去看书，或去玩具陈列处徜徉流连……

同样的出入口设置，假设我们把二楼、三楼的商品整体调换位置，结果会是怎样的呢？

问题：

（1）点评本案例商家的道德伦理？

（2）试对本案例商家做出你的善恶研判。

（3）通过网上或图书馆调研等途径搜集你做善恶研判所依据的行业规范。

（4）你对本案例有何感受？

研判要求：同第1章“基本训练”中本题型的“研判要求”。

第5章 商品包装

◆ 学习目标

通过本章学习，应该达到以下目标：

职业知识：学习和把握商品包装合理化和商品销售包装的要求与设计，认识商品包装的概念、作用和标志，了解商品运输包装的材料与技法；能用本章理论知识指导相关认知活动，用实务知识规范相关技能活动。

职业能力：运用本章知识研究相关案例，培养在特定业务情境中分析问题与决策设计能力；通过“评价商品销售包装”的实训操练，训练学生的商品包装评价技能。

职业道德：结合商品包装的教学内容，依照行业道德规范或标准，分析“职业道德与企业伦理5-1”和章后“基本训练”之“善恶研判”情境下企业及其从业人员在商品包装商务活动中行为的善恶，强化职业道德素质。

【引例】

国际商品包装守则你知道多少

背景与情境：国际上对商品包装的总体要求是：一要符合标准，二要能招揽顾客。具体的要求有：一是名称易记。包装上的商品名称要易懂、易念、易记。二是外形醒目。要使消费者从包装外表就能对商品的特征了如指掌。三是印刷简明。包装印刷要力求简明。那些在超级市场中出售的商品，因为是由顾客自己从货架上挑选，所以它们的包装就要吸引人，让顾客从货架旁边走过时能留意到它，想把它从货架上拿下来看看。四是体现信誉。包装要充分体现商品的信誉，使消费者透过商品的包装增加对商品的信赖。五是颜色悦目。一般来说，亚洲人喜欢红色和黄色。在超级市场中销售的高档商品多采用欧洲流行色，即淡雅或接近白色的颜色。六是有地区标志。包装应有商品地区标志或图案，使人容易识别。七是有环保意识。国际上现在普遍重视环境保护工作，为此国际上有许多关于包装材料的新的具体规定，总的趋势是用纸和玻璃取代塑料、塑胶等材料。

商品包装是商品学研究的又一项重要内容。绝大多数商品只有经过包装，才算完成它的生产过程，才能进入流通和消费领域。包装不足、包装不当、包装过度都有碍商品价值与使用价值的实现。

包装工业的发展，为商品包装的现代化提供了技术保障和物质基础，但包装工业高速发展的背后，也有一定的隐患。商品生产告别了包装不足，但是矫枉过正，又出现了包装过度。如何进行商品包装才能适度、适当？这是我们要高度关注的新课题。

5.1　商品包装的有关知识

5.1.1　商品包装的概念

国家推荐性标准《包装术语》（GB/T 4122—2010）中，对**包装**所下的定义是：*为了在流通过程中保护商品、方便储运、促进销售，按一定的技术方法而采用的容器、材料及辅助物等的总体名称，也指为了达到上述目的而采用容器、材料及辅助料和辅助物的过程中施加的一定技术方法等的操作活动。*这一定义界定了现代商品包装的特征：包装首先是一类特殊商品，它本身是具有价值和使用价值的物质实体；包装又是促使被包装商品实现其价值和使用价值的手段；包装同时是按一定技术要求操作的生产活动，是商品生产的重要组成部分。

本章对商品包装的研究，主要是围绕“物质实体”这一首要特征而展开的。商品包装是依据一定的商品属性、数量、形态以及储运条件和销售需要，采用特定包装材料和技术方法，按设计要求创造出来的造型和装饰相结合的实体。从实体构成来看，任何一个商品包装，都是采用一定的包装材料，通过一定的技术方法制造的，都具有自己的结构、造型和外观装潢。包装材料、包装技法、包装结构造型和表面装潢是包装实体的四大要素。此四大要素的完美结合，构成了成功的商品包装，实现了商品包装的自然保护和社会认知两大基本功能。

5.1.2 商品包装的作用

商品包装的作用主要包括以下几个方面：

1）保护商品

商品从生产领域到流通领域再到消费领域，需经多次、多种方式，不同时间和空间条件下的装卸、搬运、堆码、储存等。科学合理的包装，能使商品抵抗各种外界因素的破坏，也可以把与内因有关的质量变化控制在合理、允许的范围之内，从而保证商品质量、数量的完好。

2）便于流通

合理的商品包装，应材料选用得当，容器的形状、尺寸恰当，标志清晰明了。这些都有利于商品的安全装卸、合理运输和最大限度地利用仓储空间，同时，也便于企业对转移过程中的商品进行识别、验收、计量、清点。

3）促进销售

装潢设计恰到好处的包装，是无声的推销员。它既能通过保持和维护商品质量提高商品的市场竞争力，又能以匠心独具的艺术性元素吸引顾客，以图文并茂的说明内容指导消费。

4）方便消费

成功的商品包装，不仅依据商品的性质特征而设计、形成，而且能以消费者为中心而设计、形成。成功的商品包装，尤其是直接出售给消费者的销售包装，可通过充分研究消费者的需求，以人为本，在包装造型的别致性、商品数量的适中性、使用方法的便利性以及完成包装使命之后的可持续使用性或绿色环保、易于处理性等方面做文章，最大限度地方便消费者。

学习微平台

延伸阅读5-1

5）提高商品价值，促进使用价值的实现

发挥上述几个方面作用的合理的商品包装，必然会促进商品使用价值的实现，也必然会促进商品价值的提高。另外，商品包装本身也是具有价值和使用价值的特殊商品。

5.1.3 商品包装的合理化

商品包装的合理化是其作用正常发挥的前提条件。

概而言之，我国商品包装的发展可分为单纯考虑保护商品的大包装、强调美化商品的小包装和小包装发展为无声推销员三个阶段。合理的商品包装是随商品流通环境的变化、包装技术的进步而不断改进和发展的。合理的商品包装既要符合国情，又要满足消费者需要并取得最佳的经济和社会效益。在市场经济形势下，商品市场已从卖方市场转为买方市场。如果使商品包装停留在第一阶段，那是包装不足，对商品生产者、经营者、消费者都不利，现在已很少有人犯这样的错误。然而，在现阶段，在国内市场上，使用材料、容器、技术等不合理的包装和追求奢华甚至挂羊头卖狗肉、愚弄和欺诈消费者的过度包装、虚假包装等现象比比皆是。

一般而言，合理的商品包装应符合以下要求：

1）商品包装应适应商品特性

商品包装必须根据商品的特性采用相应的材料与技术，使包装完全符合商品理化性质的要求。

2）商品包装应适应运输条件

要确保商品在流通过程中的安全，商品包装应具有一定的强度，坚实、牢固、耐用。对于不同运输方式和不同运输工具而言，还应有选择地利用相应的包装容器和进行技术处理。总之，整个商品包装应适应流通领域中的储存、运输条件和强度要求。

3）商品包装要“适量、适度”

对于销售包装而言，包装容器大小应与内装商品相适宜，包装费用应与内装商品相吻合。预留空间过大、包装费用占商品总价值比例过高，都是有损消费者利益、误导消费者的过度包装。

4）商品包装应标准化、通用化、系列化

商品包装必须推行标准化，即对商品包装的包装容（重）量、包装材料、结构造型、规格尺寸、印刷标志、名词术语、封装方法等加以统一规定，逐步形成系列化和通用化，以便有利于包装容器的生产，提高包装生产效率，简化包装容器的规格，节约原材料，降低成本，易于识别和计量，有利于保证包装质量和商品安全。

5）商品包装要做到绿色、环保

商品包装的绿色、环保要求要从两个方面认识：首先，针对商品、消费者而言，包装的材料、容器、技术应是安全和卫生的。其次，包装的材料、容器、技术等对环境而言，是安全和绿色的；在选取材料和制作上，遵循可持续发展原则，做到节能、低耗、高功能、防污染，可以持续性回收利用，或废弃之后能安全降解。

【同步案例5-1】

如何选择正确的食品包装材料

背景与情境：在为产品选择包装材料时，如果不注意细节，很容易出错。包装，尤其是食品包装，是决定产品成功与否的重要组成部分。正确的食品包装无论是在运输中还是在货架上，都可以使食品保持新鲜和安全，并且可以充当一种营销工具，以吸引顾客购买。那么，您如何选择适合食品的包装材料呢？

1）功能与耐用性

您选择的包装应在各种条件下都能正常工作。例如，材料可能会很好地固定在架子上，但在运输过程中容易损坏。如果您包装笨重的食物，则必须使用坚固的材料，尽管选择此类材料的成本很高，但这样做总是比更换损坏的商品和修复客户对品牌的负面印象要便宜得多（如果包装不能长期使用的话）。

2）食品安全

您选择的包装类型应确保食品在整个保质期内保持安全。您选择的材料应可以通过多种方式增强食品安全性，能减缓食品变质速度并保护食品免受诸如光和湿气的侵害。为确保食品安全，包装必须符合严格的FDA准则，必须对包装进行不断的测试，以确保不仅满足这些要求，而且可以在整个使用寿命内保持它们不变。在这种情况下，要考虑的一种好材料是软包装。某些公司的软包装已被证明具有有助于增强食品安全性的物理特性。

3）尺寸

如果您有多种尺寸的产品，最好使用尽可能少的包装选项，这可以帮助您降低成本。选择合适尺寸的包装也可以帮助运输。适当的包装尺寸可使产品和包装在运输过程中尽量保持完整。此外，对包装尺寸进行合理的创新可以帮助您节省空间，从而使您可以在单程中运输更多产品，以降低运输每件产品的成本。

4）设计与品牌

您的包装也应该是一种营销工具，并以此来达到多种目的。

您为食品选择的包装材料类型几乎与食品本身一样重要。这是因为，如果材料在运输过程中无法支撑或确保产品安全，则可能会导致您的产品被标记为没有吸引力，这可能会对您的收入产生负面影响，并影响您的业务持续发展。

资料来源 包装内参网. 如何选择正确的食品包装材料［EB/OL］.［2021-02-05］. http://baozhuangneican.com/news/show-1868.html.

问题：你对食品包装材料选择还有哪些建议？

分析提示：从商品包装的四大要素、两大基本功能、作用和合理化等方面来分析。

5.1.4 商品包装的分类

商品包装种类繁多，分类目的不同，选用标志不同，得出的分类结果就有区别，在此，我们选用以下几个标志，对商品包装进行分类：

1）按包装在流通中的作用分类

以其在商品流通中的作用为分类标志，商品包装可分为运输包装和销售包装。这也是比较常见的包装分类法。

（1）运输包装

运输包装是用于安全运输、保护商品的较大单元的包装形式，又称外包装或大包装，如纸箱、木箱、桶，以及集装箱、集装袋等。运输包装一般体积较大，外形尺寸标准化程度较高，坚固耐用，表面印有明显识别标志，方便运输、装卸和储存，最主要的功能是保护商品。

（2）销售包装

销售包装是指以商品零售单元为包装个体的包装形式，既有单个商品包装式的，也有若干单个商品组合后再包装式的。单个商品包装式的称为小包装或个包装；若干单个商品组合后再包装式的称为中包装。用来组合的商品，可以是同种类的，也可以是不同种类的，但在用途上是互补的。销售包装的一般特点是包装件小、美观、新颖、卫生、安全，易于使用，便于携带。销售包装一般随商品销售给消费者，除具有保护商品的基本功能外，宣传、美化、促销的功能通常也能得到强化。

2）按包装材料分类

以材料作为分类标志，商品包装一般可分为纸质、木材、金属、塑料、玻璃和陶瓷、纤维织品、复合材料等。

3）按包装技术方法分类

以技术方法作为分类标志，商品包装一般可分为缓冲包装、防潮包装、防锈包装、收缩包装、充气包装、灭菌包装、贴体包装、气调保鲜包装、智能包装、组合包装和集合包装。

【职业道德与企业伦理5-1】

81万个不可降解塑料制品被查

背景与情境：1月22日，海南省市场监督管理局市场监督行政执法局联合海口市市场监督管理局，对位于海口市海榆中线狮子岭一仓库突击检查，将现场发现的1 256箱共814 760个一次性不可降解塑料制品予以原地查封，并对涉事企业立案调查。

海南省市场监督管理局市场监督行政执法局副局长刘冰城介绍，近日，有市民举报称，海南旺桦源贸易有限公司租用绿保再生资源分拣中心仓库，在该仓库内储销一次性不可降解塑料制品。

随后，省、市两级市场监督部门进行了前期摸排调查。1月22日上午，执法人员对该公司租用的仓库进行突击检查。记者现场看到，涉事仓库位于狮子岭绿保再生资源分拣中心附近，该仓库一层摆放着近百箱标注为“400休闲杯”的可生物降解制品，而就在该批制品旁，有处不起眼的楼梯。

记者随同执法人员前往二楼，发现该二楼储存着各类各规格的不可降解透明碗、碗盖、透明杯等。其中有耀康牌700碗、耀康牌航空杯、耀康牌吉祥碗、耀康牌大圆碟等。

执法人员统计，该仓库储存一次性水杯、一次性透明碗等共10余个规格1 256箱，均为海南禁止使用的不可降解塑料制品。

2020年12月1日，《海南经济特区禁止一次性不可降解塑料制品规定》（以下简称《规定》）正式开始实施，《规定》全面禁止生产、运输、销售、储存、使用一次性不可降解塑料袋、塑料餐饮具等塑料制品。

海南旺桦源贸易有限公司相关负责人沈先生介绍，该批货物货值2万余元，是2020年11月从广东订购，订货后才发现海南已全面禁塑。近日，厂家通知限期收货，2万余元货款不予退还。

“对方不给退钱，我就心存侥幸，让对方发货过来。”沈先生说，为了不让货款打水漂，他让对方发货，然后将合格的可生物降解制品放在仓库一楼，把先前订购回来的一次性不可降解塑料制品放到了二楼，销售给一些餐馆、酒店。

“没想到，刚接到货没多久就被查了。”沈先生表示，下一步将配合执法部门做进一步调查。

海口市市场监督管理局行政执法支队支队长郝文磊介绍，目前该企业涉嫌储存销售一次性不可降解塑料制品，若该企业违法事实均成立，执法部门将对这批一次性不可降解塑料制品予以销毁。市民发现有生产、运输、储存、销售、使用一次性不可降解塑料制品的，可拨打12345或12315举报。

资料来源　蒙健. 81万个不可降解塑料制品被查［EB/OL］.［2021-01-24］. http: //new.qq.com/omn/20210124/20210124A09U2S00.html.

问题：为什么会出现81万个不可降解塑料制品被查现象？

分析提示：《海南经济特区禁止一次性不可降解塑料制品规定》全面禁止生产、销售和使用一次性不可降解塑料膜袋和塑料餐饮具，该企业心存侥幸，违背了企业最起码的职业道德和企业伦理，必然会受到查处和被市场所淘汰，最终受损的是企业自身的形象和诚信。

5.2 商品运输包装

就其作用来看，商品运输包装与销售包装应是有分工、有侧重的。充分保护商品、方便装卸搬运应是运输包装的首要功能。当前，有人将其称为“物流包装”，这更加强调了运输包装在商品流通中的特殊作用。

5.2.1 商品运输包装的材料与容器

1）纸类材料及其容器

在现代包装的四大支柱材料——纸、塑料、金属、玻璃中，纸的价格最便宜，原料来源也最广泛，既不像塑料那样不易降解，也不像玻璃那样易碎，更不像金属那样笨重，因此，纸被认定是最有前途的绿色包装材料之一。

从理化性质看，纸质包装材料的优点是具有适宜的强度、耐冲击性和耐摩擦性；密封性好，容易做到清洁卫生；具有优良的成型性和折叠性，便于采用各种加工方法，适应于机械化、自动化的包装生产；具有最好的可印刷性，便于介绍商品。

传统纸质包装材料的弱点是气密性、防潮性、透明性差，不耐水等，但是随着现代包装材料技术的发展，纸的功能已今非昔比，新型纸质包装材料具有高强度及很好的防潮性。

用纸质材料制成的运输包装容器常见的有纸箱、纸盒、纸桶和纸袋等。用量最多的是瓦楞纸箱。目前，在运输包装中，瓦楞纸箱正逐渐取代传统木箱，被广泛用于日用百货、家用电器、服装鞋帽、水果蔬菜等的包装。瓦楞纸箱正在向规格标准化、功能专业化、减轻重量、提高抗压强度等方向发展。除瓦楞纸箱外，牛皮纸包装袋也是商品运输包装中用量较大的。新型结构、高强度的纸包装物、纸浆模制包装物和纸蜂窝包装物等现在也发展很快。

2）塑料及其容器

塑料是优点和缺点都非常明显的包装材料，是随科技进步“与时俱进”的包装材料，是颇具争议但使用量和发展速度在全球仍然居高不下的包装材料。

塑料是20世纪发展起来的包装材料，它可以以各种形式、各种品种不同程度地替代迄今为止发现及常规使用的任意一种包装材料及容器。各种各样的塑料包装材料的优点是物理机械性能优良，具有一定的强度和弹性，耐折叠、耐摩擦、耐冲击、抗震动、抗压、防潮、防水、气密性好；化学稳定性好，耐酸碱、耐油脂、耐化学药剂、耐腐蚀、耐光照等；比重小，是玻璃的1/2、钢铁的1/5，属于轻质包装材料；加工成型工艺简单；适合采用各种包装新技术，如真空、充气、拉伸、收缩、贴体等；具有优良的透明性，表面光泽度好，印刷性能好；可与纸、金属等传统包装材料制成复合材料，拓展了应用范围。

塑料也有目前难以克服或不易克服的缺点，比如，机械强度比不过钢铁，化学稳定性比不过玻璃，易老化；不少塑料有异味，有毒副作用，包装废弃物不易甚至不能自然降解等。但塑料发展前景广阔，在短短几十年的发展历史中，现代科学技术既然已赋予了塑料许许多多的优点，也一定会克服妨碍塑料在更广阔范围内使用的弱点。

3）金属材料及其容器

金属材料种类很多，包装用金属材料主要是钢材、铝材及其合金材料等。包装用钢材包括薄钢板、镀锌低碳薄铁板、镀锡低碳薄钢板（马口铁）；包装用铝材有纯铝板、合金铝板和铝箔等。金属包装材料的优点是具有良好的机械强度、牢固、结实，耐冲撞，不易破碎，能有效地保护内装商品；密封性能优良，阻隔性好，不透气，防潮、耐光；具有良好的延展性，易于加工成型；表面易于涂饰、装饰；易于回收再利用，不污染环境。

作为包装材料，金属材料的不足之处是化学稳定性差，易锈蚀、腐蚀等。金属运输包装容器有铁桶、铝桶、铁塑桶、铁罐、钢瓶、集装箱等，主要用于运装各种防泄漏、遮光、防潮、防水、密封性要求高的液态、气态或粉末状商品。

4）玻璃、陶瓷及其容器

玻璃最突出的优点是化学稳定性好，透明性好，无毒、无味、卫生、安全；玻璃密封性良好，不透气、不透湿；玻璃也易于加工成型，原料来源丰富，制作成本低；易回收，能重复使用，利于环保。玻璃难以克服的缺点是耐冲击强度低、热稳定性不好、笨重，这些都给运输、装卸、储藏商品带来了困难，所以很少把玻璃制成运输包装容器。

陶瓷与玻璃有许多共同之处，而且成本更低廉，具有很好的遮光性。陶瓷常被制成缸、罐、坛等运输包装容器，广泛用于包装运输各种化工产品、特色传统食品等。

5）其他包装材料及其容器

（1）木材。木材具有特殊的耐压、耐冲击和耐气候能力，并有良好的加工性能，是商品运输包装的重要材料，常被制成木箱或木桶。木箱按结构和用途不同，可分为适宜装笨重机械设备的框架型木箱，装易碎商品的花格型木箱和装轻质品、易碎品的胶合板箱。木桶主要有圆桶形和腰鼓形，多用于盛装一些专用性商品。

木材虽适于做多种商品的包装材料，也是国际贸易中运载货物（约1/3的货物）普遍使用的包装材料，但其较易携带林木有害生物，给世界各国和各地区带来了现实威胁和潜在风险。按照国际植物保护公约组织制定的《国际贸易中的木质包装材料管理准则》，不少国家和地区要求进境木质包装按国际标准实施除害处理，并加施IPPC专用标识。

考虑到环境保护方面的要求，应开发新型替代性包装材料。近年来，国内外不断有相关新技术、新产品问世。比如各种木基复合材料的生产和使用，各种高强度新型纸材的使用以及新型塑料材料的研制和使用等。

（2）纺织品。纺织品包括天然纤维类和化学纤维类及少量矿物纤维、金属纤维制成品等，通常被制成袋装运输容器。其优点是质轻透气，有一定的牢度。各种编织袋被广泛用于盛装粉末状、颗粒状商品，像食糖、食盐、粮食、化肥等。就发展趋势来看，各种塑料编织袋将大范围取代天然纤维编织袋。

（3）草、竹、柳、藤等天然、野生包装材料。它们共同的优点是成本低廉、绿色安全、通风透气、耐用。一般被制成各种筐、篓、袋等，用于运装蔬菜、水果、鲜蛋及其他生鲜类商品。

【教学互动5-1】

互动问题：为什么绿色包装应是对生态环境和人体健康无害、能循环复用和再生利用、可促进持续发展的包装？

互动要求：同“教学互动1-1”的“互动要求”。

6）新型包装材料

新型包装材料是包装材料的发展趋势。其明显的特点是利用新技术，改良传统包装材料的理化特性；降低资源和能量消耗，寻找天然材料的替代产品，探索回收利用途径；发展复合包装，使之更适合于不同特性的商品，更能满足消费者的需要。

5.2.2 集合包装

集合包装是介于商品运输技法与商品包装技法之间，兼有二者作用、功能的特殊运输包装方式。集合包装通常是把若干商品包装件或散装商品通过一定技法和特制盛装器具组合成较大搬运单元，进行整体装卸、运输。采用集合包装，便于机械化操作，可降低劳动强度，提高装卸效率；可促进商品包装标准化，提高商品运装安全系数。集合包装常用的器具既是商品运输的工具，也是商品包装的容器。按所用器具的不同，可把集合包装分为托盘、集装袋和集装箱三种。

1）托盘

托盘在国内又叫集装板或垫板。我国国家标准对托盘的定义是“用于集装、堆放、搬运和运输，放置作为单元负荷的货物和制品的水平平台装置”。对托盘包装的定义是“以托盘为承载物，将包装件或产品堆码在托盘上，通过捆扎、裹包或胶粘等方法加以固定，形成一个搬运单元，以便用机械设备搬运”。

托盘主要有木质托盘、塑料托盘和金属托盘等。近年来，各种用新型材料制作的托盘不断问世，如塑木托盘、纸托盘、复合托盘、免熏蒸复合托盘等。木质托盘是现在使用最广的托盘，因为其价格便宜、结实。塑料托盘比较贵一点，载重也较小，但是随着塑料托盘制造工艺的进步，一些高载重的塑料托盘已经出现，正在慢慢地取代木质托盘。金属托盘结实耐用，缺点是易腐蚀、价格较高。常见的托盘有平托盘、箱式托盘、立柱式托盘等，还有轮式托盘和特种专用托盘。无论何种材料或样式的托盘，其底部都设有便于铲车铲叉插入的装置。托盘的使用不仅能大大提高商品运装效率，而且可将托盘设计成货架的形式。货物分层陈列于内有隔层的箱式托盘内，外围用套桶屏蔽包装。托盘运至超市后，去掉套桶，就可展示和出售商品。托盘也可设计成折叠式或拼装式，即用即装，反复使用。对托盘的规格，国际标准化组织有统一规定。托盘如图5-1所示。

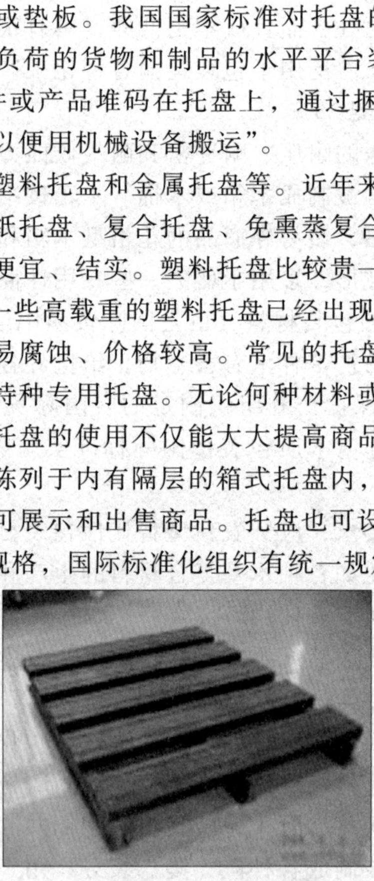

图5-1　托盘

2）集装袋

集装袋主要有圆桶形和方形两种，以圆桶形居多。集装袋的四周有提吊带，有抽口式活口。这种袋子能把小型包装件和包装箱放在里面，由一定的运输工具运装，其载装量为1～5吨不等，最高可达13吨左右。最早的集装袋用棉、麻等天然纤维织造的帆布制成。随着新型合成材料的问世，现在由更轻便多用、更结实耐用的合成纤维织物制成。此外，各种集装袋还进行了涂层处理，使之具有防水性，所以集装袋不仅能装一般包装件，颗粒状、粉状、液态货物也都可以盛装。集装袋既有可多次重复使用型的，也有一次应用型的。集装袋如图5-2所示。

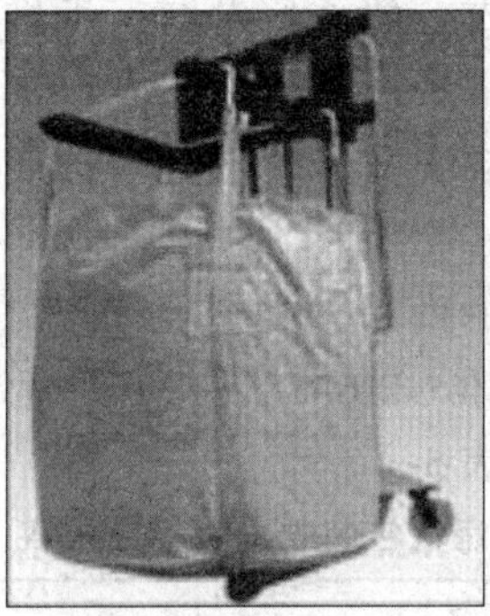

图5-2　集装袋

3）集装箱

国际标准化组织和我国国家标准给集装箱的定义是：集装箱是一种运输设备（但不包括车辆和一般包装），并应满足下列条件：具有足够的强度，可长期反复使用；适用一种或多种运输方式运送，途中转运时，箱内货物无须换装；具有快速装卸和搬运装置，尤其是便于从一种运输工具上转移到另一种运输工具上；便于货物装满和卸空；具有$1m^3$及以上的容积。

集装箱按材料可分为铝合金集装箱、钢制集装箱和玻璃钢制集装箱。按结构可分为柱式集装箱（箱体侧壁与四角设有加固、支撑之用的立柱）、折叠式集装箱和薄壳式集装箱。按使用目的可分为干货类集装箱、保湿类集装箱、框架类集装箱和散货类集装箱，其中框架类集装箱不设侧壁，便于装运汽车、大牲畜等不便也不需密闭的商品；散货类集装箱可分为箱式、罐式及软罐式等。

国际标准化组织对各种集装箱的规格均有统一规定。随着相关科学技术的应用，集装箱的功能日趋先进、复杂，能进行气调、温调，适于航空运输的集装箱已纷纷问世。大型、多功能的集装箱，既可以做移动的仓库，也可以做流动的商店。集装箱如图5-3所示。

图5-3　集装箱

5.2.3 商品运输包装标志

为了便于商品的流通、销售、选购和使用，在商品包装上通常都印有某种特定的文字或图形，用以表示商品的性能、储运注意事项、质量水平等含义，这些具有特定含义的图形和文字称为**商品运输包装标志**。它的主要作用是便于识别商品，准确迅速地运输货物，避免差错，加速流转等。

运输包装标志是用简单文字或图形在运输包装外面印刷的特定记号和说明条款，在商品运输、装卸和储存过程中起着不可或缺的指导和警示作用，主要是便于商品在运输和保管中的辨认、识别，防止错发、错运，及时、准确地将商品运到指定的地点或收货单位；便于商品的装卸、堆码，保证商品质量安全，加速商品周转。运输包装标志可分为收发货标志、包装储运图示标志、危险货物包装标志等。

1）收发货标志（识别标志）

收发货标志是商品外包装上的商品分类图示标志、文字说明、排列格式和其他标志的总称，也叫识别标志。国家标准GB 6388—1986《运输包装收发货标志》对收发货标志的具体内容做了详细规定（见表5-1）。

表5-1 **运输包装收发货标志内容**

序号	项目			含义
	代号	中文	英文	
1	FL	商品分类图形标志	CLASSIFICATION MARKS	表明商品类别的特定符号
2	GH	供货号	CONTRACT NO.	供应该批货物的供货清单号码（出口商品用合同号码）
3	HH	货号	ART NO.	商品顺序编号，以便出入库、收发货登记和核定商品价格
4	PG	品名规格	SPECIFICATIONS	商品名称或代号；标明单一商品的规格、型号、尺寸、花色等
5	SL	数量	QUANTITY	包装容器内含商品的数量
6	ZL	质量（毛重） 质量（净重）	GROSS WT NET WT	包装件的重量，包括毛重量和净重
7	CQ	生产日期	DATE OF MANUFACTURE	产品生产的年、月、日
8	CC	生产工厂	MANUFACTURER	生产该产品的工厂名称
9	TJ	体积	VOLUME	包装件的外尺寸 长（m）×宽（m）×高（m）=体积（m^3）
10	XQ	有效期限	TERM OF VALIDITY	商品有效期至×年×月
11	SH	收货地点和单位	PLACE OF DESTINATION AND CONSIGNEE	货物到达站、港和某单位（人）收（可用贴签和涂写）
12	FH	发货单位	CONSIGNOR	发货单位（人）
13	YH	运输号码	SHIPPING NO.	运输单号码
14	JS	发运件数	SHIPPING PIECES	发运的件数

商品分类图形标志（代号FL）是按照国家统计目录分类，规定用几何图形加简单文字构成的特定符号（如图5-4所示），同时按商品类别规定用单色印刷。

图5-4 商品分类图形标志

2）包装储运图示标志

包装储运图示标志又称指示标志或注意标志。它是根据商品的不同性能和特殊要求，采用图案或简易文字来表示的用以提示人们在装卸、运输和储存过程中应注意的事项的标志。如对一些易碎、易潮、易残损或变质的商品，在装卸、运输和保管中提出的要求和注意事项，如小心轻放、由此吊起、禁用手钩、怕晒、堆码层数极限等（如图5-5所示）。

图5-5 部分包装储运图示标志

从GB/T 191—1985，到GB/T 191—1990、GB/T 191—2000，包装储运标识由10个、12个到新标准推行的17个，一步步与国际接轨。新的国家标准GB/T 191—2008替代了GB/T 191—2000，等效采用国际标准ISO 780—1997《包装——搬运图示标志》。

3）危险货物包装标志

危险货物包装标志是针对易燃、易爆、易腐、有毒、放射性等危险性商品，为起警示作用在运输包装上加印的特殊标记，也是由文字与图形构成的（如图5-6所示）。国家标准GB 190—2009《危险货物包装标志》对危险货物包装标志的图形、适用范围、颜色、尺寸、使用方法均做了明确规定。

危害环境物质和物品标记	 （符号：黑色，底色：白色）
方向标记	 （符号：黑色或正红色，底色：白色）  （符号：黑色或正红色，底色：白色）
高温运输标记	 （符号：正红色，底色：白色）
爆炸性物质或物品	 （符号：黑色，底色：橙红色）  （符号：黑色，底色：橙红色）  （符号：黑色，底色：橙红色）  （符号：黑色，底色：橙红色） ** 项号的位置——如果爆炸性是次要危险性，留空白。 * 配装组字母的位置——如果爆炸性是次要危险性，留空白

易燃气体	 （符号：黑色，底色：正红色）  （符号：白色，底色：正红色）
非易燃无毒气体	 （符号：黑色，底色：绿色）  （符号：白色，底色：绿色）
毒性气体	 （符号：黑色，底色：白色）
易燃液体	 （符号：黑色，底色：正红色）  （符号：白色，底色：正红色）

易燃固体	 （符号：黑色，底色：白色红条）
易于自燃的物质	 （符号：黑色，底色：上白下红）
遇水放出易燃气体的物质	 （符号：黑色，底色：蓝色）  （符号：白色，底色：蓝色）
氧化性物质	 （符号：黑色，底色：柠檬黄色）
有机过氧化物	 （符号：黑色，底色：红色和柠檬黄色）  （符号：白色，底色：红色和柠檬黄色）
毒性物质	 （符号：黑色，底色：白色）
感染性物质	 （符号：黑色，底色：白色）

一级放射性物质	 （符号：黑色，底色：白色，附一条红竖条） 黑色文字，在标签下半部分写上： “放射性” “内装物_____” “放射性强度_____” 在“放射性”字样之后应有一条红竖条
二级放射性物质	 （符号：黑色，底色：上黄下白，附两条红竖条） 黑色文字，在标签下半部分写上： “放射性” “内装物_____” “放射性强度_____” 在一个黑边框格内写上：“运输指数” 在“放射性”字样之后应有两条红竖条
三级放射性物质	 （符号：黑色，底色：上黄下白，附三条红竖条） 黑色文字，在标签下半部分写上： “放射性” “内装物_____” “放射性强度_____” 在一个黑边框格内写上：“运输指数” 在“放射性”字样之后应有三条红竖条
裂变性物质	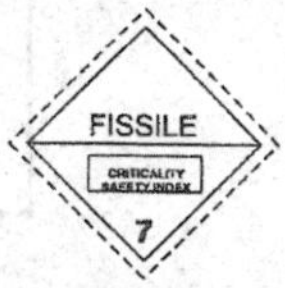 （符号：黑色，底色：白色） 黑色文字 在标签上半部分写上：“易裂变” 在标签下半部分的一个黑边框格内写上：“临界安全指数”
腐蚀性物质	 （符号：黑色，底色：上白下黑）
杂项危险物质和物品	 （符号：黑色，底色：白色）

图5-6　危险货物包装标志

在商品运输包装上除有上述标志外，有时也印有其他标志，如质量认证标志、商检标志、商品条码等。

【同步思考 5-1】

图 5-7 是某运输包装件上的挂签。

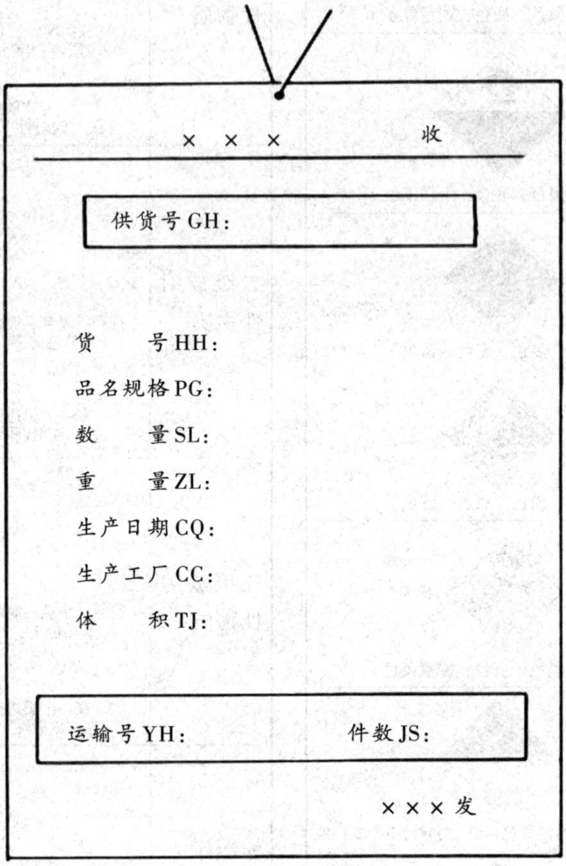

图 5-7　挂签

外径尺寸：105mm×74mm，印刷面积占 2/3。

问题：小小包装挂签要承载哪些重要信息？

理解要点：这是商品运输包装收发货标志信息，运输包装件必须“标志”齐全，才能准确传达所运商品的相关信息，以便商品在运输和保管中易于辨认、识别，防止错发、错运，及时、准确地将商品运到指定的地点或收货单位。

5.3　商品销售包装

5.3.1　商品销售包装的功能

如前所述，在作用的发挥上，商品运输包装和销售包装有分工、有侧重。除了保护商品这一基本功能之外，其他如促进销售、便于消费、提高商品价值、促进使用价值的实现等作用，在销售包装中应得到充分的显示、丰富的演绎。一般而言，商品销售包装的功能可归纳为容纳、保护、传达、方便、增值五大方面。

5.3.2 商品销售包装的装潢

何为装潢？装潢即装饰物品，使之美观。**商品销售包装装潢**可简称包装装潢，是指对商品销售包装的装饰和美化。包装装潢的基本构成元素有选材与造型，图案的设计，色彩、文字的应用以及其他具有标识意义的图文符号。

1）包装装潢的设计要求

本章5.1.3已讨论过商品包装合理化的几点基本要求。这些基本要求同样适用于包装装潢。在此再强调对装潢有针对性的几点要求：

（1）装潢设计要突出内装商品，主题鲜明。包装装潢应以内装商品为中心、为主体，以准确地传递与商品质量特征、作用功能、使用保管方法等有关的信息为首要目的；图案应简洁醒目；色彩应明快悦目；文字说明应流畅、明确、易懂；选材应得当；造型应美观、实用。

（2）装潢设计要风格独特，不落俗套。在商标、图案的设计，色彩的应用及整体造型等方面力求新颖、奇特、美观，具备独特个性。比如，图案设计应不断推陈出新，倡导个性化，可根据不同的消费人群，采取不同的设计风格：对于儿童，设计应活泼、生动；对于中青年人，设计应有生机；对于老年人，设计应沉稳。

（3）装潢设计要寓意美好且含蓄深远。整体设计效果，除必要的明示之外，应能巧妙运用图、文、形、彩的结合给消费者以种种暗示，引发联想，诱导消费。

（4）装潢设计要注意对不同文化背景的研究。包装装潢设计中的图案和色彩的应用，一定要注意遵从不同地区、不同民族、不同国家的风俗习惯、道德规范等，应投其所好，避其禁忌。

（5）装潢设计要注意美化与实用相结合。无论怎样去美化、装饰，始终不应忘了装潢设计要方便消费，要有利于促销等实用性目的。

（6）装潢设计要注意各部分的协调一致。成功的销售包装装潢，应是材、形、文、图、色等方面的完美统一，在整体上形成抵挡不住的艺术冲击力和无法拒绝的情感亲和力，使消费者在其感染之下，接受内装商品。

（7）包装装潢设计要遵守相关法规。包装装潢不仅是一门艺术，需要设计者不拘一格、解放思想、自由发挥；包装装潢也是一门技术，要求设计者要在科学、严谨的态度的指导下工作；包装装潢随产品接触每一位消费者，连接千家万户，更关系到全体民众的冷暖安危。因此，包装装潢设计应遵守相关国家法规的规定，这是毋庸置疑的。现阶段，我国市场经济还不成熟，商品生产和经营中的不正之风同样在影响着包装行业。包装装潢的立法工作在国际上有许多经验可供借鉴；在我国，这项工作正逐步得到完善，各项法规已相继问世。

【同步业务5-1】

业务分析：你熟悉和了解哪些与食品包装装潢有关的法规？尝试从生活中找到有违法现象和违法嫌疑的不恰当的食品销售包装。

业务程序：

首先，在本章内容中寻找有关法律依据。

其次，上网查找相关法规。

最后，在生活中寻找食品销售包装“失范”的实例。

2）包装装潢的造型

这里的造型是指销售包装的外形设计。设计时要兼顾三个方面的内容：一是造型应当与内装商品的形态、尺寸等相吻合；二是造型要满足消费者在识别、消费、审美等方面的需求；三是造型要方便经营和销售。包装装潢造型设计的直接结果是形成各种各样既美观又实用的包装用容器。

按使用功能，销售包装容器可分为便于陈列展销的包装、便于消费者识别商品的包装及便于消费者携带和使用的包装等。

（1）便于陈列展销的包装。它包括挂式造型包装、展开式造型包装和堆叠式造型包装。

①挂式造型包装。它是适应自选销售方式发展起来的，能充分利用货架的空间陈列展销商品，目前在服装行业被广泛应用。

②展开式造型包装。它又可细分为不同种类，其中有一种摇盖式盒，造型很别致。盒盖打开后，按设计好的折线翻转，并把盒舌插入盒内，则盒盖内图案清晰可见，形成一个小型宣传广告牌，具有良好的陈列和装饰效果。

③堆叠式造型包装。它是便于商品在货架上堆叠陈列、节省货位的包装，不同包装之间的上下有相互咬合的装置，可以堆叠陈列商品。

（2）便于消费者识别商品的包装。它主要有透明包装、开窗包装和惯用包装。

透明包装有全透明包装和部分透明包装两种。开窗包装所开天窗也有大小之分，它们均能使消费者直接看清包装容器之内的商品。惯用包装，是指某种商品销售包装的造型已约定俗成，成了标明内装商品种类的标识，消费者一见到这种造型，就知是何种商品。如牙膏用软管包装；有些鱼类罐头用椭圆形金属盒装等。

（3）便于消费者携带和使用的包装。这类包装容器的造型现在越来越多、越来越合理了，主要有便携式、易开式和喷雾式等。

此外，还有配套包装、礼品包装、复用包装（包括可再封包装）等多种使用功能的包装形式。

3）包装装潢中的图案、文字、色彩与各种标识性图文符号

（1）图案。包装装潢图案可采用照片、漫画、装饰纹样、浮雕等形式表现。装潢图案能使人产生触景生情的种种联想，达到充分表现商品特征的目的。图案表现方法有三种：写实、抽象和象征。

（2）文字。文字是包装装潢画面设计的重要组成部分，它是采用视觉方式最直观地传递商品信息的方法。

包装装潢上的文字分主体文字和说明文字两种。主体文字是用以表示商品品牌、品名的标题字，是装潢画面的主体部分。主体文字的设计应从各个方面考虑，如文字和字体的选择、所占面积、位置、色彩、明暗程度等。它应在画面中占据重要位置，突出视觉效果。说明文字用来说明商品的规格、品种、成分、产地、用途、使用方法等。它的作用是宣传商品、指导消费。说明文字不需要任何艺术加工，要求字体端正、规范，易于阅读、识别，各种单位、术语要符合有关法规规定。

（3）色彩。色彩是装潢画面中最富吸引力、诱惑力的无声语言，也是最富表现力、影响力的艺术表现方式。色彩直接影响包装装潢的整体效果。研究表明，消费者对物体的感觉首先是色，其后才是形。在最初接触商品的20秒内，人的色感占80%，形感为20%；20秒至3分钟，色感为60%，形感为40%；3分钟至5分钟，色感与形感各占50%。因此，可以说，色彩在包装装潢中的重要性居首位。

（4）各种标识性图文符号。商品销售包装作为一种载体，承载着对内装商品的身份、价格、质量等有说明作用的各种图文符号。这些图文符号是在总体设计时应纳入装潢总画面之中的不可或缺的重要内容。它们主要是商标、商品条码、商品质量标志（合格标志、认证标志、商检标志）、各种识别标志和使用指导操作标志等。

学习微平台

延伸阅读5-2

■ 本章概要

□ 内容提要

● 绝大多数商品只有经过包装，才算完成它的生产过程，才能进入流通和消费领域。包装既是物质实体，也是一种生产手段和活动。包装材料、包装技法、包装结构造型和表面装潢是包装的四大要素。

● 商品包装的作用主要有保护商品、便于流通、促进销售、方便消费、提高商品价值及使用价值等。商品包装的作用能否体现和发挥，取决于包装是否合理。合理的商品包装应适应商品特性、适用运输条件、符合标准化要求，还应是绿色和环保的。

● 商品包装可分为运输包装和销售包装两大类。就其作用来看，两者有分工、有侧重。充分保护商品，方便装卸、搬运是运输包装的首要功能；最大限度发挥“无声推销员”的作用，则是销售包装追求的目标。因此，两者在设计要求上，前者重防护，后者重装潢。

● 包装材料是包装四要素之一。运输包装与销售包装在选材范围上没有太大区别，只是在具体材料的选择上各有侧重。但运输包装与销售包装在容器上的差别很大，前者单调、简单，后者丰富、复杂。包装材料性能各异，也各有长短，在使用时最重要的是根据商品特性而选材。新型包装材料的发展有着自己的特点。

● 集合包装是介于商品运输技法与商品包装技法之间，兼有二者作用、功能的特殊运输包装方式。它分为托盘、集装袋和集装箱三种。

● 要研究商品运输包装，包装标志是重点内容之一。运输包装标志可分为收发货标志、包装储运图示标志、危险货物包装标志等，其中最重要的是收发货标志。收发货标志向人们传递的是有关内装商品的来源、种类、去向和数量等最基本的信息。

● 在包装装潢设计中，除要遵循合理包装的几点基本要求之外，还应注意：要突出内装商品，主题鲜明；要风格独特，不落俗套；要寓意美好，含蓄深远；还要注意美化与实用相结合，各部分的协调一致和在相关法规执导下进行。包装装潢的基本构成元素有选材与造型，图案的设计，色彩、文字的应用等。包装的作用及功能能否充分发挥与体现，就在于这些基本元素是否合理搭配、科学组合。

□ 主要概念和观念

▲ 主要概念

包装　运输包装　销售包装　集合包装　商品运输包装标志　商品销售包装装潢

▲ 主要观念

商品包装合理化　商品运输包装标志

□ 重点实务

商品包装作用认知　商品包装合理化分析　商品销售包装评价

■ 基本训练

□ 知识训练

▲ 简答题

(1) 合理的商品包装有哪些基本要求？

(2) 简述运输包装和销售包装在功能的体现上各有何侧重？

(3) 集合包装有何特点？

(4) 商品包装装潢的设计有何要求？

▲ 填空题

(1) 商品运输包装标志有________标志、________标志、________标志和________标志。

(2) 商品销售包装有________基本功能。

(3) 集合包装按所用器具的不同，分为________、________和集装箱三种。

▲ 单项选择题

(1) 与销售包装不同的是，运输包装（　　）。

A.重装潢　　B.重装饰　　C.重防护　　D.重流通

(2) 牙膏和皮鞋油的包装属（　　）包装。

A.便携式　　B.贴体式　　C.惯用式　　D.适用型

(3) 对于玩具、床上用品等艺术性、实用性兼有的商品，包装装潢宜采用（　　）。

A.抽象法　　B.写实法　　C.象征法　　D.夸张法

▲ 多项选择题

(1) 包装四要素是指（　　）。

A.包装材料　　B.包装技法　　C.包装结构造型

D.包装标志　　E.表面装潢

(2) 纸质包装材料的优点是（　　）。

A.适宜的强度　　B.密封性好　　C.防潮湿

D.气密性好　　E.对环境无害

▲ 讨论题

(1) 为什么说商品包装能提高商品价值及使用价值？

(2) 鲜牛奶与啤酒的销售包装在选材目标上有何异同？

(3) 商品运输包装标志在商品经营活动中有何作用？

□ 能力训练

▲ 案例分析

食品包装中的智能化包装技术

背景与情境： 智能化包装，是指在包装制作的过程中使用特殊结构、新型材料与技术，或加入集成原件，使包装在满足传统包装功能的基础上，对产品的质量、流通安全、使用便捷等功能中的某个方面进行积极的干预与保障，以更好地实现包装在流通过程中使用与管理功能的一种新型包装。智能化包装可分为材料智能型包装、结构智能型包装、信息智能型包装。智能化包装技术可应用在食品、日化用品、药品及快递包装等一些特殊用品的包装领域。智能化包装更具备人性化的特点，它可提升使用者的效率，无障碍地获取包装信息。智能化包装的定义不是绝对的，它会随着时代的进步而发生改变。新技术、新材料、新的表现形式都在不断地更新与完善，智能化包装的概念与范畴也随之变得更加广泛。

智能化包装技术种类繁多，应用于包装的范围广泛，在食品包装中智能化包装可通过利用特殊材料的指示标签，从而实时检测包装内部的环境条件，在运输和储藏期间向消费者与管理者提供食品品质信息，还可通过改变包装食品的环境条件来延长货架期，从而保持食品的营养成分不被破坏，保障食品新鲜度，以及使包装在承载信息方式多面化，使食品包装具备可溯源的功能。

智能化指示标签

当食品发生腐败时，是其内外因素共同作用的结果。导致食品腐败的主要因素包括食品自身酶的催化作用、外界微生物污染以及环境温度、湿度、氧化作用的影响等。智能化指示标签根据不同作用下的反应情况，可分类为：时间温度指示标签与气体指示智能标签。时间温度指示标签是一种附在包装外部的指示卡。时间温度指示标签的工作原理是：记录了食品在储存和销售期间所经历的温度变化，从而预示食品的品质情况。气体指示智能标签的工作原理是：利用食品在贮藏过程中，释放的某些特征气体与特定试剂而产生的特征颜色反应，引起指示剂发生了明显的变化，从而帮助消费者直观、准确、科学地判断食品品质与新鲜程度。

活性包装技术

活性包装又称 AP 包装（Active Packaging），是通过材料中的活性组分来改变食品内部的包装环境（比如，氧气与二氧化碳的浓度、温度、湿度和微生物等），在包装中应用以延长储存期、改善食品安全性和感官特性，有效地保持食品营养与风味。活性包装能够在很大程度上延长食品的储运期和货架期，具备抑菌、杀菌及控制温湿度的功能，市场对于活性包装的需求量也很大。

根据活性包装中活性物质的作用方式，可将活性包装大致分为两大类：释放型活性包装和吸收型活性包装。释放型活性包装用于除去诸如氧气、二氧化碳、乙烯、多余水分等物质。释放型活性包装的主要类型有二氧化碳产生型包装、抗菌型包装、乙烯产生型包装等。吸收型活性包装能够适时地向包装食品或包装内部添加某些组分。吸收型活性包装的主要类型有氧气去除型、二氧化碳清除型、乙烯去除型、水分去除型等。

信息溯源技术

传统包装对食品信息的携带能力是十分有限的，外包装上提供的信息承载媒介，不易使消费者仔细阅读与寻找。包装一旦被丢弃，伴随的是产品信息的遗失，消费者难以找回。当产品出现安全问题时，由于传统包装信息不全面，无法追溯至商家维护消费者权益，商家对于自己流通向市场的问题商品也难以召回。

信息溯源可依靠的技术有条形码、无线射频识别技术等，通过直接接触或者非直接接触的方式自动识别产品的包装。条形码技术主要以数字的形式将商品信息与商户信息储存在条形码中，从而让顾客利用手机终端，以更方便的形式读取信息。常见的条形码包括一维条形码和二维条形码。两者相比较而言，二维码技术具有编码密度高、存储信息量大、防伪功能强和成本低等多方面的优点。信息溯源技术在高端化妆品、烟酒、食品包装上可得到广泛的应用，在产品防伪、溯源、使用和自动物流管理方面都可起到积极的作用，有利于消费者和安全监察部门了解以及监督食品的安全生产。

资料来源 佚名. 食品包装中的智能化包装技术（摘录）[EB/OL]. [2020-01-06]. http://baijiahao.baidu.com/s? id=1654947462688955406&wfr=spider&for=pc.

问题：如何看待食品包装中的智能化包装技术？

分析要求：同第1章“基本训练”中本题型的“分析要求”。

▲ 实训操练

实训项目：评价商品销售包装。

实训步骤：

（1）教师宣布基本要求：评价对象为某商品销售包装。

（2）每位同学单独列出评价提纲，分别从消费者和经营者角度思考：理想的销售包装应该怎样的？

（3）对照实物，以“合理包装基本要求”“包装装潢基本要求”为理论依据，进行综合分析与评价，写出评价报告。

（4）每位同学先在小组讨论交流；各小组再派代表在班级交流，相互点评与修订各代表的评价报告。

（5）在校园网的本课程教学平台上展示经过修订和教师点评的各代表评价报告，供同学借鉴。

□ 善恶研判

快递包装有了绿色产品认证

背景与情境：绿色、环保的快递包装长啥样？记者10日从国家市场监管总局新闻发布会获悉，我国快递包装绿色产品认证制度已正式落地实施。

2020年10月，国家市场监管总局、国家邮政局以联合公告形式发布了《快递包装绿色产品认证目录（第一批）》《快递包装绿色产品认证规则》。包装箱、胶带等10种在快递行业中使用量大面广的产品，被列入首批快递包装绿色认证目录。快递包装绿色产品认证如图5-8所示。

认证机构标志

图5-8　快递包装绿色产品认证

国家市场监管总局认证监管司副司长薄昱民介绍，获得绿色认证的快递包装产品，需要满足资源节约、环境无害、消费友好等方面的特性要求。比如，采用天然、可降解或可回收的原材料，严格控制产品重金属含量，无刺激性气味，可多次循环使用，胶带使用少，可回收等。

以常见的纸质快递包装箱为例，通过绿色产品认证的包装箱必须使用回收纸或回收植物纤维作为基础材料，并对铅、汞等金属含量进行严格控制；产品封装采用卡扣、拉链等设计，少用或不使用胶带封装；产品气味达到国家和行业标准的要求，使用环保的水性油墨印刷且印刷面积不超过规定比例。

国家邮政局办公室副主任侯延波说，由于快递包装产品缺乏权威的绿色认证，没有统一标识，造成消费者识别难、寄递企业采购和使用难、监督管理部门现场检查难。开展快递包装产品绿色认证，可以有效化解上述问题，有利于推进快递包装绿色治理工作有序进行。

资料来源　赵文君. 快递包装有了绿色产品认证［EB/OL］.［2020-11-10］. http：//www.gov.cn/xinwen/2020-11/10/content_5560351.htm.

问题：

（1）本案例中存在哪些道德伦理问题？

（2）试对上述问题做出你的善恶研判。

（3）通过网络或图书馆调研等途径搜集你做善恶研判所依据的行业规范。

（4）你对本案例有何感受？

研判要求：同第1章“基本训练”中本题型的“研判要求”。

第6章 储存期间的商品质量保持

◆ 学习目标

通过本章学习，应该达到以下目标：

职业知识：学习和把握商品储存管理内容和商品养护的技术方法，了解商品储存的一般形式，认识商品储存期间的质量变化；能用本章理论知识指导商品储存管理认知活动，用实务知识规范商品养护技能活动。

职业能力：运用本章知识研究相关案例，培养在特定业务情境中分析问题与决策设计能力；通过“仓库商品储存管理参观调研”的实训操练，训练学生对日常经营商品进行科学储存和养护的操作技能。

职业道德：结合储存期间商品质量保持的教学内容，依照行业道德规范或标准，分析“职业道德与企业伦理6-1”和章后“基本训练”之“善恶研判”情境下企业及其从业人员在商品储存管理活动中行为的善恶，强化职业道德素质。

【引例】

超市生鲜商品经营的损耗

背景与情境：由于生鲜商品经营的特殊性和复杂性，损耗在经营过程中极易发生，损耗控制取决于整个生鲜区的运作状况和经营管理水平，损耗控制反过来又在很大程度上影响着整个超市生鲜区的盈亏。造成生鲜经营损耗的原因可能很多，但仓储管理不当无疑是其中的一个重要原因。

具体原因是：①有效期管理工作不当。生鲜商品和原料需要进行严格的有效期管理，做到“先进先出”，如果管理不当，就会出现较大的损失。②仓管商品和原料保存不当而变质。由于生鲜商品和原料的保存环境和温、湿度条件达不到要求，也会造成变质损失。③设备故障导致变质。因冷藏、冷冻陈列和储藏设备出现故障而导致变质损失等。

上述内容表明，损耗控制涉及超市管理的许多方面，需要采购、仓储和各有关管理部门的共同协作。

*商品尚未进入消费领域之前，为实现销售目的所出现的暂时停滞，称为*商品储存。在储存过程中对商品进行的保养和维护工作，称为商品养护。商品储存期间，宏观上处于静止状态，但商品本身不断发生各种各样的运动变化，这些变化都会影响到商品的质量，如不加以控制，就会由量变发展到质变。商品储存养护就是根据商品在储存期间的质量变化规律，针对商品的不同特性，创造一个适宜商品储存的环境，控制外界因素的影响，达到防止或减弱商品的质量变化、降低商品的损耗、防止商品损失的目的。

6.1 商品储存管理

6.1.1 商品的入库管理

1）商品入库验收

商品的入库验收，实际上是对商品质量的一次严格检查，为保存商品打下一个良好的基础。商品入库验收的主要内容是：

（1）检验单货是否相符。商品入库时，先点大数，再检查单据上所列的产地、货号、品名、规格、数量、单价等与商品原包装货标标签上所列各项内容是否一致，即使有一项不符，也不能入库。

（2）检验包装是否符合要求。在清点商品数量的同时，还要检查包装，如木箱、塑料袋、纸盒等是否符合要求，有无玷污、残破、拆开等现象，有无受潮、水湿的痕迹，包装上的文字图案是否清楚等，包装不牢固影响堆垛的也不能入库。

（3）检查商品质量是否合格。商品验收时，除察看包装外部情况外，还要适当开箱拆包，察看内部商品是否生霉、锈蚀、溶化、被虫蛀、被鼠咬等，同时还要测定商品的含水量是否正常，是否超过安全水分率等。对液体商品，要检查有无沉淀。有时还需检验商品的内在质量是否合格，有质量问题的商品暂不入库。

2）分区分类管理

储存商品的分区分类，要以安全、方便、节约为原则，在商品性能一致、养护措施一致、消防方法一致的前提下进行管理。分区分类管理的方法一般有如下三种：一是按商品种类和性质进行分区分类管理，具体有分类商品的同区储存和单一商品的专仓专储两种方法，前者适用于同性质的普通商品，后者适用于贵重商品和化工危险品；二是按发往地区进行分类管理，此法适用于储存期不长而进出数量较大的商品，但对化工危险品、性能相互抵触以及运价不同的商品，应分别存放；三是按商品危险性质进行分类管理，此法适用于特种仓库，根据危险品本身具有的不同程度易燃、易爆、毒害等特性进行分类储存管理，以防止互相接触而发生燃烧、爆炸等。

3）货位选择

货位，这里指仓库中实际可以堆货的面积，货位的选择是在商品分区分类管理的基础上进行的。分区分类保管是对仓库商品的合理布局，货位选择则是具体落实每批入库商品的储存点。合理选择货位必须遵循商品安全、方便吞吐发运、力求节约库容的原则。在选择货位时，既要掌握不同的商品特性，又要认真考虑存货区的温度和湿度、风吹、日晒、光照等条件是否适合商品的储存。对怕潮、易霉、易锈的商品，选择干燥或密封的货位；对怕光、怕热、易溶的商品，应选择低湿干燥的货位；对怕冻的商品应选择温度高于0℃的货位；对各种化工危险品，应存放在郊区仓库，并分类专存；对性能互相抵触和挥发串味的商品，不能同区储存；对外包装含水量过高而影响邻垛商品安全的商品，不能同区储存；在同一货区储存的商品中，应无虫害感染。

4）商品堆垛

货堆应堆几层高，一是看商品包装允许的层数，二是确保在库房地坪负载范围内，三是确保在库房高度范围内。货垛与墙壁之间的必要距离一般规定为：库房外墙0.3～0.5m，内墙0.1～0.2m；货场间距离不分内外，一般为0.8～3m。顶距一般规定为：平房0.2～0.5m；多层建筑库房底层与中层0.2～0.5m，顶层不低于0.5m，灯距不少于0.5m。

堆垛的方法取决于商品性能、包装质量和仓储设备等，根据包装形状、批量的大小和仓库的搬运机械化程度不同，大体可分为整体商品堆垛法、货架堆垛法和散商品堆垛法三种。在具体堆垛时，对含水量高、易霉腐变质，但适合通风的商品，在梅雨季节应堆通风垛，堆垛不宜过高；对易渗漏商品，应堆成间隔式行列垛，以便于及时检查；对易弯曲变形的商品，应堆成平直交叉式实心垛等。

地面潮湿是引起商品变质的一个主要原因，因此，商品在堆垛时要注意做好地面的防潮工作。底层库房、货棚堆垛商品时，一定要垫底，并用苇席、油毡或塑料薄膜等铺垫隔潮。垛底距地面一般0.3～0.5m，以便垛下通风散热。

6.1.2　商品的在库和出库管理

1）环境卫生管理

储存环境不卫生，往往会引起微生物、害虫和鼠类的滋生和繁殖，还会使商品被灰尘、油污、垃圾玷污，进而影响商品质量。因此，要经常对库内进行彻底清扫，库外也要达到杂草、污水、垃圾三不留。必要时可使用药剂消毒杀菌、杀虫灭鼠，以确保商品安全。

2）商品在库检查

储存商品要发生质量变化是需要一定时间的，不同商品由于性质不同，发生质量变化的时间也是不同的，有的商品在一夜之间就会全部腐烂变质，有的商品则需要几个月甚至几年的时间才会逐步锈蚀或老化，因而应根据不同商品、不同的保管条件，制定相应的抽查检验制度。

商品在库期间，要经常进行定期或不定期、定点或不定点的检查，检查时间和方法应根据商品的性能及其变化规律，结合季节、储存环境和时间等因素掌握。检查时，主要以眼看、耳听、鼻闻、手摸等感官检验为主，必要时可配合仪器进行检查，如发现问题，应立即分析原因，并采取补救措施，如翻堆倒垛、加工整理、施放药剂或采取晾晒、密封通风、吸潮等方法，来改善保管条件，保证商品安全。

3）仓库温、湿度管理

商品储存期间，在各种外界影响因素中，以空气温、湿度的影响最为主要，可以说，商品储存中所有的质量变化都与温、湿度有关。因此，必须根据商品的特性、质量变化规律及本地区气候情况与库内温、湿度的关系，加强库内温、湿度的管理，采取切实可行的措施，创造适宜商品储存的温、湿度条件。

空气温度是指空气的冷热程度，常用符号“t”或“T”来表示。常见的温标有摄氏温标、华氏温标和绝对温标，它们的表示符号分别为“℃”“F”“K”。

空气湿度是指空气中水蒸气含量的多少或大气的干湿程度。表示湿度大小的方法有水汽压、绝对湿度、饱和湿度、相对湿度等。

绝对湿度是指每立方米空气中所含的水蒸气量。饱和湿度是指在一定温度条件下，每立方米空气中最大限度所能容纳的水蒸气量。空气的饱和湿度随温度的升高而加大，随温度的降低而减小。相对湿度是指每立方米空气中水蒸气含量与同温度同体积的空气饱和水蒸气含量之比。它说明了空气中的水汽量距离饱和水汽量的程度，其表达式为：

$$\text{相对湿度（r）} = \frac{\text{实际水汽量(e)}}{\text{饱和水汽量(E)}} \times 100\%$$

$$= \frac{\text{绝对湿度}}{\text{饱和湿度}} \times 100\%$$

仓库温湿度的测定，一般采用指针式温湿度计（如图6-1所示）、干湿球温度计（如图6-2所示）和电子温湿度计（如图6-3所示）。干湿球温度计上的干球温度显示的是库内气温，根据干湿球温度计显示的温差，转动中间刻有干湿差的表盘，就可读出表盘中的相对湿度，即库内相对湿度。指针式温湿度计和电子温湿度计则可直接读出库内温度和相对湿度。

控制和调节仓库温、湿度的措施主要有密封、通风及吸湿加湿、提温降湿等。

密封就是利用密封材料，对库房或商品严密封闭，从而消除外界环境不良因素的影响，保证商品安全储存的方法。密封的形式有多种，如整库密封、货垛密封、货架密封和按件密封等。密封不仅能防潮、防热、防干裂、防溶化，还能收到防霉、防蛀、防老化等多方面的效果。密封是仓库温、湿度管理的基础工作，没有密封措施，就无法运用通风、吸湿等方法调节库内的温、湿度。

图6-1　指针式温湿度计

图6-2　干湿球温度计

图6-3　电子温湿度计

通风是利用空气自然流动规律或借助机械形成的空气定向流动，有目的地使仓库的内外空气部分或全部交流，从而调节库内温、湿度的方法。通风应根据各种商品的性能和对温、湿度的不同要求来进行，如五金商品怕湿、不怕热，只要库外湿度低于库内湿度，就可以通风；皮革怕湿又怕热，通风时应尽可能同时达到降低库内温、湿度的目的。

整库内相对湿度超过储存商品的安全范围，而库外天气又不具备通风条件时，可在密封库内用吸湿剂或空气除湿机来吸收空气中的水分，以降低库内相对湿度。常用的吸湿剂有氧化钙（生石灰）、氯化钙和硅胶。氯化钙又有无水氯化钙和工业氯化钙之分，每千克的吸水量分别为1～1.2千克和0.7～0.8千克；硅胶每千克吸水量为0.4～0.5千克。氯化钙吸潮后会溶化，有较强的腐蚀性，使用时应注意商品安全；硅胶吸潮后仍为固体，无污染，也没有腐蚀性，并且烘干后可继续使用。若库内相对湿度过低，而库外相对湿度也不高，对于易干缩、脆裂的商品来说，应采用喷蒸汽、直接喷水等加湿措施，使库内相对湿度增加。

冬季储存防冻商品时，在北方常采用暖气设备来提高库内温度，在南方一般采用自然通风的办法来提高温度。仓库湿度过大时，利用空气温度与湿度之间的关系，在库内绝对湿度变化不大的情况下，适当提高库内温度，以提升空气的饱和湿度，也能达到降低相对湿度的目的。可以用空调器来实现温、湿度的科学调控，空调器是利用制冷及制暖的空气调节系统，调节库内的温、湿度，加速空气流动及空气净化处理等，创造一个适宜商品储存的环境。空调器与除湿机配套使用，可形成恒温、恒湿的小气候环境，可以说，空调器和除湿机应用于仓库，提高了仓库科学调控温、湿度的水平。仓库使用的空调器有窗式、分体式和大型集供式三种。

4）出库商品管理

商品出库，必须做到单随货行，单、货数量当面点清，商品质量要当面检验。包装不牢或破损以及标签脱落或不清的，应经复核后交付货主。出库的商品，一般应贯彻“先产先出”“易坏先出”“接近失效期的先出”“质量不合格、包装不牢固以及内有破损、标记不清楚不明显的不出”的原则。

【同步业务6-1】

完成下面的入库验收商品登记表（见表6-1），并提出相应的储存管理方案。

表6-1　　×库×组入库验收商品登记表

进仓时间	车（船）航次	进仓清单号	验收时间	品名	规格厂牌	单位	数量	批号及有效期	包装情况	件数	抽查件数	数量情况	备注	验收人

业务分析：选取相应商品，进行入库验收实际操作，填写入库验收表，制订储存管理方案。

业务程序：

首先，从商品样品室或仓库中选5～10种商品。

其次，按入库验收的要求进行实际操作，并如实填写入库验收商品登记表。

最后，根据商品情况，结合所学知识，制订商品储存管理方案。

学习微平台

延伸阅读6-1

6.2　商品储存期间的质量变化

商品储存期间，发生质量变化的内因是商品的成分、结构及性质，外因是大气的温度、湿度、日光、氧气、微生物、虫鼠等。商品通常发生的质量变化有：霉变、虫蛀、锈蚀、老化、溶化、干裂、褪色、挥发、呼吸、后熟、僵直、成熟和自溶等。其中霉变、锈蚀、虫蛀、老化、呼吸和后熟是商品储存中最易发生的质量变化。

6.2.1　霉变、虫蛀和鼠咬

1）霉变

霉变是由于霉菌在商品上生长繁殖而导致的商品变质现象。霉菌是真菌的一类，无叶绿素，菌体为丝状，主要靠孢子进行无性繁殖。空气中含有很多肉眼看不到的霉菌孢子，商品在生产、储运过程中，它们落在商品表面，一旦外界温度、湿度适合其生长，商品上又有它们需要的营养物质，就会长出菌丝。其中一部分浮在商品表面或深入商品内部，有吸取营养物质排泄代谢产物的功能，称为营养菌丝；另一部分菌丝竖立于商品表面，在顶端形成子实体或产生孢子，称为气生菌丝。菌丝集合体的形成过程，就是商品出现“长毛”或有霉味的变质现象。

霉菌有3万多种，对商品危害较大的除毛霉外，还有根霉、曲霉和青菌等。霉菌在生长和繁殖中所需的营养物质有水分、碳源、氮源和无机盐等。水分是霉菌机体的重要组成成分，是其吸收其他营养物质的载体，水分占霉菌质量的75%~85%。碳源即含碳物质，如糖类、有机酸、纤维素、醇类和酯类等，它是构成霉菌细胞和代谢产物中碳素来源的营养物质，也是霉菌能量的主要来源。氮源指含氮物质，如蛋白质、氨基酸、铵盐、硝酸等，它是构成霉菌细胞和代谢产物中氮素来源的营养物质，也是合成霉菌原生质和细胞结构的原料。无机盐是霉菌所需的灰分营养，即为霉菌提供其生命活动所必需的硫、磷、钾、镁、钙、铁等元素。而具有上述营养物质的商品种类很多，如粮食加工制品、水果、蔬菜、茶叶、酒类、皮革制品、纺织品、鞋帽、卷烟等，所以它们非常容易发生霉变。

霉菌能在商品体上生长、繁殖，除商品上有它们需要的营养物质外，还与水分、温度、日照、酸碱度有关。多数霉菌是中湿性的，最适宜其生长的温度是20℃~30℃，霉菌属好氧性微生物，适宜在酸性环境中生长。光对霉菌的影响也很大，霉菌在日光下暴晒数小时，大多会死亡。

商品霉变的实质是霉菌在商品上吸取营养物质与排泄代谢产物的结果。它不但会导致商品变糟、发脆或强度下降等变质现象，还会产生霉斑、霉味及毒素。

2）虫蛀和鼠咬

仓库害虫和鼠类对商品的储存具有很大的危害性，它们不仅是某些商品损耗的直接原因，而且有可能污染商品，甚至传播病菌。

仓虫大部分属于昆虫，也包括螨类微小动物。由于仓虫种类很多，食性杂，传播途径广，所以在一般仓库中都可能有仓虫存在。对商品危害较大的仓虫主要有甲虫类、蛾类、蟑螂类和螨类。仓虫与其他动物不同，一般都具有较强的适应性，在恶劣环境下仍能生存，并且食性杂，繁殖性强，繁殖期长，对温度、光线、化学药剂等外界环境的刺激有一定的趋向性，正是由于仓虫的这些习性，对商品储存造成了极大危害。

鼠类属于啮齿动物，在库房中常见的是小家鼠、黄胸鼠和褐家鼠三种。鼠类繁殖能力强，一年可生育5~6次，每次产8~9只小鼠，一般寿命为1~3年。鼠类食性杂且具有咬啮特性，记忆力强，视觉、嗅觉和听觉都很灵敏，一般在夜间活动。

6.2.2 锈蚀和老化

1）锈蚀

金属商品与周围环境（主要是空气）发生化学反应或电化反应所引起的破坏现象，即为金属锈蚀。由于金属所处环境的差异，所引起的化学反应也不相同，主要有化学锈蚀和电化学锈蚀。

在干燥的环境中或无电解质存在的条件下，金属制品遇到空气中的氧气而引起氧化反应，叫化学锈蚀。化学锈蚀的结果是在金属制品表面形成一层薄薄的氧化膜，它可使金属表面变暗。有些金属氧化膜对金属还能起保护作用，如铝制品表面的氧化膜。化学锈蚀占腐蚀总量的10%~20%。

在潮湿的环境中，金属制品通过表面吸附、毛细管凝聚，特别是结露作用，水蒸气可在金属表面形成水膜，水膜溶解表面的水溶性黏附物或沉淀物（多为盐类）和空气中的二氧化碳、二氧化硫等可溶性气体，最终成为一种具有导电性的电解液。金属制品接触这种电解液后，电位较低的金属成分成为负极（阳极），电位较高的杂质或其他金属成分成为正极（阴极），从而引起电化学反应，反应中金属以离子形式不断进入电解液而被溶解，这种锈蚀称为电化学锈蚀。电化学锈蚀的结果是使金属制品表面出现凹陷、斑点等现象，然后使破坏掉的金属转变成金属氧化物或氢氧化物而附于金属表面，最后或快或慢地往里深入，最终成片往下脱落。锈蚀严重的，使商品内部结构松弛，机械强度降低，甚至完全失去使用价值，所以电化学锈蚀是金属商品的主要破坏形式。电化学锈蚀取决于金属电位的高低，电位越低的金属越容易发生锈蚀。另外，还与金属表面附着的尘埃、污物和空气中的二氧化碳、二氧化硫等气体有关。

2）老化

老化是某些以高分子化合物为主要成分的商品，如橡胶制品、塑料制品等，受日光和空气中氧气等环境因素作用而失去原有的优良性能，以致最后丧失其使用价值的化学变化。上述商品的老化变质，主要是高分子化合物在光、热等因素作用下，引起大分子链断裂、高聚物分子量下降；或者引起分子链相互连接，形成网状或体型结构。前者称为降解反应，使高分子材料变软、发黏，机械强度降低；后者称为交联反应，使高分子材料变硬、发脆，丧失弹性。

6.2.3 呼吸作用和后熟作用

1）呼吸作用

呼吸作用是指生物体中的能源物质（主要是糖类），在氧化还原酶的作用下，逐步降解为简单物质和放出能量的过程。呼吸作用是生物有机体最普遍的生理现象，也是鲜活食品最基本的生理活动。

呼吸作用有两种类型：一种是有氧呼吸，是指鲜活食品在储运中，为了维持生命需要，在体内氧化还原酶的作用下，其体内葡萄糖和其他简单有机物与吸入的氧气发生氧化反应，即 $C_6H_{12}O_6+6O_2 \rightarrow 6CO_2+6H_2O+674$ 千卡；另一种是无氧呼吸，是指在无氧或缺氧情况下的呼吸，即 $C_6H_{12}O_6 \rightarrow 2C_2H_5OH+2CO_2+28$ 千卡。

从上述两种呼吸类型可看出，它们的呼吸本质是一样的，最终都是消耗了有机体内的营养成分并产生热量。有氧呼吸产生的热量，部分用作鲜活食品生理活动的能量，部分释放到外界环境中，可使储存环境的温度升高，加速鲜活食品的腐烂变质，同时还会促使霉腐微生物生长繁衍，这对维护储运的鲜活食品，如粮食、水果、蔬菜等的质量是十分不利的。无氧呼吸实质上是酒精发酵，其最终产生的酒精和中间产物乙醛等，会破坏鲜活食品的组织，使其腐烂，如积累过多，还会引起鲜活食品中毒，其后果比有氧呼吸更为严重。但正常的有氧呼吸，不仅可使鲜活食品获得必要的能量，维持生命活动，而且是一种自卫手段，有利于抵抗微生物的侵害，防止生理病害的发生。若呼吸过于旺盛，也会很快消耗食品的营养成分。因此，储存鲜活食品时，要防止无氧呼吸，保持最低程度的有氧呼吸。

鲜活食品的呼吸强度与鲜活食品的种类、品种、成熟度、不同器官和组织以及不同的发育时期等生物学特性有关，如蔬菜的呼吸强度以叶菜最高，果菜次之，块根菜和块茎菜最低。果实呼吸强度以浆果最大，仁果次之，核果再次之，柑橘类较小。影响鲜活食品呼吸强度的外界因素主要有温度和空气中的气体。一般而言，环境温度升高时鲜活食品呼吸强度也随之加强，当环境温度低于0℃时，因酶的活性受到抑制，呼吸强度急剧下降。鲜活食品进行呼吸作用的最适宜温度为25℃～35℃，因此，降低环境温度是储存鲜活食品的重要措施。空气中的氧含量降低和二氧化碳含量升高，也会明显抑制呼吸作用。目前采用的气调储存法，就是利用改变空气成分，达到抑制鲜活食品呼吸强度的一种较适宜的储存方法。

2）后熟作用

后熟是植物性鲜活食品采收以后其成熟过程的继续，主要发生在果品、瓜类及果菜类商品的储运中。因上述这些食品成熟后再采摘，储运时容易腐败变质，所以必须在成熟前采摘。它们脱离母体后，物质的积累被迫停止，但食品中的有机成分的合成——水解平衡更趋向于水解作用方向，呼吸作用更趋向于缺氧呼吸类型，使商品质量和生理特性发生一系列变化，而后逐渐达到食用成熟度。后熟使这类食品在色泽、香气、口味及口感等方面有明显的提高，食用质量也得以改进。例如，香蕉、柿子、西瓜和甜瓜等，只有达到后熟时，才具有良好的食用价值。

促进食品后熟的因素主要是高温、氧气和某些刺激性气体成分，如乙烯、酒精等，如苹果组织中产生的乙烯，虽然数量极微，却能大大加快苹果的后熟和老化的进程，所以苹果在储运中，为延长或推迟后熟和老化过程，除采用适宜的低温和适量的通风条件外，还可采取放置活性炭、焦炭分子筛等吸收剂排除苹果库房中的乙烯成分。有时为了及早上市，对某些菜果如番茄、香蕉、柿子、猕猴桃等，可利用人工催熟的方法加速其后熟过程，以适应市场消费的需要。

【同步思考6-1】

问题：只要商品在储存期间发生质量变化，就会导致商品质量下降吗？

理解要点：商品在储存期间的质量变化有的能改善商品品质，有的会导致商品质量下降，要区别对待。

学习微平台

延伸阅读6-2

6.3 商品养护的技术方法

1）防霉腐的方法

商品的成分结构和环境因素，是霉腐微生物生长繁殖的营养来源和生活的环境条件，因此，商品的防霉腐工作，必须根据微生物的生理特性采取适宜的措施进行防治。首先立足于改善商品组成、结构和储运的环境条件，使它不利于微生物的生理活动，从而达到抑制或杀灭微生物的目的。

（1）药剂防霉腐。药剂防霉腐是利用化学药剂使霉腐微生物的细胞和新陈代谢活动受到破坏或抑制，进而达到杀菌或抑菌，防止商品霉腐的目的。药剂防霉腐要和生产部门密切配合，在生产过程中就把防霉剂、防腐剂加到商品中，这样既方便又可收到良好的防霉腐效果。此外，对批量小的易霉腐的工业品商品如皮革制品等，也可在储运时把防霉腐药剂加到商品表面。例如，用于工业品防霉腐的药剂有五氯酚钠、水杨酰苯胺、多菌灵等，它们常用于纺织品、鞋帽、皮革、纸张及竹木制品等商品的防霉腐；用于食品的防霉腐药剂有苯甲酸及其钠盐、山梨酸及其钾盐等，它们常用于汽酒、汽水、面酱、蜜饯、山楂糕、果味露、罐头等食品的防霉腐。防霉腐药剂的选用，应遵循低毒、高效、无副作用、价格低廉等原则，而且在使用时还必须考虑对使用人员的身体健康无不良影响和对环境不造成污染等。

（2）气相防霉腐。气相防霉腐是通过药剂挥发出来的气体渗透到商品中，杀死霉菌或抑制其生长、繁殖的方法。这种方法效果较好，应用面广。常用的气相防霉剂有环氧乙烯和多聚甲醛等，主要用于皮革制品等日用工业品的防霉。应注意的是，气相防霉剂应与密封仓库、大型塑料膜罩或其他密封包装配合使用，才能获得理想效果。另外，使用中要注意安全，严防毒气对人体的伤害。

（3）气调防霉腐。**气调防霉腐**是根据好氧性微生物需氧化代谢的特性，通过调节密封环境（如气调库、商品包装等）中气体的组成成分，降低氧气浓度，来抑制霉腐微生物的生理活动、酶的活性和鲜活食品的呼吸强度，达到防霉腐和保鲜目的的一种方法。

气调防霉腐有两种方法：一种是靠鲜活食品本身的呼吸作用释放出的二氧化碳来降低塑料膜罩内的氧气含量，从而起到气调作用，这叫自发气调；另一种是将塑料膜罩内的空气抽至一定的真空度（8.0×103Pa～2.1×104Pa），然后再充入氮气或二氧化碳气体的气调方法，这叫机械气调。据研究，塑料膜罩内的二氧化碳含量达到50%时，对霉腐微生物有强烈的抑制和杀灭作用。气调还需要有适当低温条件的配合，才能较长时间地保持鲜活食品的新鲜度。气调防霉腐可用于水果、蔬菜的保鲜，近年来也开始用于粮食、油料、肉及肉制品、鱼类、鲜蛋和茶叶等多种食品的保鲜。

（4）低温防霉腐。含水量大的商品尤其是生鲜食品，如鲜肉、鲜鱼、鲜蛋、水果和蔬菜等，多利用低温抑制霉腐微生物的繁殖和酶的活性，以达到防霉、防腐的目的。按降低温度的范围，低温防霉腐可分为冷却法和冷冻法两种方法。冷却法又称冷藏法，其温度控制在0℃～10℃，此时商品并不结冰。此法适用于不耐冰冻的商品，尤其是水分含量大的生鲜食品和短期储存的食品。冷冻法其温度需经过两个阶段的控制，先经过速冻阶段，即在短时间内将温度降到-30℃～-25℃，当商品深层温度达到-10℃时，再移至-18℃左右的温度下存放。此法适用于长期存放或远距离运输的生鲜动物性食品。

【教学互动6-1】

解冻不当易流失营养　冰箱食品的解冻方法

情境：随着生活节奏的加快和冰箱的普及，冷冻食品已成为很多家庭必备的食物之一。下厨前，它们都要经过一个重要步骤——解冻。如果解冻不当，不仅冷冻食品的口味会变差，而且会导致其营养素的流失。那么，不同的食物有什么解冻技巧呢？

（1）冻肉先放冷藏室。肉类解冻最好有个“接力棒”，就是把要解冻的食材提前一天从冷冻室中取出，用保鲜盒或保鲜袋装好后放在冰箱的冷藏室里，等化冻后再拿来烹调。

（2）整条鱼冷冻解冻法。在冷冻前要经过清洗，去除内脏、鳃，并在腹内抹上少许盐，处理好后放于盘子上覆盖保鲜膜，放到冷冻室保存，也可用铝箔纸包起来，以延长保存期限。解冻法：要食用时，取出适量分量，放到冷藏室缓慢解冻或用流水解冻均可。

（3）块状鱼冷冻解冻法。如鲑鱼、鲔鱼类，通常都是一片片出售的。冷冻时放在铺了保鲜膜的盘子上，洒上一点儿盐，再放到冷冻室，结冻后放入全封闭袋里，吸出空气保存。解冻法：放在冷藏室自然解冻，如室温下解冻，要用布或纸巾包起来，以免流出的水把鱼肉浸湿。等到半解冻状态，就可以直接煎熟或用微波炉、烤箱烤熟。

（4）小尾鱼冷冻解冻法。把小尾鱼一尾一尾地摆在盘子上结冻，再放入密封袋里保存。解冻法：连着密封袋浸在水中解冻或是放入冷藏室自然解冻。

（5）冷冻烤鱼冷冻解冻法。先用盐抹一下，用烤箱烤过，待凉后用铝箔纸包起来，放到全密袋里冷冻。解冻法：不必去掉铝箔纸，直接放到烤箱中烤熟，即可食用。

资料来源 佚名.解冻不当易流失营养 冰箱食品的解冻方法[EB/OL].[2016-09-21]. https://huangshan.home.focus.cn/gonglue/0e0f953b7553f0bc.html.

互动问题：为什么说如果解冻不当，不仅冷冻食品的口味会变差，还会导致其营养素的流失？

互动要求：同“教学互动1-1”的“互动要求”。

（5）干燥防霉腐。干燥防霉腐是通过各种措施降低商品的含水量，使其水分含量在安全储运水分之下，以抑制霉腐微生物的生命活动。这种方法可较长时间地保持商品质量，且商品成分的化学变化也较小。干燥防霉腐有自然干燥法和人工干燥法两种方法。自然干燥法是利用自然界的能量，如日晒、风吹等，使商品干燥。该法经济、方便，广泛应用于原粮、干果、干菜、水产海味干制品和某些粉类制品的储运。人工干燥法是在人工控制环境的条件下对商品进行脱水干燥的方法。比较常用的方法有热风干燥、喷雾干燥、真空干燥、冷冻干燥、远红外和微波干燥等。该法因要使用一定的设备、技术，故费用较高，耗能也较大，在应用上受到一定的限制。

（6）辐射防霉腐。辐射防霉腐是利用放射性同位素（钴-60或铯-137）产生的γ射线辐射状照射商品的方法。γ射线是一种波长极短的电磁波，能穿透较厚的固体物，它能杀死商品上的微生物和害虫，抑制蔬菜、水果的发芽或后熟，而对商品本身的营养价值并无明显影响。针对不同商品的特性和各种储存目的，辐射防霉腐有低剂量辐照、中剂量辐照和大剂量辐照三种类型。

对于已发生霉腐的商品，为避免进一步变化造成更大的损失，应及时采取措施救治。霉腐商品的救治方法很多，常用的方法有晾晒、烘烤、熏蒸、机械除霉及加热灭菌等，使用时应根据实际情况合理选择。

2）防治害虫的方法

储运中害虫的防治工作应贯彻“以防为主，防治结合”的理念。对某些易生虫的商品和原材料，必须积极地向厂方提出建议和要求，使其在生产过程中，对原材料采取杀虫措施，如竹、木、藤原料，可采取沸水烫煮、汽蒸、火烤等方法，杀灭隐藏的害虫。对某些易遭虫蛀的商品，应在其包装或货架内投入驱避药剂，如天然樟脑或合成樟脑等。此外，储运中害虫的防治还常采用化学、物理、生物等方法，杀灭害虫或使其不能繁殖，以维护储运商品的质量。

（1）化学杀虫法。化学杀虫法是利用化学药剂来防治害虫的方法。在实施时，应考虑害虫、药剂和环境三者之间的关系。例如，针对害虫的生活习性，要选择其抵抗力最弱的虫期施药，药剂应低毒、高效和低残毒，且对环境无污染。在环境温度较高时施药，可获得满意的杀虫效果。化学杀虫法按其作用于害虫的方式不同，主要有熏蒸法、触杀杀虫法和胃毒杀虫法三种方法。

（2）物理杀虫法。物理杀虫法是利用各种物理因素，如热、光、射线等破坏储运商品上害虫的生理活动和机体结构，使其不能生存或繁殖的方法。物理杀虫法主要有高、低温杀虫法，射线杀虫与射线不育法，远红外线与微波杀虫法和充氮降氧杀虫法等。

此外，还可采用生物防治方法，即利用害虫的天敌（寄生物、捕食者、病原微生物）来防治害虫，以及利用昆虫的性引诱剂来诱集害虫或干扰成虫的交配繁殖等。

3）防鼠与灭鼠的方法

防鼠与灭鼠要针对鼠类的特性和危害规律，采取防治与突击围剿相结合的方法，要揭其巢穴、断其来路、消其疑忌、投其所好进行诱捕。防鼠的主要方法是，保持库房内外清洁卫生，清除垃圾，及时处理堆积包装物料及杂乱物品，不给鼠类提供活动场所。灭鼠有多种方法，一般有机械捕杀、毒饵诱杀、生物法、驱除法等。

4）防锈蚀的方法

金属商品的电化学锈蚀是造成商品损失的重要因素之一，所以做好金属商品的防锈蚀工作非常重要，这也是仓储过程中商品养护的一项重要任务。金属商品的电化学锈蚀除内在因素，如金属及其制品本身的组成成分、电位高低、表面状况外，还主要取决于金属表面电解液膜的存在，因此在防止金属商品电化学锈蚀的方法中，相当多的方法是围绕防止金属表面生成水膜而进行的。在生产部门，为了提高金属的耐腐蚀性能，最常采用的方法是在金属表面涂盖防护层。例如，喷漆、搪瓷涂层、电镀等，把金属与促使金属锈蚀的外界条件隔离开来，从而达到防锈蚀的目的。在仓储过程中使用的主要防锈蚀方法是涂油防锈、气相防锈和可剥性塑料封存等。

（1）涂油防锈。涂油防锈是常用的一种简便有效的防腐方法。它是在金属表面涂覆一层油脂薄膜，在一定程度上使大气中的氧气、水分以及其他有害气体与金属表面隔离，从而达到防止或减缓金属制品生锈的目的的方法。此法属于短期的防锈法，随着时间的推移，防锈油会逐渐消耗，或由于防锈油的变质，而使金属商品又有重新生锈的危险。根据防锈油形成油膜的性质，防锈油可分为软膏防锈油、硬膜防锈油、油膜防锈油三类。除防锈油外，凡士林、黄蜡油、机油等也可作为防锈油脂。

（2）气相防锈。**气相防锈**是利用挥发性气相防锈剂在金属制品周围挥发出缓蚀气体，来阻隔空气中的氧气、水分等有害因素的腐蚀作用以达到防锈目的的一种方法。这是一种较新的防锈方法，具有使用方便、封存期较长、使用范围广泛的特点。它适用于结构复杂、不易为其他防锈涂层所保护的金属制品的防锈。

（3）可剥性塑料封存。可剥性塑料是以高分子合成树脂为基础原料，加入矿物油、增塑剂、防锈剂、稳定剂及防腐剂等，加热溶解后制成的。这种塑料液喷涂于金属制品表面，能形成可以剥落的一层特殊的塑料薄膜，像给金属制品穿上一件密不透风的外衣，它有阻隔腐蚀介质的作用，以达到防锈目的。可剥性塑料中，常用的树脂有乙基纤维素、醋酸丁酸纤维素、聚氯乙烯树脂、过氧乙烯树脂和改性酚醛树脂等。

【同步案例6-1】

智能仓储该如何进行仓库管理?

背景与情境:智能仓储与传统的仓储管理相比,是一种动态的管理,更加注重仓库管理的时效性,重视物品在拣货出库时的数量位置变化,从而配合其他仓储作业。

仓库管理作为现代智能仓储建设中最重要的一部分,必不可少,一般由库位管理和库存管理两部分组成。为了更好地推动企业实现智能仓储信息一体化网络建设,创造高效价值,企业通常会依托于WMS智能仓储系统在库位和库存中的应用。下面是对智能仓储建设中如何进行仓库管理的简单介绍:

库位管理主要是利用库位来保管物品并且明确显示物品所储存的位置,同时当物品的位置发生变化时能够准确记录,使管理者能够随时掌握物品信息;库存管理的核心是对物品本身属性的管理,目的是根据外界对库存的要求、企业采购的特点,预测、计划和执行补充库存的行为,并对这种行为进行控制。

使用WMS智能仓储系统,不仅能动态掌握可视化库存管理,加快工作速度,减少人工成本,极大地提高自动化程度,而且可以大幅度降低出错率,使企业在仓库管理上更加高效、准确、科学。

资料来源 斯迈尔IoT.智能仓储该如何进行仓库管理?[EB/OL].[2019-09-04]. https://mp.sohu.com/a/338592703_120171552.原文基础上的节选与改编.

问题:智能仓储与传统仓库管理各有何特点?

分析提示:从智能仓储与传统仓库的异同点和商品储存管理的作用、要求等方面来分析。

5)防老化的方法

防老化是根据高分子材料性能的变化规律,采取各种有效措施以减缓其老化的速度,达到提高材料的抗老化性能,延长其使用寿命的目的。高分子商品的老化有其内因和外因,所以防老化应从两方面着手。

(1)提高商品本身的抗老化作用。高分子材料防老化,首先应提高高分子材料本身对外界因素作用的抵抗能力。例如,通过改变分子构型,减少不稳定结构,或除去杂质,提高高分子材料本身对外界因素作用的抵抗能力。还可以在加工生产中,用添加防老化剂(抗氧剂、热稳定剂、光稳定剂、紫外线吸收剂等)的方法来抑制光、热、氧等外界因素的作用,提高其耐老化性能。此外,还可以在高分子材料商品的外表涂以漆、胶、塑料、油等保护层,这些方法也有显著的防老化作用,如塑料商品可用某些塑料粉末在其表面涂一层薄膜,提高耐磨、耐热等性能。

在上述防老化方法中,添加防老化剂是常用而又有效的一种方法。防老化剂是一种提高高分子材料和制品的热加工性能及储运、使用寿命的化学物质,其添加量很小,但能使材料和成品的耐老化性能提高数倍乃至数千倍。

(2)控制储运中引起老化的因素。控制储运中引起老化的因素主要是根据高分子材料的质量变化规律,控制温度,妥善包装,合理堆码,防止阳光直接照射,加强入库验收与检查等。

【职业道德与企业伦理6-1】

联华生鲜食品加工配送中心

背景与情境： 联华生鲜食品加工配送中心是我国国内设备先进、规模较大的生鲜食品加工配送中心，总投资6 000万元，建筑面积35 000m²，年生产能力20 000吨，其中肉制品15 000吨，生鲜盆菜、调理半成品3 000吨，西式熟食制品2 000吨，产品结构分为15大类约1 200种生鲜食品，在生产加工的同时配送中心还从事水果、冷冻品以及南北货的配送任务。连锁经营的利润源重点在物流，物流系统好坏的评判标准主要有两个：物流服务水平和物流成本。

问题： 你对联华生鲜食品加工配送中心对物流系统好坏的两个评判标准有何评价？

分析提示： 生鲜食品大部分需要冷藏，所以其物流流转周期必须很短，以节约成本；生鲜食品保质期很短，客户对其色泽等要求很高，所以在物流过程中需要快速流转。以上两个评判标准不仅保证了生鲜食品的质量，使企业获取更多的利润，也有利于保护消费者的食用安全，是一个双赢的选择，是值得提倡的企业职业道德和企业伦理。

■ 本章概要

□ 内容提要

● 商品储存是指商品尚未进入消费领域之前，为实现销售目的所出现的暂时停滞。商品储存管理包括商品的入库、在库和出库管理。入库管理主要有商品的入库验收、分区分类管理和妥善堆码；在库管理最为重要的是仓库温、湿度的控制和调节；出库管理必须贯彻“三先出”和“三不出”的原则。

● 商品在储存期间的质量变化多种多样，最常见的质量变化是霉变、锈蚀、虫蛀、老化、呼吸和后熟等，这些变化既与商品的成分、结构及性质有关，也是外界温度和湿度、氧气、微生物等综合作用的结果，掌握商品储存期间的质量变化规律，就能进行合理的商品养护。

● 为了保证商品安全储存，保持商品质量，除要做好商品的储存管理工作外，还必须掌握防霉腐、防虫害鼠咬、防锈蚀和防老化的养护技术与方法。

□ 主要概念和观念

▲ 主要概念

商品储存　相对湿度　呼吸作用　气调防霉腐　气相防锈

▲ 主要观念

商品储存管理　商品养护技法

□ 重点实务

商品入库验收　商品储存管理实务　商品养护技能

■ 基本训练

□ 知识训练

▲ 简答题

（1）简述商品储存养护的指导思想。

（2）怎样做好商品的在库和出库工作？

（3）锈蚀机理是什么？防锈蚀措施有哪些？

▲ 填空题

（1）出库商品应贯彻________、________和接近失效期的先出的原则。

（2）商品在储存期间主要的质量变化有霉变、锈蚀、虫蛀、后熟、________和________等。

（3）高分子物老化发生的两个反应是________和________。

▲ 单项选择题

（1）常用来表示空气潮湿程度的是（　　）。

A.绝对湿度　　B.相对湿度

C.蒸汽压　　D.饱和湿度

（2）多数霉菌属于（　　）。

A.低温性　　B.中湿性

C.高湿性　　D.高温性

（3）在下列防老化措施中，最有效的是（　　）。

A.添加防老化剂　　B.控制温度

C.妥善包装　　D.合理堆垛

▲ 多项选择题

（1）属于商品分区分类管理前提条件的是（　　）。

A.商品性能一致　　B.发货地区一致

C.养护措施一致　　D.消防方法一致

E.商品用途一致

（2）化学杀虫法按其作用于害虫的方式不同，主要有（　　）。

A.熏蒸法　　B.触杀法

C.充氮降氧法　　D.胃毒法

E.低温法

▲ 讨论题

（1）在商品的入库管理中要注意做好哪些方面的工作？

（2）怎样控制和调节仓库的温、湿度？

（3）消费者对日常商品采取的防霉措施有哪些？这些措施为什么能起到防霉变的作用？

□ 能力训练

▲ 案例分析

背景与情境：常见商品的养护方法见表6-2。

表6-2 **常见商品的养护方法**

序号	商品	包装形式	存储特性	保管措施	消防方法	备注
1	护肤霜	分瓶装、塑料袋装两种。外包装通常为箱装（纸箱）	不耐低温和高温，怕潮湿和过分干燥，不能与异味商品混存	①储存在清洁、干燥、冬暖夏凉的库房内，不得在简易货棚或露天货场存放。要避免光照射、暴晒，勿接近热源。②储存温度在5℃～30℃之间，最低不低于0℃，最高不超过35℃；相对湿度在60%～75%之间，最低不得低于50%，最高不宜超过80%。③护肤霜可与其他化妆品储存在一起，不得与含水量高的商品（如肥皂）混存一库，也不能与有异味的商品和防虫剂类的商品一起存放，还不能与具有吸附性的食品（如茶叶）混存一库。④堆码搬运要轻拿轻放，标志箭头向上，不得倒置	一般含有一定量脂类物品，外包装用可燃的纸箱（盒）。着火时可用水和各种灭火器扑救	保管期限，瓶装、塑料袋装为9个月
2	真丝绸	分布包装和箱装两种，箱装又分木箱和纸箱	怕潮，不耐高温日晒，不能接触碱性物质，易被虫蛀	①储存在清洁、干燥、阴凉的楼库中层仓间，仓间要具备通风、防潮、排潮、降温、密闭、遮光等条件和设施，要专库储存。②不宜在简易货棚储存，不得在露天货场存放，不要在有害气体和尘埃严重地区设置专库。③适宜温度在25℃以下，最高不超过30℃，适宜相对湿度在60%～75%之间，最高不超过80%	应远离火源、火种，起火时，可用水、二氧化碳灭火器扑救	保管期限一般为1年，最长不超过2年
3	家用电器	家用电器每件都由塑料罩套装，装入纸箱，箱内用软塑料泡沫加固，外部各种标志明显	怕潮湿、怕碰撞，怕震，怕侧置、倒置	①应储存在库房内，保持干燥、凉爽、通风；不可露天存放。②加强库房温、湿度管理，温度宜控制在30℃以下，相对湿度在75%以下。③不可与含水量大或有腐蚀性的物品混存。④堆码应牢固，不宜过高，轻装卸，防止碰撞，注意标志，防止包装破裂	初起火时，可用二氧化碳、干粉、1211灭火器扑救，尽量不用水；发生火灾时，可用水灭火	略

资料来源　窦志铭. 物流商品养护技术［M］. 2版. 北京：人民交通出版社，2007.

问题： 参照表6-2，做出皮鞋、书籍、小五金商品的养护方法一览表。

分析要求： 同第1章“基本训练”中本题型的“分析要求”。

▲ 实训操练

实训项目：仓库商品储存管理参观调研。

实训步骤：

（1）组织全班同学制订参观调研方案。

（2）联系参观调研仓库，进行实地参观调研。

（3）对参观调研的资料进行分析整理。

（4）运用所学的商品储存管理知识和技能，对所参观调研仓库的商品储存管理实况进行分析研究，撰写调研报告。

（5）在班级讨论交流、相互点评与修改调研报告。

（6）在校园网的本课程教学平台上展示经过修改和教师点评的调研报告，供同学借鉴。

□ 善恶研判

湖北襄阳销毁15余吨非法进口冷链食品

背景与情境： 湖北襄阳市市场监管局3日通报，该市查获15.24吨非法进口冷链食品，并依法依规进行了无害化处理。

近日，襄阳市市场监管局鱼梁洲分局执法监管人员进行日常巡查时，在鱼梁洲沧浪路东一闲置场院的仓库里发现了异常。当执法监管人员进入仓库查看时，有工人正把冻肉从没有中文标识的纸箱里取出，装到蛇皮袋里。

问询中，涉案当事人不能提供任何合法进口手续，并在常温状态下使用非冷链食品存放专区储存物品，已严重违反相关部门对进口冷链食品新冠病毒防控工作的要求。

按照疫情防控和食品安全执法程序要求，执法监管人员第一时间向疫情防控和上级部门汇报，同时暂扣物品，并按照防疫要求对涉案当事人进行隔离。

当天下午，襄阳市公共检测检验中心对所有进入仓库、接触过“问题肉”的人员和该批非法进口冷链食品进行了新冠病毒核酸检测，结果均为阴性。

经初步调查，这批“问题肉”重15.24吨。涉案当事人交代，货物到襄阳后，还未销售就被执法人员查获。按照防疫要求，2月2日下午，这批“问题肉”被运往襄阳金力环保工程有限公司进行无害化处理。

目前，涉案当事人已被公安机关控制，案件正在进一步调查中。

资料来源 中国质量网. 湖北襄阳销毁15余吨非法进口冷链食品［EB/OL］.［2021-02-04］. http: //www.samr.gov.cn/xw/df/202102/t20210204_325880.html.

问题：

（1）本案例中存在哪些道德伦理问题？

（2）试对上述问题做出你的善恶研判。

（3）通过网上或图书馆调研等途径搜集你做善恶研判所依据的行业规范。

（4）你对本案例有何感受？

研判要求： 同第1章“基本训练”中本题型的“研判要求”。

第7章 食品类商品概述

◆ 学习目标

通过本章学习，应该达到以下目标：

职业知识：学习和把握食品的品质特征和感官品评，了解食品的概念及分类常识；认识食品的营养与安全；能用本章理论知识指导相关认知活动，用实务知识规范相关技能活动。

职业能力：运用本章知识研究相关案例，培养在特定业务情境中分析问题与决策设计能力；通过“茶叶质量的感官审评实验”的实训操练，训练学生经营食品的专业操作技能。

职业道德：结合食品商品的教学内容，依照行业道德规范或标准，分析“职业道德与企业伦理7-1”和章后“基本训练”之“善恶研判”情境下企业及其从业人员在食品安全活动中行为的善恶，强化职业道德素质。

【引例】

人人养成健康饮食习惯

背景与情境：民以食为天，合理饮食是保证健康的基础。中国营养学会倡议：行动起来，合理膳食，吃动平衡，维护自身健康。

1）合理膳食、食饮有节

合理膳食是按照不同年龄、身体活动和身体状况，来确定三餐食物搭配和比例，以最大限度地保障人体营养与健康需要。食物多样、规律饮食、食饮有节是保证营养平衡和身体健康的基础。

2）减少食用高盐、高油、高糖食品

调查显示，约50%的高血压和33%的脑卒中与高盐饮食有关，高盐、高糖、高脂饮食是引起肥胖、心脑血管疾病、糖尿病及其他代谢性疾病和肿瘤的危险因素。

3）倡导家庭、社会使用公用餐具和分餐制

通过分餐或者使用公筷公勺，可以有效减少肝炎病毒、幽门螺旋杆菌等的传播；同时，分餐可以较好把握食物摄入量，减少食用过量和铺张浪费。

4）新时代，倡导健康新食尚

珍惜食物、勤俭节约、在家吃饭、养生保健是中华民族家庭饮食文化的优良传统，也是合理膳食的基础所在。

居民朋友们：建议大家学习营养保健知识，培养良好饮食习惯，重视自己和家庭日常膳食管理，把食物多样、清淡和平衡膳食落实到生活实践中。

食品类商品是最具特色的商品。它的品种繁多，化学成分复杂，质量变化也很复杂，与人民生活关系最密切。对食品营养价值、安全及质量等方面内容的研究，将为人们改善膳食结构、促进健康和防控相关疾病等方面提供更多的参考。

7.1 食品的分类与营养安全

7.1.1 食品的概念及分类

1）食品的概念

食品就是供人食用，具有人体所需的营养成分或能满足人们某种嗜好的天然产物及其加工制成品。像谷物、肉类、蛋类、乳及乳制品、果蔬等生活必需品，能给人提供各种营养成分，像茶、烟、酒等消费品能满足人们各种嗜好，它们都是最常见的食品。

2）食品的分类

自然界的天然可食性资源原本就很丰富，再加上它们的再加工产品，使食品成为商品中种类非常丰富的大家族。对食品的科学分类，有助于我们深入研究和认识各种食品的质量。以下依据一些常见的标志对食品进行分类。

（1）按食品生产许可分类

《食品生产许可分类目录》将食品、食品添加剂分为：粮食加工品，食用油、油脂及其制品，调味品，肉制品，乳制品，饮料，方便食品，饼干，罐头，冷冻饮品，速冻食品，薯类和膨化食品，糖果制品，茶叶及相关制品，酒类，蔬菜制品，水果制品，炒货食品及坚果制品，蛋制品，可可及焙烤咖啡产品，食糖，水产制品，淀粉及淀粉制品，糕点，豆制品，蜂产品，保健食品，特殊医学用途配方食品，婴幼儿配方食品，特殊膳食食品，其他食品，食品添加剂等32个类别。每个类别再分为若干个小类，如粮食加工品分为小麦粉、大米、挂面、其他粮食加工品4个小类；挂面再细分为普通挂面、花色挂面和手工面3个品种。

（2）按食物来源分类

根据来源的不同，可把食品分为植物性、动物性、矿物性3类。

（3）按食品在膳食中所占比重分类

民间经常根据食品在膳食结构中所占比重的大小，将其分为主食和辅（副）食。在我国，主食主要指谷物类、豆类、薯类。辅食指果蔬类、肉奶禽蛋类、水产品类以及它们的加工品，糖、烟、酒、茶等。

（4）按原料来源及经营习惯分类

这是最常用的分类法。据此，把食品分为：粮食类、油脂类、蔬菜水果类、肉食禽蛋类、糖果糕点类、烟酒饮料类、豆制品类、水产品类、乳及乳制品类、菌产品类、调味品类和其他类。

（5）按其他依据分类

随着食品工业的发展，新产品层出不穷，给食品分类带来了许多新课题。近年来，为强调食品的营养、功能与卫生安全方面的特性，在食品的生产和经营行业，人们常常给食品做出以下分类：

按消费对象把食品分为婴幼儿食品、中老年食品、运动员食品、宇航员食品、普通食品等；按是否使用特殊加工方法把食品分为强化食品、膨化食品和一般食品；按功能将食品分为疗效食品、保健食品、其他各类功能性食品等；按食品生产方法及其与人和环境的关系将食品分为有机食品、绿色食品和无公害食品；按食品摄入体内后的代谢状况将食品分为酸性食品和碱性食品。

7.1.2 食品的营养与安全

1）食品的营养成分

食品的化学组成十分复杂，其中能供应人体正常生理功能所必需的物质称为食品的营养成分，它包括水分、糖类、蛋白质、脂类、维生素、矿物质等。

（1）水分

水是除氧气之外维持人体生命的最重要的物质，体液的90%以上是水。水在食品中通常以两种形态存在——自由水和结合水。它们分别被两种作用力即毛细管力和氢键结合力联系着。以毛细管力联系着的水称为自由水，由氢键结合力联系着的水称为结合水。自由水与普通水性质相同，在食品中会因蒸发而散去，也会因吸湿而增加，可以自由流动，也可溶解各种可溶性物质。它存在于动植物的细胞内，可以被微生物利用。食品在干制加工或储藏时的重量损耗，就是由自由水散失所致。

结合水与食品中的亲水基以氢键相结合，它是细胞内原生质中的水，在性质上与自由水有很大差别。它不能流动，溶解力低，沸点高于普通水，而冰点低于普通水。它不能被微生物利用，而且不易压榨，加热亦难以挥发，一般不因外界环境的干湿变化而发生量的变化。结合水若被强行与食品分离，食品风味、质量就会改变。

实践证明，在一定条件下，食品是否被微生物感染而导致质量下降，取决于其中的自由水含量的高低。要延长食品储藏期，就要设法减少食品中自由水的含量。但食品中自由水降低到何种程度，才能使微生物生长受到抑制呢？在此，须引入水分活度概念，因为水分活度可反映食品储藏的安全条件。水分活度（A_W）是指食品中呈溶液状态的水（自由水）的蒸气压与纯水蒸气压之比：$A_W=P/P_0$（P：食品中呈溶液状态的水的蒸气压；P_0：纯水蒸气压），对于纯水来说，$P=P_0$，故$A_W=1$；而食品中的自由水因其中溶有可溶物质，P总是小于P_0，故$A_W<1$。显然A_W值的大小反映了食品中自由水可被微生物利用的程度，A_W值越大，食品的安全性越低。各种食品均有一定的A_W值，各种微生物的活动力也在一定的A_W范围内。表7-1给出了某些食品适合微生物发育的A_W值。在食品储藏中可以通过干燥或冷藏法降低食品的A_W值，以抑制微生物活动，达到保质目的。如脱水、浓缩、糖渍、盐腌等方法也都能降低食品的A_W值。

表7-1　**某些食品适合微生物发育的A_W值**

食品名称	A_W值	微生物名称
鲜鱼、水果	0.98	略
灌肠	0.90	一般细菌
15%盐制品	0.88	酵母菌
含有15%～17%水的豆类、米等	0.80	霉菌、金黄色葡萄球菌
果酱、某些点心	0.75	好盐性细菌
面粉	0.65	耐干性霉菌
干果、蜜饯	0.60	耐浸透性酵母菌
饼干	0.33	略

（2）糖类

糖类也称碳水化合物。根据其分子结构复杂程度的不同，可分为单糖（葡萄糖、果糖、半乳糖）、双糖（蔗糖、麦芽糖、乳糖）和多糖（淀粉、糖原、纤维素和半纤维素）三类。糖类是最经济的供能物质，发热量与蛋白质相近，普遍存在于自然界中，很容易获取。摄入的双糖和多糖，在人体内经过酶的催化，水解成单糖后再被吸收。多糖中的纤维素和半纤维素，不能被人体消化，但仍有特殊的保健作用。

糖类理化性质中有一些与食品工业关系密切。这些性质是水溶性、水解、焦糖化、发酵。

①水溶性。不同的糖在水中的溶解度是不相同的。糖的溶解度一般取决于分子量的大小，分子量越大，溶解度越低。温度对溶解过程和溶解速度具有决定性的影响作用。

②水解。糖在酸或酶的作用下可发生水解。蔗糖的水解称为转化，水解的产物（葡萄糖和果糖）称为转化糖。

③焦糖化。将蔗糖进行干燥加热，蔗糖即开始熔融，并变成黄色乃至褐色，这种特

性称为焦糖化，焦糖化的蔗糖与水混合即为焦糖色素，是很好的食品着色剂。

④发酵。糖在不同微生物作用下可以进行不同的发酵，在酵母菌作用下进行酒精发酵，在乳酸菌作用下进行乳酸发酵，工业上还利用特殊的微生物和单糖生产氨基酸和柠檬酸等产品。

膳食中糖类物质主要是淀粉和少量双糖，它们存在于各种粮谷类、薯类食品中。蔬菜和水果中含有大量纤维素和果胶，仅含少量的单糖。

（3）蛋白质

蛋白质是构成物质体的基本物质。不论是简单的低等生物还是复杂的高等生物，在它们的机体内都有蛋白质存在。病毒、细菌、激素、植物和动物细胞原生质都是以蛋白质为基础的。人体中除去水分之后的物质，45%是由蛋白质所组成的。人体中新陈代谢是依靠蛋白质的不断更新。除了能产生与糖类相等的热量外，蛋白质对人体所产生的一系列重要作用是其他营养成分所不能替代的。

人体对蛋白质的利用是很复杂的生理变化过程。通常人体摄入蛋白质，而直接吸收的却是蛋白质水解后的产物——氨基酸分子，这些氨基酸分子在体内再合成人体所需的各种蛋白质。食品中的天然蛋白质含有20多种氨基酸，其中有8种（婴幼儿是9种）在人体内无法合成或转化，而人体偏偏对它们有较大的需求量，这些氨基酸被称为必需氨基酸。这些氨基酸只能直接从食品中摄取，当食物中缺乏这些氨基酸，人体得不到全面的营养时，就不能维持正常的生命活动。8种必需氨基酸分别是：亮氨酸、异亮氨酸、赖氨酸、蛋氨酸、苯丙氨酸、苏氨酸、色氨酸和缬氨酸（婴幼儿除这8种外，组氨酸也是必需的）。

人体在利用各种蛋白质时，不仅要求必需氨基酸种类齐全、数量足够，而且要求各种必需氨基酸之间的相互比例也要符合人体需要。这种相互比例亦称为氨基酸模式。必需氨基酸模式越接近于人体蛋白质组成，并为人体所消化吸收，就越能适应人体要求，其营养价值就越高。营养学家的研究表明，动物性蛋白质的必需氨基酸比例较接近人体需要量模式，并以鸡蛋蛋白质最为理想。植物性蛋白质的必需氨基酸比例与人体需要量相差较大。通常将鸡蛋蛋白质中氨基酸的构成比例作为评定蛋白质营养价值的参考标准。评分结果见表7-2。蛋白质的氨基酸评分越接近于100，表示其越接近人体需要。

表7-2　**几种食品蛋白质氨基酸构成比例评分结果**

食品	氨基酸构成评分	食品	氨基酸构成评分
全蛋	100	花生	65
人奶	100	小米	63
牛奶	95	稻米	67
大豆	74	玉米	49
棉籽	81	全麦	53
芝麻	50		

判断食品营养价值高低，除参考其氨基酸评分外，还可参考蛋白质消化率、蛋白质生物价、蛋白质净利用率、蛋白质功效比值等指标。

（4）脂类

脂类包括脂肪和类脂两类物质。其中脂肪是高效的供能物质，同时亦在人体中发挥着保护肌体和内部脏器、调节体温、参与代谢、抵御疾病等生理功能。

脂肪是发热量高的营养物质，发热量高于糖类和蛋白质近一倍，因其发热量高，占体积小，是人体内最佳的贮能物质。饮食中摄入的超出人体需求量的糖类和蛋白质会转化为脂肪物质储备起来。

脂肪主要成分是三酸甘油酯，由一分子甘油和三分子高级脂肪酸组成。含有不饱和双键的脂肪酸，称为不饱和脂肪酸。含不饱和脂肪酸多的脂肪熔点低，室温下为液态，称为油，如多数植物性脂肪。不含不饱和双键的脂肪酸称为饱和脂肪酸。含饱和脂肪酸多的脂肪熔点高，室温下是固态，称为脂，如多数动物性脂肪。脂肪是油和脂的总称，亦称油脂。脂肪一般不溶于水，微溶于热水，易溶于有机溶剂。脂肪的消化吸收率与其熔点有关，若熔点低于人体温度，易吸收；反之，则难吸收。因此，植物油比动物性脂肪易消化、易吸收。

脂肪是复杂的有机化合物，基本构成物质与糖类相似，即碳、氢、氧三种元素。脂肪需分解为脂肪酸后才能被人体吸收。在脂肪酸中，有一些不饱和脂肪酸是人体所必需且人体内不能合成的，要直接取之于食物，习惯上将其称为必需脂肪酸。这些必需脂肪酸是亚油酸、亚麻酸、花生四烯酸。膳食中增加含必需脂肪酸的植物油，有助于防止动脉硬化，有良好的保健作用。

脂肪还是有助于人体获得脂溶性维生素的重要营养物质。

类脂是指性质近似于脂肪的物质，主要有磷脂、糖脂、固醇和固醇酯。类脂在生物学上具有重要的生理意义，但人体对其摄入量要适中，尤其是中老年人，否则易诱发心血管类疾病。

脂肪普遍存在于动植物性食品中：脂，存在于动物某些组织中；油，集中在某些植物种子内。

【教学互动7-1】

互动问题：为什么将糖类、蛋白质和脂肪称为人体三大营养物质（营养素）？

互动要求：同“教学互动1-1”的“互动要求”。

（5）维生素

维生素是人和动物维持生命和生长必需的一类低分子有机化合物。它们虽然不能供给人体热量，在生理上的需要量也极微少，但它们对人体内营养成分的消化吸收、能量的转换及其他正常的生理活动，都具有十分必要的作用。人体缺乏维生素，会引起各种维生素缺乏症。

目前，已知人体所需的维生素约30种，除某些B族维生素和维生素K能在体内合成外，大多数必须由食品中摄取。我国传统的膳食以谷类和蔬菜为主，动物性食品摄入较少，故容易引起维生素A、D、B_2的缺乏。不良的饮食习惯会导致各种维生素缺乏。不合理的烹调方法会使食品中的维生素损失或丧失，引起各种维生素缺乏。因此，日常生活中人们应从各方面摄入各类数量充足的维生素。

对于维生素，人们到目前为止还只能以溶解性作为分类依据，将其分为脂溶性和水溶性两大类。一般脂溶性维生素可以在体内大量储存，当吸收过量时，储存量也随之增加。必须注意的是摄取过量维生素，导致维生素在体内过多储存，也会对人体造成危害。而水溶性维生素在体内不易储存，需要随时提供。脂溶性维生素主要有维生素A，维生素A原，维生素D、E、K等。水溶性维生素主要有维生素B族、维生素C族、维生素H等。

（6）矿物质

食品中除去三大营养要素等有机成分外，还有无机成分。这些无机成分又称食品的灰分（经550℃～600℃高温煅烧后仍未挥发的残留成分），实际就是各种矿物元素。这些矿物质对人体有重要的营养价值。

在正常条件下，成年人所需的一般矿物质从普通饮食中可以得到满足，只有婴幼儿、乳母、孕妇等因需要量相对增加，要注意适当补充含各种矿物质的营养品。

食品中的矿物元素可以按其在人体组织中所占份额的多少分为常量元素、微量元素和超微量元素。含量在0.01%以上的称为常量元素，如钙、镁、钾、钠、磷、氯、硫等；含量低于0.01%的称为微量元素，如铁、碘、氟、铜、锌、锰、钼、钴、铬、镍、锡、硅等；含量在微克数量级的为超微量元素，如铅、汞、镭等。

矿物元素也可从营养学角度分为必需元素和非必需元素以及有毒元素。目前已知的必需元素是铁、锌、铜、碘、锰、钼、钴、铬、镍、硒、硅、氟、钒、锡等。

【同步业务7-1】

营养标签

营养标签是指预包装食品标签上向消费者提供食品营养信息和特性的说明，也是消费者直观了解食品营养成分、特征的有效方式，包括营养成分表、营养声称和营养成分功能声称。营养标签是预包装食品标签的一部分。营养成分表（见表7-3）为标有食品营养成分名称、含量和占营养素参考值（NRV）百分比的规范性表格。

表7-3 **食品营养成分表**

项目	每100g	NRV
能量	1 823 KJ	22%
蛋白质	9.0 g	15%
脂肪	12.7 g	21%
碳水化合物	70.6 g	24%
钠	204 mg	10%
维生素A	72μgRE	9%
维生素B_1	0.09 mg	6%

资料来源 根据中华人民共和国国家卫生健康委员会网站相关内容整理得来。

业务分析：试分析营养标签上的食品营养成分表与评价食品质量和帮助消费者科学选购食品的关系。

业务程序：

首先，进一步认知食品营养成分与食品质量和人体健康的关系。

其次，分析营养标签上的食品营养成分表，对消费者科学安排日常膳食有哪些作用。

最后，将你的认知和分析的内容形成文字。

2）食品安全

食品商品最起码的质量要求应是对人体健康有利无害，《中华人民共和国食品安全法》对食品安全有明确的规定。人类在工业、农业生产实现现代化的同时，也引发了越来越严重的环境问题。工业“三废”的排放和化肥农药的广泛使用，在一定程度上破坏了农业生态环境。环境中各种有毒有害的物质通过空气、土壤、水源潜入农作物、家禽、家畜和水产品中，经过食物链不断积累直接或间接地进入人体，危害人类健康；食品加工中不适当地或过量地使用添加剂，会使食品中含有不利于人体健康的成分；食品储藏过程中也会因这样或那样的原因使食品带有不洁或有毒物质。食品安全影响人们的健康，食品安全是全世界共同的课题。

（1）食品安全问题

关于**食品安全问题**，世界卫生组织（WHO）的相关定义大致是：*食物中有毒有害物质对人体健康造成影响的公共卫生问题*。这里有两个关键词“食物中有毒有害物质”“对人体健康造成影响”，即这两个关键词同时存在便构成食品安全问题。

食品中的有毒有害物质，有的来源于食品本身，有的来源于各种污染。有的天然食品本身含有毒素，如河豚的肝脏、血液、卵巢等中含有河豚毒素；苦杏仁、木薯块根中含有氰甙类毒素；土豆发芽后会产生龙葵素；死亡后的鳝鱼、鳖体内含有组胺毒素等。对于本身含有毒素的食物，在食用时一定要注意防范；对于食品中的各种污染，辨别食品污染类型和污染途径，有利于对症下药，维护食品安全。

（2）食品的污染途径及其防治

①食品的生物性污染及其防治。食品的生物性污染是指食品在生产、运输、贮藏、销售和烹调等各个环节中，受到致病微生物和寄生虫及虫卵的污染。

人如果食用被一些有害生物污染的食品，会引起各种疾病，如食物中毒、肠道传染病、呼吸道传染病、寄生虫病等，甚至会导致癌症，危及生命。各种生物致病源中，黄曲霉素就是一种严重的致癌毒素。

黄曲霉素是一种常见霉菌——黄曲霉菌的代谢产物，它的毒性很大，可以破坏肝脏功能，并可诱发肝癌、胃癌、直肠癌等。它对食品的污染，是人类健康的大敌。黄曲霉素耐热，一般的烹调加热处理是不可能将其破坏去除的。

防止食品生物性污染的主要措施是加强食品卫生监督，提高食品卫生的科学管理水平，改善食品加工、贮藏、运输、销售等环节的卫生条件和环境条件等，比如防止黄曲霉素污染的得力措施就是控制食品的贮藏环境，防止食品发生霉变。

②食品的化学性污染及其防治。食品的化学性污染是指食品在生产、加工、贮藏、运输和烹调过程中被有害化学物质污染。其污染源主要有以下几个方面：

A.化肥农药残留对食品的污染。由于农业上广泛和过量使用化肥、杀虫剂、除草剂、动植物生长促进剂等，对食品产生直接或间接的污染。而这些化学物质对食品乃至人体健康的危害究竟有多大，人们也是在实际生活中不断加深认识的。国家现对一些农药的使用条件、范围做了明确规定，以此来防止食品的污染；对越来越多的食品规定了各种化学有害成分的残留量标准，有效地控制了食品污染。

B.重金属对食品的污染。工业生产中的“三废”是造成食品重金属污染的主要途径。重金属中对人体危害较大的是汞、镉、砷、铅等。重金属进入人体后，与蛋白质结合成不溶性盐而使蛋白质变性，使人体出现种种中毒症状。我国食品卫生标准对有害重金属允许含量均有规定。

C.添加剂对食品的污染。食品添加剂主要有防腐剂、抗氧化剂、发色剂、漂白剂、凝固剂、疏松剂、着色剂、香精等。食品添加剂有天然与人工合成两类，我国国家标准严格规定了食品添加剂的允许使用种类。

食品添加剂的使用原本是为了改进食品品质、方便加工和储存等。但随着科学的进步，人们逐渐认识到添加剂使用不当会对人体造成危害。如防腐剂苯甲酸可引起过敏性哮喘；某些香料也可引起呼吸系统过敏性反应，出现荨麻疹、关节痛等。另有一些添加剂会诱发癌症，如腌腊肉制品中所加的硝酸盐、亚硝酸盐。它们虽然能使食品增色，也能防腐防霉，但亚硝酸盐可与蛋白质代谢的中间产物——仲胺生成亚硝胺，亚硝胺有很强的致癌性。

③食品的放射性污染。相对于前两类而言，此种可以说是物理性污染。食品的放射性污染主要来自放射性物质的开采、冶炼以及国防、医疗、生产中的应用与排放。放射性物质可污染大气、水、土壤和食物，人类会因呼吸、皮肤接触和进食等途径受其危害。放射性污染发生的频率大大低于前两者。

【同步案例7-1】

生态产业正兴

背景与情境：如何将绿水青山变成金山银山？记者走进新安源有机茶开发有限公司，倾听休宁县致力发展生态产业的铿锵足音。

公司副总经理方素霞坦言，以前因没有有效管控，农残不可避免。20年来，公司制定“五统一、九不准”基地茶园管理标准，在流口区域3万亩茶园推行茶叶生产统一管理模式；在3个乡镇16个行政村组建基地植保服务站，成立新安源植保机防服务配送中心，组建17支专业化植保机防服务队伍；在茶园推广制作有机堆肥，每年300吨左右。目前，公司拥有出口备案茶园基地2.5万亩，其中通过欧盟及国家有机标准认证基地6 800亩。

新安源公司是一个缩影。多年来，休宁县发挥良好生态环境的最大优势，围绕“两茶一花一鱼”等特色产业，新建茶叶、菊花等产业基地1.25万亩，新建、改建泉水鱼池606口，新增农业产业化联合体2家、专业合作社8家、家庭农场32家、“三品一标”认证产品12个，茶叶、茶干、菊花和泉水鱼产业综合产值分别达28亿元、3.8亿元、3.6亿元和1.6亿元，获中国山泉流水养鱼第一县、全国休闲农业和乡村旅游示范县、中国十大生态产茶县等殊誉。

资料来源　黎小强. 休宁：绿水青山绽笑颜［N］. 黄山日报，2019-10-09. 原文基础上的节选与改编.

问题：日常生活中你见过的“三品一标”认证产品有哪些？

分析提示：查找相关资料，到商场进行实地考察，认识“三品一标”认证产品。

(3) 有机食品、绿色食品、无公害食品

有机食品、绿色食品、无公害食品是一组与食品安全和生态环境相关的新概念食品。

有机食品是指来自有机农业生产体系，根据有机农业生产要求和相应的标准生产加工的，并通过合法的有机食品认证机构认证的一切农副产品，包括粮食、蔬菜、水果、奶制品、禽畜产品、水产品、蜂产品、调料等。有机农业生产在生产中不使用人工合成的肥料、农药、生长调节剂和畜禽饲料添加剂等物质，不采用基因工程获得的生物及其产物，遵循自然规律和生态学原理，采取一系列可持续发展的农业技术，协调种植业和养殖业的关系，促进生态平衡、物种的多样性和资源的可持续利用。有机食品在不同的语言中有不同的名称，国外最普遍的叫法是organic food，在其他语种中也有称为生态食品、自然食品等的。联合国粮农组织（FAO）和世界卫生组织（WHO）建立的国际食品法典委员会（CAC）将这类称谓各异但内涵实质基本相同的食品统称为“organic food”，中文译为“有机食品”。

绿色食品是指按照特定生产方式生产，经专门机构认定，许可使用绿色食品标志，无污染的安全、优质、营养类食品。在我国，有关部门为此确定了4个必备标准，即产品或产品的原料产地必须符合绿色食品的生态环境标准；农作物的种植、畜禽饲养、水产养殖及食品加工必须符合绿色食品生产操作规程；产品必须符合农业农村部制定的绿色食品质量标准和卫生标准；产品外包装必须符合国家食品标签通用标准，符合绿色食品特定的包装、设计和标签规定。

无公害食品生产，是政府保证广大人民群众饮食健康的一道基本安全线，通过政府实施产地认定、产品认证、市场准入等一系列措施，力争基本实现全国范围内食用农产品的无公害的生产方式。换句话说，在农产品无公害生产方式下获得的食品，即为无公害食品。

有机食品、绿色食品、无公害食品的关系如图7-1所示。

图7-1　有机食品、绿色食品、无公害食品的关系

【职业道德与企业伦理7-1】

《营养健康食堂建设指南》部分内容

背景与情境：第二条　本指南适用于主体业态为单位食堂（职工食堂）的食品经营者。中小学校和大专院校食堂可参考执行。

第三条　建设营养健康食堂，应当达到以下基本要求：

（一）取得《食品经营许可证》。

（二）连续3年未发生食品安全事故，连续2年未受过食品安全相关的行政处罚。

（三）配备有资质的专（兼）职营养指导人员。

（四）开展形式多样的营养健康知识宣传活动，营造营养健康氛围。

（五）设立“营养健康角”，摆放测量身高、体重、血压等的设备和工具，并定期维护；张贴自测自评方法。

（六）按照国家卫生健康委印发的《餐饮食品营养标识指南》对所提供的餐饮食品进行营养标示；食堂提供自制饮料或甜品时，应当标示添加糖含量。

（七）建立防范和抵制食物浪费制度，并采取措施予以落实。

（八）严格遵守国家相关法律法规，禁止非法食用、交易野生动物，落实卫生防疫相关规定和要求。

（九）按照国家有关规定，实施垃圾分类。

（十）室内全面禁烟，设置禁止吸烟标识。

第六条　营养健康教育。

（一）应当采取多种形式宣传合理膳食、“三减”、营养相关慢性病防治、传染病防控、节约粮食等政策和科普知识，营造营养健康的就餐氛围。包括：在显著位置张贴、悬挂、摆放材料或播放视频；宣传《中国居民膳食指南》和中国居民平衡膳食宝塔，宣传能量和脂肪等的一日及三餐摄入量建议；在食堂或附近场所提供可以自由取阅的宣传材料，如小册子、折页、单页等。

（二）应当以食堂为主体组织举办膳食营养相关宣传活动，包括营养健康专题讲座、知识问答和厨艺大赛等形式，每年度不少于2次。

（三）鼓励主动推送营养健康知识，征求用餐人员的意见和建议等。

第八条　供餐服务要求。

（一）采用分餐制供餐。自由取餐的食堂应当为每道菜品配备公筷、公勺或公夹。提供桌餐服务的食堂应当配备公筷、公勺等分餐工具，并引导用餐人员使用。

（二）应当主动销售小份或者半份菜品、经济型套餐等。

（三）应当提供免费白开水或直饮水。

（四）配备洗手、消毒设施或用品。

（五）座位间保持一定距离，避免高密度聚集用餐。

资料来源　食品安全标准与监测评估司. 关于印发《餐饮食品营养标识指南》等3项指南的通知附件2-1营养健康食堂建设指南（摘录）[EB/OL].［2020-12-14］. http://www.nhc.gov.cn/sps/s7885u/202012/95a58c9edaa645e1adab956e278c2794.shtml.

问题：国家为什么要推广营养健康食堂建设？

分析提示：从食堂的职责、满足人民群众健康需求、引导食堂实现营养转型升级、推

学习微平台

延伸阅读7-1

广健康烹饪模式与营养均衡配餐、引导居民合理膳食、提高国民营养健康水平等方面分析，体现了国家重视企业的社会责任和企业伦理，保护消费者权益，也有利于企业不断发展。

7.2 糖酒类商品

食糖是重要的生活必需品，酒类是内涵不断丰富的传统食品及重要的消费品。对糖酒类食品的分类研究、质量评价以及贮藏方法的探索具有普遍意义。

7.2.1 糖类商品的品质特征及贮藏

1）食糖的分类

食糖是甘蔗或甜菜的提取物，食糖除供人们直接食用外，还是食品工业的重要原料和辅料。食糖的种类较多，可做以下分类：

（1）按制糖的原料分类

食糖按原料来源可分为甘蔗糖和甜菜糖。我国甘蔗糖产量占总产量的80%，余下的为甜菜糖。甘蔗糖与甜菜糖的主要成分都是蔗糖，两者在口味品质上并无多大差异。

（2）按商业经营习惯分类

按商业经营习惯，一般将食糖分为白砂糖、绵白糖、赤砂糖、土红糖、冰糖和方糖六种。

2）食糖常见种类品质特征

（1）白砂糖

白砂糖是食糖中比较纯净的品种，它的特点是色泽洁白明亮，晶粒均匀整齐，糖质坚硬且松散干燥，滋味纯正，水分、杂质及还原糖含量都极少，是食糖中纯度最高的品种，运输和贮藏方便。白砂糖根据晶粒大小可分为粗砂、中砂和细砂；按国家标准又可分为优级、一级和二级。白砂糖主要供食品工业做原料，也有供消费者直接食用的，供食用的多为细砂糖。表7-4为白砂糖的二氧化硫指标。表7-5为白砂糖的理化指标。

表7-4　**白砂糖的二氧化硫指标**

项目	指标			
	精制	优级	一级	二级
二氧化硫（以SO_2计）/（mg/kg）	6	15	30	30

表7-5　**白砂糖的理化指标**

项目	指标			
	精制	优级	一级	二级
蔗糖分/（g/100g）≥	99.80	99.70	99.60	99.50
还原糖分/（g/100g）≤	0.03	0.04	0.10	0.15
电导灰分/（g/100g）≤	0.02	0.04	0.10	0.13
干燥失重/（g/100g）≤	0.05	0.06	0.07	0.10
色值/IU ≤	25.00	60.00	150.00	240.00
混浊度/MAU≤	30.00	80.00	160.00	220.00
不溶于水杂质/（mg/kg）≤	10.00	20.00	40.00	60.00

（2）绵白糖

绵白糖简称绵糖。其色泽雪白，颗粒细小，质地绵软，潮润，入口、入水即化，基本不含杂质，是深受消费者喜爱的食糖品种。绵白糖在制作过程中除了控制晶粒大小外，还要加入2%的转化糖浆，所以其成品不仅具有蔗糖的清甜，还具有转化糖的甘爽味。绵白糖比白砂糖含水多，还原糖含量也多，因此吸湿性强，易返潮结块，不如白砂糖耐贮。

（3）赤砂糖

赤砂糖又称红糖。由于加工中未经洗蜜处理，表面含有较多糖蜜（主要成分是还原糖、水分、色素及其他非糖物质），色泽赤红，有浓甜和焦糊味。因含糖蜜和水分较多，雨季易潮解，但由于它保持了甘蔗的原汁原味，且含有较多铁质、胡萝卜素、核黄素和烟酸等，因此对产妇尤为适宜。

（4）土红糖

土红糖亦称红糖、糖粉。土红糖含糖蜜、水分、杂质均较多，结晶细而软，晶粒大小不均，色泽深浅不一，有红、黄、紫、黑等数种，易受潮溶化和风化结块，难以保管。土红糖以鲜艳、松燥、无结块者为最好。由于土红糖不仅带有甘蔗香气和糖蜜的甜味，而且带有诱人的焦香味，故很受部分消费者欢迎。此外，它也是制作一些风味食品、中成药等的重要辅料。

（5）冰糖

冰糖是砂糖的再制品。砂糖先溶化成液体，再经过烧制，除去杂质、蒸发水分于特制容器内进行重结晶，形成透明或半透明块状大晶粒。冰糖杂质低，味纯正，是高档糖类品种。越是透明者，杂质越低，味越纯正，品质越好，也越易保存。冰糖可直接食用，亦可烹制精美的风味或滋补食品，还能入药。

（6）方糖

方糖也是再加工糖。其是将优质砂糖磨细后，经润湿、压制和干燥而制成，形状为正方体。方糖纯度高，颜色洁白，表面有晶莹的光泽，在水中溶解速度快，其水溶液清澈透明，无杂质，口味清甜不带异味。方糖主要用于饮料加糖，用之方便、快捷。

3）食糖的贮藏

（1）食糖的常见质变现象

①吸湿潮化。食糖是一种具有很强吸湿性的商品，当空气湿度高于食糖吸湿点时，食糖即开始吸湿。当吸湿达6%以上时，食糖的晶粒表面会被水溶解破坏，逐渐溶化。吸湿溶化的食糖会失去流散性和光泽，结成块，品质降低。

②结块与干缩。食糖结块的主要原因是其含有还原糖和水分较多，受潮后，糖晶粒表面因水分聚成一层糖浆膜凝结，糖晶粒之间结块。还原糖含量越多，越易结块；糖晶粒越小，结块后硬度越大；水分含量越高，结块条件越充分；受压力越重，结块面积和硬度越大；结块时间越久，硬层越厚。

含水分和还原糖较少的食糖一般易发生干缩现象，如白砂糖、方糖等。当空气干燥，仓库相对湿度过分降低时，食糖含有的水分被大量吸收，便产生干缩现象。

③变味变色。食糖的变味变色主要是由于发生氧化作用和受到微生物污染而引起的。食糖与空气接触易发生氧化作用，产生酒味、酸味，颜色会变黑发暗；被微生物污

染后，也易变味。

（2）食糖的保管养护方法

运糖工具和糖仓应清洁、干燥，不应与有害、有毒、有异味和其他易污染物品混运、混贮，用船运载和仓储时糖堆下面应有垫层，以防受潮。仓库空气相对湿度力求保持在70%以下，温度不超过38℃。

7.2.2 酒类商品的分类及质量鉴别

酒是很特别的一类商品，它与人们的精神生活关系密切，它也是一种高税利的商品。正因为如此，虽不能算是生活必需品，但它的生产与经营在世界上各个国家和地区都很受重视。

1）酒的酿造原理

酒的酿造是极其复杂的生理生化过程。每种酒在酿造上都有其特定的方法，但在不同酒的酿造方法中，存在着一些普遍的、规律性的东西，这就是酿酒的基本原理。

（1）淀粉糖化

糖化是指原料中的淀粉转变为可发酵糖的过程。酿酒生产中除果酒、葡萄酒等少数酒品是使用含有大量葡萄糖的原料直接发酵酿造外，大多数酒品是以淀粉为原料酿造的，因此，要进行工艺处理，使淀粉转化为葡萄糖。糖化过程化学式为：

$$\underset{\text{淀粉}}{(C_6H_{10}O_5)_n}+H_2O \longrightarrow \underset{\text{糊精}}{(C_6H_{10}O_5)_{n-2}}+\underset{\text{麦芽糖}}{C_{12}H_{22}O_{11}}$$

$$C_{12}H_{22}O_{11}+H_2O \longrightarrow (C_6H_{12}O_6)_2$$

淀粉糖化过程一般需要4～6小时，糖化以后的原料可以用来进行酒精发酵。

（2）酒精发酵

所有酒品的酿造都需要经过酒精发酵过程。酒精发酵的化学式是：

$$C_6H_{12}O_6 \xrightarrow{\text{酒化酶}} 2CH_3CH_2OH+2CO_2+24\text{千卡}$$

酒精发酵的方法很多，如白酒入池发酵、黄酒入缸发酵等。

2）酒的分类

酒的种类很多，常见的分类方法有以下几种。

（1）按酒精含量分类

按酒精含量，可将酒分为高度酒、中度酒和低度酒。酒的度数，简称酒度，指的是在20℃时酒精与酒体的容积百分比，如100ml的酒，其中含酒精50ml，此酒的度数即为50度。

①高度酒。酒度在40度以上，多为蒸馏酒，如各种白酒、白兰地。

②中度酒。酒度在20～40度，如各种露酒、药酒等配制酒。

③低度酒。酒度在20度以下，如黄酒、葡萄酒、啤酒、果酒等各种发酵原酒。

（2）按制作工艺分类

按制作工艺，可将酒分为蒸馏酒、发酵原酒和配制酒。

①**蒸馏酒**是指原料酒精发酵之后，以蒸馏的方法使酒液与酒糟分离而制得的酒品。此类酒的酒度一般在40度以上，刺激性强，耐贮藏。我国相关国家标准将蒸馏酒分为白酒和其他蒸馏酒。白酒的定义是：以曲类、酒母为糖化发酵剂，利用淀粉质（糖质）

原料，经蒸煮、糖化、发酵、蒸馏、陈酿和勾兑酿制而成的各类白酒。

其他蒸馏酒的定义是：以谷物、薯类、葡萄及其他水果为原料，经发酵、蒸馏而酿制成的高酒精度（含酒精18%～40%）的酒。按所用的原料不同，又有白兰地、威士忌、俄得克等。

②**发酵原酒**又称压榨酒或酿造酒，是指酒精发酵之后以压榨或过滤的方法提取酒液、分离酒糟而制得的酒。多数低度酒如啤酒、葡萄酒、果酒、黄酒等，都是发酵原酒。它们大多保持原料本身固有的自然芳香味，营养丰富，酒体醇厚。这类酒不如蒸馏酒耐贮藏，除黄酒和部分酒度略高的葡萄酒之外，不宜久贮。

③**配制酒**指用成品酒或食用酒精为酒基，以糖料、香料、水果以及各种药材为配料按一定工艺配制而成的酒。其酒度因品种不同而有所区别，一般以中度为多。以芳香原料或直接加水果配制、浸泡而成的酒称为露酒，如青梅酒、橘子酒、玫瑰酒等；以中草药配制、浸泡而成的酒一般称为药酒，如莲花白酒、竹叶青酒、五加皮酒等；也有不分药酒、露酒，均称为露酒的。

（3）按商业经营习惯分类

按商业经营习惯，酒可分为白酒、啤酒、黄酒、葡萄酒、果酒、露酒等。其中葡萄酒、果酒、露酒通称色酒。

3）各类酒的质量特点

（1）白酒

蒸馏白酒是我国劳动人民的独创，所以有人称之为“中国白酒”，民间又称烧酒、白干等。白酒酒质无色（或微黄）透明，气味芳香纯正，入口绵甜爽净，酒精含量较高，经贮存老熟后，具有以酯类为主体的复合香味。

①白酒的成分

白酒的主要成分是乙醇和水，二者约占总量的98%以上。其余成分为高级醇、有机酸、酯类、多元醇、酚类及其他微量成分。这些成分含量虽少，却与白酒的品级质量关系密切。白酒中也含有一些对人体健康有害的成分。对这些成分，食品卫生标准中有限制性指标。

A.乙醇。即酒精，是白酒及其他各类酒中最基本的成分。白酒的酒精含量虽都偏高，但也因酒类品种的不同有所区别。在我国，白酒酒度最高的可达70度，一般白酒普遍在53度到60度不等。随着消费习惯的变化，国内市场上酒度在30～40度的白酒品种逐渐多起来。

B.酸类。发酵过程中产生的有机酸是白酒中的主要呈味物质，它与其他香味物质共同构成白酒特有的芳香。但有机酸的含量要适中，低了酒味单薄，无后味；高了则酒味粗糙，风味变劣。在白酒贮存过程中，有机酸还能与醇类发生酯化反应形成带有芳香气味的酯类物质，增加白酒香气。

C.醛类。微量的醛类能使白酒气味芬芳，但醛类具有很强的刺激性和辛辣味，饮后易引起头晕，有害于人体。白酒中的醛类主要是乙醛，新酒含醛较多，经过贮存后，乙醛会挥发减少，另外，乙醛与酒精发生缩合反应会生成带芳香气味的乙缩醛。

D.酯类。酯类是白酒中芳香物质的主要成分，不同的酯具有各自特有的香气，优质白酒酯类物质含量较丰富，品种也较复杂。白酒贮存中由于酯化反应，酯的含量会提高，这也是凡优质白酒就必定要经过陈酿的原因。

E.杂醇油。杂醇油产生于酿酒原料中的蛋白质成分，为无色油状物质，大多具有苦涩味，在体内氧化慢、停留时间长。杂醇油的毒性比乙醇大，其中丙醇的毒性相当于乙醇的8.5倍，异丁醇为乙醇的8倍，异戊醇为乙醇的19倍。杂醇油能抑制神经中枢，饮后有头痛、头晕感觉。国家食品卫生标准规定，以异丁醇与异戊醇计白酒为≤0.20g/100ml。但在白酒贮存过程中，杂醇油也可与有机酸发生酯化反应，生成带水果芳香的酯类物质。

F.甲醇。甲醇能在人体内氧化成毒性很大的甲醛。过量饮用甲醇含量高的白酒，会头晕、耳鸣、视力模糊，严重中毒会导致失明、呼吸困难、昏迷甚至危及生命。我国食品卫生标准规定，以粮谷类为原料的白酒中甲醇含量不得超过0.6g/L，以其他原料生产的白酒中甲醇含量不得超过2.0g/L。

G.铅。酒中的铅主要来自酿酒的器具，多为酿酒器具中的锡含铅量太高所致。白酒中的酸与酿酒容器中的铅相结合所生成的铅盐，就溶在白酒中。铅是一种毒性很强的金属元素，铅会使人体出现中毒现象，使人头痛、头晕、记忆力减退、手握力减弱、睡眠不安、贫血直至死亡。

②白酒的香型和风格特征

中国白酒，工艺独特，成分复杂，品种繁多。白酒作为一种嗜好性食品，消费者对白酒的色、香、味十分讲究，并注重各酒的不同风味所带来的享受。白酒行业在制定产品标准和评选优质产品时，对各具特色的白酒，难以从风味上制定标准和比较各产品质量的高低，同时，为了促进这一传统工艺与现代科学技术结合，从理论上指导生产，发扬各自的特色，不断提高产品质量，自1979年全国评酒会以来，开始对白酒分香型进行质量评比。白酒分香型后，最大的好处就是避免了风味上各有千秋而香型不同的酒之间的不可比性。

随着白酒工业的发展，品种不断增多，白酒到现在已有五大基本香型，共十大类别。

5大基本香型分别是酱香型、浓香型、清香型、米香型和其他香型。

A.酱香型。酱香型白酒的特点是酱香突出，幽雅细致，酒体醇厚，回味悠长，略有焦香，但不过头，饮酒之后空杯的香气经久不散。酱香型白酒在我国品种并不多，但都很有名，如贵州茅台酒、四川古蔺郎酒和湖南常德武陵酒。

B.浓香型。浓香型白酒种类很多，其共性是窖香浓郁、清冽甘爽、绵柔醇厚、香味协调、回香余长。民间称之为：香浓郁、入口绵、落口甜。其香气主体成分是乙酸乙酯和适量的丁酸乙酯。浓香型白酒名品很多，如泸州老窖、五粮液、洋河大曲、古井贡酒、剑南春、宋河粮液、山东曲阜孔府家酒、安徽淮北口子酒等都是深受消费者欢迎的中高档白酒。

C.清香型。清香型酒的风味特点是：清香纯正、口味协调、微甜绵长、余味爽净。该类酒的主要香气成分是乙酸乙酯和乳酸乙酯。典型代表有山西杏花村汾酒、河南宝丰酒、山西祁县六曲香等。

D.米香型。米香型白酒的风味特点是：米香清雅，入口柔绵，满口甘洌，回味怡畅。小曲酒多属米香型。其主体香气成分以乳酸乙酯为主，乙酸乙酯稍低。代表品种有广西桂林三花酒、广东五华县的长乐烧、湖南浏阳河小曲等。

E.其他香型。如董香型、凤香型等，详见表7-6。

表7-6　　　　　　　　　**其他香型白酒的风格特征及工艺特征**

香型	代表酒	主体呈香成分	风格特征	原料	曲种	发酵容器	工艺特点	其他
董香型（药香型）	董酒	丁酯高，高级醇高，总酸高，乳酯低，三高一低	香气馥郁，药香舒适，醇甜味浓，余味爽快	小麦中药制大曲，大米中药制小曲，高粱发酵	小曲，大曲	白泥、石灰筑窖，阳桃藤浸泡汁抹窖壁	小曲发酵，大曲香醅串香	浓酱、米香兼备
凤香型	西凤酒	乙酸乙酯	醇香清雅，诸味协调，甘润挺爽，尾净悠长，清而不淡，浓而不艳	大麦豌豆制曲，高粱酿酒	中高温大曲	泥窖	清香曲料中高温，酒醅放进土窖池里，发酵期短，混蒸烧，一年一度换新窖	清浓兼备

③白酒的质量鉴定

感官鉴定：白酒的香型是通过现代分析手段所剖析的微量主体成分和感官风味特征作为分型依据的，由于白酒成分复杂，有许多品种的主体呈香成分尚无定论，因此，人的感官品评仍十分重要。通过人的感官品评，用较恰当的语言文字描述各白酒的色、香、味方面的特征，这些特征即各香型的风格，或称典型性。对白酒进行感官鉴定，要求鉴定人员是训练有素的专业人员，白酒的感官质量指标包括：色泽、香气和滋味。

A.色泽：白酒一般应无色透明，清亮无悬浮物，无浑浊和沉淀。发酵时间较长、贮藏期较长的优质白酒，若酒液略带微黄是允许的。

B.香气：优质白酒醇香、芳香扑鼻。白酒的香气可分为溢香、喷香和留香三类香气。品酒时当鼻腔靠近杯口，顿觉芳香物质溢散于杯口附近，就叫溢香（也叫闻香）。酒液进入口腔，香气立即充满口腔就叫喷香。饮后空杯留有余香且经久不散称留香。一般白酒都应有一定的溢香，名优白酒还要兼有喷香和留香，而且香气典雅纯正，不带异味。

C.滋味：白酒滋味要纯正，无强烈的刺激性，白酒的滋味与其香气是协调一致的，香气较好的滋味也较好。优质、名牌酒要求滋味醇厚，味长，甘洌，有回甜，入口各味协调，有愉快舒适的感觉。

在给白酒评分时，除色、香、味外，还有风格一项。

理化、卫生指标：白酒的理化指标有酒精度、总酸、总酯、固形物等含量指标。卫生指标有甲醇、杂醇油、铅等限制性指标。

白酒感官鉴定方法及操作规范，理化检验的方法、指标及操作规范等均有相关标准作为依据。

（2）啤酒

在我国，啤酒属饮料酒，目前发展速度很快，正在与传统饮品——白酒一争高下。

①啤酒的度数与啤酒种类

啤酒的度数，不是酒精度（以下简称酒度），而是指糖化后原麦汁的浓度。如12度熟啤酒，是用含糖量12%的原麦汁发酵制成的，其酿成后的啤酒酒精度数大致在3.5度。

啤酒常按以下几种方法分类：

按原麦汁浓度分，有低浓度、中浓度、高浓度啤酒。

低浓度啤酒原麦汁浓度为8度，酒度为2度左右。该类啤酒用料少，成本低，稳定性差，适宜于夏天做清凉饮料。

中浓度啤酒原麦汁浓度为10～12度，酒度为2.9～3.7度。这种啤酒稳定性好，杀菌后可贮存较长时间，是啤酒中的大宗产品。

高浓度啤酒原麦汁浓度为14～18度，酒度为4.1～4.5度。这类啤酒稳定性好、色浓、固形物多、口味醇厚、耐贮。

按颜色分，有淡色、浓色两种啤酒；据杀菌与否分，有生啤、鲜啤和熟啤之分。

除以上述方法分类外，也可以容器不同来分类。

如今，随着消费者口味的改变及人们对健康的追求，为满足新市场需求的啤酒品种相继问世，如干啤、无醇啤酒、果味啤酒等。

②啤酒的感官鉴定和主要成分指标

啤酒的感官鉴定：

A.透明度。啤酒均要求酒液透明，允许有肉眼可见的细微悬浮物和沉淀物（非外来异物）。

B.色泽。啤酒的色泽取决于麦芽的颜色。不同种类的啤酒颜色有相应的要求。一般的要求是颜色应鲜明、协调，色度应在标准规定范围之内。鉴定色泽的方法采用比色法。

C.泡沫。酒类中唯有啤酒将泡沫作为一项质量指标，要求啤酒倒入杯中，即时有泡沫升起。泡沫以洁白细腻为好，起初时要盖满酒面，并应缓慢消失，持久地挂杯。

D.香气和滋味。正常淡色啤酒应具有新鲜的酒花香气，饮后口味纯正、爽口、醇厚而杀口；浓色啤酒应具有明显的麦芽香，无不良气味，饮后口味纯正，浓厚杀口。

啤酒的主要成分指标：

啤酒中除了90%左右的水，还有少量其他成分。这些成分与啤酒的保存期及口味有密切关系。

A.酒精。啤酒含酒精成分低，为2%～5%。

B.二氧化碳。二氧化碳对于啤酒来说是重要成分。它使啤酒具有爽口的风味，通常要求其含量至少要大于0.35%（m/m）。二氧化碳的含量可用气压计测定。

C.甘油。甘油是酒精发酵的副产物。适量甘油的存在，可使啤酒泡沫更持久，酒味更醇厚。

D.浸出物。浸出物指糖分、酸类、含氮物、矿物质等，多数为营养性物质，低浓度啤酒浸出物含量在3%以下，高浓度啤酒为5%～9%。

(3) 黄酒

黄酒系指以稻米、黍米、小米、玉米、水等为主要原料，经加曲和/或部分酶制剂、酵母等糖化发酵剂酿制而成的发酵酒。

黄酒是我国最古老的酒类之一。黄酒的甜醇甘冽不亚于许多名品洋酒，只是它“躲在深闺人不识”。黄酒酒度不高，营养价值高，是很具发展前途的“健康饮料”。黄酒的成分包括糖分、糊精、高级醇、甘油、有机酸、维生素等。黄酒除了饮用外，还可以制药酒。在烹调时，黄酒是烹制荤腥类食品的重要佐料。

①黄酒的种类

按黄酒的含糖量分类：

A.干黄酒。“干”表示酒中的含糖量少，糖分都发酵变成了酒精，故酒中的糖分含量最低，相关的国家标准中规定，其含糖量小于等于15g/L（以葡萄糖计）。这种酒属稀醪发酵，总加水量为原料米的3倍左右。发酵温度控制得较低，开耙搅拌的时间间隔较短。酵母生长较为旺盛，故发酵彻底，残糖很低。在绍兴地区，干黄酒的代表是“元红酒”。

B.半干黄酒。“半干”表示酒中的糖分未全部发酵成酒精，还保留了一些糖分。在生产上，这种酒的加水量较低，相当于在配料时增加了饭量，故又称为“加饭酒”。半干黄酒的含糖量为15.1~40g/L。酒质厚浓，风味优良，可以长久贮藏，是黄酒中的上品。我国大多数出口酒，均属此种类型。

C.半甜黄酒。这种酒含糖量为40.1~100g/L。这种酒采用的工艺独特，是用成品黄酒代水，加入到发酵醪中，在糖化发酵的开始之际，发酵醪中的酒精浓度会达到较高的水平，在一定程度上抑制了酵母菌的生长速度，由于酵母菌数量较少，发酵醪中产生的糖分不能转化成酒精，故成品酒中的糖分较高。这种酒酒香浓郁，酒度适中，味甘甜醇厚，是黄酒中的珍品，但这种酒不宜久存，贮藏时间越长，色泽越深。

D.甜黄酒。这种酒一般是采用淋饭操作法，拌入酒药，搭窝先酿成甜酒酿，当糖化达到一定程度时，加入40%~50%浓度的米白酒或糟烧酒，以抑制微生物的糖化发酵作用，酒中的糖分含量大于100g/L。由于加入了米白酒，酒度也较高。

按地域分类：

我国黄酒中，在消费者中影响较大的可按产地及风格上的差异归为以下三类。

A.南方的糯米、粳米黄酒。绍兴酒为此类酒中的佼佼者。中华人民共和国成立后举办的历届全国评酒会中，该酒皆获国家级名酒称号。绍兴酒酒色褐黄清亮，因久贮而香高味浓，故又称“老酒”。据口味、酿制技艺上的差别，绍兴酒可细分为：元红酒、加饭酒、善酿酒、香雪酒。元红酒和加饭酒糖分少，分属干型和半干型黄酒；酒度两者有区别，前者为15度，后者为16.5度。善酿酒为半甜型，酒度为14度。香雪酒为浓甜型黄酒，酒度在20度左右。

B.南方红曲黄酒。名品有福建老酒和龙岩沉缸酒。它们在我国东南沿海地区很有名气。福建老酒呈褐黄色，酒香浓郁，口味醇厚，甜度爽适，余味绵长，是半甜型黄酒，酒度适中，在14~17度，为福建传统产品。沉缸酒酒度为20度，糖分高达22%，酒色褐红，清亮透明，入口有稍稍的黏稠感，似蜂蜜。其甜味与酒的刺激辛辣味完美融合，使人饮之难忘。

C.北方的黄酒。它又可分为山东产的黍米黄酒和吉林产的清酒两类。山东以黍米为原料酿制的黄酒著名品种有即墨老酒。即墨老酒酒液呈黑褐色，清亮透明，酒香浓郁，酒度在12度左右，含糖量在8%左右，入口醇香，甘爽适口，回味悠长。吉林的清酒以大米为原料，以纯种培养的米曲霉和清酒酵母为糖化发酵剂制成。该酒的酿造技艺是从日本流入的，酒度在16～17度，酒色淡黄、清澈透明、香气清雅、口味纯正。

按酿造方法分类：

A.淋饭酒。淋饭酒是指蒸熟的米饭用冷水淋凉，然后，拌入酒药粉末，搭窝，糖化，最后加水发酵成酒，口味较淡薄。这样酿成的淋饭酒，有些工厂用来作为酒母，即所谓的“淋饭酒母”。

B.摊饭酒。摊饭酒是指将蒸熟的米饭摊在竹篦上，使米饭在空气中冷却，然后再加入麦曲、酒母（淋饭酒母）、浸米浆水等，混合后直接进行发酵。

C.加饭酒。按这种方法酿酒时，米饭不是一次性加入的，而是分批加入的。

此外，黄酒还可按酿酒用曲的种类来进行分类，如小曲黄酒、生麦曲黄酒、熟麦曲黄酒、纯种曲黄酒、红曲黄酒、黄衣红曲黄酒、乌衣红曲黄酒等。

②黄酒的贮藏

一般来说，酒的乙醇含量越高，越耐贮，因为乙醇具有杀菌作用。在低度酒中，黄酒是个要求久贮熟化后才能上市的品种，越陈风味越好。这就要求创造适宜的贮存环境，来保证黄酒的质量。黄酒适宜的贮存温度一般在20℃以下，相对湿度在60%～70%。传统的方法是将黄酒密封在陶制酒坛内置于地下窖藏。这样既创造了一个适宜的温度环境，又阻隔了强光照射和杂菌侵袭，有利于黄酒品性的形成。

（4）葡萄酒、果酒和露酒

①葡萄酒

葡萄酒仅指鲜葡萄或葡萄汁全部或部分发酵而成的饮料酒，所含酒精度不得低于7%。葡萄酒在国内消费市场上如今风头十足，大有与白酒一争高低之势。

葡萄酒种类很多，通常按以下依据去分类：

按颜色分类可将葡萄酒分为红、白两类，红葡萄酒用红色或紫色葡萄为原料，采用皮肉混合发酵方法制成。因酒中溶有葡萄的色素，经氧化而呈红色或深红色。红葡萄酒口味甘美、酸度适中、香气芬芳，酒度一般在14～18度。白葡萄酒是用黄绿色葡萄或用红皮白肉的葡萄为原料，采用皮肉分离发酵而成。发酵后，酒液的色泽多为麦秆黄、淡黄或金黄色。酒液澄清透明、口味纯正、酸甜爽口，酒度一般在12度左右。

按酒中二氧化碳压力分类，葡萄酒可分为平静型、起泡型。葡萄酒在20℃时含有二氧化碳的压力低于0.05Mpa时，称平静葡萄酒。葡萄酒在20℃时含有二氧化碳的压力等于或大于0.05Mpa时，称起泡葡萄酒。其中，在20℃时含有二氧化碳的压力在0.05～0.25Mpa时，称为低起泡葡萄酒（或葡萄汽酒）；在20℃时含有二氧化碳的压力等于或大于0.35Mpa（对容量小于250ml的瓶子压力等于或大于0.3Mpa）时，称高起泡葡萄酒。起泡型葡萄酒中所含的二氧化碳是以葡萄酒加糖再发酵而产生的或用人工方法压入的。在国际市场上久负盛名的香槟酒，就是一类起泡葡萄酒，因产于法国香槟地区而得名。香槟酒虽然现在在世界许多地方都生产，但是以在法国香槟酒法定区域内生产的最为名贵。香槟酒按瓶内压力及内在品质可分为大香槟、中香槟和小香槟。

还有一些被称为“特种葡萄酒”的特别种类。它们分别是：利口葡萄酒、加香葡萄酒、冰葡萄酒、贵腐葡萄酒、产膜葡萄酒、低醇葡萄酒和无醇葡萄酒等。冠以特种葡萄酒名称的酒必须由标准化部门制定标准并有相应的工艺。

除上述分类外，葡萄酒还可以按饮用习惯分为在餐前饮用的开胃葡萄酒和同正餐一起饮用的佐餐葡萄酒。在餐前饮用的开胃葡萄酒主要是一些加香葡萄酒，酒精度一般在18%以上，我国常见的开胃酒有“味美思”等；同正餐一起饮用的佐餐葡萄酒，主要是一些干型葡萄酒，如干红葡萄酒、干白葡萄酒等以及在餐后饮用的一些加强的浓甜葡萄酒。

②果酒和露酒

果酒是指除葡萄酒之外的其他各类以果实为原料酿制的酒。此类酒的命名，以果实名称而定。如在我国就有山楂酒、橘子酒、苹果酒、海棠酒、草莓酒、梨酒、杨梅酒、桑葚酒、猕猴桃酒、石榴酒等。

露酒中虽也有以果实命名的，但它的制作方法与果酒有根本区别。果酒属发酵原酒，而露酒是以成品酒为酒基配制而成。用作酒基的成品酒可以是白酒、黄酒、葡萄酒，有时也用食用酒精调制。配制酒可以是成品酒与香料、糖、色素等配制而成，也可以直接浸泡水果、中药而制成。其酒度差异大，但中度者居多。色泽也不同，含糖量普遍较高。因配制酒含糖量高，口感好，营养价值较高且色泽诱人，颇受女士及老年人的青睐。

值得注意的是，白兰地原料虽是水果，但习惯上不把它归入葡萄酒和果酒，如前所述，白兰地属于其他蒸馏酒。

【同步思考 7-1】

问题：“酒是陈的香”，这种说法正确吗？

理解要点：与各类酒的成分、品质特征、贮藏条件有关。

7.3 茶叶和水果类商品

茶叶和水果是在日常膳食中具特殊食用价值的食品，它们能为人体提供多种维生素及矿物元素；它们也是我国农业及食品加工业中很具国际市场竞争力的商品。

7.3.1 茶叶的分类品种及质量

茶叶与可可、咖啡同为风靡世界的三大饮料。茶叶是能满足消费者特殊需要和嗜好的食品，同时又是对人体健康十分有益的健康食品。其一般的商业价值取决于化学成分。

1）茶叶的主要成分

茶叶中含有多种有益人体健康的营养物质，如维生素、矿物质、蛋白质、糖类等。与茶叶质量直接相关的成分，主要是影响其色、香、味的多酚类、生物碱、芳香物质和维生素等。

（1）茶多酚类物质

茶多酚又叫茶单宁、茶鞣质，是以儿茶素为主体的多酚类化合物及花青素，是茶汤特别是红茶汤呈色的主要物质，也与茶叶的苦涩味有关。茶多酚类物质对人体有多种药理作用，如儿茶素具有杀菌、降压、强心作用，并对尼古丁和吗啡等对人体有害的生物碱有解毒作用。

（2）生物碱类物质

茶中的生物碱主要为咖啡因。咖啡因能兴奋中枢神经，解除大脑疲劳，强心利尿，减轻酒精、烟碱等有害物质对人体的伤害。饮茶的愉悦、奇妙感觉，主要产生于咖啡因。咖啡因的有无可作为判断茶叶真伪的标志。咖啡因在茶叶中的含量一般为2%～4%，弱光条件下生长的茶叶中其含量较高，鲜茶叶越幼嫩其含量越多。

（3）芳香物质

人们在饮茶时首先感觉到的就是茶叶的香气，茶叶的香气可分为清香、甜香、嫩香、栗香以及各种花香。茶叶的香气是决定茶叶品质好坏的重要因素之一。

茶叶的香气，来自茶叶所含的芳香物质。茶叶中的芳香物质多达数百种，但绝对量并不大，起重要作用的也就是青叶醇、苯甲醇、苯乙醇、香叶醇、苯甲醛等。鲜叶中芳香物质含量高低受茶树品种、茶叶老嫩、季节、气候等条件影响，一般是嫩叶高于老叶，红茶多于绿茶，高山茶多于本地茶，新茶优于陈茶。

（4）维生素和矿物质

茶叶中含有多种维生素，其中维生素C含量最丰富，其次是B族维生素，茶叶中也含有多种矿物质。

（5）氨基酸

茶中的氨基酸为主要呈味物质，也与茶叶香气关系很大。氨基酸的存在使绿茶汤更鲜爽、口味更丰满。有的氨基酸在热水冲泡后，会与糖类物质发生化合作用，发出诱人的香气。

（6）其他成分

茶叶中还有含量高达20%～30%的糖类物质，以及各种色素。糖类物质的存在使茶汤具有甜味；色素的存在使不同类别的茶叶叶底和茶汤呈现与其品质相符的颜色。

2）茶叶的类别及品质特点

我国茶叶生产历史悠久，饮茶文化源远流长，茶叶的分类方法也自树一帜。有按加工方法分类的，有按销售习惯分类的，有按销售对象分类的，还有按加工程度分类的。比较科学的茶叶分类方法是根据发酵程度分为四大类，即不发酵茶、半发酵茶、全发酵茶和后发酵茶。还有消费者常根据茶的原料、特征和外观颜色，把茶叶分为绿、黄、白、青、红、黑茶六大类。本教材是据商业经营习惯、茶叶外观及品质特点，将茶叶分为绿茶、红茶、乌龙茶、花茶、黑茶、紧压茶六大类。

（1）绿茶

绿茶的产量和销售量在我国均占首位。绿茶是不发酵茶，它的特点是保持了茶叶的绿色，即做到干绿、汤绿、叶底绿“三绿”。因此在初制时要采用高温杀青，制止酶对茶多酚的氧化。绿茶按初制干燥方法的不同，分为炒青、烘青和晒青三类。

①炒青。初制干燥用铁锅炒制的茶，称炒青绿茶。其品质特点是条索紧，干净且光润。汤色叶底碧绿、香气清高、滋味浓、收敛性强、耐冲泡。炒青的主要品种又可分为长炒青、扁炒青和圆炒青。

长炒青中的名品有碧螺春、庐山云雾、珍眉等。碧螺春条索纤细，卷曲似螺，白毫显露，色泽翠绿油润；汤色碧绿，清香持久，滋味清鲜回甜；叶底嫩绿匀整，完整成朵。该茶选用的茶树芽叶极细、极嫩，每千克干茶的芽叶多达万个以上。因其细嫩，冲泡时必先往杯中注水，后放茶叶。

扁炒青有龙井、旗枪和大方等名品。龙井茶因产自杭州龙井一带而得名，是闻名国内外的名贵绿茶。高级龙井是清明前两三天，茶树刚吐出幼嫩芽叶时采接一芽一、二叶制成，是龙井中的极品。中级龙井是按一芽二、三叶标准制成。龙井外形扁平，挺直光滑，大小匀齐。芽毫隐藏稀见，色泽嫩绿，色调均匀而油润；汤色清澈明亮，香气清鲜而持久，滋味甘美醇厚，有鲜橄榄的回味；叶底匀嫩成朵。因此，龙井一向以色绿、香郁、味甘、形美而闻名中外。由于产区的自然条件和炒制技术上的差异，茶叶的香气和气味也有所不同，其中，以狮峰龙井的香气和滋味最有特色；梅家坞龙井的外形和色泽最令人喜爱；西湖龙井则是叶质肥嫩，芽峰显露，悦目动人。

圆炒青名品有珠茶。珠茶外形浑圆，紧结似珠。珠越精细，质越佳。未泡前色泽灰绿，有乌亮的光泽；汤色清澈稍黄，香气纯正，滋味醇厚，叶底卷曲，叶片较大。珠茶中的佼佼者有浙江平水珠茶和安徽泾县涌溪火青。

②烘青。烘青茶干燥方式是采用烘笼或烘干机烘干，而非直接接触铁锅。烘青茶既是受消费者欢迎的成品茶，也是窨制花茶的原料茶。烘青茶外形较为舒展，色泽翠绿油润，汤色黄绿明亮，香气清纯，味鲜醇，叶底嫩绿匀齐。著名品种有黄山毛峰、太平猴魁、六安瓜片、信阳毛尖、君山银针等，主产地是安徽、湖南、河南等。

黄山毛峰闻名遐迩。其茶树生长在海拔900～1 000m、终年云雾缭绕、雨量充沛的高山上，芽叶肥厚，浓郁清香。黄山毛峰外形纤细精巧，白毫显露，色泽油润光滑，嫩绿微黄；汤色清澈带杏黄，香气持久，清鲜似白兰香，滋味醇厚回味甘；叶底嫩黄，匀亮成朵，叶芽肥壮，一芽带一叶，为全国著名绿茶之一。

③晒青。晒青是利用日光干燥的一类绿茶，其品质不及炒青和烘青，一般香气低，汤色和叶底呈黄色，带有日晒味。这类茶除在产地销售外，多做紧压茶原料，主产于云南、湖北、湖南、贵州、广西等地。

（2）红茶

红茶是国际市场上的畅销品，我国所产红茶以外销为主。红茶品质特征与绿茶不同，绿茶以保持天然绿色而吸引人，红茶则以红艳而名贵。制作中，采用细嫩芽叶为原料，经完全发酵使绿叶变为红叶——发酵是红茶品质形成的关键。发酵使茶多酚加速了酶促氧化，形成红叶红汤、香甜味醇的品质特征。红茶根据制法与品质的差异分为工夫红茶、小种红茶、红碎茶三类。

①工夫红茶。工夫红茶是我国特有的传统产品，以做工精细而得名。工夫红茶在制作过程中很讲究茶的形状和色、香、味，特别要求紧卷、完整、匀称、洁净。其成品特点是条索紧细、色泽乌润、汤色红艳明亮、香气浓郁纯正、滋味甘醇、叶底匀嫩鲜红。我国工夫茶以祁红、滇红、川红、宜红的质量最佳。

②小种红茶。小种红茶也是我国的特产，产于福建省。因烘干时用松木熏制，故成品茶有独特的松木香味，这是小种红茶与工夫红茶的最明显区别。小种红茶的品质特点是茶条粗实、叶质肥厚、色泽乌黑、汤色红浓、滋味爽口。

③红碎茶。红碎茶在国际市场上很受欢迎。红碎茶在初制时经过充分揉捻和切碎、发酵、干燥而成。其特点是外形整齐一致、色泽乌黑、香气很高、滋味浓厚、汤色浓红，适于添加牛奶、柠檬、糖等饮用。因红碎茶压制时经揉、撕、切已使茶叶组织破坏，故饮用时一次冲泡就能将大部分有效成分浸出，这很符合西方人的饮茶习惯。

（3）乌龙茶

乌龙茶即青茶，是半发酵茶。其制作方法兼有红茶与绿茶的发酵和杀青，其成品特点既有绿茶的鲜爽也有红茶的甘醇，而且叶底具有绿叶红镶边的特点。制作时有“摇青”工序，将鲜叶置于特制容器内不断摇动，使茶叶相互碰接至叶缘细胞破裂，茶汁流出，氧化发酵，发酵到适当程度后立即杀青，使发酵过程中止。这样，片片茶叶边缘经发酵，中心部分不发酵，故而形成叶底绿、镶红边的特殊风格。

乌龙茶也是我国特产，主产于福建、广东、台湾等地，以福建的产量最大，品种最多，质量最突出。主要品种有安溪铁观音、武夷岩茶。

（4）花茶

花茶属再加工茶，是由成品茶拌和鲜花窨制成，多以所用鲜花命名，如茉莉花茶、柚子花茶、玳玳花茶、玫瑰花茶、桂花茶等。用于窨制花茶的茶坯通常是烘青绿茶，也用少量的炒青绿茶、乌龙茶和红茶。

花茶的质量特点除了外形、叶底、色泽等方面与所用茶坯相同外，主要不同之处首先是香气，其次是滋味。高级花茶均要求香气鲜灵，浓郁清高，滋味浓厚鲜爽，汤色清澈、淡黄、明亮，叶底细嫩、匀净、明亮。

我国花茶主产于福建、江苏、浙江、广西、四川、安徽、湖南、江西、湖北、云南等地。花茶中茉莉花茶的窨制技术性最强，要求最高，茉莉花茶也是产量最大的花茶。

（5）黑茶

黑茶属后发酵茶。黑茶是我国特有的茶类，主要产于湖南、湖北、四川、云南、广西等地。主要品种有湖南黑茶、湖北老青茶、四川边茶、滇桂黑茶等，其中，云南普洱茶古今中外久负盛名。

黑茶的基本工艺流程是杀青、揉捻、渥堆、干燥。黑茶一般原料较粗老，加之制造过程中往往堆积发酵时间较长，因而叶色油黑或黑褐，故称黑茶。

（6）紧压茶

紧压茶即各种块状茶，其形状以砖形最多，其他有碗形、饼形等，是一种销往边疆少数民族地区的再加工茶，故又称边销茶。突出的特点是便于运输、便于贮藏。

紧压茶是用黑茶、晒青和红茶的毛茶或副茶做原料经蒸茶、装模或装篓压制而成。一般以较次的茶叶做芯，较好的茶叶做面，成品硬度高需用刀砍下并捣碎煮制后饮用。

紧压茶种类很多，有湖南产的茯砖、黑砖、花砖、湘尖；湖北产的青砖、米砖；四川产的康砖、金尖；广西产的六堡茶和云南产的普洱茶等。

上述各类茶均为我国传统成茶品种，属茶中第一代产品。在这些产品的基础上，考虑到境外消费者及现代消费者的需要，新一代的产品渐渐推出，代表性品种有袋泡茶、速溶茶等。

3）茶叶的质量评定

（1）茶叶的感官审评

这主要根据专业审评人员正常的视觉、嗅觉、味觉、触觉感受，使用规定的评茶术语，或参照实物样本对茶叶产品的感官特性进行评定，需要时还可以评分表述。

感官审评分为干茶审评和开汤审评，俗称干看和湿看，即干评和湿评，现将一般评茶操作程序分述如下。

①干评。干评包括茶叶的形态、嫩度、色泽、净度、香气、滋味等各方面指标的体察与目测，不同种类的茶叶外形各异，但一般都是以细密、坚固、光滑、质重等的程度作为衡量指标，这是共性。接着观察茶叶的油润程度，芽尖和白毫的多寡，茶梗、籽、片、末的含量，并由此来判断茶的色泽、嫩度和净度，最后通过鼻嗅和口嚼来评价茶香是否浓郁，有无苦、涩、霉、焦等味，具体判断方法如下：

A.外形鉴别。优质茶叶：绿茶、红茶、花茶以条索坚固、圆直光滑、质重匀齐者为优质。乌龙茶以条索肥壮、圆面紧密者为佳，越圆越紧越细越重就代表越好。其他茶叶，外形呈条索状的茶叶以条索紧细、圆直光滑、质重匀齐者为优质；外形呈圆形的茶叶，以越圆越紧越细越光滑且质重者为优良；外形扁平的茶叶，以平扁挺直光滑者为上品。

劣质茶叶：条索、圆形、扁平三种形状的茶叶，凡是外形看上去粗糙、松散、结块、挠曲、短碎者均为次质。

B.净度鉴别。茶叶的净度主要是通过茶叶中的茶梗、籽、把、片、末的含量和非茶类杂质的有无来鉴别的。

优质茶叶：茶叶洁净，无茶梗，无非茶类杂质。

劣质茶叶：茶叶中含少量的茶梗或少许茶籽、碎末等。

C.嫩度鉴别。嫩度的鉴别即通过芽尖和白毫的多少来判断叶质的老嫩程度。

优质茶叶：芽尖和白毫多的为上品，做出的茶叶条索紧密，色泽黝墨，身骨重实。

劣质茶叶：没有芽尖和白毫，或存在，但少。茶叶外形粗糙，叶质老，身骨轻。

D.色泽鉴别。色泽鉴别主要看干茶的色度和光泽度。色泽状况如何，也能反映出茶叶原料的鲜嫩程度和加工的优劣。

优质茶叶：红茶、花茶以深褐色、青黑色、油润光亮的为上品；绿茶以茶芽多、有翠绿色、油润光亮的为上品；乌龙茶等以红、青、白三色明显的为上品；紧压茶以色泽黝墨者为优。

不具有上述特征，就是劣质茶叶。

E.香气和滋味鉴别。拿一撮茶叶放在手中，用嘴哈气，使茶叶受微热而发出香味，仔细嗅闻即可。另将少许茶叶置于口中慢慢咬嚼，细品其滋味。

优质茶叶：具有本品种特有的正常茶香气，若是花茶，还应具有所添加鲜花的香气，香气馥郁、清雅；咬嚼干茶时，可感觉出微苦；香浓烈，余香清爽回荡。好茶的滋味鲜爽，并具有较强的收敛性。

劣质茶叶：香气淡薄或无香气，滋味苦涩，有的甚至发出青草味、烟焦味、霉味或其他异常味，口感苦涩不堪。

②湿评。A.开汤。开汤及泡茶或沏茶，为湿评内质的重要步骤。开汤前先将审评

杯碗洗净、擦干，按号码顺序排列在湿评台上。一般红、绿茶称样品3g，投入杯中，杯盖放入审评碗内备用。然后以沸滚适度的开水从右到左以慢、快、慢的速度冲泡满杯，各杯水量一致齐口。冲泡第一杯时即应计时，并从低级茶泡起。随冲随加杯盖，盖孔朝向杯柄，5分钟后按冲泡次序将杯内茶汤滤入审评碗内。倒茶时，杯应搁在碗口，杯中残余茶汁应完全滤尽。

开汤后应先嗅香气，看汤色，再尝滋味，后评茶底。

B.嗅香气。香气的出现，是因为茶叶本身含有芳香物质。这些芳香物质微粒通过沸水冲泡而挥发，如果水温不够高，就会影响香气。嗅香气应一手拿住已倒去茶汤的评审杯，另一手半揭开杯盖，靠近杯沿用鼻轻嗅或重嗅。为了正确判别香气的高低和类型，嗅时应重复一两次，但每次嗅的时间不宜过久，过久不但容易失去嗅觉的灵敏感，而且杯数较多时，冷热程度不一，很难评比。每次嗅评时都要将杯内叶底抖动一下，未评之前，杯盖不得打开。

嗅香气应以热嗅、温嗅、冷嗅相结合进行，温嗅为主，必要时还要拿取杯中叶片靠近鼻孔嗅香。

C.看汤色。汤色又称水色，俗称汤门或水碗。审评汤色要及时，因茶汤中的成分和香气接触后很容易发生变化，所以有的把评汤色放在嗅香气之前。汤色易受光线强弱、茶碗规格、容量多少、排列顺序、沉淀物多少、冲泡时间长短等各种因素影响，在审评时要加以注意。汤色以深浅、明暗、清浊等评定优次。

D.尝滋味。审评滋味应在评汤色后立即进行。茶汤的温度要适宜，一般尝滋味的茶汤温度以50℃左右最为适合。温度过高或过低都易失真。

尝茶味的方法是用汤匙自审评碗中取汤入口。汤入口后舌头快速循环打转，让舌头各部分在功能上有区别的味蕾全进入工作状态，以便全面而客观地反映茶滋味。尝味后的茶汤一般不下咽。尝另一碗前，匙要用白开水漂净，以免串味。审评滋味主要按浓度、强弱、爽涩及纯杂等评定优次。

E.评叶底。评叶底是根据叶底的老嫩情况、均匀程度、整碎程度和开展与否来评定状况，同时还应注意有无其他掺杂。

评叶底时是将杯中冲泡过的茶叶（即叶底）倒入叶底盘或放入审评杯盖的反面，也有放入白色搪瓷漂盘内的。倒时要注意把细碎的粘在杯壁杯底的茶叶倒干净，用叶底盘或杯盖先将叶张拌匀、铺开、展平，观察其嫩度、匀度和色泽的优次，如感到不够明显时，可在盘里酌加茶汤，再将茶汁徐徐倒出，使叶底平铺或翻转。用漂盘看则加清水漂叶，使茶叶漂在水中观察分析。评叶底时，要充分发挥眼睛和手指的作用。手指按揿叶张，感觉其软硬、厚薄、平突、壮瘦等，用眼睛看芽叶含量、叶张卷摊、光糙、色泽及均匀度等区别好坏。

综上，茶叶审评一般是通过干评、湿评综合观察确定品质优次的。实践证明，每一项目的审评不能反映茶叶的整个品质。茶叶各个品质项目相互之间有密切相关性，因此，综合审评结果时，每个审评项目之间，应做仔细的比较参证，然后再下结论。对于不相上下或有疑难的茶样，有时应冲泡双杯审评，以取得正确评比结果。总之评茶时要根据不同情况和要求具体掌握，有的选择重点项目审评，有的则要全部审评。

③茶叶真伪与新存的鉴别。茶叶真伪与新存的鉴别方法主要有：

A.灼烧法。可取嫌疑茶和真茶各数片，分别放在酒精灯上灼烧，真茶叶有馥郁芬芳的茶香，假茶叶只有其他异味。

B.水泡法。将茶叶用开水冲泡，待叶子开展后，仔细观察叶形、叶脉、锯齿等特征，真茶叶具有明显的网状叶脉，主脉直射顶端，侧脉伸展至叶缘2/3的部位并向上方弯曲，呈弧形与上方支脉相结合，叶背有白茸毛，叶的边缘锯齿显著，基部锯齿渐稀。假茶叶不具有这些特征。

新茶一般色香味均有新鲜爽口的感觉，具有茶叶应有的明显特点，而隔年陈茶则色泽暗枯、香气平淡，冲泡后汤色发暗，有陈气味。

（2）茶叶的理化品质指标

茶叶理化品质指标主要有：水分、灰分、水浸出物、粗纤维、水溶性灰分、酸不溶性灰分、水溶性灰分碱度等。另外，还有部分茶叶产品对茶多酚、氨基酸和咖啡因等成分及粉末碎茶含量亦有要求。茶叶各项理化品质的检测与评定均以不同等级的茶叶质量标准为依据。

（3）茶叶的安全指标

茶叶的安全指标主要涉及重金属、农药残留等。我国国家标准对茶叶中的重金属、农药残留量有严格的限量规定，茶叶的安全标准主要有GB 2762—2012《食品中污染物限量》、GB 2763—2016《食品中农药最大残留限量》和GB/Z 21722—2008《出口茶叶质量安全控制规范》。茶叶安全标准理化指标见表7-7。

表7-7 **茶叶安全标准理化指标**

项目	指标
铅（以Pb计）（毫克/千克）	≤2（紧压茶：3）
铜（以Cu计）（毫克/千克）	≤60
六六六（毫克/千克）	≤0.2（紧压茶：0.4）
滴滴涕（毫克/千克）	≤0.2

（4）茶叶的储藏

①茶叶的特性。茶叶是季节性生产而长年消费的商品，故必须做好储藏工作。茶叶吸湿及吸味性强，很容易吸附空气中的水分及异味，若储存方法稍有不当，就会在短时期内失味，而且越是名贵茶叶，越是难以保存。通常茶叶在储放一段时间后，香气、滋味、颜色会发生变化，原来的新茶叶滋味消失，陈味渐露，故必须针对其特性采取相应的储藏措施。

影响茶叶变质、陈化的主要环境条件是温度、水分、氧气、光线和它们之间的相互作用。温度越高，茶叶外观色泽越容易变褐色，低温冷藏（冻）可有效减缓茶叶变褐色及陈化。茶叶中水分含量超过5%时会使茶叶品质加速劣变，并促进茶叶中残留酵素的氧化，使茶叶色泽变差。引起茶叶劣变的各种物质的氧化作用，均与氧气的存在有关。光线照射对茶叶会产生不良影响，光照会加速茶叶中各种化学反应的进行，茶叶中的叶绿素经光线照射易褪色。

由此可见，降低储存环境温度，阻隔茶叶与氧气的接触，防止光线直射等均可减缓茶叶的变质。

②茶叶的储藏管理。茶叶应储存于干燥、通风、避光、清洁之处，不能和有异味的商品同库存放；库内温度一般控制在30℃以下，相对湿度低于60%；尽量缩短其储藏期限。

现代科学技术在防止茶叶陈化方面也得到了应用，如抽氧充氮、避光冷藏等。预先将茶叶水分降低至4%～5%，装入不透气的容器中，进行抽氧充氮密封，并储藏在专用的茶叶冷库（-10℃～-5℃）中。由于茶叶处在无氧、干燥、无光、低温的条件下，茶叶的陈化基本上可以制止。用这种方法储藏的茶叶，经3～5年后仍能保持原来的色、香、味等特性。

学习微平台

延伸阅读7-2

【教学互动7-2】

互动问题：你所知道的茶叶储藏方法有哪些？

互动要求：同“教学互动1-1”的“互动要求”。

7.3.2 水果的品质特征和选购、食用

水果类商品如今在国内人民生活和商贸事业中扮演着重要角色，膳食结构从维持基本生活需要转为追求营养健康，水果成了生活必需品。

1）水果的食用价值及主要化学成分

水果以鲜食为主，还可制成果汁、果脯、蜜饯、果酒等各色食品。水果之所以具有极高的食用价值，取决于它独到的色、香、味、形及营养成分。

水果天然形成的外形及色香人见人爱，甜酸适度的口味诱人食欲，丰富的矿物质和维生素与主食搭配正好有益人体健康。水果的色、香、味与其特殊的化学成分有关。

色彩鲜艳是水果的一大质量特点，各种果品的色泽都是由多种色素混合组成。果品中广泛存在的色素有叶绿素、类胡萝卜素、花青素和黄酮类色素等，它们的种类和特性关系到水果的新鲜度、成熟度等。有的色素除呈色作用外，还具有营养价值，如胡萝卜素被人体吸收后可转化为维生素A。

不同水果具有不同香气。各种芳香油是水果香气的源泉。由于芳香油的含量及主体成分不同，因而使不同果品香气有别。芳香油只有当果品成熟时才会大量产生，所以没有成熟的果品缺乏香气。

水果中的呈味物质主要为糖类和有机酸。糖酸比值的高低直接反映水果口味是否甜酸适中。使水果具有甜味的主要物质是葡萄糖、果糖和蔗糖。果品中的有机酸主要有苹果酸、柠檬酸和酒石酸，它们通称为果酸，对人体无害。果酸的种类及含量因果品的种类不同而有差异。

矿物质和维生素含量丰富是水果具有极高食用价值的根本原因。矿物质和维生素可称为水果类标志性的营养物质。果品中含有多种矿物质，如钙、磷、铁、钾、钠、镁、硫和微量的碘、砷、铜等。果品中钾的含量高，因此多食用水果有强心降压等保健作用。果品是人体所需钙、磷、铁、钾的重要食品源。

果品中含有丰富的维生素C和较多的维生素A。这两种维生素在维持人体健康方面都具有重要的生理作用。

除上述主要成分外，与食品质量有关的化学成分还有：

（1）果胶、鞣质、糖甙。果胶对食品加工有重要作用；鞣质是使某些食品具涩味的物质；糖甙多数具有强烈的苦味或特殊香气，代表性种类有普遍存在于果仁中的苦杏仁甙和柑橘果实中的柑橘甙。其中苦杏仁甙的水解产物中有对人体有害的氢氰酸。

（2）纤维素、脂肪、蛋白质。纤维素使果品耐贮，也对人体健康有益；脂肪和蛋白质主要存在于果品的籽实中。

2）水果主要品种的品质特征及选购

（1）苹果

①常见品种

苹果按收获季节可分为伏果、秋果两大类。伏果多为7—8月采摘，果实肉质松脆，口味淡薄，略有香气，易腐，不耐贮，品质不如秋果，但它上市早，因此有一定的市场价值。

秋果多在8—11月采摘，肉质紧密，甜酸适口，香气浓，品质佳，耐贮藏，是日常消费中的主要品种。秋果耐贮，贮藏温度为-1℃～1℃，相对湿度在85%～95%的条件下，3～5个月可保持质量不变。

②名品推介

A.红富士。果实大型，平均单果重220g，最大果重650g；果形扁圆至近圆形；果面光滑，无锈，果粉多，蜡质层厚，果皮中厚而韧；果肉黄白色，密致细脆，多汁，酸甜适度，食之芳香爽口，可溶性固形物含量为14.5%～15.5%，品质极上，果实极耐贮藏，在半地下窖可藏至翌年5月，在冷风库可藏至翌年7月。贮藏后香气更浓，风味更佳。果实发育期170～180天，10月中下旬采收。

B.嘎拉。新西兰品种。果实中等大，短圆锥形；果面底色金黄，阳面具有浅红晕，有红色断续宽条纹；果形端正，较美观，果顶有五棱，果梗细长；果皮较薄，有光泽；果肉浅黄色，肉质细脆；可溶性固形物含量为13%～15%，果汁多，味甜微酸，十分可口，品质佳。9月上旬成熟。

C.红星（蛇果）。原产美国，又名红元帅，是世界主要栽培品种之一。果实大，圆锥形，单果约重250g以上，最大可达到500克左右；果顶有五棱状凸起，果桩高，果形美；初上色时出现明显的断续红条纹，随后出现红色霞，充分着色后全果浓红，并有明显的紫红粗条纹，果面富有光泽，十分鲜艳夺目；果点浅褐色或灰白色，果肩起伏不平；果肉黄白色，质中粗，较脆，果汁多，味甜，可溶性固形物含量约为14%，浓郁芳香，品质上等；果实生育期145天左右，9月中旬成熟，较耐贮藏，采后贮藏1～2个月后为最佳食用期。

D.澳洲青苹。澳大利亚品种，为世界上知名的绿色品种。果实大，扁圆形或近圆形，单果约重210克，最大240克；果面光滑，全部为翠绿色，有的果实阳面稍有红褐色晕，果点黄白色；果肉绿白色，肉质细脆；果汁多，风味酸甜，可溶性固形物含量约为13.5%，品质中上等；很耐贮藏，一般可贮藏至翌年4—5月，经贮藏后，风味更佳；果实生育期170天左右，10月中下旬成熟。该品种幼树结果较早，较丰产，刚采收时风味偏酸，最佳食用期在翌年2月、3月份以后，果实在国内外市场上为高档品种，可用于出口，是生食加工兼用品种。

③选购

苹果在选购时，其品种的识别主要根据果梗、果形、果萼、果面和果肉风味五个方面进行辨别；其质量鉴别主要看其果肉成熟度、有无机械损伤及病虫害程度等。在同一品种中以果品光洁无虫害、色泽鲜艳、成熟度适中、肉质紧密、味正质脆、细嫩多汁、甜酸适中为上品，兼有浓郁香气者为佳品。

(2) 梨

梨按果实形态可分为白梨、沙梨、秋子梨、西洋梨四大类。白梨果实大，倒卵形或长圆形，成熟后皮为黄色或黄白色，果肉脆、石细胞少，味香甜，肉质细嫩无渣，水分多，耐贮。我国优良品种的梨都属于白梨类。市销白梨品种有鸭梨、酥梨、山东莱阳梨等。其中鸭梨以皮薄、肉细嫩、香甜多汁、石细胞极少、无渣且耐贮的特点而享誉国内外市场。

A.沙梨果实多为圆形，果皮褐色或绿色，味甜多汁，但耐贮性差。市销沙梨名品有雪梨、酥梨等。其著名产地分别是安徽徽州、浙江义乌、四川苍溪。沙梨著名品种还有二十世纪、二宫白等。它们都是从日本引进的品种，现在在我国有较多栽培。

B.秋子梨果实呈扁圆形，果皮为黄绿色或黄色，有的品种石细胞多，品质较差。秋子梨极耐贮。常见品种为南果梨、京白梨、大香水梨等。其中产自北京的京白梨以皮薄核小、肉厚汁多、味酸甜而带清香、石细胞少而闻名南北。

C.西洋梨果实多为瓢形，成熟后的果肉柔软多汁、香气很浓，但易腐不耐贮。西洋梨市销量大的品种有巴梨、伏茄梨、三季梨等。

D.梨有特殊食用价值，除有一般水果的功效外，梨能生津止渴、润肺消炎、清凉解毒、通便醒酒。梨的品质优劣，品种是重要因素，选购时要注意品种的识别，必须从色、香、味、形四大方面进行品质鉴别。不同品种的梨以皮薄细嫩、有光泽、果肉脆嫩、汁多味甜、石细胞少、果心小、香味浓郁者为佳。同品种的梨以果个大小适中、果形完整、无病虫害、果皮光滑、无疤斑、无机械伤者为最好。

(3) 香蕉

香蕉可分为香蕉、大蕉、龙牙蕉、粉蕉四大类。香蕉果实狭长而弯曲，未成熟时有棱角，皮色青绿；成熟后皮色变黄并带有梅花点，俗称芝麻蕉。熟后的果肉为淡黄色，味香甜、肉软糯滑、品质好。著名品种有福建天宝蕉、台湾北蕉、广东和广西的香牙蕉等。

大蕉果形较直，呈五菱形。成熟后果皮薄呈深黄色、果肉淡黄、肉厚有酸味、缺乏香气、品质中等。常见品种有半角蕉、月蕉、板蕉等。

龙牙蕉，俗称金蕉，外形较香蕉弯曲，蕉身圆滚。熟后果皮为金黄色、皮薄光洁、果肉为白色、水分少、含淀粉多、有特殊香气、品质中上。

粉蕉又称糯米蕉，果实呈长椭圆形，有棱角，形似大蕉但果个小，成熟后皮色为淡黄色，皮比大蕉薄，味甜、香气一般、品质中上。

香蕉性寒，味甘，具止渴、润肺肠、通血脉、通便等药用价值。香蕉的含糖量比较丰富，淀粉含量较多。

香蕉成熟后不宜长途运输，故一般在其七八成熟时采摘，再运达销售点经人工催熟后销售。

香蕉不同品种中以香蕉最好，龙牙蕉次之，粉蕉再次，大蕉列后。同一品种以果实肥状、果大皮薄、成熟适度、成色新鲜、无病虫害及伤烂、色味俱全者为佳。选购时可采用观色、手提、剥皮、品尝等方法进行辨别。成熟适度香蕉的果皮色鲜黄两端带绿，两指轻捏果身，富有弹性、皮易剥离、果肉完整、肉色洁白或略带浅黄，入口柔软糯滑、甜香俱全。

（4）柑橘

柑橘主产于热带、亚热带，市面销售的常见种类有柑、橘、橙、柚四大种类，其中又以柑、橘、橙最普遍。民间将柑、橘、橙统称橘子，但其形状与性味各不相同。橘类小而扁，皮薄而宽松，比柑类易剥离，橘络较少，种子尖细，品质上等，能早熟，但不耐贮。常见品种有早橘、乳橘、蜜橘、红橘等。江西南丰蜜橘、浙江黄岩蜜橘质量最佳。

柑类果实大多趋于球形，果皮略粗厚，皮较紧，不易剥离，种子呈卵圆形，耐贮藏。常见品种有芦柑、新会柑、蜜柑等。温州蜜柑最有名，其果肉细嫩多汁，酸甜适口，有桂花香气，无核或稍有小核。

橙类果实近于球形或卵球形，果汁多，酸甜适中，品质佳，耐贮。常见品种有新会橙、柳橙、漳州橙、锦橙、冰糖橙、脐橙等。其中的新会橙、锦橙是著名品种。

柑橘中含有极丰富的维生素C。柑橘的皮、核、络、叶都是良好的中药材，也是提取香料的重要原料。

选购柑橘时不同品种中应以色泽鲜艳、香气浓、甜味足或甜酸适口、汁多、少渣者为佳；同种品种中以果实端正、果实成熟、清新、光亮、无病虫害及疤伤、果梗新鲜者为好。

（5）猕猴桃、山楂

这是两种由野生改良为大田栽培的果品，均以富含维生素C而著称于世。猕猴桃每100g中含维生素C100～420mg，是苹果的20～80倍，其他营养成分也很丰富，被誉为水果之王；山楂每100g中含维生素C约89mg，是苹果的9倍。据研究表明，这两种水果对心血管疾病有较好的防治与辅助治疗的作用，对癌症有一定的抑制作用。

选购时，不同品种的猕猴桃以无毛型品质最上，软毛型次之，硬毛型最次；同一品种，以果实充分发育、适时采收、正常成熟、自然软化的果实为佳。选购时应以果实大、手捏有弹性、气味清香者为好，如带有酒气，则果实已发酵，不宜食用。

不同品种的山楂以肉厚籽少、酸甜适度为好；同一品种以果大而均匀，色泽深红鲜艳，无虫蛀、硬伤、僵果者为佳。

【同步思考7–2】

问题：水果为什么越来越受欢迎？

理解要点：独到的色、香、味、形，营养价值，对人身心的独特效用。

■ 本章概要

□ 内容提要

● 食品是指供人食用，具有人体所需的营养成分或能满足人们某种嗜好的天然产物及其加工制品。食品类商品是个大家族，分类方法很多，最常见的分类方法是按原料来源及经营习惯分类。食品的营养成分有水、脂肪、糖类、蛋白质、维生素和矿物质6大类。

● 食品安全问题是指食物中有毒有害物质对人体健康造成影响的公共卫生问题。食品最起码的质量要求是对人体健康有益无害。在生产、加工、储运等环节中有多种因素可能对食品造成污染。必须辨别食品污染类型和污染途径，采取各种有效措施确保食品安全。有机食品、绿色食品、无公害食品是一组与食品安全和生态环境相关的新概念食品。

● 食糖是重要的生活必需品。食糖按经营习惯分为白砂糖、赤砂糖、绵白糖、土红糖、冰糖和方糖。掌握一些糖类商品知识具有现实意义。

● 酒类虽不是生活必需品，却是调剂生活的重要消费品。我国是酒类生产和消费大国，林林总总的酒类商品酿制方法、风味、质量评价标准、贮藏和保管方式各不相同。特别值得研究的知识有白酒的化学成分和香型、啤酒的酒度、葡萄酒的分类、果酒和露酒的口味、黄酒的独特品质和分类，以及各类酒的感官鉴定和主要理化指标。

● 茶叶和水果是在生活中扮演重要角色的食品品种。茶类商品既能满足人的嗜好，又能给人体提供多种矿物元素和维生素。茶类商品的感官质量审评分干评和湿评。茶叶的农药残留及重金属含量等卫生指标是近年来颇受国内外关注的问题。茶叶根据加工方法和质量品质的不同主要分为绿茶、红茶、乌龙茶三大类，其余还有紧压茶、黑茶和花茶等。我国是世界著名的产茶国，六大类茶叶中各有若干知名好茶。

● 我国水果产量大、品种多。大宗果品有苹果、梨、香蕉、柑橘等。水果天然形成的外形及色、香，人见人爱，甜酸适度的口味勾起人的食欲，丰富的矿物质与维生素有益人体健康。掌握一些果品的分类及选购知识有利于指导消费。

□ 主要概念和观念

▲ 主要概念

必需氨基酸　食品安全问题　有机食品　绿色食品　蒸馏酒　发酵原酒　配制酒　乌龙茶

▲ 主要观念

食品卫生及食品安全　食品营养成分　酒和茶的分类及质量评定　苹果的名品及其选购

□ 重点实务

食品营养成分的性质　食品安全认知　食品的品质特征和感官品评

■ 基本训练

□ 知识训练

▲ 简答题

（1）简述食品污染的途径及防治措施。

（2）食糖常见的质量变化有哪些，如何保管养护？

（3）列举我国白酒若干种，并简介其质量特性。

（4）如何选购苹果？

（5）何为绿色食品？

▲ 填空题

（1）糖类、脂肪和________统称三大营养要素。

（2）维生素分脂溶性和________两大类。

（3）矿物元素按其在人体组织中所占份额可分为________元素、微量元素和超微量元素。

（4）按制作工艺，酒类可分为蒸馏酒、配制酒和________三大类。

（5）白酒的主要成分是________和水。

（6）乌龙茶属________发酵茶。

（7）________比值的高低，直接反映水果口味是否甜酸适中。

▲ 单项选择题

（1）以下能被人体直接吸收的物质是（　　）。

A.淀粉　B.蛋白质　C.蔗糖　D.葡萄糖

（2）绿色食品是指（　　）。

A.来自绿色植物的食品　B.无污染的安全、优质、营养类食品

C.通过残留农药检测的食品　D.无菌条件下加工出的食品

（3）食糖常见的质变现象是（　　）。

A.走油　B.吸湿潮化　C.酸败　D.发烊

（4）茅台酒的香型是（　　）。

A.浓香型　B.清香型　C.酱香型　D.米香型

（5）茶叶中含量最丰富的维生素是（　　）。

A.维生素C　B.维生素A　C.维生素B　D.维生素K

▲ 多项选择题

（1）低浓度啤酒的质量特征有（　　）。

A.原麦汁浓度在8度　B.酒度在3度左右

C.酒度为2度左右　D.酒度在4度左右

E.酒度在12度左右

（2）黄山毛峰属（　　）。

A.炒青茶　B.晒青茶　C.烘青茶

D.珠茶　E.绿茶

▲ 讨论题

（1）如何选购葡萄酒？

（2）比较水果和茶叶的营养价值。

（3）你是如何理解人们对食品安全越来越关注这一热点问题的？

□ 能力训练

▲ 案例分析

如何区分粮食酒和勾兑酒

背景与情境：

（1）看酒瓶上的标签

正规酒厂生产的白酒，酒瓶的标签上都带有“白酒执行标准”的说明，一目了然。

纯粮食酒标注的是GB/T 10781—2006，纯酒精勾兑酒的标注是GB/T 20821—2007，另外还有介于纯粮酒和勾兑酒之间的一种半纯粮、半勾兑的白酒，标注的是GB/T 20822—2007。比如，某瓶白酒瓶身上标注的是GB/T 20822，那就确定是一瓶半纯粮、半勾兑的白酒。

（2）看酒挂不挂杯，看酒能不能燃烧

这两招算是最直接的方法了，纯粮食酒，只要摇晃一下酒杯，只要是酒能挂在杯壁上的，基本上都是纯粮食酒。另外就是看它能不能燃烧，只要是能燃烧的，那就百分之百是纯粮食酒了，因为勾兑酒哪怕是质量再好，都不可能被点燃。如果能被点燃，从火焰的颜色上来看，颜色越蓝，酒的纯度越高。另外，好的纯粮食酒，喝完之后别刷酒杯，第二天闻一下，浓浓的酒香味还是不会散去。

资料来源　小乔的美食美客. 买白酒时，如何区分粮食酒和勾兑酒，简单几招，就能轻松辨别出来（摘录）[EB/OL]. [2020-05-28]. http://baijiahao.baidu.com/s? id=1667905655434332063&wfr=spider&for=pc.

问题：

（1）目前我国白酒各香型执行的标准还有哪些？

（2）粮食酒和勾兑酒各有何特点，如何从包装上鉴别白酒质量？

分析要求：同第1章“基本训练”中本题型的“分析要求”。

▲ 实训操练

实训项目：茶叶质量的感官审评实验。

实训步骤：

（1）准备样茶和感官审评茶叶质量的实验器具。

（2）进一步熟悉和掌握感官审评茶叶质量实验的方法和要求。

（3）按教材中介绍的茶叶感官审评步骤和内容进行实验。

（4）撰写实验报告。

（5）在班级讨论交流、相互点评与完善实验报告。

（6）在校园网的本课程教学平台上展示经过完善和教师点评的实验报告，供同学借鉴。

□ 善恶研判

食品中含有罂粟花粉　冻猪肉“变身”牛肉

背景与情境：2月2日上午，江苏省市场监管局召开专题新闻发布会，通报江苏省市场监管领域食品安全执法情况，并发布2020年食品安全执法“十大典型案例”。

江苏省市场监管局相关负责人介绍，2020年，江苏省市场监管系统共查处食品安全违法案件1.71万件，案值1.89亿元，罚没金额1.7亿元，无一件食品行政败诉案件，有力维护了江苏省安全放心的食品消费环境。

此次发布的2020年食品安全执法“十大典型案例”涉及有毒有害食品、假冒食品、过期食品、走私食品等方面，反映了市场监管部门在查处食品安全违法行为方面取得的成效。这十大典型案例是：

泰州市张某祥等人制售有毒有害食品（罂粟花粉）案。2019年12月，泰州市海陵区市场监管局根据群众举报，对泰州某医药有限公司销售有毒有害食品（罂粟花粉）进行调查。本案查扣涉案产品1 050盒、原料70.6千克，涉案货值1 200余万元。本案为国内查办的首起罂粟花粉案件。

扬州市孙某生产销售假冒牛肉案。2020年1月19日，扬州市市场监管部门根据群众举报，联合公安机关对孙某的加工场所进行突击检查，发现冻猪二号块肉1.8吨、疑似熟牛肉598.1千克。经查，孙某用冻猪肉做原料加工成熟肉制品，以牛肉对外销售给农贸市场部分经营者及相关超市。初步查明，当事人生产销售假冒牛肉涉案货值达898 420元，库存假冒牛肉货值53 829元，总货值952 249元。2020年9月16日，孙某被人民法院判处有期徒刑4年6个月，并处罚金30万元。

资料来源　李静宇. 食品中含有罂粟花粉　冻猪肉“变身”牛肉　江苏发布2020年食品安全十大典型案例（摘录）［EB/OL］.［2021-02-03］. http：//chinatt315.org.cn/xfjs/2021-2/3/220196.html.

问题：

（1）点评本案例的道德伦理。

（2）试对本案例做出你的善恶研判。

（3）通过网上或图书馆调研等途径搜集你做善恶研判所依据的行业规范。

（4）你对本案例有何感受？

研判要求：同第1章“基本训练”中本题型的“研判要求”。

第8章 服装类商品概述

◆ 学习目标

通过本章学习，应该达到以下目标：

职业知识：学习和把握纤维、服装面料的种类和性能，服装质量要求和鉴别，了解服装的分类品种、性能特点及保养；能用本章理论知识指导相关认知活动，用实务知识规范相关技能活动。

职业能力：运用本章知识研究相关案例，培养在特定业务情境中分析问题与决策设计的能力；通过“服装选购实训”的实训操练，训练学生经营服装的专业操作技能。

职业道德：结合服装类商品的教学内容，依照行业道德规范或标准，分析“职业道德与企业伦理8-1”和章后“基本训练”之“善恶研判”情境下企业及其从业人员基于服装质量保证活动中行为的善恶，强化职业道德素质。

【引例】

市井老裁缝的服装设计理念

背景与情境：清代钱泳所著的《履园丛话》中记载了这样一个故事：以前北京有个裁缝，在做衣服时对穿衣人的性情、年龄、相貌，甚至什么时候中举等都要问个清楚。有人不解，嗔怪之，他回之曰：如少年中举，必定性情骄傲，走起路来挺胸凸肚，因此衣服要缝制得前长后短；如果年老中举，大都意志消沉，走路不免弯腰曲背，衣服就得前短后长；性急的，衣宜短；性慢的，衣宜长……

市井老裁缝的设计理念倒是与国际上公认的TPO原则（T代表时间、时令、日期、时代；P代表地点、场合；O代表对象，即个人的体型、肤色、气质、职业）相吻合。衣其实就是人体之包装物，因此选裁与设计皆应因人而异，以人为本。这样的理念原来自古有之！值得我们深思。

服装是用于穿着并覆盖人体各部位的着装总称。服装最基本的功能为实用。随着文明的进步，服装概念的内涵不断丰富，它的社会、文化生活功能得到了丰富和强化，如审美功能、标识功能等。服装的审美功能和标识功能使服装“会说话”。完整的服装之美是服装材质美与着装者状态美的一种完美结合，是服装的材料、款式、色彩等与穿着者个人条件、穿着环境达到协调一致的一种特殊的美的表达方式。通过服装的外观形态可以区别着装者所属行业、社会地位、社会角色。服装类商品在人们的生活中扮演着十分重要的角色。服装及其材料，是商品学最基本的研究内容之一。

8.1 服装材料

8.1.1 纺织纤维的分类和性质

服装材料是服装的重要组成部分，通常分为面料和辅料。认识服装材料的性能，要从纤维开始。

纤维是一类细长而柔韧的物质。它的长度要比其直径大数万倍。在自然界里，纤维的种类很多，但并不是所有的纤维都可以做成纺织纤维。纺织纤维必须是比较柔软而且具有一定长度、细度、强力、弹性，以及遇水、热、光、酸、碱等有一定稳定性，并有一定染色性能的纤维。

生活水平的提高和科技的发展推动纺织工业不断进步，纤维的性能不断地随消费者的要求而改进，新品种的纺织用纤维也不断涌现，但无论怎样改变，纺织纤维习惯上按它的来源分为天然纤维和化学纤维两大类（如图8-1所示）。而且，从发展趋势看，不断涌现的新型的纤维不外乎两大基本方向，即仿天然性和多功能性。

1）天然纤维

天然纤维主要有棉、麻、丝、毛四大类。近年来我国利用丰富的竹资源，成功以竹子为原料，分离出第五种天然纤维——竹纤维。天然纤维虽来源各不相同，但共同的优点是综合性能最符合人体卫生要求，且具有优秀的纺织性能，天然纤维制成品吸湿、透气、保暖、舒爽。其自然的风格与相应的加工工艺相结合，能最大限度地满足人们对服饰美的追求。另外，天然纤维普遍具有较好的热稳定性。天然纤维除蚕丝为长纤维外，其余均是短纤维。

- 纺织纤维
  - 天然纤维
    - 植物纤维
      - 棉纤维
      - 竹纤维
      - 麻纤维
    - 动物纤维
      - 毛纤维
      - 丝纤维
  - 化学纤维
    - 人造纤维
      - 粘胶纤维
      - 醋酸纤维
      - 铜氨纤维
    - 合成纤维
      - 涤纶、丙纶
      - 锦纶、氯纶
      - 腈纶、维纶
      - 氨纶

图8-1 纺织纤维的种类

（1）棉纤维

棉花是世界上用量最大的纤维作物，属种子纤维。棉纤维按棉花品种的不同分为长绒棉、细绒棉和粗绒棉三种。粗绒棉品质低劣，已渐被淘汰。**长绒棉**又细又长，纤维长度在33mm以上，细度在15～16μm，是用来纺制高档细纱、织造高档棉织品的原料。**细绒棉**品质较好，纤维长度在25～31mm，细度在18～20μm，是产用量最大的品种。

纤细的棉纤维成熟后是具有天然捻曲的扁平带状的中空物体，其化学成分是吸湿性很强的纤维素。特殊的结构与成分，使棉纤维具有一系列较优良的特性，手感柔软，吸湿透气，具较好的耐热性、保暖性、染色性。棉纤维还是良好的绝缘材料。棉纤维耐碱，在纺织工业上常利用这一性能对棉纤维进行丝光处理，使其光泽度和染色度提高。但棉纤维不耐酸，遇强酸会水解。棉纤维弹性差，其服饰制成品易起皱。棉纤维强度在天然纤维中是最低的。棉纤维的耐光性不好，易染微生物。

（2）麻纤维

麻纤维指的是从各种麻类植物中取得的纤维，包括叶纤维和韧皮纤维。叶纤维质地粗硬，如蕉麻、剑麻，只能做绳索、渔网等，不可做纺织纤维。韧皮纤维中，红麻、黄麻也较粗硬，主要用作包装材料（麻袋）、绳索、地毯等；苎麻和亚麻较柔软，是优质的纺织纤维原料；大麻是近年来人们对它重新评价和利用的麻纤维。

麻类纺织纤维开发利用历史久远，其中苎麻是我国特产，有“中国草”之称。苎麻纤维长度为20～250mm，平均长度为60mm，是麻类纤维中最长的，平均直径为40μm，截面呈椭圆形，有中空腔。苎麻纤维强度在天然纤维中最高。苎麻纤维刚性大、伸长小，制成织物后硬挺、滑爽，但保形性差，易起皱。苎麻最大的特点是吸湿快、散湿快、透气凉爽，因此是夏季理想的衣着类原料。又因其吸湿、散湿快，所以抗霉防蛀性能很好。

亚麻纤维截面呈多边形，直径为12～17μm，长度为17～25mm。亚麻强度与苎麻接近，虽比苎麻柔软，但比棉硬挺，其织物挺直，但弹性差，皱后不易恢复。亚麻的吸湿、散湿速度仅次于苎麻，因此也常作为夏季服装材料。

大麻是一种历史悠久的纤维作物，为一年生草本植物，茎、竿可制成纤维，籽可榨油。在计划经济时期主要作为农村生产、生活用的麻绳原料，近年来改善麻纤维细度的新工艺得到了很大发展，大麻潜在的优良的纺织性能才真正被发掘出来。大麻织物的性能特点是吸湿透气性强、穿着凉爽、抗菌保健性好、不霉不蛀、防紫外线辐射能力强、不易产生静电、结实耐用。

麻类纤维化学成分同棉纤维基本一致，也是耐碱不耐酸。麻类纤维因不像棉纤维那样具有天然捻曲的特性，纺成纱线时，纤维相互之间抱合度低，这种特性影响麻织品的耐穿性，使其易起毛、不耐磨。麻纤维染色性不如棉纤维，也难漂白，所以麻类织品的色泽都不艳丽，但这也使得麻类织品具有一种返璞归真之美。

（3）竹纤维

竹纤维是采用独特的生产工艺从天然竹子中直接分离出来的纯天然纤维，是继棉、麻、丝、毛之后新开发的一种纯天然纺织原料。其主要成分也是天然纤维素。其制品吸湿、透气、凉爽，被业内专家誉为“21世纪最具发展前景的健康面料”，适宜制作夏装等贴体服装。我国的竹资源十分丰富，纯天然竹纤维的提取、加工技术为我国独创。竹纤维可以纯纺或与其他纤维进行混纺，用于生产夏季针织或机织面料。

（4）毛纤维

毛纤维一般指从某些动物身上取得的纤维。我国是世界主要产毛国之一。澳大利亚、俄罗斯、新西兰、阿根廷等国都是世界著名产毛国，其中产于澳大利亚的羊毛质量最好，人称“澳毛”。

羊毛的粗细差异很大，最细的只有7μm，粗的可达240μm。细度是评价羊毛品质的重要指标。一般羊毛细度越均匀，弹性、光泽、手感越好，强度也越高。羊毛的粗细因羊的品种、产地不同而不同，世界闻名的细羊毛是澳大利亚美利奴羊所产之毛。同产地、同品种的羊所产羊毛因其结构不同也有区别。

从截面形态结构上看，羊毛有三种类型：一是由鳞片层、皮质层、髓质层三个圈层构成的，叫有髓毛，又称发毛或粗毛；二是由鳞片层和皮质层两个圈层构成的无髓毛，又叫真毛、绒毛或细毛；三是羊毛中心髓质层断续出现而非整根纤维都有的，叫两型毛或半细毛。无髓毛细、匀、柔软，外层鳞片多，纺织价值最高；有髓毛长而粗、鳞片少，纺织性能差，只能制作粗纺呢绒或制毡用；两型毛的纺织价值高于有髓毛而低于无髓毛。

从外观上看，羊毛纤维有天然形成的卷曲，或称毛波。这些卷曲或毛波稀密程度叫卷曲度。羊毛的卷曲度高低及卷曲的形状对毛纱及毛织品质量有重大影响。

羊毛的主要成分为角蛋白。角蛋白与其他蛋白质显著的区别是含有较多的硫。在羊毛纤维中硫的含量越高，其强度和弹性越好，纺织价值越高。皮质层和鳞片层硫的含量比髓质层多，故无髓毛品质最优。

羊毛纤维具有很多可利用价值，比如可塑性和缩绒性。*在100℃的沸水中或蒸汽中羊毛纤维会逐渐膨胀而失去弹性，这时如把羊毛压成各种形状并迅速冷却，其形状会经久不变，这就是羊毛的***可塑性**。毛纺业常利用羊毛的这一特性来美化毛织品。缩绒性是指毛纤维在湿热的条件下，受揉搓等外力作用时，由于表面鳞片层的定向运动，会相互发生黏合，引起织物表面收缩，厚度加大。羊毛的缩绒性也与卷曲度有关。

羊毛的吸湿性在天然纤维中是最高的；羊毛纤维强度虽不高，但因其弹性好，使毛织物耐磨、耐穿；羊毛还具有极好的耐低温性，在-50℃以下其性能仍无明显改变；羊毛耐热性在天然纤维中最低，不及棉、麻、蚕丝，但高于化学纤维；羊毛耐酸不耐碱，且不耐虫蛀。

毛纤维中的其他产品主要有山羊绒、马海毛、兔毛、牦牛绒、驼绒等。由于它们各具特性，常用来与羊毛混纺，以改进织物性能。

山羊绒是山羊身上的短绒毛，细度一般为17～18μm。我国是世界第一大山羊绒生产国。山羊绒以其轻、软、柔、暖、滑等优点折服世人，有“软黄金”之美誉。

马海毛就是著名的安哥拉山羊毛，其纤维长达113～116mm，光泽很好；马海毛主产于土耳其、美国和南非；马海毛制品有很好的弹性、手感和亮度，质轻而蓬松柔暖。

纺织用兔毛主要来自安哥拉兔和家兔。兔毛细柔、洁白、保暖性好，但较脆弱，抱合力差；其制品虽柔软蓬松、美观别致，但易脱毛。

牦牛绒主要产于我国西藏，它是一种可与山羊绒媲美的高档纺织原料。其颜色多为黑褐色和黑色，保暖性强。

骆驼绒具有良好的保暖性，其弹性较羊绒、兔毛好，强度高，光泽好，但缩绒性差，常用于生产粗纺呢绒、毛毯和针织绒等。

（5）蚕丝

蚕丝是与众不同的长纤维。它细而长，因为太细，通常需将数根蚕丝合并处理后，再织造。蚕丝的主要成分是蛋白质。蚕丝以其优良的品性和优雅的外观，被人称为“纤维皇后”。丝织物的性能最接近于人体皮肤，穿着舒适。

蚕丝分桑蚕丝和柞蚕丝两种。

桑蚕丝大多为白色，发出优雅的象牙光泽，手感柔软、滑爽而富有弹性。其吸湿性低于毛而高于棉，耐热性低于棉而高于毛，耐光性是天然纤维中最差的，耐氧化性也差，耐酸不耐碱。

柞蚕丝是以野外放养的柞蚕茧缫成，所以又叫野蚕丝。因其成分、结构与桑蚕丝基本相同，故一般理化性质均同于桑蚕丝。但因其“野生”，而具有不同于桑蚕丝的“野性”：柞蚕丝比桑蚕丝粗，没有桑蚕丝白，耐光性好于桑蚕丝，染色性差于桑蚕丝。柞蚕丝一般用于织造中厚织品和各种装饰绸，即丝织品中风格粗犷的一类织物。

【同步思考8-1】

问题：天然纤维性能优良，符合人体卫生要求，但各类天然纤维也各有长短，试比较棉、麻、丝、毛、竹5类天然纤维的特性。

理解要点：天然纤维的特性与天然纤维的外形、结构、化学成分有关，主要表现在其物理、化学和服用方面的性能特点等。

2）化学纤维

化学纤维是以化工生产工艺合成或再造的纤维。化学纤维按其所用原料及生产工艺的不同，可分为合成纤维和人造纤维两大类。因为是人工制造，所以合成纤维和人造纤维可以在性能和形状上尽最大可能模仿综合性能良好的各种天然纤维。

化学纤维也可分为长、短两大类。关于化学纤维的命名，我国有关方面有统一规定：人造纤维短纤维称纤，合成纤维短纤维称纶，长纤维均称为丝。可以在人造纤维或合成纤维名称后加“丝”字，也可将人造纤维的纤字或合成纤维的纶字改为丝字。

化学短纤维可根据需要加工成类似天然纤维的各种类型的长度、细度，如毛型、棉型，以及介于棉型和毛型化纤之间的中长型。化学纤维可以通过各种新工艺改变性能，这样形成的纤维有变形丝、复合纤维、异性纤维等。

（1）人造纤维

人造纤维是以富含纤维素或蛋白质的高分子物质如棉短绒、甘蔗渣、木材、大豆、牛奶、竹子等，经化学方法处理纺丝而成，其化学成分接近天然纤维，其理化性能也接近天然纤维。人造纤维常见的种类有粘胶纤维、富强纤维、醋酸纤维、铜氨纤维等，新型人造纤维有天丝、莫代尔、化学竹纤维等。

①粘胶纤维。因纺丝液为粘厚的胶液而得名，简称粘纤。粘纤强度较棉纤低，湿强度更低，但粘纤吸湿性高于棉。因刚性差，其织物柔软且悬垂性较大，有丝绸般质感。粘纤织物其他方面更接近于棉织物，其吸湿性好、缩水率大、弹性差、易起皱、染色性好、耐碱不耐酸。粘胶纤维可制长丝和短纤。长丝可用于丝绸类织造上，短纤有棉型、毛型和中长型，用于生产棉型、毛型织物。棉型和毛型短纤，习惯上被称为人造棉、人造毛。

②富强纤维。一般称其为富纤。其品质较粘胶纤维有较大改进，强度提高接近于优质棉，湿强度和尺寸稳定性也有了提高，其他性能与粘纤接近。

③天丝（Tencel）纤维，是粘胶纤维的换代产品，具有柔软悬垂、触感独特、飘逸动感、透气透湿、素雅光泽等特点。它有棉的舒适性、涤纶的强度、毛织物的豪华美感和真丝的独特触感及柔软垂坠，无论在干或湿的状态下，均极具韧性。

④莫代尔（Model）纤维，也是粘胶纤维的换代产品，它的干强度接近于涤纶，湿强度比普通粘胶提高许多，光泽、柔软性、吸湿性、染色性、染色牢度均优于纯棉产品；用它所做成的面料，显示出丝面光泽，具有宜人的柔软触摸感和悬垂感以及极好的耐穿性能。

⑤化学竹纤维具有良好的透气性、瞬间吸水性、较强的耐磨性和良好的染色性等特性，冬暖夏凉功能是其他纤维无法相比的，织品蓬松轻盈，润滑而细腻，柔软而轻爽，具有棉一样的柔软感，丝绸一样的滑爽感，柔软贴身、亲和肌肤，悬垂性好，给人一种零压力的舒适感，还具有抗菌抑菌、绿色环保和抗紫外线功能。

（2）合成纤维

合成纤维是以石油、天然气、石灰石等各种矿物质为原料，提取出低分子化合物，再合成为仿丝、仿毛、仿棉的高分子纤维。

合成纤维共同的优点是强度普遍高于天然纤维和人造纤维，耐生物性好，一般不霉不蛀。但弱点是除个别品种外，透气性、吸湿性普遍差，不易染色，热稳定性差，易生静电。不同合成纤维可能在单方面品性上有优于天然纤维的，但其综合性能不如天然纤维。不断改进生产工艺，提高合成纤维综合性能，使之接近甚至优于天然纤维，是化学纤维工业的努力方向。

①涤纶。涤纶即聚酯纤维，其综合性能优良，虽问世晚，但产量现在居世界第一位。涤纶弹性高，抗皱性好，耐日晒性较好，耐热性在合成纤维中算较好的，但耐酸不耐碱，吸湿性差。涤纶可制成长丝和短纤维。长丝可用于织造各种仿丝、仿毛、仿麻织品；短纤与各种纤维混纺，以改善织物服用性能。

②腈纶。腈纶即聚丙烯腈，是合成纤维中另一大类产品。腈纶柔软、蓬松、弹性好，保暖性好，有合成羊毛之称，但强度大大高于羊毛。在各类纤维中腈纶耐光性最好。在合成纤维中，腈纶染色性较好。但腈纶吸湿性低，易产生静电，耐磨性不好，易起毛起球。

腈纶短纤维常纯纺或混纺，用以制成仿毛织物、绒线、毛毯、人造皮毛等。长丝可制成仿丝绸织物。

③锦纶。锦纶又称尼龙，即聚酰胺纤维。锦纶与涤纶、腈纶并称三大合成纤维，是最早问世的合成纤维品种。锦纶又可分为锦纶6、锦纶66、锦纶11、锦纶1010等。我国以生产锦纶6为主。锦纶的最大特点是耐磨性好，比羊毛高20倍，是所有纤维中最耐磨的。锦纶弹性好，伸长率大。但锦纶的耐光、耐热性差，吸湿性也差，耐碱不耐酸。

锦纶作为纺织原料有长丝、短纤、弹力丝。长丝主要用于生产各种尼龙绸如塔夫绸、里子绸、伞绸；短纤用于混纺，以提高其他纤维织物的耐磨性；弹力丝用于生产各种针织品，如丝袜。

④维纶。维纶即聚乙烯醇纤维，人称合成棉花。维纶是合成纤维中吸湿性最好的，接近天然纤维中的棉花，织物风格亦与棉相近。但因其抗皱性差、染色性亦不好，所以在使用方面进展不大，主要生产工业用纺织品。

⑤丙纶。丙纶即聚丙烯纤维。最大特点是比重小，是所有纤维中最轻的，比棉轻40%，比腈纶轻20%，其强度较高，弹性较好，故有一定抗皱性。丙纶耐酸又耐碱，化学稳定性好，但丙纶耐光、耐热性差。丙纶主要用于生产地毯、装饰布、包装材料、绳索等。

⑥氯纶。氯纶又称聚氯乙烯纤维，最大特点是具阻燃性。另外，氯纶也具极好的化学稳定性、良好的保暖性和较好的强度与耐磨性。其织物多用作劳动防护服。

⑦氨纶。氨纶学名为聚氨基甲酸酯纤维。最大特点是伸长率和回弹率高，伸长率可达600%，与橡胶相仿，故亦称为弹性纤维。氨纶的其他性能亦较好，如具一定吸湿性，强度较高，耐热、耐光性好，比重小，耐酸碱性好，染色性也较好。氨纶不能单独用来织造，必须在表面包覆其他纤维（实际是缠绕）制成包芯纱或包覆纱。包芯纱常用于生产弹力牛仔布、灯芯绒、运动衣等弹性织物以及针织服装的袖口、领口和紧身衣裤；包覆纱则用于生产袜子、泳衣、紧身衣等针织物。

⑧新型合成纤维。新型合成纤维分为仿真型差别化纤维、抗静电纤维、高吸水吸湿纤维、保温纤维、抗菌防臭纤维、智能纤维等。

【小资料8-1】

几种常见纤维的燃烧特性见表8-1。

表8-1　**几种常见纤维的燃烧特性**

纤维种类	接近火焰	在火焰中	离开火焰	燃烧时气味	燃烧后残渣形态
棉、麻、粘胶纤维	不熔不缩	迅速燃烧	继续燃烧	烧纸味	少量灰白色的灰
羊毛、蚕丝	收缩	逐渐燃烧	不能延燃	烧毛发的臭味	松脆灰黑
涤纶	收缩熔融	先熔，后燃烧，且有溶液滴下	能延燃	特殊芳香味	玻璃状的硬黑褐色圆珠
锦纶	收缩熔融	先熔，后燃烧，且有溶液滴下	能延燃	氨臭味	玻璃状的硬黑褐色圆珠
腈纶	收缩微融发焦	熔融燃烧，有发光小火花	继续燃烧	有辣味	松脆黑色硬块
维纶	收缩熔融	燃烧	继续燃烧	特殊的甜味	松脆黑色硬块
丙纶	缓慢收缩	熔融燃烧	继续燃烧	轻微的沥青味	硬黄褐色球
氯纶	收缩	熔融燃烧，冒黑色烟	不能延燃	有氯化氢气味	松脆黑色硬块

8.1.2 纺织品的形成与分类

1）纱线

（1）纱线的形成

纺织纤维除天然丝和化纤长丝可直接用于织造外，各种短纤维都必须先制成纱后再供梭织或针织。

纱线是形成各种织物的基本原料。由于各种纱线所用原料不同，可分为棉纺、毛纺、绢纺、混纺纱等各种品种。各种纺纱工艺虽各有其特点，但其成纱的基本过程和原理是一致的。一般都需要经过把所用纤维原料整理、开松、混合和清除杂物后，使纤维平行排列成条状，再将纤维条合并和牵伸，使其达到所需的细度，然后再牵伸并适当加捻，使纤维相互捻合而成的具有一定长度的纱。纱可直接用于织造，也可将纱两根或两根以上合并加捻，制成线，然后再织造。

（2）纱线细度表示方法

纱线细度即纱线粗细程度。常用单位有公制号数（T：特）、旦尼尔数（D：旦）、英制和公制支数（S：支）。棉纱和毛纱的细度通常用支数表示，长丝的细度用旦尼尔数和号数表示。支数为定重制计量单位，支数越高，说明纱线越细；旦数或公制号数为定长制，旦数或号数越高，表明纱线越粗。

（3）纱线的分类

①按纱线细度分类

以棉纱为例：

粗特纱：32特及以上；

中特纱：21～31特；

细特纱：11～20特；

特细特纱：10特及以下。

②按纱线结构分类

A.单纱。单纱指短纤维经纺纱工艺制成的产品。

B.股线（纱）。股纱由两根以上的单纱合并加捻制得。

C.花式线。花式线是利用两根以上粗细不同、原料不同、结构不同或色泽不同的纱线捻合而成的特殊形状结构的股线。

D.包芯纱。包芯纱由长丝为芯，外面围以棉纱或其他服用性能好的短纤维单纱，芯纱近乎直线送出，外层短纤维单纱呈螺旋状缠绕芯纱而形成，如涤棉包芯纱。

E.包覆纱（包缠纱）。包覆纱是由平行短纤维做芯纱，以另一种长纤维或短纤维包覆在外面而形成的纱。此种工艺制成的纱可提高织物柔软性，也可减少织物起球。

F.膨体纱。膨体纱一般指短纤维膨体纱，是通过高收缩纤维和常规纤维的混纺，高收缩纤维受热收缩，常规纤维产生卷曲，从而使纱线体积膨大而获得。膨体纱蓬松、柔软、保暖性好，主要用于针织。

纱线的结构类型如图8-2所示。

短纤维纱　丝束　　双股线　　　多股线　　　复捻股纱

图8-2　纱线的结构类型示例

③按纱线的原材料组成分类

A.纯纺纱。纯纺纱是由单纯纤维材料纺成的产品，有棉纱、毛纱、麻纱、绢纺纱等。其中，绢纺纱是以养蚕、缫丝、丝织生产中产生的次茧和废丝为原料，经精炼、制绵、纺纱加工制成。绢丝可织制轻薄的绢纺绸。

B.混纺纱。混纺纱是由两种或两种以上纤维材料纺成的产品。混纺纱可根据混纺原料及含量百分比等进一步分类，如涤毛混纺纱、涤棉混纺纱、涤毛粘混纺纱等。

④按纺纱工艺分类

按工艺的不同，棉纱有普梳棉纱、精梳棉纱、废纺棉纱；毛纱有精梳毛纱和粗梳毛纱。精梳毛纱和粗梳毛纱除工艺有区别外，用料亦不同。精梳毛纱是用质量较好，长度在76mm以上的细羊毛做原料，粗梳毛纱以长度在76mm以下的羊毛甚至混用部分回毛按粗梳毛纺工艺制得。

此外，纱线可按染色情况不同，分为本色纱、染色纱、漂白纱、混色纱及烧毛纱（用烧毛机烧掉纱线表面茸毛制成）；按用途不同，分为经纱、纬纱和针织纱等。

（4）纱线的质量

①纱线的细度

在其他条件相同的情况下，纱线的粗细直接影响织物的刚挺度、厚度、耐磨力和保暖能力等。各种织物所用纱线都有规定的细度。

②纱线的捻度

这里要涉及加捻、捻回、捻度三个相关专业概念。纱线的加捻是指在成纱（线）时使纱线相互抱合时产生相对回转，这时原来平行于纱轴的纤维（线）倾斜成螺旋线。纱线加捻角扭转一圈为一个捻回。纱线在加捻时的转回方向称为捻向。纱线的捻向为顺时针方向的称为右捻纱，也叫顺手纱，或称S捻；相反方向的是左捻纱，也叫反手捻、Z捻，如图8-3所示。捻度是指纱线加捻的程度，在一般情况下，以单位长度内纱线加捻的回数来表示。我国棉型纱线采用特数制捻度，即用10cm纱线长度内的捻回数表示；精梳毛纱和化纤长丝则采用公制支数制捻度，即以每米内的捻回数表示；此外，还有以每英寸内捻回数表示的英制支数制捻度。捻度是衡量纱线质量的重要指标。纱线加捻对其断裂伸长率有很大影响，在一定范围内，增加纱线捻度可使织物弹性提高，但超过一定限度会使织物弹性下降。此外，纱线加捻后会变细，长度相应缩短，织物缩水率会增大。织物组织结构如图8-4所示。

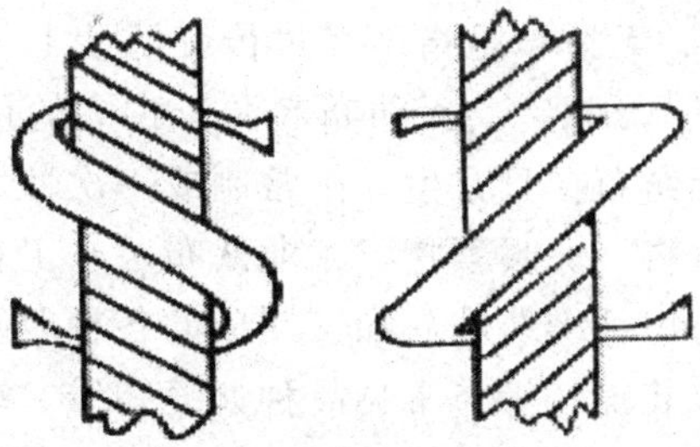

图 8-3　纱线的捻向

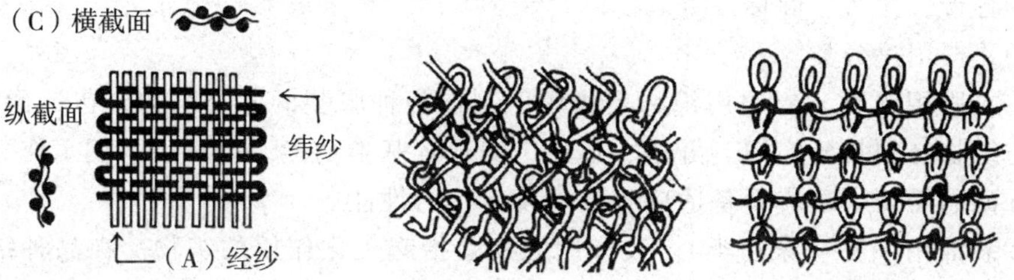

图 8-4　织物组织结构

利用纱线的捻向和织物组织配合，可以织造出组织点突出、纹路清晰、光泽好、手感柔软厚实的织品。织品的经纬纱捻向相同，织物外观较为明亮，反之较暗。如果用若干根S捻、Z捻线相间排列，织物可产生隐条或隐格效果。

③纱线强度

在其他条件相同时，纱线的强度越大，织品越坚固耐用，因此纱线的强度大小及均匀与否是评价纱线质量的重要指标之一。纱线的强度通常用断裂长度或品质指标来表示。

2）织物

（1）按所用原料分类

①纯纺织物。纯纺织物是指由一种纺织纤维经加工制成的织物，如纯棉布、纯毛呢绒、纯涤纶织品等。

②混纺织物。混纺织物是指由两种或两种以上纤维原料混合纺纱加工后制得的纺织品。混纺织物命名的原则是，混纺比不同时，混纺比大的在前、混纺比小的在后；混纺比相同时，天然纤维在前，合成纤维在其后，人造纤维在最后。如涤棉布、毛涤花呢、涤/腈/黏仿毛花呢等。

③交织品。交织品是指两种不同原料的纱线分别由经纱和纬纱交织而成的纺织品，如丝毛呢绒、线绒等。

（2）按加工方法分类

①梭织物（机织物）。梭织物是采用经纱、纬纱相交织成的织物。梭织物可以经染整加工成各种适应消费者需求的织物。梭织物按组织不同可分为平纹组织物、斜纹组织物和缎纹组织物等。

②针织物。针织物是由纱线成圈相互套串编结而成的织物。针织物按生产方法不同可分为经编和纬编两大类。随着针织服装的时装化、外衣化，针织物的使用量越来越大。

③无纺布（非织造布）。无纺布是指不经过传统纺纱工艺，而是采用类似于造纸张那样的方法形成的薄片状的“织品”。无纺布起源于古老的毡制品，现在赋予了新的技术含量，成了新兴门类。无纺布在日常生活中常制成一次性用品如尿布、抹布、其他卫生用品等，还能用作服装衬料、保暖絮片、工业滤布、土工布等。

④线类。线类是指用纺织纤维纺纱后加工制成的各种股线。它们可以作为半成品供织造和针织用，也可用作服装辅料等，常见品种如缝纫线、绣花线、绒线等。

⑤绳带类。这是一类窄幅或管状的织物，广泛用于衣着、装饰、工艺各方面，如松紧带、鞋带、花边、商标带等。

（3）按用途分类

①衣服用织物。衣服用织物是指用于制作各种服装的各类织物，包括面料和辅料。衣着纺织物必须具备实用、舒适、卫生、美观等基本功能，以满足人们工作、休息、运动等方面的需要，还应具备适应气候环境变化的性能。

②装饰用织物（家纺类）。装饰用织物是指起美化作用的织物。在品种结构、图案花纹、配色等方面，较其他织物有明显针对性和特点。装饰用织物应具有阻燃功能。

③产业用织物。产业用织物是指用于工业生产方面的滤布、药纱布、篷盖布、轮胎帘子布等。

（4）按商业经营习惯分类

①纺织品商品。纺织品商品包括各种梭织物，用以再加工、缝制各种服饰用品。

②针棉织品。针棉织品一经出厂便为成品，消费者可直接使用。其中有针织物制品，如汗衫、背心、棉毛衫裤、绒衣裤、羊毛衫裤、袜子、手套等，也包括机织物制成品，如毛巾、床单、毯子、围巾、手帕、木纱团等。

③服装商品。服装商品包括各种成品服装，习惯上针棉织品中所含服装不在此列。

8.1.3 服装面料

1）纺织品面料

（1）棉织品

在棉纺设备上加工生产的纺织品均可以列为棉布类。它包括纯棉、棉与化纤混纺织物、棉型纯化纤织物。

①传统棉织物

传统棉织物强调传统，但并非表明其“落伍”，相反，随着染整工艺的发展及追求舒适自然的环保风气的兴盛，这类织物经受过冷落之后，时下在国内外都很风靡。这也与棉纺业整体工艺突飞猛进、棉布的外观风格和穿着性能不断改进有直接关系。

A.平布。其一般指平纹组织的棉织物。平布特点是经纬纱支相同或相近，经纬纱密度相同或相近。供服装用的平布有漂白、染色和印花等品种。纱支在32特及以上的称为粗平布；21~23特的称为中平布或市布；11~20特的称为细平布。粗平布一般染成什色或漂白，经预缩处理或表面做磨毛处理后，广泛用作宽松夹克或裤子；中平布用作男女春秋季便装裤子。14.5特以下的高支纱织制的平布，称为细纺，是良好的男女衬衫面料。7.3特棉纱制成的纺织品柔软滑爽，有丝绸感，属于高档面料。涤棉细纺面料使用广泛。

B.府绸。其属高密度平纹织物。府绸的特点是经纬密度比为2：1，优质府绸都是精梳纱织制，布面光洁均匀，颗粒清晰，光泽好，有丝绸感。府绸品种很多，包括纯棉、涤棉的；漂白、什色、印花、色织的；纱与半线、线的等。府绸用途广泛，多用于制作衬衫和各种外衣。其中粗支纱织造的府绸主要用于制作夹克、风衣等的面料。

C.麻纱。麻纱通常采用平纹变化组织中的纬重平组织织制，也有采用其他变化组织织制的。麻纱采用特细棉纱或涤棉纱织制，且经纱捻度比纬纱高，比一般平布用经纱的捻度高，因此使织物具有像麻织物那样挺爽的特点。织物表面纵向呈现宽狭不等的细条纹。这种织物质地轻薄，条纹清晰，挺爽透气，穿着舒适，有漂白、染色、印花、色织、提花等品种，常用作夏季男女衬衫、儿童衣裤、裙料等的面料。

D.牛津布。牛津布系用平纹变化组织中的纬重平或方平组织织制。其特点是，经纬纱中一种是涤棉纱，一种是纯棉纱。纬纱经精梳加工，采用细经粗纬，纬纱特数一般为经纱的3倍左右，且涤棉纱染成色纱，纯棉纱漂白。织物色泽柔和，布身柔软，透气性好，穿着舒适，有双色效应。其主要用作衬衣、运动服和睡衣等的面料。

E.哔叽。哔叽采用二上二下（2/2）加强斜纹组织，结构较松。纱哔叽为左斜纹（↖）；半线纱哔叽为右斜纹（↗）。哔叽可印染成各种花色，因质地柔软，多用于缝制妇女儿童的服装。

F.华达呢。华达呢是经密高、纬密低的斜纹组织，系2/2斜纹。华达呢紧度介于哔叽与卡其布之间，手感不发硬，纹路比哔叽细，用于制作各式春、秋、冬男女便装。

G.卡其布。卡其布有纱卡和线卡之分。纱卡其一般是3/1斜纹组织，正面有斜纹纹路，斜向是“↖”左斜，其反面似本纹，故称单面卡。由于纱卡浮线较长，故而摩擦性较斜纹布差，但密度加大后也可增加强力，使其坚牢。线卡其的组织和纱卡其不同，可分为2/2“↗”织法和3/1“↗”织法；也可按经纬用料的不同分为半线或全线卡其。线卡其密度大，斜纹明显，布身坚硬厚实。

H.牛仔布。牛仔布又称劳动布和坚固呢，是在欧美和我国都很流行的面料。传统品种经纱为靛蓝色纱，纬纱为本色纱。布正面经浮点多，故正面呈藏蓝色；反面纬浮点多，呈本色。如今是各种花色均有。牛仔布适宜做各种休闲装。在国外，习惯将牛仔布按重量分为轻、中、重磅各档，按不同要求分别选用。

I.灯芯绒。灯芯绒为纬起毛组织，割纬起绒后，表面形成灯草状纵面绒条纹，故得名。灯芯绒厚实、保暖，外观华美，既适合于制作秋冬季外衣，也常用作各种装饰用布。灯芯绒花色品种很多，就其用料来看，现在已不仅限于棉质一种。

J.平绒。平绒又称丝光平绒，是采用起绒组织织制的纯棉织物。其特点是，经向采用精梳双股线，纬向采用单纱。按加工方法可分成经起绒和纬起绒，前者称为割经平绒，后者称为割纬平绒。织制后的织物经轧碱、割绒，然后进行染色或印花的一系列加工，最后形成成品。平绒织物具有绒毛丰满平整、质地厚实、光泽柔和、手感柔软、保暖性好、耐磨耐穿、不易起皱等特点，主要用作春、秋、冬季服装和鞋帽等的面料。

传统棉织物还有纱罗、玻璃纱、泡泡纱、线呢、条格布、横贡、直贡、青年布等。

②各种新风格纯棉和棉型织物

A.烂花布。烂花布又称凸花布。其特点是织物所用的经纬纱一般为涤棉包芯纱，利用内芯纤维和外层纤维不同的耐酸程度，根据布面花型设计的要求，将含酸印花糊料印到坯布上，并经焙烘、水洗，使腐蚀、焦化后的棉纤维被洗除，得到半透明的花纹图案。烂花布所用的原料除涤棉外，还有涤粘、维棉、丙棉等。按加工方法不同，烂花布有漂白、染色、印花和色织等品种。烂花布的花纹有立体感，透明部分如蝉翼，透气性好，布身挺爽，弹性良好，主要用作夏装、童装等。

B.新型防绒、防水织物——防羽布、防雨布。防羽布是一种细特高密的平纹织物，织毕须浸轧含有树脂、柔软剂和染料的羽绒液染整、处理，主要用于制作滑雪衣、羽绒衫裤、夹克衫、背心等。防雨布是将纯棉、涤棉、合纤等高密织物经有机硅拒水整理后，在纤维表面形成拒水表面而获得的，具有良好的防雨性能，又不失透气性，可做雨衣和风衣。

C.水洗布。水洗布是利用染整生产技术使织物洗涤后具有水洗风格的织物。按所使用的原料分，有纯棉、涤棉和涤纶长丝等水洗织物。纯棉水洗布采用细特纱、平纹组织织制，为紧捻纱。织物有漂白、染色、印花等品种。水洗布的手感柔软，尺寸稳定，外观有轻微皱纹，免烫，主要用作各种外衣、衬衫、连衣裙、睡衣等的面料。

D.氨纶弹力织物。氨纶弹力织物是用氨纶丝包芯纱（如棉氨包芯纱）做经或纬，与棉纱或混纺纱交织而成的织物，也可以是经纬均用氨纶丝包芯纱织制。这种织物利用氨纶的弹性，形成非常优良的适体性。常见的品种有弹力牛仔布、弹力泡泡纱、弹力灯芯绒、弹力府绸等。这种织物的弹性良好、柔软舒适、穿着适体、服用性能好，主要用作运动服、练功服、牛仔裤、内衣裤、青年衣裤等的面料。

E.中长纤维织物。中长纤维织物是用中长化学纤维混纺纱织制的织物的总称。这类织物大多在棉纺织厂、色织厂生产，按所用的化纤原料分，主要有涤腈中长和涤粘中长两大类。前者有良好的抗皱性和免烫性，缺点是布面比较毛糙，染色牢度较差。后者有良好的手感和弹性，吸湿性良好，缺点是免烫性差。中长纤维织物所用经纬纱线多数是股线，少数是单纱。按加工不同，白织匹染的主要品种有平纹呢、隐条呢、隐格呢、凡立丁、哔叽和华达呢；色织的主要品种有中长花呢（包括中厚花呢、薄型花呢）、啥味呢、马裤呢、板司呢、海力蒙等。中长纤维织物均为仿毛织物。这类织物的毛型感强，手感柔糯，质地挺括，弹性好，抗皱免烫，易洗快干，缩水率小。根据品种厚薄的不同，主要用作各式服装、裤裙的面料。

F.桃皮绒。桃皮绒又称桃皮布，是一种织物表面触觉和视觉都似桃皮的绒面织物。这是由超细合成纤维织制的一种砂磨起绒织物。织物表面覆盖着特别短而精致细密的小绒毛，具有吸湿、透气、防水的功能以及蚕丝般的外观和风格，织物柔软、富有光泽、手感滑糯。桃皮绒主要用作西服、妇女上衣、套裙等的面料，也可与真皮、人造革、牛仔布、呢绒等搭配做夹克、背心等的服装面料。

G.棉麂皮。该面料经线采用海岛复合丝，纬线采用纯棉纱，经纬密度规格约为165×55，织物采用五枚组织结构在喷气织机上交织而成，织物以双色缎面形成一组粗直条间隔和一组细直条有序排列织造为风格特色，经过单次减量工艺处理后，使织物既有纯棉织物的舒适性与柔软性，又兼具海岛复合丝的光泽度和伸缩性。除了原料中使用棉纱外，该面料的最大特点是呈磨毛状，绒毛比较长，适用于特种需要，是家纺麂皮绒的最佳代表。

（2）呢绒类

在毛纺设备上加工生产的纺织品均可以列为呢绒类，包括纯毛、混纺、纯化纤仿毛呢绒。呢绒按纺织工艺及织品外观可分为精纺呢绒、粗纺呢绒、长毛绒、驼绒等。

①精纺呢绒。精纺呢绒指用精纺毛纱织制的呢绒。其特点是纱支细，表面光洁，织纹清晰，手感柔软，丰满挺括，富有弹性，常见品种有：

A.派力司、凡立丁。属夏季衣着用料，都是平纹组织。两者的区别在于，派力司采用混色毛纱织制，布面有白色的、隐约可见的雨丝状条纹，经纬密度稍大，手感挺括，滑爽，有弹性。凡立丁系素色匹染，呢面光洁平整，手感柔软，有弹性。

B.哔叽、啥味呢。两者在组织上都采用2/2斜纹组织织造，区别为哔叽为匹染素色织物，呢面光洁、平整；啥味呢采用混色纱织造，经轻缩绒整理，呢面有细微绒毛，织纹隐约可见，色泽以黑白混色为主，适于制作春、秋、冬季服装。

C.华达呢。有单面、双面、缎背之分。华达呢表面光泽平整，正面纹路清晰，为素色。

②粗纺呢绒。粗纺呢绒指以粗梳毛纱织造，经缩绒处理，织纹隐蔽、质地厚实的呢绒。主要品种如下：

A.麦尔登、制服呢、海军呢。三者均为缩绒整理的粗纺呢面毛织物，色泽以藏青色、黑色为主。三者区别在于原料质量、织物紧度。麦尔登采用的原料质量最好，纱支细，紧度大，呢面细洁平整，是高品质的粗纺呢绒。制服呢用料质量最次，原料中有两型毛、粗毛，呢面较粗。海军呢质量介于两者之间。

B.大衣呢。大衣呢品种很多，按结构和外观区分有平厚大衣呢、立绒大衣呢、顺毛大衣呢、拷花大衣呢、花式大衣呢等。由于羊绒的使用，各种大衣呢近年来均倾向于轻、柔。

（3）丝织物

丝织物指采用长丝织造的各种织物，统称绸类。按原料区分有真（桑）丝绸、合纤绸、人丝绸、柞丝绸、交织绸等几大类。按传统名称、外观特征及组织结构可分为纱、罗、绫、绢、纺、绡、绉、锦、缎、绨、葛、呢、绒、绸等种类。现按传统名称将常用作服装面料的丝织物简介如下：

①绫类。绫类丝绸按原料分为纯桑蚕丝织品、合纤织品和交织品。绫类织物的地纹是各种经面斜纹组织或以经面斜纹组织为主，混用其他组织制成的花素织物，常见的绫类织物品种有花素绫、广陵、交织绫、尼棉绫等。素绫是用纯桑蚕丝做原料的丝织品，它质地轻薄，用于裱画裱图。其他绫类织物色光漂亮，手感柔软，可以做四季服装。

②罗类。运用罗组织使织物表面具有镂空眼的花素织物统称罗类丝绸。罗类丝绸织物的品种有横罗、直罗、花罗。罗类丝绸产于浙江省的杭州市，因此又称杭罗。杭罗由于历史悠久，品质优良，成为罗类织物的传统名品，驰名中外。它是纯蚕丝织物，特点是面料风格雅致，质地紧密，结实，纱孔通风、透凉，穿着舒适、凉爽，是夏季良好的衣料。

③绸类。绸是丝织品中最重要的一类。绸类织物品种很多，按所用原料可分为真丝类、柞丝类、绢丝类、合纤绸等。一般市场常见的丝绸有美丽绸、斜纹绸、尼龙绸等。美丽绸多是纯人造丝产品，它的绸面色泽鲜艳，斜纹道清晰，手感平滑挺劲，主要用途

是做高档衣服的里绸。

④缎类。织物底纹全部采用或大部分采用缎纹组织的花素织物统称为缎。其紧密厚实，却又柔软光滑，织造时纬丝一般不加捻，代表品种有花或素软缎、古香缎、织锦缎。其中织锦缎是色丝提花织物，根据丝色不同，有五彩、七彩等不同品种，富丽华贵，多用来制作被面。古香缎的装饰极富民族风情，古色古香，装饰性强，多为普通服饰之用，也为民族特需品所用。花、素软缎是缝制各种高档妇女服装如旗袍等的常用面料，典雅、华贵之风兼而有之。

⑤绉类。运用织物组织或运用各种工艺条件使织物表面发生绉缩，这种表面均匀皱缩的丝绸织物统称为绉类丝绸。绉类丝绸的品种很多，常见的有双绉、碧绉、留香绉、特纶绉等，其特点是手感柔软，色泽鲜艳，柔美，有弹性。绉类可以做各种衣服。

⑥绢类。绢类织物平纹组织，质地轻薄，坚韧挺括平整，一般常见的有天香绢、筛绢等。天香绢可以做妇女服装、童装等，它的缎花容易起毛，不宜多洗。

⑦纺类。纺类织物是应用平纹组织，生坯织成后，经炼染印花后制得的轻薄的花、素、条、格等织物。经纬一般不加捻，有无光纺、电力纺、富春纺、尼丝纺等。其中富春纺为棉与丝交织品；尼丝纺为纯涤纶长丝织品。

⑧绒类。绒类丝绸外观有绒毛，质地比较坚牢。市场上常见的有乔其绒、金丝绒、利亚绒等，它们的特点是手感良好，庄丽华贵，可以做帷幕、窗帘、旗袍和其他服装。但穿时要注意不要溅上水滴，因为各种绒都不易洗涤。

⑨新型仿丝绸面料。时下比较流行的品种主要有雪纺、色丁、春亚纺、塔丝隆等。

（4）麻织品

麻织品是近几年很流行的一类纺织面料，主要有苎麻和亚麻两大类。

①苎麻织物主要品种

A.夏布。夏布是指以手工纺织制成的传统苎麻织物，一般以平纹组织织物织制，也有用螺纹组织织物织制的，一般以本色、漂白为主，也有染色和印花的。夏布类织物的布幅较窄（40～70mm），强度高，布面较平整，质地坚牢，吸湿散湿快，易洗快干，透气散热性好，爽滑透凉，主要用作夏季男女服装面料等。

B.苎麻布。苎麻布是机纺机织的纯苎麻织物，一般采用平纹组织织制，也有用纬重平组织织制的。根据坯布织后加工的不同，分为漂白苎麻布、浅杂色苎麻布、印花苎麻布等。机纺机织苎麻布的纺纱、织布质量均好于夏布，织物细洁紧密，布面匀净光洁，手感挺爽，质地坚牢，散热散湿，穿着凉爽舒适，且抗虫蛀，主要用作夏季男女服装面料等。

C.涤麻布。涤麻布又称麻的确良，是涤纶与苎麻纤维以条混或散纤维混合方式纺制的混纺纱再织制成的织物。常用平纹组织织制，织物中经纱密度较大而纬纱密度较小，织物比较稀疏。按织后加工的不同，分为漂白、染色、印花等品种，另有色织品种。织物平挺坚牢，手感挺爽，弹性好，透气散热，穿着舒适，易洗快干，抗虫蛀，主要用作男女、儿童夏季服装面料等。

②亚麻织物主要品种

A.亚麻布。亚麻布是以纯亚麻纱为原料，以平纹组织或平纹变化组织织制的织物。织物的经纬密度小。按织后加工的不同，分为漂白、浅杂色和印花等品种，以漂白为主。织物伸缩少，平挺透凉，吸湿性好，散湿散热，穿着舒适，易洗快干，主要用作夏季服装的面料等。

B.棉麻漂白布。棉麻漂白布是以亚麻纱做经、棉纱做纬的平纹交织织物，经纬密度较小，织物经漂白加工。织物平挺光洁，吸湿散热，爽滑透凉，舒适耐用，主要用作夏季衬衫、西裤面料等。

C.涤麻呢。涤麻呢是涤纶与亚麻纤维的混纺织物。涤纶染色后同亚麻纤维混纺成疙瘩纱，经纬均用双股线，采用平纹组织织制。织物表面粗细不匀，风格粗犷，有毛型感，挺括耐皱，吸湿散热透气，穿着舒适，易洗快干，主要用作春、秋男女服装的面料等。

（5）常见织物的感官特征

①纯棉织物。纯棉织物光泽较暗、柔和自然，经丝光整理的产品，光泽较亮；织物手感较软，无身骨，手摸有温暖感；布面有杂质，用手捏布料后放开，布面有明显的折痕且不易恢复；同样规格的纯棉织物比蚕丝织物重，垂感差。纱中纤维纤细柔软，长度很短，附有各种杂质和疵点，并且纤维长短不一，纤维伸长度较小，干、湿状态强力变化不大。普梳棉织物纱线有一些粗细节，常为中厚织物。精梳棉织物外观平整、均匀细腻，多为细薄织物。

②麻织物。麻织物光泽自然柔和，手感挺硬、爽利、有凉感，布面粗糙，有的有刺痒感，有随机分布的粗细节，弹性差，比蚕丝织物重，垂感差，手捏布料后放开，布面有明显的折痕且不易恢复。抽出单纱拉断强力很高，解捻抽出纤维观察，纤维硬直、长短不齐，且因含有胶质而聚成小束。麻织物色泽多为本色或浅淡颜色。

③纯毛织物。纯毛织物光泽柔和，色泽纯正，手感柔润、温暖、丰满且有弹性，用手捏布料后放开，布面的折痕不明显且迅速恢复原状。抽出单纱拉断强力很低，纱中纤维为短纤维，长度较长且有卷曲，整齐度较差。精纺毛织物纹路清晰，外观精致细腻，织物中纱线多为股线；粗纺毛织物表面毛茸厚实丰满，织物中纱线多为单纱。

④蚕丝织物。蚕丝织物光泽华丽、优雅柔和，手感柔软滑润，有身骨，有凉感，织物悬垂性好，飘柔舒适。用手捏布料后放开，布面折皱较少，但折皱恢复较毛织物慢。抽出单纱拉断强力较高。揉搓织物时有独特的响声，织物下水柔软易皱。柞蚕丝织物光泽、手感都不如桑蚕丝织物。

⑤合成纤维织物。合成纤维织物一般具有类似金属光泽，不自然，有的有蜡状光泽，手感滑腻；除维纶外，用手捏布料后放开，布面折皱少，恢复快；一般轻于棉、麻、粘胶纤维织物，垂感较好。抽出单纱拉断力较高，纱中纤维长度、整齐度较好。

【教学互动 8-1】

互动问题：纺织面料品类众多，各种材质、工艺、外观形态的纺织品令初学者目不暇接，如何运用所学知识，通过眼看、手摸等感官手段认识和辨别各类纺织面料？

互动要求：同“教学互动 1-1”的“互动要求”。

2）针织品面料

针织面料具有质地柔软、吸湿透气、优良的弹性与延伸性等优点，是传统的内衣用料，如各种汗衫、棉毛衫裤、羊毛衫裤、绒衣裤等。针织服饰穿着舒适、贴身合体、无拘束感、能充分体现人体曲线。传统作为内衣用料的针织物，主要为棉织品。

近年来随着“内衣外穿”的时尚风气以及运动健康理念迅速普及的时代潮流，针织面料材料及工艺快速发展，目前已经进入多功能化和高档化的发展阶段，各种肌理效果、不同功能的新型针织面料被开发出来，给针织品带来前所未有的感官效果和视觉效果。

（1）纬编针织面料

常以低弹涤纶丝或异型涤纶丝、锦纶丝、棉纱、毛纱等为原料，采用平针组织、变化平针组织、螺纹平针组织、双螺纹平针组织、提花组织、毛圈组织等，在各种纬编机上编织而成。它的品种较多，一般有良好的弹性与延伸性，织物柔软，坚牢耐皱，毛型感较强，且易洗快干。不过纬编织物不够挺括，且易于脱散、卷边，化纤面料易于起毛、起球、钩丝。

（2）经编针织面料

常以涤纶、锦纶、维纶、丙纶等合纤长丝为原料，也有用棉、毛、丝、麻、化纤及其混纺纱做原料织制的。它具有纵尺寸稳定性好、织物挺括、脱散性小、不会卷边、透气性好等优点，但其横向延伸、弹性和柔软性不如纬编针织物。

（3）新型针织面料

这是一种工艺和材料都别具风格的针织面料，主要有醋酸纤维针织面料、莫代尔纤维针织面料和强捻精梳纱针织面料。

3）其他面料

裘皮和皮革是除纺织品、针织品面料外缝制服装的另一大类原料。它们的用量虽不如纺织品，但其独特的风格和性能是其他材料无法代替的。

（1）天然裘皮

天然裘皮是指从动物体上剥下的经过鞣制处理的皮张。天然裘皮因其具有质量轻、手感柔软、吸湿透气、坚实耐用和保暖性极佳等优点，成为理想的冬季防寒服装材料。它既可做面料，又可做里料和絮料。另外，各种动物的皮张都具有美丽自然的花纹和高贵华丽的色泽。出于环保，现用天然裘皮多取自人工养殖的动物。

（2）人造毛皮

人造毛皮是用纺织工艺加工而成的一种在外观性能上与天然裘皮相似的一类裘皮替代品。随着环保意识的增强，穿用人造毛皮也已成了一种时尚，何况人造毛皮仿制工艺也越来越先进，已接近以假乱真的境地。人造毛皮具有原料来源丰富、易加工、成本低、品种多、易保管等一系列优点，故其消费群体渐趋扩大。人造毛皮按毛绒原料构成和制成方法的不同又分为不同种类，其质量主要由毛绒的整齐度、均匀度、色泽、花纹、弹性等因素决定。

8.1.4 服装辅料

1）衬料与垫料

服装衬料与垫料是附在服装面料与里料之间起加固、造型、支撑和保暖作用的衬料。衬料和垫料的合理选择，是做好服装的关键因素之一。

服装的衬、垫料应用位置和种类根据面料和服装的款式而定，主要有领、胸垫、袖口、下摆、扣位、开衩和特殊设计所需的部位等位置。

服装的垫料主要有垫肩和胸垫两大类。垫肩是衬在上衣肩部的类三角形垫物，主要品种有棉絮垫肩和化纤垫肩。垫肩主要起造型作用。胸垫是衬在上衣胸部的垫物，高档西服多用马尾衬加填充物制成，中低档服装也可用泡沫塑料压制的衬垫。胸垫的使用，主要的作用是造型，其次是保暖。

当前一是因为居住条件的改善，二是因为生活节奏加快，三是因为追求轻便、美观，传统服装衬料及衬垫方法都有改进，各种性能优良的黏合衬应用越来越广，使服装制作工艺不再烦琐，穿着俏丽、轻便。

2）服装里料

里料是部分或全部覆盖服装里面的材料，主要用于中式棉夹衣、夹克衫、毛呢大衣、西装、裘皮服装等。使用里料的目的在于：使面料具挺括感及保护服装面料；增加服装滑爽度使之便于穿、脱；遮盖服装内面，增加服装美感，提高服饰档次；增强中厚服装的保暖性，覆盖服装填料；对一些轻薄型镂空型面料，起衬托花型的作用等。

里料品种丰富，多数纺织品都可用来作为里料，如天然纤维中的各种棉布、纯棉羽纱，一些素色绸缎类，化学纤维中的各种轻薄型长丝织物，各种较厚重的混纺、交织织品等，使用最普遍的为羽纱、美丽绸、各种涤纶绸、锦纶绸等。

里料的选择在色彩、质地、缩水率、耐水性、强度等方面应与面料性能、服装用途相匹配。

3）服装填料

服装填料指服装面料与里料之间的填充材料。填料的使用目的在于赋予服装保暖性，也有防辐射、降温、卫生保健等功能。

用于保暖的填料有棉絮、丝绵、化纤絮、羽绒、驼绒等絮填料；毛皮、人造毛皮等材料填料；用于发挥一些特殊功能的防护型新型填料，如防辐射填料、降温填料、导温填料、杀菌除臭填料等。

近年来，冬季服装流行趋向轻便、薄爽，各种质轻、保暖、易定型的化纤喷胶棉被大量使用，这些填料与面料合为一体，用其加工服装，不仅工艺简便快捷，而且成型后的服装体积小，外形美观、俏丽。

4）其他辅料

其他辅料有纽扣、拉链、挂钩、环、尼龙搭扣、绳带等各种服装紧固材料；有花边、珠边等各种装饰材料；有水洗唛、商标、吊牌等标志材料。这些辅料虽占服装整体比例不大，但就其功能来说样样不可或缺。比如纽扣款式和色彩的选用，对整体（套）服装创意有画龙点睛的作用。如果辅料在选择使用上与服装整体不协调，会因小失大，功亏一篑。

8.2 服装商品

在生活窘迫的年月里，服装只有一个功能——御寒蔽体；在物质文明高度发达的时代，着装成了一门学问。服装因年龄、性别、季节不同而不同自不待言，更重要的是，着装的风格应因环境场合、地位身份的不同而变化。服装应成为使着装者舒适得体地融入各种生活场景的手段，应成为标志着装者社会角色、显现着装者精神面貌的工具。应该说，我国消费者目前的着装理念是中西文化合璧的产物。虽然保留了一些中式着装的内涵及程式，但更多的是受西方风气的影响。如今在国内市场，服装款式不断翻新，服装种类越来越丰富，服装功能也越来越齐全。

8.2.1 服装的分类及性能特点

1）按服装的功能分类

（1）礼服

礼服是指在各种正式场合所穿的服装。礼服按性别不同而有区别。

①男子礼服。按西方的程式，男子礼服分为第一礼服、正式礼服、日常礼服三级。其中有些繁文缛节的部分虽然随着时代的发展而有所简化，但其基本规范现今仍为国际社会所接受，成为社交着装的国际惯例。在着装追求舒适、个性化的今天，国内在社交场合久已不见的中式开襟衫（时称唐装）也频频露脸。在我国这一特殊文化背景下，中山装也是使用频率较高的礼服。

②女子礼服。女子礼服分晚礼服和晨礼服。晚礼服是女子夜间社交场合穿着的礼服，具有豪华、标新立异的特点，整体风格追求雍容华贵。晨礼服一般是高雅的裙装或套装，配以考究的首饰以及与服装风格一致的鞋、帽、手袋、手套等。晨礼服追求的整体风格是典雅、庄重。

中式旗袍在女子礼服中独树一帜，在性质不同的正式场合都可穿着。

（2）生活服装

生活服装分为家居服和外出服。

①家居服，指在家庭环境中穿着的服装。其包括家常服装、浴衣、睡衣、晨衣等。追求的风格是舒适、方便、随意、温馨。

②外出服，指闲暇户外活动时穿着的各式服装。这类服装在穿着上可以自由搭配，是能体现穿着者个人修养和品位的服装。

在各种没有统一着装规定的职业群体和工作场所中，人们在工作时也穿此类服装，这也是现如今的一种时尚。

（3）工作服

工作服一般包括防护服、标识服和办公服三大类。

①防护服。防护服即劳动保护服，是一类保证特殊环境下工作的从业人员操作方便和生命安全的服装，如钢铁工人的石棉服、宇航员的宇航服、潜水员的潜水服等。

②标识服。标识服是有明显标识作用的服装，分职业服和团体服。职业服是指公职人员按有关惯例和国家制度规定穿用的一定形式的服装的总称，亦称制服，如军服、警服、海关制服、邮电制服等。此类服装的特点是造型严肃大方，款式统一醒目。服装整体风格适合职业特点，并配以专用标识标明穿用者的职业权限和身份。

团体服是某些集团内部相对统一且具有鲜明特征的服装，广泛用于商业、餐饮业、证券业等行业，以及学校、公司和其他集团。团体服装追求的风格是整体美、秩序美，目的在于通过统一的着装树立团体形象，并唤起成员的责任感、自信心。

③办公服。办公服并不是统一固定款式的服装，泛指白领阶层上班时穿着的服装。这是一类集大众要求与个人爱好为一体的服装。总体风格追求端庄、简约，又不失时尚与实用。

（4）运动服

运动服装包含职业运动装和休闲运动装。

①职业运动装指运动员和裁判员在训练和比赛时穿着的服装。其特点是简练、舒适、美观，既适合于不同运动的特点，又有防护作用。

②休闲运动装指品种多样、大众化的运动服，笼统地适合各种运动时穿着，而不再细分项目，一般色彩艳丽，尺码宽大，多选用有一定弹性、易洗免熨、吸湿爽身的面料。

2）按年龄及性别分类

（1）成人服装

成人服装有男装、女装和中老年服装之分。一般男装款式、色彩变化不多，注重用料与做工。时下男装的大品种有西服、衬衫、T恤衫及休闲装等。其中，T恤与休闲装选料范围及款式变化多于西服和衬衫。

女装款式、色彩、用料丰富且千变万化，流行趋势明显，套装、裙装、休闲装应有尽有，而且各种功能服装现今界线模糊，使各大类的品种更趋丰富。

中老年服装当然也有性别区分。其共同的特征是在款式上趋于饰物减少以追求庄重；线条变化简单，以适合中老年人在体型上的生理变化；用料趋向于纯天然与高档；色彩趋向于稳重和深沉，少受流行色影响。其整体风格是自然舒适又得体不失身份。

（2）儿童服装

儿童服装分婴儿服、幼童服、中童服、大童服等。款式多样，色彩鲜明活泼，用料以纯天然为主流。

（3）青年服装

这是适合特殊年龄群消费者穿着的服装，不把它归为成人服装是因为青年人是追求个性、独树一帜的特殊群体。此类消费者对服装流行趋势特别敏感，他们是各种新派前卫服饰的主体消费者。如今在国内青年服装市场前景广阔，值得研究的课题很多。青年人既逐潮流而动，又是消费潮流的创造者。青年服装在款式、色彩及用料上均以追求新、奇、异为主流。

除上述分类外，服装还可按消费季节分类、按材料分类等。

【同步思考8-2】

问题：有人认为服装分类只要像过去一样区分出男装、女装，成人装、儿童装就行了，不需要复杂化。结合服装市场需求，谈谈你的看法。

理解要点：按性别、年龄是最基本的分类。随着生活方式多样化，服装消费需求呈多样化趋势，服装分类如何适应服装市场需求的发展变化。

8.2.2 服装的质量要求及鉴别

从广义上来说，服装的质量包括服装的产品质量、服装产品赖以形成的工作质量以及服务质量。从影响服装产品的基本因素来看，包括人（生产全过程的参与者）、设备、材料、方法、检验与环境六个方面，因此，服装的质量评价是个很宽泛的概念。在此，我们集中关注的是材料、方法与检验三个方面，而材料的质量特性等内容在前面已做充分展开，不再赘述，讨论范围进一步集中到方法与检验两个方面。关于“方法”，我们不是介绍具体工艺与制作过程，而是以介绍质量标准为主，因为标准就是具体的服装产品的质量要求和质量指标，是产品制作与形成的依据。

1）服装的各项质量标准

（1）服装号型标准

号型标准是为适应服装工业化生产的要求和消费者需要而制定的服装尺寸统一标准。我国目前通用GB/T 1335.1《服装号型　男子》、GB/T 1335.2《服装号型　女子》和GB/T 1335.3《服装号型　儿童》三个服装号型标准。GB/T 1335标准是在对全国各类消费者体型进行大量抽样调查基础上，将我国消费者的体型规律进行科学分析而制定的。标准内容主要有服装号型定义、号型标志、号型应用和号型系列。号型标准分男子、女子、儿童三部分。

①号型定义。号指人体的身高，以厘米为单位表示，是设计和选购服装长短的依据。型指人体的胸围或腰围，以厘米为单位表示，是设计和选购服装胖瘦的依据。依据人体胸围与腰围的差数，上述标准将体型分为四类，详见表8-2。

表8-2　**体型分类代号**

体型分类代号		Y	A	B	C
胸围与腰围的差数（cm）	男子	17～22	12～16	7～11	2～6
	女子	19～24	14～18	9～13	4～8

②号型标志。上述标准规定，服装上必须标明号型。表示方法是号与型之间用斜线分开，后附体型分类代号。如170/88A。

儿童服装只标注号、型，不标注体型，如衬衫140/64表示适合身高140cm、胸围64cm的儿童穿着。

③号型系列。服装号型系列以各体型中间体为中心，向两边依次递增或递减组成。标准规定，成人服装，身高以5cm分档组成系列，胸围以4cm分档组成系列，身高与胸围搭配成5·4号型系列；腰围以4cm、2cm分档组成系列，身高与腰围搭配分别组成5·4、5·2号型系列。婴幼儿和儿童服装，身高52～80cm婴儿，身高以7cm分档，胸围以4cm分档，腰围以3cm分档，分别组成7·4和7·3号型系列；身高80～130cm儿童，身高以10cm分档，胸围以4cm分档，腰围以3cm分档，分别组成10·4和10·3号型系列；身高135～155cm女童，135～160cm男童，身高以5cm分档，胸围以4cm分档，腰围以3cm分档，分别组成5·4和5·3号型系列。服装的尺寸规格以号型系列为基础，根据服装的用途、款式需要，按放松或收紧量设计，以适应人们不同穿着的需要。

④号型应用。由于每个人的身体尺寸与服装号型划分的档次不完全吻合，这就存在靠档问题。消费者对服装号型的选择应向接近自己总体高、净体胸围和腰围的服装号型

靠档。例如总体高163～167cm的人就向165号靠档，168～172cm的人就向170号靠档。胸围92cm以上可向175号靠档；再由胸围、腰围之差确定体型，消费者即可买到适体的服装。

【同步业务8-1】

如果一位女性身高175cm，三围为88/64/90（指胸围88cm，腰围64cm，臀围90cm），请帮她选购合体的服装。

业务分析：运用服装号型知识，结合她的体型、年龄等帮她选购合体的服装。

业务程序：

首先，进一步认知服装号型知识。

其次，根据她的三围判断她的体型。

最后，根据她的身高、三围、体型及年龄等综合因素帮她选购到合体的服装。

⑤针织服装的规格。以上服装号型标注规则适合我们平时穿着较多的机织服装，不适合针织服装（如棉针织内衣、羊毛衫等）的尺寸标注。针织服装无须标注体型，它的“型”指的是产品本身的胸围、腰围，而不是指穿着者的体型，如针织衫165/90，表示这件衣服本身的胸围尺寸为90cm，适合身高为165cm的人穿着。

我国针织服装采用公制规格以圆筒形计算，每档相差5cm，例如：50cm、55cm、60cm的为儿童规格；65cm、70cm、75cm为少年规格；80cm以上为成人规格。

（2）服装的技术标准

对服装产品的质量要求除了色彩流行、款式新颖、符合时尚外，还要求其具有适宜性、可靠性、经济性、安全性。对于不同品种、不同材料、不同档次的成衣，制定的质量要求和指标，就是成衣的技术标准或质量标准。服装的技术标准既是生产者与销售商订货、交货的依据，也是服装厂生产、检验该产品的依据。

①服装技术标准的内容。服装技术标准主要包括以下六个方面的内容：号型规格系列；辅料规定；技术要求；等级划分；检验规定；包装标志。其中技术要求是标准的核心内容，进一步说明于下。

②服装的技术要求。其一般包括六个方面：对条、格以及倒顺毛使用的规定；表面拼接范围；色差情况；外观疵点情况；缝制规定；整烫外观。这些要求是服装质量评价中最重要的因素。

（3）服装的使用说明标准

服装的使用说明标准的采用，主要是为了保护消费者的利益。

①服装使用说明的主要内容

商标和制造单位；服装号型规格；采用原料成分，必要时还应标明特殊辅料的成分。产品的特殊使用性能，如阻燃性、防蛀、防火、防缩等。洗涤条件，包括说明能否水洗，水洗的方法及水温；洗涤剂的选择；脱水的方法等；是否干洗，干洗剂的选择；熨烫说明，如适宜熨烫温度等；贮藏条件、方法等。

②使用说明基本图形及含义

GB 8685—1988《纺织品和服装使用说明的图形符号》对此有明确规定，详见表8-3。

表 8-3　　**纺织品和服装使用说明基本图形符号**

序号	名称	图形符号	说　明
1	水洗	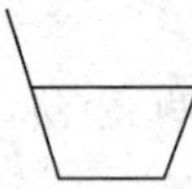	洗涤槽表示水洗。在图形符号中间添加阿拉伯数字，则表示水洗温度；在图形符号下面添加条粗实线，则表示对水洗条件有所限制
2	氯漂	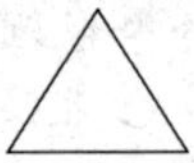	
3	熨烫	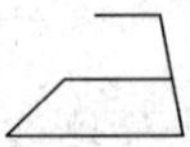	在图形符号中间添加“高、中、低”文字或不同的圆点，则表示不同的温度；在图形符号下面加上不同的细部图形，则表示不同的熨烫方法
4	干洗		在图形符号下面添加条粗实线，则表示对干洗条件有所限制
5	水洗后干燥	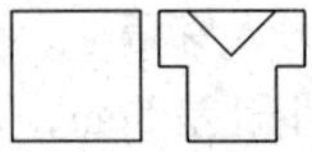	在图形符号中添加不同的细部图形，则表示不同的水洗后的干燥方法

表 8-3 中的图形符号可根据不同对象选择使用。当基本图形满足不了要求时，可以用简练文字辅助说明，在上述标准中除基本图形之外，还分别对水洗、干洗、熨烫等做了进一步的图形符号规定，各自形成了图形符号系列。

上述标准对使用说明的表达传递方式、在商品上的附着位置、尺寸大小等做了明确规定。

（4）服装安全标准

《国家纺织产品基本安全技术规范》（GB 18401—2010）于 2011 年发布、实施。新标准相比于旧标准，无论是指标要求还是测试方法，都有一些新的变化，条款规定更清楚，可操作性更强，对纺织品企业在生产和销售等环节都提出了更加严格的要求。认真贯彻落实新标准将更有效地保护我国消费者的健康，引导纺织品生产销售企业注重产品质量，有助于提升我国企业市场竞争力和积极应对国外技术性贸易壁垒。《国家纺织产品基本安全技术规范》主要涉及了三大类的纺织品，见表 8-4。

表 8-4　　**《国家纺织产品基本安全技术规范》纺织品分类**

类型	典型示例
A类（婴幼儿用品）	尿布、内衣、围嘴儿、睡衣、手套、袜子、外衣、帽子、床上用品
B类（直接接触皮肤的产品）	内衣、衬衣、裙子、裤子、袜子、床单、被套、毛衣、泳衣、帽子
C类（非直接接触皮肤的产品）	外衣、裙子、裤子、窗帘、床罩、墙布

【职业道德与企业伦理 8-1】

衣服质量不合格，获价款 3 倍赔偿权益保护典型案例教你如何维权！

背景与情境：日常生活中，消费者权益受到侵害的事例屡见不鲜。近年来，随着人们法律意识的提高，越来越多的消费者会选择通过诉讼维权的方式解决与商家之间的纠纷。如何在诉讼中有效维护自己的合法权益，需要广大消费者学习了解相关法律法规知识，依法维权。在2020年国际消费者权益日来临之际，淮安中院精心筛选了2019年度消费者权益保护8大典型案例并进行点评发布，期望以此引导消费者积极理性维权，维护自身合法权益，同时也提醒广大经营者要依法诚信经营，为在全社会营造良好放心的消费环境做出应有的贡献。

……

例三：衣服质量不合格，商家承担3倍价款赔偿

基本案情

原告纵某在被告某百货公司购买花雨伞精品男衫1件，价款398元。纵某在穿着中发现掉毛严重，手感很差，遂对产品质量产生怀疑。后原告委托国家认可的权威检测机构进行检测，检测结果与产品实际标注成分差别较大，均不符合国家标准，故提起诉讼，要求被告退还其货款并赔偿货款3倍损失。

裁判结果

法院经审理认为，原告纵某在被告处购买男衫，有被告出具的购物缴款凭证及发票为证。原告送检男衫的检验结论为所检纤维项目不符合国家标准，被告销售商品存在欺诈行为，故被告应向原告承担惩罚性赔偿并退还货款。法院判决：一、被告某百货公司于判决生效后3个月内一次性返还原告纵某货款398元，原告纵某退还被告某百货公司花雨伞男衫1件，如原告纵某对上述男衫届时不能退还或有损毁，则被告某百货公司有权按398元/件抵扣应退货款；二、被告某百货公司于判决生效后3个月内一次性赔偿原告纵某1 194元。

资料来源　淮安人才网. 衣服质量不合格，获价款3倍赔偿权益保护典型案例教你如何维权!（摘录）[EB/OL]. [2020-03-14]. http://baijiahao.baidu.com/s? id=1661148903280754712&wfr=spider&for=pc.

问题：上述消费者权益保护典型案例对我们有何启发？

分析提示：被告销售不合格商品的行为有违商家诚信经营、守法经营的原则，违反了《中华人民共和国消费者权益保护法》的规定。消费者在购买、使用商品时，其合法权益受到损害的，可以向销售者要求赔偿。本案中被告某百货公司销售经检测不合格的产品，其行为构成欺诈，侵害了消费者纵某的合法权益。消费者有权要求退还货款并主张惩罚性赔偿，商家要为其不诚信、违背职业道德和企业道德伦理的行为负责。

（5）服装的质量标志

①商标。商标是标明商品“身份”的法定标志，无论国内还是国际，无商标的服装商品一律不准上市。商标可表示商品出处，向消费者传递有关服装商品质量保证方面的信息，既可保护企业信誉，也能维护消费者利益。如今服装商品极其繁多，给消费者选购带来一定的困难，这就需要人们用信得过的商标作为选择依据。

②使用说明标志。使用说明标志，即在成品服装或服装包装上以不同方式标注的使用说明及图形符号（见表8-3）。使用说明标志是商品质量标志的重要组成部分。标志的制定是针对具有一般常识但缺乏专业知识的消费者，同时也考虑到社会服务部门，如洗染店等。

作为质量标志，使用说明标志必须与产品质量实际相符。使用说明标志在欧、美、日等国也属法定标志，没有使用说明标志的服装不准上市。

③质量认证标志。质量认证不是所有服装生产厂家都履行或都有能力通过的，因此，质量认证标志是推荐性质量标志，非强制使用。

例如，纯羊毛标志即属认证标志，通过认证的毛纺织品及服装可以使用此标志。其是由国际羊毛局于1964年推出的标志，图案由三个绒线团构成。

④吊牌。吊牌是对商品进一步说明的标志。如商标和使用说明标志难以表达的产品特性说明、合格水平、规格、使用方法、条码等，吊牌可以帮助消费者获得更多的有关商品质量特性的信息。吊牌的使用，也是一种促销手段。

2）服装质量的检验

这里所说的服装质量检验，是指产品进入市场销售之前，生产企业或订货方根据质量标准或订货合同对服装质量的评价。这样的工作需严格按照服装技术标准在特定的环境条件与设备上按规定的方法与程序完成。从抽样开始，直至评出质量等级。其基本程序及核心内容分述如下。

（1）检验顺序

在很短时间内，要对服装的质量做出准确评价，就必须遵循科学合理的检验顺序：先上后下；先左后右（或先右后左）；从前到后；从面到里。基本操作要求是不漏检，动作不重复、不多余，达到既好又快的工作效果。

（2）检验项目

检验项目主要有规格检验、疵点检验、色差检验、缝制质量检验、外观质量检验和卫生质量检验。

①规格检验。用软尺测量成衣各部位的尺寸，对照质量标准来判定是否符合要求。通常测量的部位和方法如下：

领大，领子摊平横量，立领量上口，其他领量下口；

衣长，由前身左侧肩缝最高点垂直量至底边；

胸围，扣好纽扣或拉好拉链，将衣服前后身摊平，沿袖窿底缝横量；

袖长，从袖最高点量至袖口边中间；

总肩宽，由肩袖缝交叉处横量；

裤（裙）长，从腰上口侧缝摊平垂直量到脚口或下摆边；

腰围，扣上裤扣，以门襟为中心握持两侧，用软尺测量裤腰的中线尺寸；

臀围，从侧缝袋下口处前后身分别横量。

②疵点检验。服装成品的疵点可以分为三大类：原料疵点、尺寸偏差及其他。疵点按其对服装质量的影响大小可再分为三大类，即次要疵点、主要疵点和重要疵点。次要疵点可被接受，它们对服装的可用性及销售价格等影响不大。主要疵点的存在会影响服装的可用性及售价，必须进行修补或当作次品出售。重要疵点的修补非常困难，甚至不能修补，只能作为次品处置。

③色差检验。其是用色卡对成品进行色差对比检验。

④缝制质量检验。有缝制密度检验，面料对格、对条检验，拼接范围检验等，以及扣眼、扣位是否对齐；衣里是否平服及与面料搭配是否松紧适度；有滚条的，滚条是否顺直和宽窄一致。

⑤外观质量检验。这一检验项目主要从整体上对服装的造型做出评判，检验与判断

时主要从下述相关部位着手进行：领、驳领；肩部；止口；袖；标牌；整烫效果；下摆；口袋；套结部位；后背缝；后领；腰头与串带襻；前、后裆；门、里襟与小裆等。

由于服装种类广泛，进行不同类型的服装外观质量鉴别评价时，应按各自具体要求进行。

⑥卫生质量检验。根据相关国家标准，服装常规安全卫生检验项目通常有：禁用偶氮染料检测；甲醛含量的检测；水萃取液pH值的检测；耐水色牢度的检测；耐摩擦色牢度的检测；耐汗渍色牢度的检测；耐唾液色牢度的检测；异味的检测；阻燃织物燃烧性能的检测等。

服装安全质量不达标可能引发严重后果。消费者穿了甲醛含量超标的服装后，轻者会发生皮肤过敏，出现红肿、发痒等症状，重者会连续咳嗽，继而引发气管炎等疾病。人体皮肤表面呈弱酸性，直接与皮肤接触的纺织品的pH值应在弱酸性和中性之间，才不会引起皮肤产生过敏、瘙痒等症状。色牢度差的产品碰到雨水、汗水，会造成面料上的颜料脱落，甚至褪色，其中染料分子和重金属离子等都有可能通过皮肤被人体吸收。人的汗水会使染料产生有害物质，被人体皮肤吸收后有致癌风险。可分解芳香胺来自服装中的偶氮染料，偶氮染料在与人体长期接触的过程中，其有害成分被皮肤吸收扩散，在特殊条件下分解产生20多种致癌芳香胺，经过活化作用而改变人体的DNA结构，引起病变和诱发癌症。

【同步案例8-1】

衣服的标签里竟藏着这些秘密，以后买衣服不被坑了

背景与情境：每件在市场上出售的衣服都有标签，标签上有很多重要信息，如货号、尺码、成分、产地、洗涤说明等。衣服标签里藏着很多信息，读懂这些“密码”，能让我们买到放心衣服。

（1）衣服看等级。产品等级是判定一件衣服质量的重要指标，一定要看。衣物的等级分为优等品、一等品和合格品，等级越高，色牢度越高（越不容易掉色、染色），衣服吊牌上的等级标注至少是合格品。

（2）看型号或尺码大小。号型或尺码，是我们最关心的信息。我们大多数人买衣服只看标签上尺寸型号——S、M、L等，但是有时候却不是那么合身，这时候就要参考身高和胸（腰）围了。一般来说，衣服的吊牌上都注有身高、胸围、腰围等信息。

例如，某件男西服上衣标注为：170／88A（M），那么这里的170指的是身高，88则表示胸围，紧跟在后面的A在这里指的是体型或版型，括号里的M就是中码的意思。在我国，一般来说，A为正常体型，B为偏胖体，C为肥胖体，Y为偏瘦体。尺寸型号一般有XS、S、M、L、XL 5种，分别是加小号、小号、中号、大号和加大号。

（3）看安全级别判断会不会过敏。按照《国家纺织品基本安全技术规范》的划分，服装可分为A、B、C三个安全级别。

A类为婴幼儿服装：其甲醛含量不得大于20 mg/kg，4岁以内的孩子的衣服一般是A类，尤其是贴皮肤的衣服。

B类为直接接触皮肤类服装：其甲醛含量不得大于75 mg/kg，适合贴身穿的，一般内衣、秋衣、睡衣上的标签显示为B类。

C类为非直接接触皮肤类服装：其甲醛含量不得大于300 mg/kg。不适合直接接触皮

肤，外套、不直接接触皮肤的衣服一般是C类。注意了，如果内衣上是C类建议不要买。

（4）看洗涤标识正确洗涤晾晒。需要注意的是，洗涤标识应该依照水洗、氯漂、熨烫、干洗等顺序，根据衣物的性能和要求选用图形符号。如果没有按照这个顺序，说明厂家不够专业。

看完以后是不是觉得，除了花色和款式，正确识别衣物标签一样很重要？最后再提醒一下大家，无论是贴身衣服还是外衣，新衣服刚买回来后，一定要先洗再穿，买衣服的技巧，你都get到了吗？

资料来源　CCTV生活圈．衣服的标签里竟藏着这些秘密，以后买衣服不被坑了［EB/OL］．［2019-09-11］．https：//www.sohu.com/a/340321279-100015626.原文基础上的节选与改编．

问题：为什么说读懂衣服标签上密码，能让我们买到放心衣服？

分析提示：从服装质量的基本要求和服装质量各项标准等方面来分析。

8.2.3　服装的选购及保养

1）服装的选购

（1）粗懂选购常识。要想买到称心如意的服装，消费者必须具备以下常识：

①要懂一点面料知识。不同面料，其质感、用途、价格不同，如能懂得一点面料知识，既能根据自己的需求选择相应面料的服装，又能防止不法商贩以次充好、以假乱真的欺骗行为，避免上当。

②要懂一点服装制作知识，知道控制服装整体质量的一些关键部位是什么地方，尺寸如何把握，要会查看做工。局部要仔细检查服装针脚是否均匀、细密；整体要查看领、袖、口袋是否对称；衣袖、裤脚长短肥瘦是否一致；要看整体熨烫是否平整等。

③要检查各种质量标志、标签。正规的厂家产品应有商标，一般附在上衣领下和下装的腰间，商标上应说明服装规格、厂名、厂址等。在上装的摆缝处还应缀有标签，注明服装面料的成分、服装洗涤保养方法等。可以根据商标标签的有无及其标明内容的可信度、与服装实际情况的相符度来辨别服装真伪。

④要会定号型。统一服装号型，不可能一人一型，一人一号，还存在靠档的问题。因此，买衣服时，若是外衣，一定得试穿，若为内衣，得清楚自己的号型，选准规格。

⑤问准价格。目前服装价格不统一，这属于正常现象，选购时最好能“货比三家”，慎重挑选。在小商品市场和集贸市场要能把自己掌握的服装与面料方面的知识综合起来加以运用，在“砍价”中争取主动权。

⑥要有主见。穿衣戴帽，各有所好。选购服装要根据消费者的自身条件，全面周到地考虑。自身条件如体型、肤色、气质、爱好以及经济承受能力等，是决定服装规格、色彩、款式、档次等的主要因素。总之，选购服装是个“系统工程”。

（2）细查服装内质和外观。以选购上衣为例。

①注意服装产品上的各种标识。注意产品上有无商标和中文厂名厂址；产品上有无服装号型标识及相应的规格，可通过营业员挑选适合自己穿着的号型及规格。产品上有无纤维含量标识，主要是指服装的面料、里料的纤维含量标识，各种纤维含量百分比应清晰、正确。有填充料的服装还应标明其中填充料的成分和含量。纤维含量标识应当缝

制在服装的适当部位，属永久性的标识，以便于消费者在穿着过程中发现有质量问题可作为投诉的依据。产品上有无洗涤标识的图形符号及说明，并了解洗涤和保养的方法要求，特别是夏季穿着服装，要核实一下能否水洗，如洗涤标识表示只能干洗，消费者应考虑一下是否购买。产品上有无产品的合格证、产品执行标准编号、产品质量等级及其他标识。

②服装产品的外观质量的鉴别。观察服装的主要表面部位有无明显织疵，因为在购买后经过穿着才发现表面有明显疵点等问题，就比较难分清责任，特别是价格较高的服装产品；服装的主要缝接部位有无色差；服装面料的花样、倒顺毛是否顺向一致；条格面料的服装，主要部位是否对称、对齐；注意服装上各种辅料、配料的质地，如拉链是否滑爽、扣子是否牢固、四合扣是否松紧适宜等；有黏合衬的表面部位如领子、驳头、袋盖、门襟处有无脱胶、起泡或渗胶等现象。

③服装产品的缝制质量的鉴别。目测服装各部位的缝制线路是否顺直，拼缝是否平服，绱袖是否均匀、圆顺，袋盖、袋口是否平服，方正下摆底边是否圆顺平服。服装的主要部位一般指领头、门襟、袖笼及服装的前身部位，是需要重点注意的地方。

查看服装的各对称部位是否一致。服装上的对称部位很多，可将左右两部分合拢检查各对称部位是否准确。例如，对服装上的对称部位如领头、门里襟，左右两袖长短和袖口大小，袋盖长短宽狭，袋位高低进出及省道长短等进行对比。

经过对服装的标识、服装的外观质量、缝制质量和服装面料成分的鉴别，基本上能够选购到一件符合质量标准要求和比较合体满意的服装。

（3）试穿。

试穿时需注意：试穿服装时应自然放松站立，注意感觉一下自己的颈肩部有无压迫感，如果在颈肩部有明显的沉重及不舒适的感觉，说明这件衣服与你体型尚不够适宜。选购一件适宜的服装，穿在身上应无明显的压力和沉重的感觉，而有一种轻松舒适的感觉。在试穿服装时，应注意一下袖笼部位，两手臂活动时有舒服自如的感觉，防止袖笼过小、过紧，并注意袖笼前后是否平服、圆顺；并注意后领处是否平服及后背下摆处有无起吊现象。

【教学互动8-2】

服装标牌的识读

情境：感观法鉴定服装质量有局限性，特别是对于混纺产品显得无能为力。对于一些信誉好的品牌，可以直接通过识别标牌来分辨面料成分。这些标牌只有通过纺织品质量检测机构的检测才可以吊挂，具有很强的权威性。一般这种标牌上会标注两个内容：一是纤维名称；二是纤维的含量（一般用百分比表示）。

学习微平台

延伸阅读8-1

互动问题：有时你会发现标牌上的纤维名称是英文的，看起来很费劲，你能列出一些常见纤维的中英文名称吗？

互动要求：同“教学互动1-1”的“互动要求”。

2）服装的熨烫

熨烫就是给服装热定型。不同面料因耐热性不同所需熨烫温度不同。温度偏低，达不到定型的目的；温度过高，又会损伤纤维。因此，服装熨烫时，温度控制很关键，详见表8-5。

表 8-5　**各类纤维的熨烫温度表**　单位：℃

服装纤维种类	直接熨烫温度	垫干布熨烫温度	垫湿布熨烫温度
麻	185 ~ 205	205 ~ 220	220 ~ 250
棉	175 ~ 195	195 ~ 220	220 ~ 240
羊毛	160 ~ 180	185 ~ 200	200 ~ 250
桑蚕丝	165 ~ 185	190 ~ 200	200 ~ 230
柞蚕丝	155 ~ 165	180 ~ 190	190 ~ 220
涤纶	150 ~ 170	185 ~ 195	195 ~ 220
锦纶	125 ~ 145	160 ~ 170	190 ~ 220
维纶	125 ~ 145	160 ~ 170	—
腈纶	115 ~ 135	150 ~ 160	180 ~ 210
丙纶	82 ~ 105	140 ~ 150	160 ~ 190
氯纶	45 ~ 65	80 ~ 90	—

对于混纺或交织面料缝制的服装，其熨烫温度的选择原则上就低不就高，此外，在选择服装熨烫温度时应把织物的厚薄与色牢度等情况也要考虑进去。

3）服装的保养

服装保养中要特别加以重视的是各类天然纤维类服装、天然裘皮类服装。

（1）棉麻服装的保养

棉麻服装保养一定要注意防潮防霉，收藏前需洗净、晾干。分深浅色折叠收藏，避免久藏中因受潮而互相染色。久藏不穿的衣物每年伏天要“晒霉”。

（2）丝绸服装的保养

其中心内容也是防潮防霉。丝绸服装比棉麻织品“娇气”，洗涤时注意轻搓、轻揉、少挤、不拧；不宜日光暴晒，宜晾干。织锦缎、古香缎、软缎、丝绒服装一般不水洗，收藏时应折叠好，用布包好置于干爽清洁的箱柜中，不宜挂藏，以免因自重导致变形，白色或浅色绸服装收藏时不宜放置樟脑丸，也不能放入樟木箱，以免泛黄。

（3）呢绒服装的保养

呢绒服装收藏前要洗净（多数干洗）、熨烫、晾干，待充分干燥后再收存。宜放在通风阴凉处晾干，暴晒会引起褪色和光泽、弹性、强度的下降。高档呢绒服装最好悬挂于衣柜中以免叠放时因重压而变形。收存时，要在衣服的口袋里及箱柜内放入用纸包好的樟脑丸，以防虫蛀。

（4）裘皮服装的保养

裘皮服装，尤其是细毛类和名贵毛皮服装穿着时应尽量避免玷污和雨淋受潮，受潮会导致脱鞣变性而脱毛。裘皮服装收藏不当，会出现虫蛀、脱毛、绒毛纠结或皮板硬化等。存放时，最好用“美人肩”之类的宽衣架挂起来，并在大衣袋内放上用纸包好的樟脑丸。如放在箱内，折叠时应将毛朝里平放，宜放在箱子最上层，以免重压。在伏天，可取出晒晾、通风，以防虫蛀及霉变。

（5）皮革服装的保养

皮革服装不宜在雨、雪天穿用，收前晾晒时宜在上午9—10时，下午3—4时，不可暴晒，否则会使皮革老化。收藏时以挂藏为宜，并放置以纸包好的樟脑丸。为增加皮革柔润度，可用布在皮革表面轻敷一层甘油或保养皮革衣物专用制剂，穿用前晾晒一下即可。收藏期间要注意防潮防霉。

学习微平台

延伸阅读8-2

其他各类服装的保养法，则相对简单。但不论何类服装均应清洁、干爽地收存。存放的各项细节要按服装的结构及面料的理化性质来定。

■ 本章概要

□ 内容提要

● 认识面料的性能，要从纤维开始。纺织纤维分天然纤维和化学纤维两大类。其中天然纤维有棉、麻、丝、毛、竹；化学纤维有人造纤维和合成纤维。

● 天然纤维可分为纤维素纤维——棉、麻、竹和蛋白质纤维——丝、毛。虽来源和品质各不相同，但综合性能都符合人体卫生要求。天然纤维中，棉纤维的天然捻曲、毛纤维的天然卷曲和缩绒性、麻纤维的高强度和凉爽性、丝纤维的纤细和华贵性都是与生俱来的优良性能，这些性能决定了天然纤维面料的身价和质量品性。竹纤维是采用独特的生产工艺从天然竹子中直接分离出来的纯天然纤维。纯天然竹纤维的提取、加工技术为我国独创。

● 化学纤维中的人造纤维究其成分，与天然纤维相近，因此其理化性能也接近天然纤维。各种合成纤维均为矿物原料制成，共同的优点是强度普遍高于天然纤维，各具特殊品性，但综合性能不如天然纤维。不断改进生产工艺、提高综合性能，使之卫生和穿着性能接近甚至超过天然纤维，是化纤制造业的努力方向。

● 服装面料的性能还取决于纱线质量。评价纱线质量要从细度、捻度、强度等方面着手。在各种纱线的质量指标中，重点内容有细度指标，其表示方法有公制和英制支数、公制号数、旦尼尔数。纱线根据原料、结构、工艺等标志分为不同种类。纱线分类知识的掌握，有助于对织品性能的了解。

● 要正确选用服装面料，学一点服装面料分类知识，了解常见面料性能特点是必不可少的。服装制作中，使用量大的面料主要是各种纺织品（包括针织品），其次为裘皮、皮革等，应重点了解各类纺织品面料的性能、特点、外观风格和用途。服装辅料有衬料、垫料、里料、填料等。辅料的选择应服从服装整体质量的要求。

● 掌握服装商品的品种及其性能特点应从科学的服装分类着手研究，最主要的分类法就是按功能分类。服装商品的质量鉴别及选购、穿用知识是本章总结性的内容，首先要掌握的内容有服装的各项质量标准，它是服装商品制作与形成的依据。其主要内容涉及号型标准、技术标准、卫生标准和使用说明标准等。其中号型知识的掌握是选购服装的最基本的知识。其次要掌握的内容是评价、鉴别服装质量的必备知识——服装质量检验的程序及内容。最后要掌握的是服装选购及保养方面的知识，这对指导消费有意义。其中对保养方法和手段的了解很重要。各类服装的保养方法和手段归根结底取决于服装材料特别是面料的性能。

□ 主要概念和观念

▲ 主要概念

长绒棉　细绒棉　可塑性　缩绒性　纤　纶　丝　人造毛皮　号　型

▲ 主要观念

纤维性能的识别和比较　纤维、织物与服装质量的关系　服装质量鉴别与选购

□ 重点实务

服装安全认知　服装选购技能　服装选材与设计分析

■ 基本训练

□ 知识训练

▲ 简答题

（1）分别列举吸湿性、耐光性、耐磨性和弹性最好的纺织纤维。

（2）使毛织品具有缩绒性的原因是什么？

（3）服装卫生质量检验主要涉及哪几个方面？

（4）简述服装选购的内容和步骤。

▲ 填空题

（1）纤维是一类细长而柔韧的物质。它的________要比直径大千万倍。

（2）麻类织物吸湿________，散湿也________，透气凉爽，是夏季理想面料。

（3）羊毛的主要成分是________。

（4）按________给服装分类，是最规范的分类。

（5）新型人造纤维主要有________和________。

▲ 单项选择题

（1）粘胶纤维的强度（　　）。

A.不如棉纤维　　B.同棉纤维　　C.大于棉纤维　　D.大于麻纤维

（2）派立司的外观风格突出，布面（　　）。

A.为2/2斜纹组织　　B.为经面缎纹组织

C.急斜纹组织　　D.有雨丝状条纹

（3）棉纤维具良好的保暖性主要是因为其（　　）。

A.耐热性好　　B.成分吸湿　　C.具天然捻曲　　D.具中空结构

（4）天然纤维服装耐生物性能差是因为（　　）。

A.吸湿性差　　B.吸湿性好　　C.耐光性差　　D.具特殊香味

▲ 多项选择题

（1）羊毛纤维中不具有三层结构的是（　　）。

A.有髓毛　　B.真毛　　C.半细毛

D.细毛　　E.粗毛

（2）属于斜纹组织的服装面料有（　　）。

A.府绸　　B.哔叽　　C.华达呢

D.织锦缎　　E.卡其布

▲ 讨论题

（1）天然纤维与合成纤维各有何特点？

（2）试论述常见服装面料的性能。

（3）服装储存保养中要注意哪些问题？

□ 能力训练

▲ 案例分析

她该做怎样的选择？

背景与情境：一个白领丽人的生活是色彩纷呈的，工作、社交、休闲……她要身着得体的服装，出入各种场合。她需要你为她做出正确的选择，添置春（秋）季工作、休闲、出席宴会的服装各一套，并对服装的保养提出指导性建议。

问题：服装选材与设计要兼顾哪些方面？

分析要求：同第1章“基本训练”中本题型的“分析要求”。

▲ 实训操练

实训项目：服装选购实训。

实训步骤：

（1）3～5人一组，制订选购方案。

（2）选择品牌专营店或专营柜组，用眼看、手摸、调查等方法和手段进行服装选购操作。

（3）对观察和选购的资料进行分析整理，形成实训报告。

（4）各组在班级讨论交流、相互点评与修订各组的实训报告。

（5）在校园网的本课程教学平台上展示经过修订和教师点评的各组实训报告，供同学借鉴。

□ 善恶研判

56批次服装不合格！蔻驰、DKNY……还有一大堆你熟悉的名牌！

背景与情境：据上海市场监管微信号消息，近期，上海市市场监督管理局集中组织执法力量对本市流通领域销售的奢侈服装、丝绸服装、女式裙装进行了市场检查和质量抽检，共计抽检255批次，56批次不合格。其中，Coach（蔻驰）、Tory Burch、DKNY、BOY London、Tommy Hilfiger等知名品牌在列。

监督抽查

对36家企业销售的54个品牌125批次奢侈服装进行了市场检查和质量抽检，经检测，有23批次不合格，不合格检出率为18.4%。不合格项目涉及pH值、附件抗拉强力、色牢度等强制性标准。

对42个品牌60个批次丝绸服装进行了市场检查和质量抽检。经检测，有3个批次不合格，不合格检出率为5%。不合格项目主要是纤维含量和耐湿摩擦色牢度。

对9家商场、专卖店销售的69个品牌70批次女式裙装进行了市场检查和质量抽检。经检测，有30批次不合格，不合格检出率为42.9%。主要不合格项目是可分解致癌芳香胺染料、pH值、色牢度、抗起毛起球性等，涉及多个国家强制性指标。

根据抽检结果，市场监管部门已责令相关经营者立即停止销售不合格商品，对库存商品、在售商品进行全面清理，督促不合格商品经营者按照相关法律法规的要求主动采取措施，保护消费者合法权益，并对销售不合格商品的经营者依法调查处理。

不合格项目解读

纤维含量涉及纺织品是否货真价实，商品原料的优劣是决定价值的一个重要因素，历来是消费者最为关注的问题之一。

可萃取重金属超标对婴幼儿健康存在安全隐患。

可分解致癌芳香胺染料属于致癌物质，国家强制性标准中明确禁用，消费者穿用存在安全隐患。

pH值不合格容易引起皮肤过敏，出现红肿或瘙痒等情况。

起毛起球不合格直接影响服装穿着美观性和舒适度。

附件抗拉强力不合格。附件是指在纺织产品中起连接、装饰、标识或其他作用的部件，包括纽扣、黏合扣等扣合件以及拉链头、拉片、拉袢、毛绒球、蝴蝶结及其他类似小部件等。附件脱落对儿童可能产生的危害主要是易被儿童吞食而导致窒息或其他安全隐患。

耐湿摩擦色牢度不合格，一方面容易掉色、沾色，直接影响纺织品正常使用；另一方面染料脱落触及皮肤，容易引起皮肤过敏。

资料来源　中新经纬. 56批次服装不合格！蔻驰、DKNY……还有一大堆你熟悉的名牌！[EB/OL]. [2019-12-03]. http://finance.sina.com.cn/consume/puguangtai/2019-12-03/doc-iihnzahi4997806.shtml.

问题：

（1）本案例中存在哪些道德伦理问题？

（2）试对上述问题做出你的善恶研判。

（3）通过网络或图书馆调研等途径搜集你做善恶研判所依据的行业规范。

（4）你对本案例有何感受？

研判要求：同第1章“基本训练”中本题型的“研判要求”。

第9章 日用工业品商品概述

◆ 学习目标

通过本章学习，应该达到以下目标：

职业知识：学习和把握日用工业品有关商品的性能特点、质量要求与选用，了解有关商品的分类品种，认识有关商品的组成和结构；能用本章理论知识指导相关认知活动，用实务知识规范相关技能活动。

职业能力：运用本章知识研究相关案例，培养在特定业务情境中分析问题与决策设计能力；通过“照相机结构、选购、使用和保养方面咨询实训”的实训操练，训练学生经营日用工业品商品的专业操作技能。

职业道德：结合日用工业品商品的教学内容，依照行业道德规范或标准，分析“职业道德与企业伦理9-1”和章后“基本训练”之“善恶研判”情境下企业及其从业人员在商品生产、经营活动中行为的善恶，强化职业道德素质。

【引例】

广东发布249批次化妆品抽检结果，多种知名品牌上“黑榜”

背景与情境：根据广东药监局2020年发布的最后一期化妆品抽样检验信息，本期涉及全省249批次化妆品的抽样检验信息，经检验合格样品241批次，不合格样品8批次。多个知名品牌上榜，包括水密码、施华蔻、AIVISNOW等。

深圳市人人乐商业有限公司学府购物广场销售的、广州市科能化妆品科研有限公司生产的水密码滢亮皙白洁面乳，初检、复检的砷含量检出值均为2.9 mg/kg；华润万家生活超市（广州）有限公司夏园店销售的、广州市科能化妆品科研有限公司生产的水密码滢亮皙白洁面乳，初检砷含量为3.8 mg/kg，复检砷含量为3.3 mg/kg；广东万宁连锁商业有限公司白云棠辉分店销售的施华蔻染发摩丝，检出标签未标识的染发剂：4-氨基-2-羟基甲苯。

近年来，很多化妆品被曝出重金属超标。化妆品中的重金属主要指砷、铅、汞、镉四种，法规要求必须检测的也是这四种。《化妆品安全技术规范》里要求，砷的标准限值为2mg/kg，由此推算，上述两批次水密码洁面乳，砷含量最高超标0.9倍。砷分为有机砷和无机砷（统称为总砷），无机砷与人体健康的长期影响存在密切关系，已被国际癌症研究所列入一类致癌物。如果长期使用重金属超标的产品，重金属会在体内积累，具有一定的致癌性。

资料来源　微阳山.广东发布249批次化妆品抽检结果，多种知名品牌上“黑榜”［EB/OL］.［2021-01-16］. https：//www.sohu.com/a/444939216_218843.

这一案例说明，商品的选购使用要根据商品的成分、结构、性质和使用情况来进行。下面就一些常见日用工业品商品的成分、结构、性能、质量和选用情况进行讨论。

日用工业品是指供人们日常使用的工业产品，俗称日用百货。日用工业品种类繁多、性能各异、用途广泛，主要包括硅酸盐制品、日用金属制品、洗化商品、塑料制品、皮革制品、钟表眼镜、照相器材、文体用品、儿童玩具等，这些都是人们生活、工作中不可缺少的商品。

9.1 日化类商品

日化类商品是指用化学原料制成的用品，包括肥皂、合成洗涤剂、牙膏、化妆品、鞋油和塑料制品等。

9.1.1 洗涤用品

1）合成洗涤剂

合成洗涤剂是以合成表面活性剂为主要成分，并配有适量不同功效的助洗剂而制成的一种洗涤用品。合成洗涤剂具有良好的去垢性和耐硬水性；不受水温限制，节省时间，用途广泛；是一种人工合成制品，有利于保护自然资源。

（1）合成洗涤剂的组成及作用

①表面活性剂。**表面活性剂**是一种能在低浓度下，降低溶剂表面张力的物质。其分子由两个不同部分构成，一端是由一个较长的烃链组成，它是憎水性的，能溶于油但不溶于水中，因此，称憎水基或亲油基；分子的另一端是较短的极性基团，它能溶于水而不溶于油，称为亲水基。根据表面活性剂在水溶液中离解出来的表面活性离子电荷不同，分为阴离子型、阳离子型、非离子型和两性离子型四大类。表面活性剂分子在水中的排列如图9-1所示。

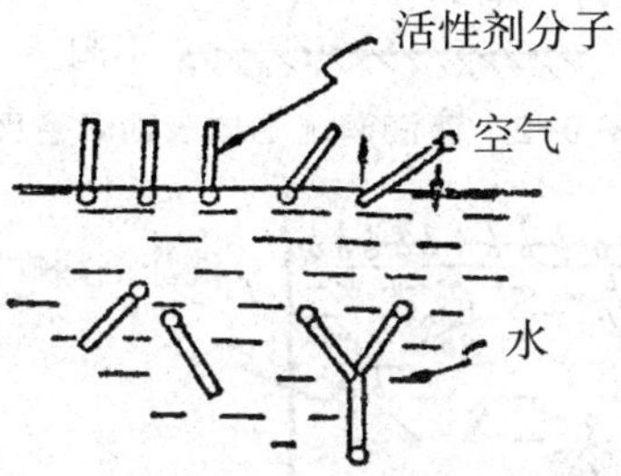

图9-1　表面活性剂分子在水中的排列

阴离子型表面活性剂常见的有烷基磺酸钠、烷基苯磺酸钠、脂肪醇硫酸钠等，其适用于在碱性或中性溶液中洗涤，常用于洗涤棉、麻、化纤类织品，在工业上用作润湿剂、乳化剂和金属清洗剂；阳离子型表面活性剂常见的有胺盐型、季铵盐型等，其适用于在酸性溶液中洗涤，限制了它在日常生活中的使用，在工业上广泛应用于杀菌、消毒等；非离子型表面活性剂常见的有脂肪醇聚氧乙烯醚、烷基酚聚氧乙烯醚等，其水溶液呈中性，在碱性、酸性以及金属盐类溶液中都比较稳定，它可与任何类型表面活性物混合使用；两性离子型表面活性剂常见的有羧酸盐型和甜菜碱型等，其水溶液在酸性溶液中成阳离子型，在碱性溶液中成阴离子型，在中性溶液中成非离子型，是一种性能比较全面的活性物，但成本高，限制了其使用量。

②助洗剂、辅助剂。为了提高和改进合成洗涤剂的性能，常在洗涤剂中加入各种各样的助洗剂和辅助剂以产生协同效应。助洗剂、辅助剂种类很多，常见的有：聚磷酸盐，主要作用是增加洗涤剂的综合性能，是一种良好的助洗剂，但由于易造成水质肥沃化，已逐渐被沸石等所替代；硅酸钠，在洗衣粉中与其他助洗剂同时使用，能起到协同效应的作用；碳酸钠，在碱性条件下具有良好的助洗作用；硫酸钠，一般作为一种辅助助洗剂和填料来加以使用，主要作用是降低成本；抗再沉淀剂，主要作用是阻碍污垢重新沉积于被洗织物；过氧酸盐，利用活氧起到除斑、漂白作用；荧光增白粉，主要作用是增加被洗织物的白度，使有色织物洗后更显鲜艳悦目；酶制剂，酶在一定温度下对血渍、奶渍、肉汁、牛乳、酱油斑渍等具有分解破坏作用，将酶制剂加入洗衣粉中可提高洗涤溶液去污力度。

（2）合成洗涤剂的去污原理

洗涤剂的去污过程和原理（如图9-2至图9-4所示）是比较复杂的，一般可简单用下式表示：

织物·污垢+洗涤剂→织物+污垢·洗涤剂

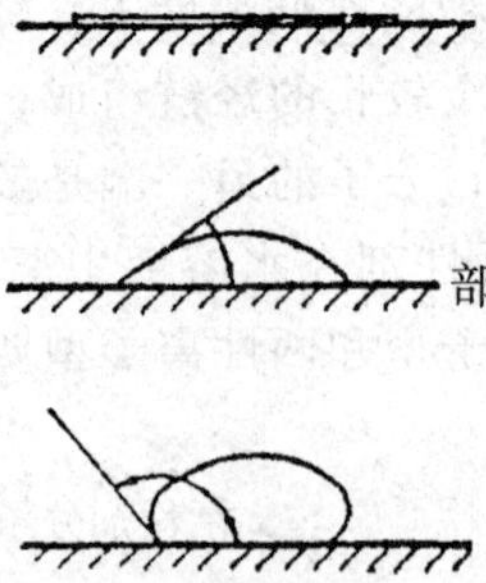

图9-2　液滴润湿固体表面示意图

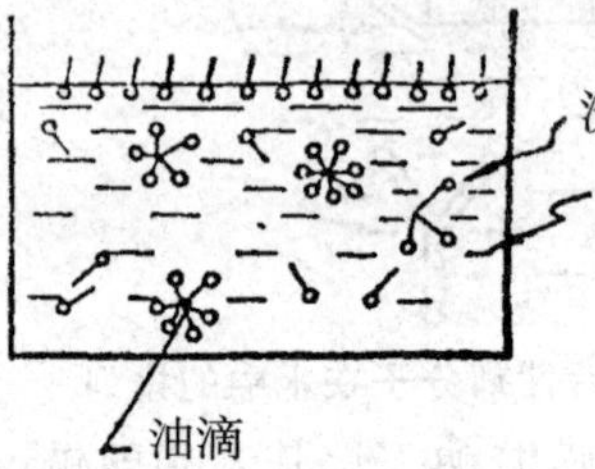

图9-3　油在洗涤剂溶液中形成乳浊液示意图

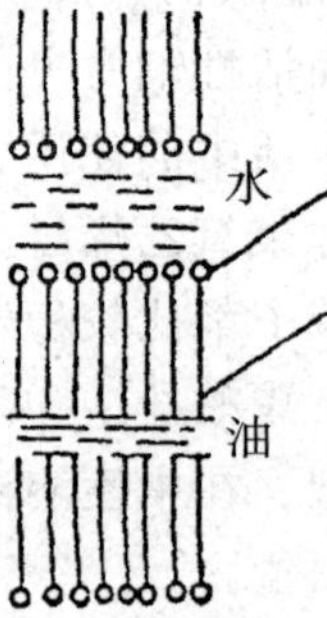

图9-4　洗涤表面活性剂对油的增溶作用示意图

①污垢的种类及特点。污垢根据其特性，可分成三类：一是油质性污垢，它们对衣物、人体黏附比较牢固，且不溶于水；二是固体性污垢，这种污垢颗粒较大，它们或单独存在，或与油、水混在一起，但不溶于水；三是水溶性污垢，它们溶于水或与水混合成液体溶液。这三类污垢往往是互相结合成一体，但在外界条件影响下，还会产生复杂的化合物。

②洗涤剂的性质。表面活性剂具有润湿渗透、分散、乳化、增溶、泡沫等作用。润湿、渗透作用，表面活性剂降低了水和固体之间的界面张力，使水容易吸附扩展到固体表面，并渗透到织物内部，既破坏了衣物和污垢间的吸引力，又破坏了污垢微粒间的吸引力；分散作用，表面活性剂在固体微小粒子周围形成一层亲水的吸附膜，使固体离子均匀分散在水中形成分散液；乳化作用，与分散作用相类似，表面活性剂使油粒均匀分散在水中形成乳浊液；增溶作用，表面活性剂使疏水性液体或固体在水溶液中的溶解度增加；泡沫作用，表面活性剂降低了水与空气之间的表面引力，空气分子分散在水中形成泡沫（如图9-5所示）。

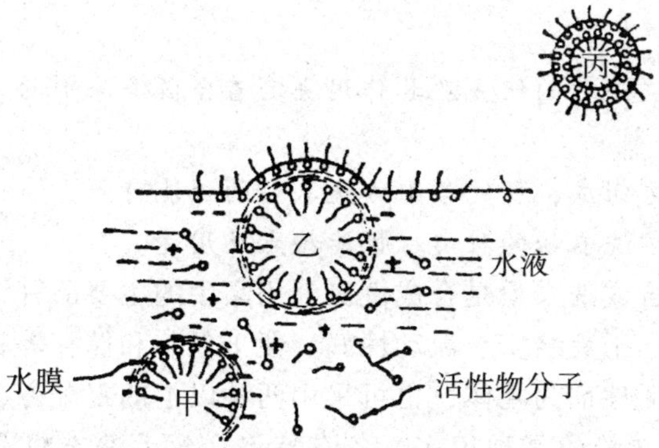

图 9-5　泡沫形成示意图

③洗涤剂的去污原理。洗涤剂去污，首先是降低和削弱污垢与被污物之间的引力，润湿渗透作用就能起到使它们之间引力松脱的作用，也使污垢破坏成微小粒子，这时经过机械力的作用，使污垢脱离被污物，大量卷离到洗涤液中，此时固体微粒借助分散作用，油脂污垢借助乳化、增溶作用，而不再沉积于被污物表面。因此，洗涤剂的去污作用，实质上是润湿、乳化、分散、增溶等作用的综合效用。

（3）合成洗涤剂的分类品种

①合成洗涤剂的种类。合成洗涤剂按商品的外观形态可分为粉状、空心颗粒状、液体状、浆状、块状洗涤剂等；按不同用途可分为人体用、织物用、厨房用、食品用、住宅用洗涤剂；按活性物含量可分为20型、25型、30型洗涤剂；按泡沫多少可分为无泡型、低泡型、中泡型、高泡型洗涤剂；按助洗剂特点不同可分为无磷型、加酶型、漂白型、增白型、加香型洗涤剂等。

【同步业务 9-1】

业务分析：表 9-1 列示了合成洗涤剂的三种配方，请分析各属何类洗涤剂，各自的性能特点及用途。

表 9-1　合成洗涤剂的配方（%）

组分	甲配方	乙配方	丙配方
烷基苯磺酸钠	30	15	10
烷基磺酸钠	—	10	—
非离子型（聚醚）	—	—	4
肥皂	—	—	3
三聚磷酸钠	16	16	40
碳酸钠	—	4	—
硅酸钠（干）	5	6	6
羧甲基纤维素	2	1.2	1.4
荧光增白剂	0.05	0.1	0.1
硫酸钠	43	44	23.5
水分	余量	余量	余量

业务程序：

首先，认知合成洗涤剂的组成及其作用决定着合成洗涤剂的种类、质量要求、性能特点及用途。

其次，分析各配方组成，研究各配方洗衣粉的性能特点。

最后，判别各配方洗衣粉的种类、性能特点及用途。

②合成洗衣粉。合成洗衣粉是合成洗涤剂用品中的主要品种，为空心颗粒状，具有相对密度小、易溶解、干爽结实、流动性好、便于包装和储存等特点。合成洗衣粉一般是选择一种洗涤表面活性剂为主体，也可采用两种以上的复配方，还可以加有相当量的助洗剂和辅助剂。洗衣粉的品种很多，各有特点：丝毛洗衣粉洗后手感柔软，光泽度好，强度不受损失，去垢力强，易漂洗，适于洗涤丝、毛或混纺等精细织物；杀菌洗衣粉的特点是既洗涤去污，又能消毒、杀菌，是一种双功能高效洗衣粉；浓缩洗衣粉的特点是用量少（是普通洗衣粉的1/4左右），去垢力强，泡沫低，易漂洗，适合洗衣机使用；无磷洗衣粉用沸石等替代聚磷酸盐，是环保类洗衣粉。

（4）合成洗涤剂的质量要求

①合成洗涤剂的感官品质指标。优质的洗涤剂应色泽均匀、无异味，受一般外界因素影响应无变质情况；液态洗涤剂则要考虑其透明度、稠度、保存性等；固体洗衣粉颗粒的直径应为0.5～0.8mm，颗粒均匀，视比重在0.28～0.36克/毫升，流动性好，没有发黏结块、受潮结块的现象。

②合成洗涤剂理化质量指标。表面活性剂的含量以百分比表示，其含量不同，会产生不同的洗涤剂类型，不皂化物含量越小越好；pH值，丝毛型洗涤剂呈中性，棉麻型洗剂呈碱性，但应小于等于10.5；去污力、生物降解率越大越好；对人体无害，对皮肤刺激性越小越好。

2）肥皂

肥皂是用油脂与碱经皂化作用制成的高级脂肪酸盐，并辅以各种辅助原料而制成的产品。肥皂一般为块状，其特点是溶解度好，去污力强，有一定硬度，使用方便，起泡迅速而丰满，但不适于在硬水中洗涤。

（1）肥皂的组成及作用

①主要原料。肥皂的主要原料为油脂和碱，油脂是制皂的基本原料，要求含量纯净、无杂质、无臭、无味、无酸败；碱在制钠皂时用苛性钠，制钾皂时用苛性钾。

②辅助原料。在肥皂中加入辅助原料的目的是提高其特有的性能，如加入香料后不仅可增加香味，而且具有良好的杀菌消毒功效；在肥皂中加入色料会更加美观；肥皂中的药料主要是用来消毒和防腐，但必须适量添加。

③填充原料。填充原料即填充肥皂体积以及增加重量的材料，主要包括水溶性填充料，如水玻璃、碳酸钠等；水不溶性填充料，如洗涤陶土、碳酸钙、石膏、滑石粉等，这类填充料以填充肥皂体积和降低肥皂成本为目的。

（2）肥皂的分类品种

①肥皂的种类（如图9-6所示）。

- 肥皂
  - 碱金属皂
    - 硬皂（钠皂）
      - 洗衣皂
        - 普通洗衣皂
        - 皂片
        - 皂粉
        - 海水皂
      - 化妆皂
        - 香皂
        - 透明皂
      - 药用皂
      - 工业皂
        - 纺织工业用皂
        - 金属工业用皂
    - 软皂（钾皂）
      - 普通软皂
      - 液体皂
  - 金属皂

图 9-6　肥皂的种类

金属皂是一种工业用皂，不能溶于水，因此，不能作为洗涤污垢之用。

②肥皂的主要品种。洗衣皂是指用于洗涤衣物的块状肥皂，根据脂肪酸的含量可分为42型、47型、53型、60型等。透明皂的总脂肪酸含量在72%左右，具有耐用、碱性小、溶解度大、泡沫丰富等特点。香皂的总脂肪酸含量达80%，用于清洁皮肤，属于化妆洗涤用品，其特点是组织紧密细腻，易于溶解，泡沫丰富，去污力强，对皮肤刺激小，质地纯洁，气味芳香长久，总脂肪酸含量高。药皂是指加有杀菌剂的肥皂，不仅可以作为一种洗涤剂，而且可以作为一种消毒杀菌剂，总脂肪含量也在72%左右。液体皂以肥皂主要成分和质量优良的合成表面活性剂复配而成，集中了肥皂和合成洗涤剂的优点，特点是能软化硬水，pH值在10以下，性质温和，使用方便，泡沫力低，去垢力强。

（3）肥皂的质量要求

①肥皂的感官质量指标。

外观：洗衣皂应硬度适中、不发粘、不分离、不开裂；香皂应干硬、细腻均匀，无裂纹、无气泡、无斑点、无剥离。

色泽：洗衣皂颜色均匀洁净，香皂色泽均匀且相对稳定。

形状：洗衣皂形状端正、收缩均匀，不得有歪斜、变形、缺边、缺角等现象发生；香皂可以压成各种形状，同样不得有歪斜、缺裂或字迹模糊等现象发生。

气味：洗衣皂无不良气味，而香皂应具有由各种天然或合成香料配成一定类型的持久香味。

②肥皂的理化质量指标（见表9-2、表9-3）。

表9-2　**洗衣皂的理化质量指标**

指标名称	53型	47型	42型
总脂肪酸含量（%）	53	47	42
每块总脂肪酸实际质量不低于标准重量（%）	95	95	95
游离碱（NaOH）不大于（%）	0.3	0.3	0.3
脂肪酸凝固点（℃）	37～45	37～45	37～45
硅酸钠用SiO_2表示不小于（%）	2	2	2.5
泡沫（40℃）最高点不小于（mm）	170	170	160
泡沫（40℃）过5分钟后不小于（mm）	160	160	150
40℃±1℃时溶解度（mg/cm^3）	20～35	20～35	20～40

表9-3　香皂的理化质量要求

指标名称	优级	一级	二级	三级
总脂肪酸含量（%）	80	80	80	80
总脂肪酸含量允许不低于（%）	78.5	78.5	78.5	78.5
游离碱（NaOH）不大于（%）	0.05	0.05	0.05	0.05
开裂（级）不大于	2	3	4	5
糊烂（20℃±1℃）不大于（mm）	2	—	3	3
剖面白心气泡（级）不大于	1	2	3	4
脂肪酸凝固点（℃）	37.0～43.0	37.0～43.0	37.0～43.0	37.0～43.0
泡沫（40℃）最高点不小于（mm）	180	175	170	165
泡沫（40℃）过5分钟后不小于（mm）	175	170	165	160

9.1.2　化妆品

化妆品是清洁、保护、美化、营养人体面部、皮肤表面及毛发等的日常用品。它有令人愉快的香气，能充分表现人体的美，给人以容貌整洁、讲究卫生的好感，有利于人们的身心健康。如今消费者使用的护肤品和化妆品不仅要有清洁、保湿等功能，而且消费者还希望这些护肤品和化妆品具有去皱、增强皮肤弹性的功能。正是利用人们对美的崇尚和追求天然的心理，化妆品生产商开始大量使用天然活性物，化妆品消费正在向着天然营养方向发展。

1）化妆品的种类

（1）化妆品按其物理性状可分为：膏霜类，如雪花膏、香脂、润肤霜、防晒霜、洗发膏等；粉质类，香粉、爽身粉、粉饼、胭脂等；液体状类，如香水、花露水、冷烫水、生发水等；胶状类，如指甲油、清洁面膜等；笔状类，如眉笔、唇线笔等。

（2）化妆品按其用途可分为：护肤类，如雪花膏、香脂、乳液等；营养类，如人参霜、珍珠霜等；药疗类，如粉刺霜、祛斑霜等；护发类，如护发乳、护发素等；美发类，如染发剂、冷烫水等；清洁类，如洗发膏、洗发精、清洁霜等；美容类，如粉底液、香粉等；美化指甲类，如指甲油、洗甲水等。另外还有儿童用品、男性用品等类。

2）化妆品的主要品种及性能特点

（1）雪花膏。雪花膏是指硬脂酸、甘油和水在乳化剂作用下而形成的水包油乳化体。它是一种半固体膏状化妆品，白似雪花，涂在皮肤上遇热融化，像雪花一样地消失，故得名雪花膏。雪花膏的特点是抹在皮肤上不油不腻，使皮肤有滋润、滑爽舒适的感觉，待水分蒸发后，在皮肤上留下一层透明薄膜，能隔离外界干燥空气与皮肤接触，防止皮肤中的水分过快地挥发，从而调节和保护角质层，使皮肤柔软、滋润，适合春、秋季和油性皮肤者使用。在雪花膏中加入一些特殊成分可形成不同品种（见图9-7、表9-4）。

- 雪花膏
  - 按酸碱性分
    - 微碱性：pH 值为 7 ~ 8.5（中低档，保护皮肤）
    - 微酸性：pH 值为 5.5 左右（高档、中和碱、抗菌）
    - 中性：pH 值为 7 左右（中高档，适用于皮肤对酸、碱性过敏者）
  - 按功能分
    - 普通型：一般为微碱性和中性品种
    - 粉质型：具有雪花膏和香脂双重效能
    - 营养型：使皮肤具有弹性，延缓老化
    - 药用型：对粉刺、雀斑、色素等有一定缓解作用

图 9-7　雪花膏的种类

表 9-4　**营养霜主要品种的营养成分与功能**

主要品种	营养成分	主要功能
人参霜	在人参提取液中含有多种维生素、激素、糖类等物质	能够促进皮肤血管末梢的血液循环，具有强化新陈代谢，活化、滋润和调理皮肤的功能
珍珠霜	在珍珠粉中含有多种氨基酸（20 多种）	能够促进皮肤新陈代谢，组织再生，使皮肤细嫩，并有防治皮肤病的功能
蜂王浆	在蜂王浆中含有蛋白质、脂类、维生素、酶等物质	能够增强皮肤的抵抗力，防止皮肤粗糙，增强皮肤的弹性和新陈代谢
灵芝霜	含有多肽与酰胺类物质、甘露醇、麦角甾醇等物质	有滋润皮肤的作用，促进皮肤的新陈代谢，减缓皮肤衰老

（2）香脂。香脂又名冷霜，是油类物质在乳化剂的作用下形成的油包水型乳化体，外观与雪花膏相似，也是半固体膏状化妆品。其含油量多于雪花膏，具有抗寒润肤的性能。香脂防止皮肤干燥、冻裂的功能比雪花膏强，因此适合冬季或干性皮肤人使用，其品种与雪花膏类相同。

（3）洗发水。洗发水是以表面活性剂为主体配制而成的，它是一种清洁头发、头皮，并保持其美观的液体洗发用品。其特点是洗涤力温和，无碱性刺激作用，洗后易于梳理，易于冲洗，加入营养和药性物质，使洗发、护发、美发融为一体。

（4）香水类。香水的基本成分是酒精和香精，习惯上香精含量多（15% ~ 25%）且香精质量高的称为香水；香精含量少（3% 左右）、质量较次，且有防蚊虫效果的称为花露水。高级香水用天然动物香料和经陈化的酒精配制，香味持久；花露水也是一种卫生用品，洒在身上可以除汗臭，防蚊虫叮咬。

3）化妆品的质量要求

化妆品的包装应整洁、美观、封口严密，不得泄漏，商标、装饰图案、文字说明等应清晰、美观、色泽典雅、配色协调；在使用说明书中应写明商标、品名、生产许可证编号、产品用途、生产日期、保质期、厂家地址、容量或重量、香型、主要原料、使用方法、使用注意事项及安全警告、产品储存条件及方法等；无色固状、粉状、膏状、乳

状化妆品应纯净有光泽，液状应清澈透明，有色化妆品应色泽均匀一致，无杂色；固状化妆品应软硬适宜，粉状化妆品应粉质细腻，膏状、乳状化妆品应稠度适当，质地细腻，液状化妆品应清澈、均匀、无颗粒杂质；气味化妆品必须具有芬芳的香气，不同的化妆品是不同的香型，但必须持久，没有强烈的刺激性；在安全卫生性方面，要求外观良好、没有异味、对皮肤和人体没有刺激和损伤、无感染性、使用安全等，眼部、口唇、儿童用化妆品，菌落总数不大于500CFU/g，其他化妆品不大于1 000CFU/g，有毒物质限量为汞1mg/kg、铅10mg/kg、砷2 mg/kg、镉5mg/kg、甲醇2 000 mg/kg，石棉不得检出。

4）化妆品的有害成分与人体健康之间的关系

（1）对苯二酚：医学上称氢醌，皮肤漂白剂，有毒，成人误服1g，即可出现头痛、头晕、耳鸣、面色苍白等症状，在不少晚霜中都含有这种成分。

（2）铅、汞：同样起到美白祛斑的效果，也有加在口红、唇彩、指甲油中，起到沉淀、着色不易脱落的作用。久用会使角质层增厚，并直接进入人体的消化器官和内脏。虽然一时看上去皮肤很白，但久用会使黑色素沉淀于皮下，形成铅汞斑或铅汞中毒，难以去除。

（3）皂碱成分：起到去油污的作用，常加入洁面乳中，但会破坏皮肤天然的弱酸性保护膜（屋内熏醋消毒，说明酸性环境杀菌），使细菌和螨虫更易生长繁殖，经常使用碱性洗面奶会加速皮肤老化。

（4）色素、防腐剂和香料：它们大多是合成产品，如煤焦油类合成香料、醛类系列合成香料等。在煤焦油系列色素中，有亚硝基染料和硝基色素，这些物质对人体非常有害。放入化妆品中的防腐剂的主要成分是甲醛，其释放出来会污染室内空气。染发剂属氧化型染料，包括20多种化学成分，其中约有一半可诱发癌变。

（5）激素：激素用于化妆品可暂时去皱，使面部饱满、滋润、有弹性、有光泽，对皮肤有抑制、舒缓等作用，可让皮肤遇到伤害后不排斥、止痒止痛。但激素是一种易氧化的化学成分，常使用激素产品的人，被晒后会越晒越黑，斑也越来越深，最后很难去掉。这是因为化妆品在阳光照射下会发生氧化，被色素细胞阻隔，颜色就越来越深，淤积在表皮上，常被人误认为“黄褐斑”。经常使用激素类化妆品，易使皮肤的免疫机能亢进，导致皮肤自身免疫功能下降，形成敏感性皮肤和过敏性皮肤。

【同步思考9-1】

问题：为什么在化妆品中，微碱性化妆品属中低档产品，中性化妆品属中高档产品，微酸性化妆品属高档产品？

理解要点：人皮肤的pH值呈微酸性，如化妆品的pH值接近皮肤的酸度，不仅使人感觉舒适，增强皮肤的抗菌能力，而且能中和皮肤上残留的碱性物质，从而起到保护皮肤的作用。

5）化妆品的选用与保管

（1）化妆品的选用

①应根据各自皮肤、发质选用化妆品。皮肤的性质可分为油性、中性、干性、混合性，选用护肤性化妆品应根据自己的皮肤性质来确定。例如，干性皮肤者应选用油质性护肤品，油性皮肤者应选用水质性护肤品。发用类化妆品的使用也应根据自己的发质来

确定。

②不同季节、不同时间应选用不同化妆品。一般冬天应选用油包水型化妆品，夏季应选用水包油型化妆品；白天使用日霜，晚上使用晚霜等。

③药疗类化妆品应根据说明书慎用。药物化妆品对皮肤有一定的疗效作用，但因人体皮肤的吸收功能有限，所以，药物化妆品的疗效也有限，属防病型，如果患有面部色素沉着或痤疮等，应及时到医院治疗。

④新品牌使用前应试用。当买到一种新品牌化妆品时，消费者不妨自己先做一个皮肤试验，用少许化妆品涂在耳根等部位，经48小时后，如感到皮肤出现不适，则说明皮肤不适合这种化妆品，不宜使用。

⑤香水类化妆品的使用。选用香水类化妆品时应注意性别，男性宜选用男用香型，女性宜选用女用香型。由于香水含酒精和香精较多，因此不宜用于脸部和皮肤破裂处。

⑥选择防晒霜应考虑其SPF值。SPF值亦指防晒系数，SPF的意思是皮肤抵挡紫外线的时间倍数。一般黄种人皮肤平均能抵挡阳光15分钟而不被灼伤，那么使用SPF20的防紫外线用品，便有约300分钟（15×SPF20）的防晒时间。在SPF值过高的防晒霜中会掺有过多的紫外线吸收剂，会导致一部分人出现过敏反应，因此平时使用可选用SPF15～30的防晒霜；外出游玩时可选用SPF30～50的防晒霜。

（2）化妆品的保管

化妆品属于易变质、易损耗商品，储存期一般不宜超过1年。化妆品在保管过程中要求库房干燥、阴凉、通风，适宜温度为5℃～30℃，相对湿度以不超过80%为宜；化妆品在搬运中必须轻装轻卸，堆码不宜过高，切勿倒置，远离热源、电源；要经常检查化妆品有无破损、变质现象发生，并及时采取补救措施。

【同步案例9-1】

防晒霜怎么选购？SPF、PA、UVA、UVB又是什么意思？

背景与情境：防晒霜怎么选购？防晒霜上面的SPF和PA又是什么意思？广告中的UVA和UVB又是什么意思？相信很多小仙女在选购防晒霜的时候，都会被这些专有名词弄昏了头脑。那么我们一起来看看这些名词代表的是什么意思，防晒霜又要怎么选购吧。

在选择防晒霜的时候，我们要选择适合的防晒倍数。但是每天的紫外线指数都不一样，我们需要根据每天手机上的天气预报来选择当天适合的防晒霜。因此，平日里最好是备有不同防晒倍数的防晒霜，以备不时之需。

紫外线指数为0～4的时候，强度较弱，对人体没有太大的影响，不需要做防护措施，或在外出时戴上太阳镜和太阳帽即可；

紫外线指数为5～6的时候，紫外线就会对人体产生影响，除了要戴上太阳镜和太阳帽之外，还需要涂上SPF值大于15的防晒霜；

紫外线指数升至7～9的时候，代表着紫外线强度较强，在早上十点到下午三点的时候最好避免户外活动，外出则要做好防护措施，并涂上SPF值大于35的防晒霜；

若是紫外线指数大于10，这时紫外线对人体的伤害就比较大了，我们应当尽可能地不外出，需要外出的话，在做好物理防晒的措施之余，还要涂上SPF50+的防晒霜。

那么，上文提到的SPF又是什么东西呢？许多防晒霜在SPF后面提到的PA又是什么意思呢？

SPF指的是防晒系数，SPF的大小表明的是该防晒霜所能发挥的防晒效果的高低，主要针对的是UVB的防御能力。

PA同样也是防晒系数，但它是测量防晒霜中对紫外线UVA的防御能力的指数，和SPF防御的是不同的紫外线。

既然如此，我们就顺带了解一下UVA和UVB又是什么吧。

UVA是长波紫外线，在春季最强，对皮肤影响最大，容易使皮肤老化、晒黑、出现色斑和皱纹等，严重的还有可能导致肿瘤！

UVB是短波紫外线，在夏季最强，容易对皮肤表层形成伤害，最常见的就是晒伤。

看了上面的介绍，现在你知道防晒霜上面的字母都代表的是什么了吗？涂防晒霜不仅仅是防止变黑这么简单，更有着防止晒伤、皮肤老化等重要作用！所以，快去选购适合自己的防晒霜，做好充足的防晒工作吧！

资料来源　360化妆品网.防晒霜怎么选购？SPF、PA、UVA、UVB又是什么意思？[EB/OL]. [2020-01-07]. http: //360xh.com/news/202101/07/69125.html.

学习微平台

问题：上述防晒霜怎么选购一文对你有何启示？

分析提示：从化妆品的功能、消费、人们对美和健康的追求等方面来分析。

延伸阅读
9-1

9.1.3　塑料制品

塑料是以合成或天然的高分子材料为主要成分，可在一定温度和压力下塑制成型，而在常温下保持形状不变的材料。塑料具有质量轻、强度高，化学稳定性好，绝缘性好，着色性好，具有一定的透明度等优点，但有易变形，尺寸稳定性差，导热性、耐热性差，易老化等缺点。

近年来，塑料的环保问题也越来越被人们所关注，可降解是塑料行业的发展方向。可降解塑料既具有传统塑料的功能和特性，又可在土壤和水中的微生物作用下，或通过阳光中紫外线的作用，在自然环境中分裂降解和还原，最终以无毒形式重新进入生态环境中，回归大自然。可降解塑料一般分为生物降解塑料、光降解塑料和生物/光降解塑料。

1）塑料的组成及其作用

（1）合成树脂

构成塑料的一般是合成树脂。合成树脂是以煤、石油、天然气以及一些农副产品为主要原料，由具有一定条件的低分子化合物，通过化学或物理方法结合而成的高分子化合物。在塑料中合成树脂的含量一般可达40%～100%，是塑料全部组成成分的黏合剂，也是决定塑料工艺性质和性能特点的内在因素，由于树脂的成分结构不同，其性质也各不相同。

（2）塑料助剂

在塑料中加入助剂的目的主要是改善加工性能，提高效能和降低成本。不同种类的塑料因成型加工方法以及使用条件不同，所需助剂的种类和用量也不同，常见的助剂有：

增塑剂，能增加塑料的柔软性、延伸性、可塑性，降低塑料流动温度和硬度，有利于塑料制品的成型，但抗张强度、弹性模量、介电性质则有所降低；稳定剂，塑料制品在加工、贮存和使用过程中，在光、热、氧的作用下易老化，为了延缓和阻止老化现象的发生，必须加入稳定剂，主要有热稳定剂、光稳定剂和抗氧剂等；阻燃剂，是一类能提高塑料着火点，延缓燃烧速度或阻止燃烧的物质；抗静电剂，是一类能消除或防止塑料表面静电的物质；发泡剂，是一类能使塑料产生微孔的物质，这类物质多为随温度变化可气化或产生气体的化合物，前者称为物理发泡，后者称为化学发泡；着色剂，能改变塑料固有的颜色，美化塑料制品；润滑剂，是一类能改善塑料加热成型时的脱模性和提高制品表面光洁度的物质；增强材料和填料，是为改善塑料性能、降低塑料成本、扩大塑料应用范围而加入的物质，常用的有玻璃纤维、石棉、碳酸钙、滑石粉、纤维素等。

2）塑料的分类

第一，按塑料的成型性能，塑料可分为热固性塑料和热塑性塑料两大类。

A.热固性塑料，经加热成型后，形成质地坚硬、不溶于任何溶剂的塑料，即使再加热也不能使其软化，只会碳化，它们的大分子为网状结构。常见的热固性塑料有酚醛塑料、脲醛塑料、密胺塑料等。

B.热塑性塑料，是一类加热软化、冷却变硬的塑料，即使成型后，也可通过再次加热，使其软化，重新成型，它们的大分子为长链型或支链型结构，常见的热塑性塑料有聚乙烯、聚丙烯、聚氯乙烯、聚苯乙烯、有机玻璃、聚酯、聚酰胺和硝酸纤维素等。

第二，按塑料的应用范围，塑料可分为通用塑料和工程塑料两大类。

第三，按塑料的可燃程度，塑料可分为易燃性塑料、可燃性塑料和难燃性塑料三大类。

第四，按塑料的毒性，塑料可分为无毒塑料和有毒塑料两大类。

第五，按塑料是否是微孔结构，塑料可分为泡沫塑料和非泡沫塑料两大类。

3）塑料主要品种的性能特点及制品

（1）聚乙烯塑料（PE）

聚乙烯塑料具有质轻、不易脆化、无臭、无味、无毒、化学稳定性强、绝缘性好，有一定的透气性等特点。聚乙烯按密度可分为高密度、中密度和低密度三种。低密度聚乙烯，质地较软，外观呈乳白色半透明状，使用温度在80℃～100℃，比重在0.91～0.92，具有较好的柔软性、伸长率和耐冲击性，适用于制造较柔软的制品，如奶瓶、杯子、薄膜等；高密度聚乙烯，质地刚硬，耐热性、耐寒性较好，外观呈乳白色不透明状，比重一般在0.9～0.96，使用温度可达100℃，抗拉强度较高，适用于制造较刚硬的制品，如衣钩、管道、饮料周转箱等；中密度聚乙烯性能介于低密度和高密度之间，适用于制造热水瓶壳、水桶、面盆等产品。

（2）聚氯乙烯塑料（PVC）

聚氯乙烯塑料的主要特点是色泽鲜艳、不易破裂、结构较为紧密，比重可达1.3左右，耐腐蚀，气密性好，硬度和刚性比聚乙烯大；耐老化，电绝缘性好，有较大的机械强度，有很好的阻燃性；耐热性差，使用温度最好在40℃以下，遇冷出现变硬发脆现象；耐光性较差，遇热易变形等。聚氯乙烯塑料在日用品方面主要是用于制造肥皂盒、鞋底、薄膜等产品，在工业品方面主要用于制造管材、板材、建筑材料等产品。

（3）聚丙烯塑料（PP）

聚丙烯塑料是乳白色半透明状，是最轻的一种塑料，比重在0.9～0.91，无毒、无味，机械性能比聚乙烯高，耐冲击、耐磨、耐腐蚀、绝缘性好，并具有良好的拉伸强度、耐热性和气密性，使用温度可达110℃，在没有外力作用下，即使温度达150℃时，也不会变形，但耐自然老化和耐寒性较差，适用于制造撕裂薄膜、各种容器、家电外壳等产品。

（4）聚苯乙烯塑料（PS）

聚苯乙烯塑料属硬塑料，敲击时会发出铿锵的金属音响，硬度高、表面光滑、富有光泽，无毒、无味，透光率仅次于有机玻璃，具有良好的耐水、耐光和耐化学性能，以及特别优异的电绝缘性和低吸湿性，但强度低，脆性大，耐热性低并易于燃烧，长期使用温度只有70℃左右，适用于制造牙刷柄、电器外壳、玩具等产品。

（5）聚酰胺塑料（PA）

聚酰胺塑料是白色半透明塑料，无毒、无味、强度高，最大特点是耐磨性好，而且还可以自行润滑，耐油性也好，但耐酸性和耐光性较差。除用于纺织、机械外，聚酰胺塑料大量用于制造各类刷子、球网、拉链等产品。

（6）有机玻璃（PMMA）

有机玻璃系聚甲基丙烯酸甲酯塑料，最大的特点是既透明又结实，透光率可达92%，比普通玻璃还高，质轻、强度好、脆性小、耐气候性好，外观极为美观，加入荧光剂可制成荧光塑料，加入珠光剂可制成珠光塑料，但表面硬度低，耐磨性、耐热性差，使用时超过100℃即软化变形，适用于制造纽扣、文具、眼镜、标牌等产品。

（7）酚醛塑料（PF）

酚醛塑料有较好的耐热、耐寒性，不易燃烧，表面硬度高，电绝缘性好，耐热可达110℃，耐腐蚀性也好，不易老化，对各种油类和溶剂具有较强的抵抗力，但色泽比较深暗，脆性较大，吸水性也较大，适用于制造纽扣、锅壳把手、电器零件等产品。

（8）脲醛塑料（UF）

脲醛塑料，色泽鲜艳，表面硬度高，耐热性、耐寒性、耐磨性、电绝缘性好，耐油，不宜受弱碱和有机溶剂的影响，但不耐酸，其耐热性、耐水性和化学稳定性比酚醛塑料差，适用于制造纽扣、电器开关插座、贴面板等产品。

（9）密胺塑料（MF）

密胺塑料无毒、无味、耐酸碱，表面硬度和耐冲击强度都比较高，制品不易破碎，吸水性低，耐热性好，能长期在110℃左右使用，玷污后易清洗，但破损后难以修补，适用于制造各种食具、电器的绝缘零件等产品。

（10）硝酸纤维素塑料（CN）

硝酸纤维素塑料，本身无色透明，着色性能好，最大特点是质轻，弹性特别好，最大缺点是易燃，适用于制造乒乓球、文具、眼镜架等产品。

4）塑料的外观质量要求及鉴别

（1）塑料的外观质量要求

塑料的品种很多，结构与造型各异，一般要求外形完整且无缺陷，表面光洁平滑，无凹凸现象，无皱纹、裂痕、小孔、麻点等，有色制品要求光泽均一，不可混有杂色或深浅不均。透明制品要求必须去杂质彻底，有一定的透明度和光泽度，无水泡、裂纹；吹塑成型的各类容器制品要求厚薄均匀；塑料薄膜制品则要求注意砂眼杂质；装配类塑料制品的尺寸规格必须符合标准等。

（2）塑料制品的外观鉴别

从各种塑料的外观特征如色泽、透明度、光滑性、手感、表面硬度、敲击声及将其放入沸水中和放入水中等来区分和判断塑料种类。各种塑料的外观特征如下：

①聚乙烯塑料为乳白色半透明或不透明状，手摸有石蜡油腻感，质地柔软能弯曲，放在水中能浮于水面，在沸水中能显著软化。

②聚氯乙烯塑料硬制品坚硬平滑，敲击时声音发闷，色泽较鲜艳；软制品柔软富弹性，薄膜透明度较高，而无蜡质感，放在水中不沉，遇冷变硬，有特殊气味。

③聚丙烯塑料的本色为乳白色半透明体，手摸润滑但无油腻感，质地硬挺有韧性，放在水中能浮于水面，在沸水中软化程度不显著。

④聚苯乙烯塑料表面硬度与透明度较高，色泽鲜艳，其主要特点是敲击或轻掷时，有类似的清脆声，弯折时易碎裂，断口处呈银白色。

⑤聚酰胺塑料表面光滑坚韧，色泽淡黄，敲击时无清脆声。

⑥有机玻璃的外观似水晶，透明度高，色泽鲜艳，弯曲时有韧性，敲击时声音发闷，用柔软物摩擦有机玻璃制品，能产生芳香水果气味。

⑦酚醛塑料表面坚硬，清脆易碎，断面结构松散，多为黑色、棕色的不透明体，敲击时会发出木板的沉闷声，俗称电木。

⑧脲醛塑料表面坚硬，清脆易碎，断面结构紧密，大多为浅色半透明体，并有玉石之感，俗称电玉。

⑨密胺塑料触摸手感似瓷器，表面坚硬光滑，断面结构紧密，放入沸水中不软化。

⑩硝酸纤维素塑料富有弹性，用柔软物摩擦其表面能产生樟脑气味。

（3）塑料的燃烧鉴别

不同塑料燃烧时，会产生不同的化学反应，表现出不同的反应状态，有的熔融，有的散发出浓烟，有的会产生强烈的气味等，根据不同塑料的燃烧特性，可以进行塑料种类的鉴别。此法也具有简单迅速的特点，但需选取小块试样。各种常见塑料的燃烧特征见表9-5。

表9-5 **塑料的燃烧特征**

塑料名称	燃烧难易	离火后是否自熄	火焰的特点	塑料的变化状态	气味
聚氯乙烯	难	离火即灭	黄色、下端绿色有白烟	软化	刺激性酸味
聚乙烯	易	继续燃烧	上端黄色、下端蓝色	熔融、滴落	与燃烧蜡烛的气味相似
聚丙烯	易	继续燃烧	上端黄色、底部蓝色少量黑烟	熔融、滴落、膨胀	石油味
聚苯乙烯	易	继续燃烧	橙黄色、浓黑烟	融化、起泡	特殊臭味
有机玻璃	易	继续燃烧	浅蓝色、顶端白色	融化、起泡	有水果香味
聚酰胺	缓慢燃烧	慢慢熄灭	蓝色、顶端黄色	熔融、滴落	特殊羊毛、指甲烧焦味
硝酸纤维素	极易	继续燃烧	黄色	迅速完全燃烧	无味
电木	难	熄灭	黄色	颜色变深有裂纹	木材和酚味
电玉	较难	熄灭	黄色、顶端蓝色	膨胀、有裂纹，燃烧处变白	特殊的甲醛刺激气味

用燃烧法进行塑料检验时，必须采用无烟火焰。检验时用镊子夹住小块塑料，放在火焰中燃烧，然后离开火源，仔细观察塑料在燃烧过程中的各种状态和气味，进行检验。

【教学互动9-1】

揭秘塑料瓶底数字的真实含义

情境：很多塑料容器都有一个身份证“三角形符号”，三角形里面有1～7号数字，每个编号代表一种塑料容器，它们的制作材料不同，使用禁忌也存在不同。

（1）PET聚对苯二甲酸乙二醇脂。它是制造矿泉水瓶、碳酸饮料瓶等的常用材料。耐热至70℃，易变形，有对人体有害的物质融出。1号塑料品用了10个月后，可能释放出致癌物DEHP，不能放在汽车内晒太阳；不要装酒、油等物质。

（2）HDPE高密度聚乙烯。它是制造白色药瓶、清洁用品瓶、沐浴用品瓶的常用材料；不能用来制作水杯，或者用来制作储物容器装其他物品；清洁不彻底，不要循环使用。

（3）PVC聚氯乙烯。它是制造雨衣、建材、塑料膜、塑料盒等的常用材料。其可塑性优良，价钱便宜，故使用很普遍，只能耐热81℃，高温时容易产生不好的物质，因此很少被用于制作食品包装，难清洗易残留，不能循环使用，若装饮品不要购买。

（4）PE聚乙烯。它是制造保鲜膜、塑料膜等的常用材料，遇高温时会产生有害物质，当有毒物随食物进入人体后，可能引起乳腺癌、新生儿先天缺陷等疾病。保鲜膜不要放进微波炉中使用。

(5) PP聚丙烯。它是制造豆浆瓶、优酪乳瓶、果汁饮料瓶、微波炉餐盒的常用材料。熔点高达167℃，是唯一可以放进微波炉的塑料盒，可在小心清洁后重复使用。需要注意的是，有些微波炉餐盒，盒体以5号PP制造，但盒盖却以1号PET制造，由于PET不能抵受高温，故不能与盒体一并放进微波炉内使用。

(6) PS聚苯乙烯。它是制造碗装泡面盒、快餐盒的常用材料，不能放进微波炉中，以免因温度过高而释出有害物质，装酸性（如柳橙汁）、碱性物质会分解出致癌物质。避免用快餐盒打包滚烫的食物。不可用微波炉煮碗装方便面。

(7) PC其他类。它是制造水壶、太空杯、奶瓶的常用材料。百货公司常用这样材质的水杯当赠品，这种材质很容易释放出有毒的物质双酚A，对人体有害，因此使用时不要加热，不要在阳光下直晒。

塑料容器符号如图9-8所示。

图9-8 塑料容器符号

以上最有毒的是3、6和7号。如果在瓶底上出现这三个数字的标识，千万慎用。

资料来源 莫言，长宏，笑菡. 揭秘塑料瓶底数字的真实含义［N］. 中国质量报，2011-07-08（5）.

互动问题： 你所用的塑料容器有没有三角形符号，是否违反了案例中所说的使用禁忌？

互动要求： 同“教学互动1-1”的“互动要求”。

9.2 皮鞋商品

皮鞋是指用猪皮、牛皮、羊皮、马皮或合成革等主要材料作鞋帮，以皮革、橡胶、塑料等材料作鞋底，鞋底与鞋帮采用模压、硫化、胶粘、线缝和注压等工艺加工成鞋的鞋类。皮鞋在鞋类产品中属于比较高档的商品，不仅要求穿着舒适，而且要求造型美观。皮鞋的帮样结构、花色品种等都随着年龄、性别和季节的不同而变化。

9.2.1 天然皮革的种类及质量要求

皮鞋的主要材料是皮革，皮革是毛皮和革的总称，一般把革制品称为皮革制品，把毛皮制品称为裘皮制品。皮革是指动物皮经过一系列物理的、化学的加工处理后所获得的变性物质。随着科学技术的发展，人造革、合成革制品已成为皮革制品的一个有机组成部分。

1）制革原料皮

原料皮来源于动物，以猪皮、牛皮、羊皮为主，有少数马、驴、骡、鹿、骆驼皮等，其他皮较少。原料皮的来源如图9-9所示。

- 制革原料皮
  - 家畜皮
    - 猪皮
    - 牛皮：黄牛皮、水牛皮、牦牛皮
    - 羊皮：绵羊皮、山羊皮
    - 马皮、驴皮、骡皮、骆驼皮、狗皮
  - 野生动物皮
    - 鹿皮
    - 麂皮
    - 野猪皮
  - 其他皮类

图 9-9　原料皮的来源

2）皮革的种类

皮革的种类很多，按原料皮的种类，可分为猪皮革、牛皮革、羊皮革、马皮革、麂皮革等；按整饰加工可分为正面革、绒面革、修面革、多脂革等；按皮革的用途可分为鞋用革、服装革、箱包革、沙发革、皮带革以及工业革、装具革等。在每种分类中又可细分为小类，如鞋用革又分为鞋面革、鞋底革、鞋里革、内底革、沿条革等。

3）皮革的性能特点

皮革与纺织品、橡胶、塑料相比，有以下优点：

（1）具有良好的耐热性和耐寒性。皮革制品一般在60℃以上的热水中才会收缩，有些革甚至在沸水中也不收缩。皮革通常加热至120℃～160℃时也不变形；在冰雪严寒的冬天，仍保持一定的柔软性和坚固性。

（2）具有较高的机械强度。其耐磨强度、抗张强度、拉伸强度和耐折度等在一定的程度上都比橡胶、塑料好；其延伸性和变形性都好于橡胶、塑料。

（3）由于革属于多孔性的变性物质，因此具有保温性、透气性、透湿性和卫生性。

（4）革具有很好的着色能力，因此它具有鲜艳的颜色和很好的光泽。

皮革的主要缺点是耐水性差，因为皮革里具有可溶性物质，当这些可溶性物质遇到水，就会被水溶出来，这样皮革就变得疏松而不耐磨，也容易破裂。此外，皮革的耐酸碱能力较差。又由于皮革的原料主要来源于动物皮，价格也较贵。

4）皮革的外观特征

（1）猪皮革，表面毛孔圆而粗大，毛孔以倾斜方向伸入革内，而且每三个毛孔排列成一组，呈品字形，每组相隔较远，革面比较粗糙，成革机械强度较高。

（2）黄牛皮革，表面毛孔细小而呈圆形，分布均匀而紧密，但排列不规则，好像满天星斗，革面丰满细致，手感坚实而富有弹性，毛也较直地伸向里面。

（3）水牛皮革，表面毛孔比黄牛皮粗大而稀少，革面较松弛，成革粒面比黄牛皮粗糙，但成革机械强度大。

（4）山羊皮革，表面毛孔清楚，呈扁平圆形，革面细致，纤维紧密，成革坚实，强度较大。

（5）绵羊皮革，革面较松，毛孔细小，呈扁圆形，由几个毛孔构成一组，排成长列，似鱼鳞形或锯齿形，分布均匀，手感柔软，但坚牢度不如山羊皮革。

（6）马皮革，表面毛孔不明显，仔细观看时能发现皮纹呈椭圆形，比牛皮革毛孔略大，分布均匀，有规律地排列成山脉形状，革面较为细致、柔软，但色泽昏暗，不如牛皮光亮。

（7）再生革，是将皮渣、皮纤维磨碎，经高压用黏合剂黏合，形成片状，然后经片皮机片到需要的厚度，再进行涂饰使它具有一定皮革特性。其粒面经修饰后压上花纹，花纹种类为牛、羊、猪皮的纹路，但表面无毛孔眼，花纹浮在皮革表层上，表面有光泽，塑料感强。

（8）人造革，是在布底基上涂饰聚氯乙烯树脂，经处理成的革。其质地柔软，富有弹性，不易燃烧，耐热温度低，透气性差，遇低温发硬，塑料感强，光泽亮，冬天触摸有冷凉感。

（9）合成革，是在布底基上涂饰聚氨酯微孔弹性体生成的复合材料，其表面硬度高，机械强度、耐磨性、弹性等都优于人造革，透气性接近天然皮革，低温下质地同样柔软，塑料感强，光泽亮，各部位纹理规则一致。

5）常用皮革的外观质量要求

（1）鞋面革，要求有一定的延伸性和可塑性，革身柔软、丰满、有弹性；穿用时，鞋面要受反复的拉伸、曲折作用，要求有耐拉伸、耐曲折、耐碰擦的性能，不易断裂；为穿着时舒适，因此要求鞋面革有优良的耐水性、透气性和透水汽性。

（2）鞋底革。外底革要求耐磨性能特别好，抗压缩和耐弯曲变形能力强，身骨好，吸水性小，受潮干燥后变形小，革面平整光滑细致，不裂面，颜色均匀一致；软底革则要求厚度均匀一致，不应有发脆、僵硬、延伸过大、不牢等缺点；内底革要求耐汗性和耐温热、稳定性好。

（3）鞋里革，要求平整细致，质地薄而柔软，略有光亮，不能喷染溶于水的色料。

（4）服装革与手套革。服装革质地应丰满柔软，具有良好的透气性，革身厚度均匀一致，革面应细致美观，染色均匀牢固，无脱浆、裂浆、散光现象，并能耐熨烫且不变色。手套革与服装革相似，质地应更柔软丰满且富有弹性，厚薄均匀，不得有色花、刀伤，染色牢固。

（5）箱包革，要求色泽均匀，革面平整，具有适当的强韧性和耐磨性。

（6）沙发革，要求革身丰满柔软，弹性好，耐干湿，摩擦性好，具有良好的吸汗性能，涂饰层牢固，不掉浆，不发粘，色泽鲜艳，光泽好，经久耐用不易老化。

9.2.2 皮鞋的结构和分类品种

1）皮鞋的结构

皮鞋是由鞋帮和鞋底两部分构成的，下面以包头式皮鞋为例，观察它的结构（如图9-10所示）。

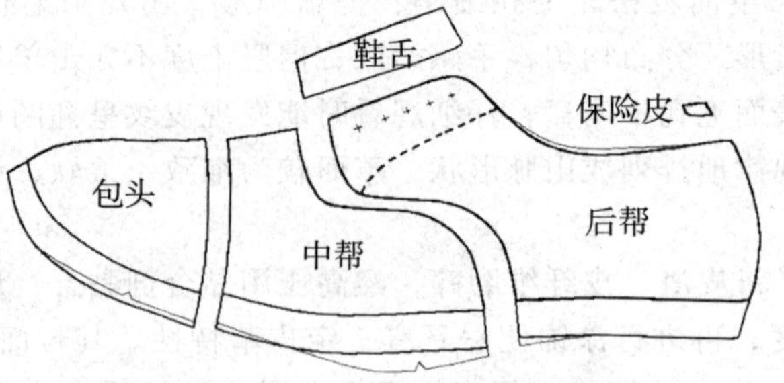

图9-10 皮鞋结构示意图

（1）鞋帮

皮鞋鞋帮的式样变化最多，各式各样的皮鞋区别也就在于鞋帮的式样不同、结构不同。鞋帮一般包括包头、中帮和后帮3个部分，包头与中帮又合称为前帮。

①包头，即鞋尖部位，是皮鞋最显露部位。包头的作用是保护脚趾不受外物碰撞。为了使皮鞋美观耐用，包头部位应选择表面平整、无伤残、色泽光亮、厚薄均匀、结构紧密、挺括的面革制成。包头的内层垫有一层较硬的内包头，使鞋头保持固定形状，内包头是用硬革裁切成的；内包头里层垫有柔软的衬革或衬布，以防硬革摩擦脚。

②中帮，是皮鞋的主要部分。中帮要受穿着者体重的撑压和反复的伸曲作用，是鞋帮承受外力最大部分。中帮所用革要求柔软密致，机械强度（耐折和拉伸）高，延伸性好，不应有伤残和裂痕。

③后帮，是由内外侧两块皮革缝合而成。后帮的作用是端正托住脚后跟，后帮不负荷过大的重力，穿用时也不显露（尤其内侧后帮更不显露）。后帮应使用面革质量较次的部位，厚度可薄于前帮。后帮里层沿脚后跟两侧垫有硬革，用以托住脚后跟，既保持后帮的形状，又保证后帮不被脚跟磨坏；最里层是后帮里子，此部位要经常摩擦，须使用较密致的鞋里革；两块后帮结缝的革条称为保险皮，保险皮需要承受较大的张力，其革料质量应高于后帮。鞋眼部位的下方垫有柔软的革片——鞋舌，用以垫隔鞋眼和鞋帮对脚面的摩擦和硬压作用，可使用松软的面革。

【同步业务9-2】

业务分析： 参照表9-6，分析皮鞋内包头与衬里的作用及所用材料和皮鞋质量的关系。

表9-6 内包头与衬里的作用、所用材料和皮鞋质量的关系

包头结构	作用	所用材料和皮鞋质量的关系
内包头	保形、保护脚趾、方便脚趾活动	以硬牛皮革为好，猪皮革次之，再生革、人造革再次之，塑料为最次
衬里	保护脚趾、防止硬革磨脚	以软牛皮革衬革为好，软猪皮革次之，再生革和衬布再次之，人造革为最次

业务程序：

首先，认知皮鞋的质量，不能只看外面的皮革材料，还要结合皮鞋各部分的内外用料，综合评价。

其次，根据皮鞋的结构扩充上表，将新的分析结果填到表中。

最后，得出皮鞋其他结构的作用及所用材料和皮鞋质量的关系。

（2）鞋底

鞋底由大底、膛底、沿条、鞋跟、垫心和勾心等部分组成。女鞋鞋底有平跟、半高跟和高跟之分，一般30mm左右为低跟，60mm左右为中跟，超过60mm为高跟。

①大底，也叫外底，是鞋直接与地面接触的部位，是皮鞋的主要组成部分，在穿用时，反复承受重压、弯曲、摩擦作用，由于大底与地面直接接触，常有潮湿和干燥的变化，所以要求大底选用结构紧密、质地坚实、耐摩擦的原料，一般要求男鞋大底厚度在3.5mm以上，女鞋大底厚度在3mm左右，厚底靴鞋常在大底前部加前撑，对前撑的要求与大底相同。装有前撑大底的靴鞋，其外底仅起衬托的作用，并不与地面接触，故对其质量要求可适当降低。用作皮鞋大底和前撑大底的原料有皮革、橡胶、塑料等。有关研究表明，鞋子每减轻1克，相对人体背部负荷减轻6克，因此，近些年常见的橡塑鞋底以其轻便、耐磨、弹性好而深受人们青睐。

②膛底，也叫内底。它是鞋底的最上层，即与脚掌直接接触部位。它的作用是保持皮鞋内部固定的底形，使脚掌接触在一个平整舒适的底面上。膛底承受着穿着者的体重压力和行走时弯曲的作用力，经常受汗液的侵蚀，故要选择坚实紧密且有一定透气性的原料。膛底一般应选用厚度为3mm左右的内底革，表面应光滑平整，对于高档皮鞋尚需在膛底表面加上一层柔软鞋垫。

③沿条，是联结鞋帮、膛底和大底的革条，围在鞋帮的外沿，沿条的上层是膛底和鞋帮，下层是大底。它具有承上启下的作用，负荷着上下两层的作用力，故需用坚实的底革或沿条革来裁切。皮凉鞋所用的沿条是为了加固缝口和装饰边沿，可采用较次的革料；单底鞋不用沿条，大底与鞋帮和膛底直接缝合。

④鞋跟，一般男鞋、女鞋的平跟或半高跟均由多层皮组成（即由多层跟里皮和跟面皮所构成）。跟里皮是用零碎的底革拼成，跟面皮要求与大底料相同。高跟鞋的鞋跟采用木制和塑料制，表面用皮革包裹，下面钉有跟皮。

鞋跟是承受人体压力最大的部位，不仅在行走时受到很大摩擦力，而且在人体转动时也将受到最大摩擦作用。鞋跟在全鞋中的作用是使体重均匀地分布在鞋底上，达到站时平稳，行走时舒适，因此，鞋跟要高矮一致，平稳匀称。对于高跟鞋的鞋跟，要求用鞋钉使其与底部钉牢。

⑤垫心，在膛底与大底之间存在空隙，垫心是指填充在空隙之间的材料，常用纸板或棉花碎料做垫心原料。垫心料要求柔软而有弹性，耐弯曲并有吸湿性，其作用是增加弹性。

⑥勾心，用来撑持鞋底弓形部位的材料。勾心要求有较高的硬性和弹性，常用的有钢勾心、铁勾心和竹勾心。铁勾心要求镀刷防锈物，钢勾心一般用65号锰钢制作，硬度和弹性极值非常理想，结构合理，重量轻，并且符合制鞋工业标准化、系列化的要求，在制鞋机械化装配工艺操作和穿着过程中不会断裂，也不会产生永久性变形，是理想的标准化鞋部件（如图9-11所示）。

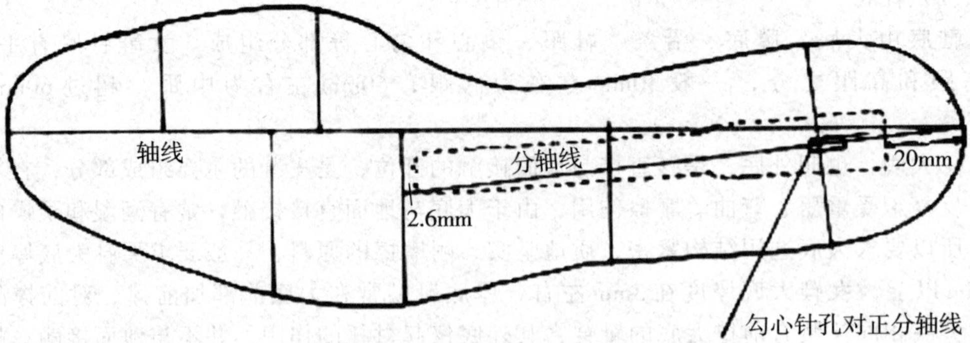

图9-11 皮鞋勾心示意图

2）皮鞋的分类品种

（1）皮鞋的分类

皮鞋的花色品种繁多，分类方法很多，常见的有以下几种：

皮鞋按穿用对象可分为：童鞋、女鞋、男鞋。

皮鞋按用途可分为：皮单鞋、皮凉鞋、皮棉鞋、皮单靴、皮棉靴、皮马靴、运动鞋、劳动保护鞋等。

皮鞋按式样可分为：高帮鞋、低帮鞋、坡跟鞋、厚底鞋等。

皮鞋按帮面原料可分为：牛皮鞋、羊皮鞋、猪皮鞋、合成革鞋等。

皮鞋按加工成型方法可分为粘胶皮鞋、线缝皮鞋等。

（2）皮鞋的品种

①牛皮鞋，是以牛皮为革面做成的各种皮鞋的统称。其特点是鞋面光亮、平滑，质地丰满、细腻、坚实，手感硬而富有弹性，毛孔细圆而均匀，外观平坦而柔润。牛皮又有黄牛皮、水牛皮之分，水牛皮不如黄牛皮丰满细致。鞋的大底有成型橡塑底和水牛皮革底等多种，成型橡塑底多采用黏合剂黏合而成，水牛皮革底多采用线缝法成型。

②猪皮鞋，是以猪皮为革面制成的各种皮鞋。猪皮鞋外观效果不好，粒面粗糙，耐水性能差，吸水后易膨胀变形。但由于其皮纤维粗壮、坚韧，故耐磨强度好，透气性好。为了改变其粒面粗糙的缺点，生产者对猪皮粒面进行了美化工作，改变了外观，成品鞋质量有很大提高，已成为颇受欢迎的皮鞋之一。

③羊皮鞋，主要以羊皮为原料，质地柔软，伸缩性好，穿着舒适、方便，可染成各种鲜艳的颜色，并且不易褪色，但其强度低，牢度差。羊皮有山羊皮和绵羊皮之分，山羊皮质地和粒面不如绵羊皮柔软细致，但成革坚实，强度较大。

④麂皮绒面皮鞋，是在各种绒面鞋中质量较好的一种，麂皮由于皮面粗糙，斑痕较多，所以不宜制作正面革，多用于制作绒面革。麂皮绒面皮革的厚度为0.5～1.2mm，纤维组织细密而柔软，弹性、强度、韧性、耐磨等性质都比羊皮革好。其外观效果好，绒面细腻而有光泽。

在绒面皮鞋中还有绒面牛皮鞋、绒面猪皮鞋和绒面羊皮鞋等。在鞋面革中还有人造革、合成革等。

9.2.3 皮鞋的质量要求、选购与养护

1）皮鞋的号型系列

鞋号和型号是表示鞋子大小和肥瘦的一种特征。全国统一鞋号，以脚型作为制定鞋的基础，其包括号和型两个数据。鞋的长度以“号”来表示，单位为cm，1cm为一号，0.5cm为半号，例如23，23，24，24等号。

鞋的肥瘦以“型”来表示，肥瘦以踝围的大小为标准。分一至五型，表示为（一）、（二）、（三）、（四）、（五）。其中：（一）型最瘦，（五）型最肥。型间距为7mm，例如，22号（一）型鞋比22号（二）型鞋的踝围小7mm。

我国成年男女皮鞋系列为：女：21~25号，男：23~27号，28~30号为特号鞋。童鞋设（一）~（三）型；成人鞋设（一）~（五）型。

2）皮鞋的质量要求

皮鞋的质量必须从原材料和加工制造两方面来鉴定。鉴定范围一般是从外观来检查，缝结强度、耐压强度等物理机械指标只在特定的条件下才进行鉴定。

皮鞋的质量应符合穿着舒适、外表美观、坚固耐用三方面的要求，各级皮鞋应有与其相适应的质量。

对于鞋帮的主要要求是：前帮不能有明显的伤痕，包头应细致光亮，颜色一致；后帮的非显露部位不能有裂面、掉浆脱色等缺陷；跟形要有似鹅蛋形的弯势，后帮高低适当、不卡痛踝骨；鞋里应无皱褶、明伤、油污；鞋跟的距离相等，左右均匀对称，无破裂不平现象；主跟和内包头需要下部坚硬，上部柔软而有弹性。

对于鞋底的主要要求是：膛底无露线或露钉尖等现象；沿条平正，宽均匀；大底无裂面或其他明伤，槽口整齐，无破裂、露线等缺点；鞋跟平整，高度一致；大底、沿条、鞋跟的厚度都必须符合规定。此外，缝绱均匀整齐，针码符合标准，每双鞋的左右两只应具有相同的质量。

3）皮鞋的选购

（1）造型优美。皮鞋的跟型和整体造型要好看，随着国内外流行式样的变化，不断推陈出新，消费者在选购时应挑选线条舒展、造型具有立体感、式样新颖、色彩雅致的鞋。皮鞋的色泽多样，挑选时要注意与整体搭配协调。例如，粗花呢服装应与印花皮鞋搭配，条绒服装应与绒面革皮鞋搭配，毛料服装应与牛皮鞋搭配等。

（2）要适合脚型。皮鞋楦的肥瘦分一型半、二型、二型半、三型、三型半、四型、五型。一般男鞋是肥型的，女鞋是瘦型的。皮鞋跟的具体尺寸有很多，常见的有平跟、坡跟、酒杯跟、调羹跟、中跟、中高跟、粗跟、高跟等。消费者在选购时，一定要经过试穿，还应注意预防高跟鞋综合征、松糕鞋综合征等。

（3）选择尺码时宜松宜紧。例如，脚长25cm，宜选择26cm的尺码（特别是尖头皮鞋），不然脚趾会轧痛，走路也不方便。

（4）规格质量。皮鞋一般有五种标记：第一，尺码是标明皮鞋长度的。第二，一双鞋的编号要一致，防止错对。第三，型号是标明鞋楦肥瘦的。第四，产品等级和检验工号一般用同一个戳号。产品等级有一级、二级，也有标正品、副品的，它说明产品质量

的不同和价格的区别，检验工号是检验员的代号。第五，商标是商品的标记和信誉的象征，同时也是质量的承诺。这五种标记都有重要作用。

4）皮鞋的养护

（1）防潮湿。皮革的含水量为16%～18%，在正常温度条件下能保持平衡。当湿度增高时，皮革将吸收水分，水分过大就容易发霉，不仅表面产生难以消除的霉斑，革质强度也会降低。因此，保管皮鞋首先要注重防潮，存放和陈列的地方要干燥通风，离地面和砖墙远些。

（2）防热。皮革除含有一定量的水分外，还必须含有一定量的油脂，以保持其柔软和有光泽。若保管环境的温度过高，皮革水分蒸发，革面纤维干枯发脆，可能会出现裂面和变形的现象；若积热不散，又将引起油脂的分解变质，降低皮革的强度和韧性，同时也容易引起橡胶和塑料配件的老化。所以，保管和陈列的皮鞋，不应受日光照射，不应靠近炉火、暖气管、电热器具等。

（3）防酸碱。皮革接触到带有酸碱性的物质，会由于腐蚀作用而使皮面裂纹、折断，降低韧性和弹性，因此，皮鞋不能和肥皂、碱面、化工原料以及一些副食品等放在一起。

（4）防虫蛀和鼠咬。皮革本身含有动物蛋白质纤维和油脂成分，很容易被虫蛀或鼠咬，因此在保管皮鞋时必须注意防虫、防鼠。

（5）防尘。尘埃落附在鞋面能吸去鞋表面层的油脂。使鞋面变得粗糙和僵硬。当油脂含量降低后，鞋表面更易吸潮发霉，因此在保管时必须注意保持皮鞋的洁净。

学习微平台

延伸阅读
9-2

（6）防挤压。皮鞋不可挤压，以免变形走样，不能受硬物摩擦，堆码时也不能过高，防止重压变形。

总之，皮鞋应妥善存放，对库房的要求是：阴凉、干燥和密封，库房内温度以不超过30℃为宜。为了防止皮鞋发霉，库房的相对湿度宜保持在50%～80%。可在皮鞋表面喷刷防霉剂，为防止生虫应加放樟脑丸等。

9.3 照相机商品

9.3.1 光学照相机的工作原理和结构

现代社会，照相机（如图9-12所示）已被运用到各个领域，不仅可以拍摄人像和风景、新闻图片，从事摄影艺术创造；而且能通过人造卫星把宇宙和地球上的实况拍摄下来，通过显微镜拍摄肉眼看不到的微生物；还能将海底的情景真实地记录下来。照相机能翻拍各种图案、文物资料和实物，是公安司法部门用来侦破案件、采集罪证的一种重要手段，也是国防现代化的重要仪器设备之一。

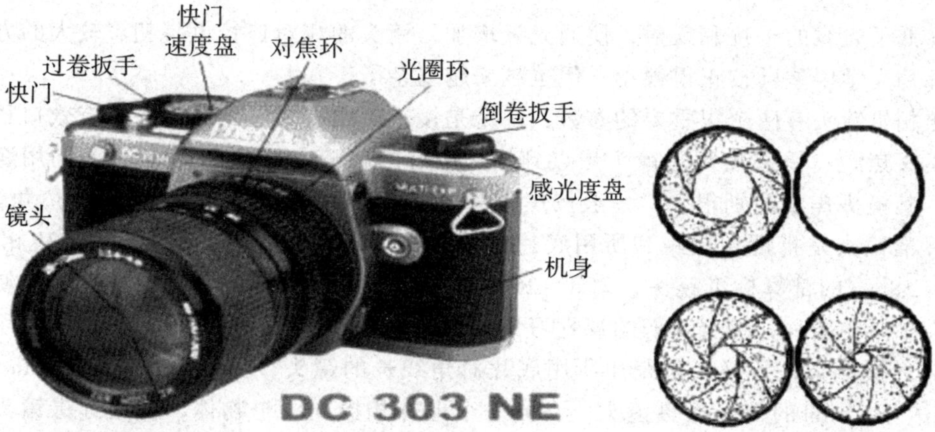

图 9-12　照相机结构示意图

1）光学照相机的成像原理图（如图 9-13 所示）

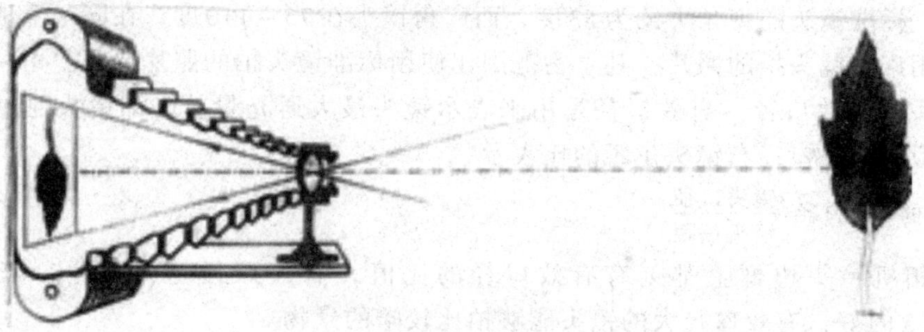

图 9-13　光学照相机的成像原理图

照相机的成像原理和人眼看景物的道理差不多，主要是利用了凸镜成像。照相机的前部有镜头，相当于一个凸透镜，后部有底片，能记录摄像，在拍摄景物的时候，景物的生成通过镜头会聚到底片上，形成缩小的倒立实像，经过冲洗和印相就得到了相对应的照片。由于景物千变万化，有亮有暗、有远有近，因此照相机除了镜头和底片外，还需其他的调节、控制等装置。

2）光学照相机的结构

照相机是由镜头、光圈、快门、取景器、测距器、卷片和机身（暗箱）等主要部件构成的。

（1）镜头

镜头的作用是通过光线把景物集结成影像并投射到感光片上，使感光片接受清晰的影像，它的好坏直接决定了照相机的性能。

最早的镜头是由单片凸透镜制成的，也叫新月形镜头，现在最简单的低级照相机，偶尔使用这种镜头。这种镜头，镜面直径很小，光线强时曝光太多，光线暗时曝光不足，另外还存在光学上的误差，像的中间和四周不能同时清晰，像也会变形。为了克服这些缺点，而后人们又发明了一种灭色镜头。这种镜头由一片凸透镜和一片凹透镜组合在一起，也称消色镜头，它的色散差已得到纠正，适合拍摄风景，又称风景头，但成像质量不理想；现在，除装在普及型低级照相机的镜头外，都发展成多片多组的不同材料制成，并在每一块与空气接触的镜面上加上一层紫色、米黄色或深蓝色的增透膜，因而大大降低了光线的干扰和反射，使通光量增加，镜头的相对口径也是朝着较大的方向发展，各种光学误差已校正得很小，但也越来越复杂了。

照相机镜头有两个很重要的参数：一个是镜头焦距；另一个是镜头的有效口径。

镜头焦距：**镜头焦距**是镜头焦点到镜头中心的距离，用F或f表示。不同用途的照相机，其镜头焦距差别很大，一般按焦距长短可分成标准镜头、远摄镜头和广角镜头3种。标准镜头是指镜头焦距和所用底片对角线长度大体相等的镜头，对于135相机，f在40～58mm的都算标准镜头，对于120相机，f在75～85mm的都算标准镜头。使用标准镜头拍摄的照片，符合人们的视觉习惯，看起来比较舒服，所以一般拍摄都采用标准镜头。远摄镜头是指镜头焦距比所用底片对角线长的镜头，135相机f大于58mm、120相机f大于85mm的都算远摄镜头，在同一个地方相摄同一个物体，使用远摄镜头所得的像比标准镜头大。广角镜头是指镜头焦距比所用底片对角线短的镜头，对于135相机，f小于40mm；对于120相机，f小于75mm的都算广角镜头。广角镜头拍摄到的角度范围大，标准镜头的视角大约为53度，而广角镜头在75～110度，在同一个地点拍摄景物，使用广角镜头拍的照片，其景物范围比使用标准镜头拍的照片要宽。

镜头的有效口径：有效口径是用来表示镜头最大通光量的，即镜头通过光线的能力，一般用镜头口径与镜头焦距的比表示：

$$镜头的有效口径=\frac{镜头口径}{镜头焦距}$$

照相机镜头边框上都刻有有效口径的比值，有效口径越大越好，如1∶2.8的比1∶3.5的好，有效口径大的镜头能够拍比较暗的景物。

（2）光圈

为了调节通光量的多少，在镜头中间装一个虹膜式的可以收缩的光孔，这个调控装置叫光圈，光圈能调节镜头的景深范围，光圈缩小，景深延长，光圈放大，景深缩短。景深就是景物前后的清晰范围，因此光圈对摄影起重要作用。光圈值的刻度，就是各级光孔口径通光量多少相比较的数据，每一级光圈的通光量恰好相差一倍，它们有几种不同的排列，我国生产的相机排列顺序是1、1.4、2、2.8、4、5.6、8、11、16、22、32。数字越大，光圈越小。光圈口径是可以连续改变的，光圈一般是用5片或5片以上的薄钢组成，中心随着差拨杆放大或缩小。光圈的调节收缩包括手动收缩、半自动收缩和全自动收缩3种形式。

（3）快门

快门是控制曝光时间的装置，快门开启的时间以秒为单位，一般设有慢至1秒，快至1/1 000秒等多级速度，按照相差50%的序列递减，以适应各种拍摄情况的需要。此外，还有两个手控曝光时间标记——B门和T门。B门是手按下快门打开，手抬起快门关闭；T门是手按一次快门按钮快门打开，手抬起后仍不关闭，需要再一次按下快门按钮，快门才关闭。快门只能一挡一挡改变，千万不要把快门放在两挡之间使用，否则容易损坏快门。快门按构造不同，可分为机械快门和电子快门两大类。

（4）取景器

取景器是用以观看被摄景物范围的装置。从取景器中所看到的景物，一般都比底片上的略小，以保证所看到的景物完全可以拍出。

取景器有以下几种：框式取景器，由前后可以折叠的方形框架构成，通过方框直接取景，多装于最老式的相机上。光学平视取景器，它由取景窗口、目镜等构成，取景的时候，眼睛平视观察，观察到的景物上下左右都和实物相同，用来拍摄运动的物体很方便。反射式取景器，有俯视和平视之分，它由镜头、毛玻璃和一块45度角的反光镜共同构成，俯视反射式取景器观察景物和实际景物上下一致，但左右相反，用来拍摄运动物体有一定困难；平视五棱镜反射式取景器，它所观察到的景物和实际景物上下左右都一致，并且无论换用何种焦距镜头，在取景器中所看景物和拍摄的景物范围基本上保持一致，单镜头反光照相机基本上采用这种取景器。

（5）测距器

在拍摄各种景物时，根据被摄物体的远近，随时调整照相机镜头的焦距，以保证在感光片上能获得清晰的影像，照相机上的这种装置就是测距器，也叫调焦器。

调焦器有固定式、目测式、光测式等。现在采用的基本上是光测式，常见的有重影式、截影式、俯视反光式、平视五棱镜反光式和自动式等。重影式是以虚实重叠或分离为依据，截影式是以两截景物合成一个整体为准，俯视和平视五棱镜反光式是以景物在磨砂玻璃上成像清晰为完成调焦过程。自动式是利用电子技术进行自动调焦，操作简便。

（6）卷片和机身

卷片机构从外表看，有旋钮、扳手、摇柄、发条和电动机等几种形式。在构造上，卷片机构主要分为机械卷片和电动卷片两类：机械卷片有红窗计数，自动停片和自动计数，发条卷片三种结构；电动卷片为自动输片，有内藏和外配两种款式。

机身是照相机的主体，有了它才能装置其他机件，机身又起到暗箱的作用，制造机身的材料有胶木、塑料、金属等。

9.3.2 光学照相机的分类品种、质量检查、使用与养护

1）光学照相机的分类品种

（1）135帘幕快门照相机：体积小，镜头口径大，速度快，拍片多，能更换镜头，经久耐用，在20世纪30—50年代深受人们喜爱。由于其校正视差的能力差，操作麻烦，这种照相机已基本上被135单镜头反光照相机取代。

（2）120双镜反光照相机：它的特征是有两个镜头，上镜头取景，下镜头拍摄景物，拍照时测距取景容易掌握，在取景框内看到的景物与实拍照片画面相同。由于其体积大，这种照相机也已基本上被135单镜头反光照相机取代。

（3）135平视取景照相机：它的特点是小型轻便，自动决定曝光参数，有各种曝光方式。有的还把微型闪光灯组装在照相机内成为一体，并能自动记录拍摄日期，是一种适合业余摄影爱好者使用的中低档相机。

（4）单镜头反光照相机：包括135和120两种，是一种适合专业和业余摄影者使用的较高级照相机，性能优越，设备齐全，自动化程度高，能适合各种复杂场合摄影的需要，使用较为方便。120的性能特点都与135相近似，只是它使用的胶卷和拍摄的底片稍大一些，由于其体积大、价格高，其品种、产量和使用面等均没有135广泛。

（5）傻瓜照相机：这种相机只需按快门，一切不用调，使用极为简便。低档机多采

用简易型设计，快门速度固定，光圈固定或仅有两三挡可调，固定焦距，结构简单，价格低廉；中档相机多配有电子程序快门，目测区域调焦，手动或电动卷片；高档机同时具有自动曝光、自动调焦和自动输片功能，使用方便，价格稍高；超级机在上述基础上又增加了双焦（30mm与80mm）或变焦（70～135mm）功能，结构复杂，价格较高。

2）光学照相机的质量检查

（1）检查外观

①照相机的外表没有裂缝、没有划伤。

②电镀表面无泛黄、剥落现象。

③镜头与机身联结紧密无松动现象。

（2）检查镜头

打开后盖，按下B门，光圈开到最大一挡，镜头对着光亮外，即可检查镜头。检查的方面有：

①镜头表面是否有划痕，镜头边缘是否有破碎现象。

②镜头是否有尘埃和金属屑。

③镜头是否有丝状物霉菌。

④镜头是否有气泡，假如在其中心部位有较大气泡是不允许的，若气泡在镜头边缘也可以选购。

⑤镜片是否明显脱胶，是否有水泡。

⑥观察最小两挡光圈是否有区别，没有区别是不符合要求的。

⑦光圈叶片是否有锈斑和油渍。

⑧逐级拨动光圈，检查各挡光圈收缩的形状是否一致，严重不规则会影响光圈值的正确性。

⑨光圈的调节环、调焦环和变焦环等的手感量是否均匀。

（3）检查快门

①当释放快门时，声音要清脆，铿锵有力。

②低速度快门如1、1/2、1/4、1/8挡，凭听觉检查它们有无明显差别，后一挡时间是前一挡时间的一半。

③检查B门的好坏，因为它影响高速度快门的稳定性，按下B门，以听到轻快齿轮声为好。

（4）检查自拍机装置

正常的自拍机装置在使用时，其运转声音清脆，频率稳定，自拍延长时间为8～12秒。在自拍机刚开始运行时，快门叶片不应打开。

（5）检查调焦装置

磨砂玻璃或五棱镜反光式调焦装置，调至无限远标志，无限远处的景物必须清晰。重影式调焦装置，双影必须明显。当调至无限远时，其上下左右必须重叠。检查近距离调焦时，可以用尺测量验证。

（6）检查闪光同步

先将闪光灯的同步连线接在照相机上或者接入触点，将闪光灯充电，把光圈开到最大，打开后盖，闪光灯和照相机都对着白色墙壁，透过镜头观看，在按下快门时，闪光灯闪亮，快门开启时，看见闪光灯反射光入镜头，说明快门与闪光是同步的。

（7）检查计数器

观察计数器在卷片时是否变动数字。打开后盖时，应自动复零。

（8）检查电子自动装置

装上电池，观察各种自动功能是否有效、可靠。

3）光学照相机的使用与保养

照相机是由光学、机械、电子等部件构成的比较精密的摄影工具，它的种类繁多，造型各异。即使同一品牌的照相机，如型号不同，其使用方法也可能不同。在照相机的使用过程中，要首先仔细阅读产品说明书，熟悉所用照相机的性能，掌握正确的使用方法。要了解怎样打开和关紧底盖，怎样装卷、卷片、倒片以及光圈、快门、自拍机、调焦装置、取景装置、景深表的位置和调节方法，并要实际操作一下，看看各种装置是否正常，然后装上胶卷，进行取景，定光圈和快门、调焦距、按快门、卷片，最后取出胶卷，及时冲洗。对于装有电子装置的照相机，在装上胶卷后，要根据胶卷的感光度调定好片速调节装置，注意弄清曝光系统是快门先决式、光圈先决式，还是程序式自动曝光或多功能式。对于外接闪光灯的相机，要特别注意配套，不要随便使用其他闪光灯，不然会烧坏相机。

镜头的镀膜和镜片质地娇嫩，极易损伤，要注意不要碰撞镜头，尽量防止镜头污染，不拍时，要随手盖上镜头盖，不要让镜头暴冷暴热，防止镜头发霉；使用推拉式变焦镜头或转动式变焦镜头时，不要轻易用擦镜头纸或脱脂棉擦拭镜头表面，不要用擦眼镜巾、手帕、衣服等物擦拭镜头；镜头表面上的灰尘，可用吹气球吹或驼毛刷等轻拂，不能用嘴吹；镜头表面的手印痕、浊污，先用吹气球吹，再用脱脂棉蘸微量乙醇、乙醚混合液轻擦，最后用未蘸溶液的脱脂棉擦去余迹。对于整机的保养要注意避免摩擦、碰撞和强烈震动，长时间不用的照相机，应将相机与皮套分开保存，保存时，擦净相机，快门与自拍机释放，快门速度到B门，光圈开到最大范围，计数器复零，电子照相机还要取出电池，最后把相机放在盛有干燥剂的玻璃器皿或塑料袋内密封好。还要注意照相机不宜在高温和严寒下长期使用。

9.3.3 数码相机

1）数码相机概述

数码相机是以电子存储设备作为摄像的记录载体，通过光学镜头，在光圈和快门的控制下，实现在电子感光设备上的曝光，完成被拍摄图像的记录。数码相机的结构形式和工作原理与传统相机差不多，主要差别在摄像记录和储存上，传统相机记录和储存在胶片上，数码相机以数码信息的形式记录和储存在存储器上。像素越高的数码相机，拍出来的照片清晰度越高。数码相机的像素一般在几百万到几千万，用数码相机记录的影像，不需要进行复杂的暗房工作就可用相机的液晶显示屏、电视及个人计算机再现出来，也可通过打印机完成硬拷贝的输出。数码相机与传统相机各有特点，拍高质量的照片或做精美广告，选择传统相机为佳；做新闻报道，拍些普通的生活照或想把照片插入网页中，选择数码相机较为方便。

【同步思考9-2】

问题：数码相机比光学照相机好吗？

理解要点：数码相机与光学照相机各有特点，对具体商品的评价要根据商品的性能、用途综合考虑。

2）数码相机的分类

第一，按照分辨率分类，数码相机可分为普及型、专业型、高级型3种。

（1）普及型。普及型数码相机的分辨率至少应为640×480。这种分辨率的照片在电视或显示器上输出的效果不错，用于制作因特网网页或是家庭照片光盘也不成问题。

（2）专业型。专业型数码相机的主要用户是新闻记者，超高分辨率是这类机型的首要标志，其电荷耦合器件图像传感器（charge coupled device，CCD）包含百万以上像素，分辨率至少在1 280×1 024之上，而其色彩深度应为24位以上。此外，这种相机将可互换镜头、先进的自动对焦和曝光系统、快速的数据存储、可选择的高容量存储卡等优势综合到一起，使其满足了专业要求。

（3）高级型。这类数码相机主要针对一般商业用途和对画质要求较高的家庭用户。其CCD包含百万以上的像素，最高分辨率一般是1 280×1 024或1 024×768，而一些新型号则高达1 536×1 024，这种等级的分辨率可以确保5英寸×7英寸（1英寸=2.54cm）或更大照片的输出效果。

此外，它们具有自动对焦的光学镜头（许多型号还是变焦镜头）、清晰的LCD显示屏、灵活的存储卡，拍摄起来更像是使用一部高档傻瓜照相机，足以满足日常拍摄的需要。

第二，按照技术特点分类，数码相机可分为面阵CCD数码相机、线阵CCD数码相机、CMOS数码相机3种。

第三，按照储存能力分类，数码相机可分为联机型数码相机和脱机型数码相机两种。

3）数码相机的选购

现在，电子产品更新换代很快，消费者要想在琳琅满目的数码相机中选择一款既适用又不会很快被淘汰的数码相机，并非易事。所以，在购买前，可以从购买相机的目的、需要什么样的功能、使用的难易程度和经济承受能力等几个方面来考虑。

（1）图像质量与分辨率。像素和分辨率是在选购数码相机时首先应注意的因素。在经济允许的情况下，像素当然是越高越好。因为数码相机分辨率的高低主要受像素多少的影响，而它又直接影响图像的清晰度。分辨率越高的数码相机，所拍摄的图像质量就越好。

（2）存储能力。内置内存的容量当然越大越好。除了内置的内存之外，如果还有插入存储卡的扩展槽就更好。使用者可根据拍摄的具体情况，合理选择存储器。如果偶尔拍摄少量景物，可使用内置式存储器；如果外出但并非大量拍摄，可使用一般容量的CF卡或SM卡；如果外出并大量拍摄，可使用高容量的CF卡、PC硬盘卡或XD卡。

（3）色彩深度。数码相机的色彩深度反映了其对色彩的分辨能力，它取决于“电子胶卷”的光电转换精度，用“位”来表示。色彩深度值越高，正确记录色彩的能力就越强，就越能真实地反映景物亮部和暗部的细节。通常，数码相机的色彩深度为24位或36位，即三原色中的每种原色的色彩深度都是8位或12位。目前几乎所有的数码相机的颜色深度都达到了24位，可以生成真彩的图像，某些高档数码相机已达到了36位。

（4）电池。电池是选择数码相机时易忽略的问题，而实际上电池是非常重要的。在数码相机的运作过程中，电池消耗构成了相机长期运行过程中的主要花费。使用充电的电池可降低长期使用的费用，特别是带有LCD显示屏及内置闪光灯的机型，其电池的后期消耗花费就更为明显，所以在价格与功能相差不多的情况下，应该选购带交流电源适配器的机型。

（5）选购时应注意以下几个问题：

①过高的像素会加重存储器的负担。对于使用普通消费级数码相机的用户来说，没有必要过分追求高像素，过分追求高像素，存储卡的容量势必要增加。

②有些功能少选为妙。如今的数码相机功能越来越多，有的能听歌，有的能打游戏等，但当你只能靠用指甲才能控制的4个按钮来打游戏时，恐怕就没有了玩游戏的兴致，也就是图个一时的新鲜，这其实是厂商的一个卖点。

③验货时要仔细。A.镜头、LCD显示屏上是否留有指纹。如果不是全新的，这些地方往往容易暴露马脚。B.锂电池是否有已经使用过的触点痕迹。如今大多数数码相机都采用锂电池，全新的锂电池触点为金黄色，没有任何杂色，使用过的锂电池就会有和电池仓接触的触点痕迹。

【职业道德与企业伦理9-1】

照片“缩水”您可曾在意

背景与情境：山东张店质监部门接到一起消费者投诉，称她去年在某婚纱摄影楼拍了一套60英寸的照片，挂在家里效果非常好，但从来没注意它的尺寸大小。后经朋友提醒，她拿尺量了一下照片的长和宽，发现是1.2m和1m。而据内行介绍，这实际上是一张48英寸的照片。

虚构夸大照片尺寸后，其价位又相对很低，不明真相的消费者往往容易上当受骗。而作为消费者注重的常常是照片的色彩图案，很少关注大小尺寸，有的甚至没有英寸的概念，即使胡乱说个数字，也会有人相信。

问题：虚构夸大照片尺寸是一种什么行为？

分析提示：彩色照片缺尺短寸，违反了《中华人民共和国计量法》的有关规定，是一种违法行为。消费者若遇到此类问题，可直接到质监部门投诉，或拨打12315投诉电话来维护自己的正当权益。这样的行为同时也违背了职业道德和企业伦理。

4）数码相机的使用、保养和维护

数码相机在使用、保养和维护方面与传统照相机一样，存在着防水、防尘、防震等方面的要求。不仅如此，数码相机由于其结构和功能的特点，对于使用、保养和维护还提出了许多新的要求，具体应注意以下几个方面：

（1）掌握正确的操作规程。数码相机是精密的仪器，操作精细。因此，必须严格按照说明书进行操作，在更换电池和存储卡的时候，一定要关闭数码相机的电源开关，否则极易出现故障。在将数码相机中的图像下载到计算机上时，需要将数码相机与电脑用导线连接起来，在连接之前一定要关闭数码相机电源，以免带电操作损坏数码相机。

（2）影像传感器的使用和维护。影像传感器是数码照相机成像的核心部件，对于不能够交换镜头的普通袖珍数码照相机来说，影像传感器是不暴露的，封装在数码照相机的内部，不需要对其进行刻意维护。而对于经常需要更换镜头的数码单反照相机来说，影像传感器就位于反光镜的后面，如果有灰尘进入到机身内是非常容易落在影像传感器上的，因此数码单反照相机在更换镜头时，要将机身的镜头接环面朝下安装镜头，尽量避免进入灰尘。

（3）存储卡的使用和维护。数码相机的存储卡都很小而且很薄，极易折断，存储卡片上的金属触点极易被污染和划伤，所以最安全的方法就是将存储卡放入专用包装盒内或照相机内。平时一定要将存储卡保存在干燥的环境中，已存有图像文件的存储卡还要尽量避磁、避高温存放。

在数码相机内拔插存储卡时，必须关闭数码相机的电源，而且在拔插时要保持卡与插槽的平行状态，否则容易损坏数码相机与存储卡连接的针脚。

（4）液晶显示屏的使用和维护。数码照相机的液晶显示屏是观看浏览照片和取景构图的显示器件，是数码照相机十分重要的配件。它不但价格昂贵，而且由于使用的频率相当高，容易受到损伤。在使用和存放时，要注意不要让其表面受到挤压，更要防止失手将其碰坏或摔坏。

（5）电池的使用和维护。将数码相机买回来后，第一件事情就是拿出备用的电池进行充电，因为一般来说一块新的电池的电量很低或者就是没有电的。在最初三次给电池充电时，必须有足够长的充电时间，为名义充电时间的2～3倍。一般来说，锂电池的充电时间要在6小时以上，镍镉、镍氢电池的充电时间则必须在14小时以上，这样才可以激活电池的性能。如果不经过足够时间的充电，电池的使用时间则会变短。一般来说，一块新的电池要经过3～5次充电和放电的过程，电池的续航能力才能发挥到最佳状态。

如果有相当长的一段时间不使用数码相机，就应该将电池从相机中取出，存放到一个干燥、阴凉的地方，避免和金属物品放在一起。

■ 本章概要

□ 内容提要

● 洗涤用品中的肥皂和合成洗涤剂，是人们常用的生活必需品，它们的主要成分是表面活性剂，不同种类的表面活性剂及其组合，构成了众多性能各异的洗涤用品。洗涤用品的质量可以从用途、配方、感官指标和理化指标等方面来考察，同时还必须考虑其环保性。

● 化妆品的种类很多，主要起清洁、美化、保护、营养人体皮肤和毛发的作用。护肤类化妆品可分为油质性和水质性两大类，洗发液和香水也是人们常用的化妆品，化妆品的质量可从包装、说明书、色泽、组织状态和安全卫生性方面来检查，选用时应根据人的皮肤、发质及季节等来进行，保管的库房应干燥、阴凉、通风，有适宜的温湿度。

● 塑料是以树脂为主要成分的高分子化合物，树脂不同，其制品的性能和用途也不同，塑料常见的有十大品种。塑料的外观质量，不同的制品要求不一样。塑料制品的鉴别主要有外观鉴别法和燃烧鉴别法。

● 皮革制品的原料皮来源于动物界，人造革、合成革已成为其重要组成部分。皮革具有独特的特点，种类很多，制品也很多，常见的有皮鞋、皮箱等，皮鞋、皮箱的质量可以从原料皮种类、制品结构、用途、外观和内在质量来评价，原料皮种类可以从外观粒面的特征来鉴别。皮革制品在保管时，应注意防潮、防热、防酸碱、防虫、防挤压等。

● 照相机的种类很多，成像原理与人眼看景物的道理差不多，检查和评价照相机质量主要从结构和相关指标入手。选购时可以从购买相机的目的、需要的功能、使用的难易程度和经济承受力等几个方面来考虑。照相机使用保养时要认真阅读说明书，掌握正确的使用方法，保管时应放在干燥和密封的环境中。

□ 主要概念和观念

▲ 主要概念

合成洗涤剂　表面活性剂　塑料　皮鞋　镜头焦距　数码相机

▲ 主要观念

质量要求　质量鉴别

□ 重点实务

商品组成结构与质量的关系　日用工业品商品质量感官鉴别　日用工业品商品选用　日用工业品商品咨询服务

■ 基本训练

□ 知识训练

▲ 简答题

（1）合成洗涤剂和肥皂的去污原理是什么？

（2）洗涤用品的分类品种及质量要求是什么？

（3）简述两种塑料品种的性能特点、用途及外观鉴别。

（4）在皮鞋的选购与保养中应注意哪些问题？

▲ 填空题

（1）肥皂的组成可分为主要原料、________和________三部分。

（2）化妆品的储存期一般不宜超过________，适宜的温度是________。

（3）塑料制品中加入的抗老化剂有热稳定剂、________和________等。

（4）皮鞋的包头由外包头、________和________三部分组成。

（5）照相机曝光系统有的是________先决式，有的是________。

▲ 单项选择题

（1）棉麻型合成洗涤剂的质量指标是（　　）。

A.泡沫少　　B.不皂化物含量多

C.pH≤10.5　　D.对皮肤刺激小

（2）香皂的总脂肪酸含量在（　　）。

A.50%以上　　B.60%以上　　C.70%以上　　D.80%以上

（3）保护头发类的发用化妆品是（　　）。

A.洗发膏　　B.发乳　　C.营养头水　　D.去屑水

(4) 皮鞋质量应符合的三方面条件是外表美观、坚固耐用和（　　）。

A.安全卫生　　B.适用　　C.穿着舒适　　D.价廉物美

(5) 属于单镜头反光照相机的有（　　）。

A.海鸥DF型　　B.凤凰205　　C.理光XF-30　　D.尼康880

▲ 多项选择题

(1) 属于阴离子型活性剂常见的有（　　）。

A.烷基磺酸钠　　B.胺盐型　　C.脂肪醇聚氧乙烯醚

D.烷基苯磺酸钠　　E.脂肪醇硫钠等

(2) 属于热塑性塑料的有（　　）。

A.PE　　B.PS　　C.MF

D.CN　　E.PMMA

(3) 数码相机的结构形式和工作原理与光学照相机差不多，主要差别包括（　　）。

A.摄像记录　　B.品牌　　C.储存

D.价格　　E.厂家

▲ 讨论题

(1) 怎样选用护肤性化妆品？

(2) 教室中的塑料制品有哪些，各属于哪类塑料？

(3) 试分析照相机结构与质量的关系。

□ 能力训练

▲ 案例分析

五种皮鞋的感官鉴别实验

背景与情境：感官鉴别以猪皮、牛皮、羊皮、人造革、合成革为鞋帮的男女各式皮鞋的皮革种类，结合皮鞋其他部位用料来鉴别皮鞋质量，在写出实验报告的同时，对所鉴别皮鞋的质量做出评价。

皮鞋感官鉴别实验报告

报告人：

报告日期：

1）实验目的。

2）实验内容。

3）实验步骤。

4）实验结果。

问题：就实验中发现的问题进行讨论。

分析要求：同第1章“基本训练”中本题型的“分析要求”。

▲ 实训操练

实训项目：照相机结构、选购、使用和保养方面咨询实训。

实训步骤：

(1) 3~5人一组，制订咨询活动方案。

(2) 咨询活动准备工作。

（3）在班级或操场开展照相机知识咨询活动。

（4）对咨询活动的资料进行分析整理，形成实训报告。

（5）各组在班级讨论交流、相互点评与修订各组的实训报告。

（6）在校园网的本课程教学平台上展示经过修订和教师点评的各组实训报告，供同学借鉴。

□ 善恶研判

“化妆品托”上线　小心甜蜜陷阱

背景与情境： 网上热聊后发出约会邀请，男方不远千里异地“奔现”。一见面，女方就要买买买，男方为表真心慷慨付款，最后却换来被“拉黑”的结局。2020年5月至8月间，以蒋某为首的“化妆品托”，诈骗200余人共计50万余元。近日，江苏省苏州市相城区检察院以诈骗罪分别对蒋某团伙12人以及由蒋某团伙牵出的鲁某团伙15人提起公诉。

2020年7月9日，家住常州的小周通过交友软件认识了身在苏州的娜娜，虽不在一个城市，但两人相谈甚欢。没过几天，娜娜就“老公”“亲爱的”叫上了。面对娜娜的柔情蜜语，小周觉得自己找到了真爱。

“亲爱的，过几天就是我的生日，我一个人好孤单，来陪我过生日吧！”看到心上人发来的邀约，小周随即约娜娜在苏州相城区某商场门口相见。

见面后，小周看到娜娜虽没照片上好看，但也还符合他的心意。没聊几句，娜娜就带着小周来到了商场附近的一家化妆品店。

“我今天过生日，买瓶香水给我吧。”娜娜直接向小周索要生日礼物。为表诚意，小周立马付了568元。接下来，娜娜又以皮肤不好、腰疼、腿疼、要减肥、要丰胸为由先后挑选了数套产品，收银员也在一旁帮忙推荐。想着第一次见面不能显得自己小气，小周都一一扫码支付了。几轮下来，小周一共支付了2.7万余元。

离开化妆品店，娜娜又拉着小周来到旁边的服装店，花200元给小周买了一件衬衫和一条裤子。吃完饭后，娜娜叫了一辆出租车让小周去火车站坐车回常州，并允诺第二天会到常州去看他。

初次见面，虽然没牵到女友的手还花了好几个月工资，但一腔热血的小周仍沉浸在恋爱的甜蜜中，觉得“为她花钱我高兴”，还在痴痴地等着娜娜来看他。然而，10多天过去了，娜娜并没有出现，反而与小周的联系越来越少。在给娜娜发了一个微信红包后，小周便被拉黑了，娜娜的电话也打不通。小周这才知道自己被骗了，遂报警。

接警后，相城区警方立即展开侦查，并部署了专项抓捕行动。随后，犯罪嫌疑人陆续到案，一个以蒋某为首的新型交友诈骗团伙浮出水面。

原来，为娜娜埋单的可不止小周一人，张先生、王先生等200余人都掉入了蒋某等人设下的圈套。

30岁的蒋某一直无业，曾因诈骗罪被判刑。刑满释放后，蒋某无所事事，便寻思重操旧业，继续骗钱。为给诈骗做掩护，蒋某在相城区某商场开了一家化妆品店作为窝点，建了一个叫“和谐大家庭”的QQ群。这个“大家庭”里有“接单女”“收银员”“保安”“键盘手”等成员，分工明确，配合有序。

小周认识的娜娜就是其中一名接单女。一般被害人同意见面后，接单女就会将被害人带至蒋某经营的化妆品店内，并想方设法地让其购买礼物，收银员则负责推销产品和记账。蒋某店里的化妆品价格都非常高，口红、护肤品、保健品一应俱全。

“我们一般会让对方先买一件便宜的化妆品，试探其反应，如果这男的比较爽快，再要求买贵的，一直到他不肯买为止。如果他没带够钱，我会主动提出垫付一部分。那次给小周买衣服就是为了防止他怀疑我。买完之后，我会找借口离开。之后基本不会再见面。”到案后的娜娜交代。

小庆是蒋某在一“酒托”群里认识的，搭上线后，小庆成了蒋某组织里的键盘手。据小庆交代，他们扮演相亲女与被害人约定好见面时间、地点后，就会将被害人的信息转发给接单女，接单女再伪装成相亲女，诱骗被害人进入化妆品店内消费。

在键盘手的圈子里，互相认识并不稀奇，他们常常服务于不同的组织，干着不同的买卖，但彼此心照不宣，不会多问。小庆的伙伴小毅效劳于从事“化妆品生意”的鲁某团伙。侦查机关顺着小庆这根藤发现了小毅，继而挖出了其所在的鲁某团伙。

2020年8月，苏州市公安局相城分局奔赴多地开展集中抓捕收网行动，相继打掉了以蒋某、鲁某为首的两个“化妆品托”团伙。(文中涉案人员均为化名)

资料来源　卢志坚，陈梦初，王金艳．“化妆品托”上线　小心甜蜜陷阱（摘录）[EB/OL]．[2021-01-27]．http：//chinatt315.org.cn/xfjs/2021-1/27/219980.html.

问题：

（1）点评本案例中的道德伦理。

（2）试对上述案例做出你的善恶研判。

（3）通过网上或图书馆等途径搜集你做善恶研判所依据的行业规范。

（4）你对本案例有何感受？

研判要求：同第1章“基本训练”中本题型的“研判要求”。

第10章 家用电器商品概述

◆ 学习目标

通过本章学习，应该达到以下目标：

职业知识：学习和把握电器商品质量要求，了解家电商品的分类和有关基本知识；认知有关家电商品的结构与工作原理；能用本章理论知识指导相关认知活动，用实务知识规范相关技能活动。

职业能力：运用本章知识研究相关案例，培养在特定业务情境中分析问题与决策设计能力；通过“电器类有关小家电商品的简易维护实训”的实训操练，训练学生经营家用电器商品的专业操作技能。

职业道德：结合家用电器商品的教学内容，依照行业道德规范或标准，分析“职业道德与企业伦理10-1”和章后“基本训练”之“善恶研判”情境下企业及其从业人员在家用电器商品生产经营活动中行为的善恶，强化职业道德素质。

【引例】

AWE2021：开年第一展为什么非看不可！

背景与情境：2021年中国家电及消费电子博览会（AWE2021）于2021年3月11日—3月14日在上海新国际博览中心举行。AWE2021是我国家电与消费电子领域2021开年第一展，数以万件颜值爆表、品质卓越、功能先进的家电和消费电子产品以及交互式、场景化、定制化的智慧物联生活解决方案将为人们勾勒出AIoT时代的智慧生活图景。

AWE2021分为以智能白电产品为核心的“智慧家庭”区，以消费电子、智能软硬件产品为核心的“消费电子”区，以厨房、卫浴、厨小电产品为核心的“智慧厨房”区以及以美健个护、环境电器、生活电器产品为核心的“生态健康”区等主题展区，展现智慧客厅、智慧厨房、智慧娱乐等基于真实生活场景的智慧生活方式。

上述报道表明，AWE2021代表了家用电器商品的新进展，交互式、场景化、定制化的智慧物联生活解决方案毫无疑问将成为家用电器今后发展的方向。

资料来源　AWE.5个数字看懂AWE2021：开年第一展为什么非看不可！[EB/OL]．[2021-01-13]. https://www.sohu.com/a/444290356_753751.

家用电器是指在家庭和类似使用条件下的电子器具和电器器具的总称。家用电器能减轻人们的家务劳动量，改善生活环境，丰富人们的物质和精神文化生活，是生活现代化的基本标志。随着人们生活水平的提高、科学技术的进步，特别是微电脑的应用和普及、网络时代的到来，家用电器已迈入组合化、多功能、网络化、智能化时代。

10.1　家用电器的分类和基础知识

家用电器的种类很多，常按工作原理或用途来分类。与家用电器密切相关的基础知识主要有电声学、电光学、人眼和人耳的生理特性等。

10.1.1　家用电器的分类及特点

1）家用电器的分类

（1）按工作原理分类

①**电子器具**是指将电能转换为声音或视像，以电子元件为基础，通过电子技术完成各种功能的家用电器，如收音机、电视机、VCD、DVD、手机、电脑等。

②电动器具是指将电能转换为机械能，由电动机带动工作部件完成各种功能的家用电器，如洗衣机、电风扇、吸尘器等。

③制冷器具是指消耗电能进行热交换，通过制冷装置制造适当低温的家用电器，如电冰箱、空调器、冷饮机等。

④电热器具是指以各种电热元件完成由电能到热能的转换，从而实现加热功能的家用电器，如电熨斗、电暖器、电热饮具等。

⑤照明器具是指使用电光源实现由电能到光能转换的家用电器，如各类灯

具等。

（2）按用途分类

①视频器具，主要用于收看电视节目，录制播放图像节目、生活片断等，如电视机、录像机、摄像机、影碟机、家庭电影院等。

②电声器具，主要用于家庭收放电台节目、录制播放音乐等，如收录机、组合音响、复读机、激光唱机等。

③空调器具，主要用于调节室内温、湿度，加速空气流动，改善室内环境等，如空调器、电风扇、空调扇、负离子发生器、加湿器等。

④冷冻器具，主要用于食品的冷冻和冷藏，如电冰箱、冷冻箱、冷饮器等。

⑤清洁器具，一般用于个人卫生和环境卫生的清洁，如洗衣机、吸尘器、淋浴器等。

⑥整容保健器具，主要用于个人容貌的整理和保健、维护人体健康、保持机体活力等，如电吹风、电动剃须刀、美容器、电动按摩器等。

⑦厨房器具，主要用于食品加工、烹制和食品炊具洗涤消毒等，如电饭锅、微波炉、电磁灶、燃气灶、电水壶、抽油烟机、洗碗机、消毒柜、榨汁机等。

⑧取暖器具，主要用于生活取暖和空气加热，如电暖器、暖手器等。

⑨文化办公用品，主要用于家庭学习、办公、通信，如家用电脑、手机、电话机、传真机、打印机等。

⑩娱乐器具，主要用于业余消遣娱乐，如电动玩具、电子游戏机、电子乐器等。

⑪照明器具，主要用于室内外照明及艺术装饰，如各种灯具及配件。

⑫其他器具，是指不能归入以上各类的家用电器，如电子钟表、电子门锁、防盗电器、数码相机等。

【教学互动10-1】

政府工作报告“点名”家电消费，背后有何深意？

情境：2021年3月5日上午，十三届全国人大四次会议在北京人民大会堂开幕，国务院总理李克强在政府工作报告中提出，“稳定增加汽车、家电等大宗消费”。政府工作报告重点“点名”家电消费，对于在后疫情时代加速复苏的家电行业而言，无疑注入更多的信心。

作为人们生活中的“大件”消费品，家电在消费市场历来占据着重要地位，激发家电消费市场的更大活力有利于进一步促进消费、扩大内需，同时也与2020年政府提出的“双循环”战略发展思路高度契合。近年来，伴随着冰洗空、彩电及烟灶等大家电的普及，中国家电市场由新增需求为主导的增量市场转向更新换代需求为主导的存量市场，产品之间的竞争愈发成为家电市场的竞争本质。

因此，在行业的供需、渠道、营销模式等较此前发生更大变化，产品层面健康、智能、舒适、节能特点更加突出的背景下，深化供给侧结构性改革，为消费者提供更多高品质及功能创新的优品、好品，成为家电消费需求持续稳定释放的关键所在。

资料来源　雷陈鸿.政府工作报告“点名”家电消费，背后有何深意？（摘录）[EB/OL].[2021-

03-05]. http: //news.cheaa.com/2021/0305/587597.shtml.

互动问题：我国家电商品的现状与发展趋势是什么？

互动要求：同“教学互动1-1”的“互动要求”。

2）家用电器的特点

（1）家用电器一般在有电能的条件下才能正常运转使用。

（2）家用电器一般都要带电工作和操作，因此，安全性是这类商品的首要指标。

（3）家用电器结构比较复杂，要求电器元件的可靠性高，要达到质量需要的规定值。

（4）家用电器既是家庭用品，又是美化家庭环境的装饰品，要求造型美观、装饰新颖、色调柔和、外形结构合理。

（5）家用电器要求使用寿命长、可靠性高。

（6）家用电器要求耗电少，费用低。

（7）家用电器的安装、使用和维护都直接影响着家用电器的质量。

【职业道德与企业伦理10-1】

让消费者用得安心是底线

背景与情境：“嘭的一声，燃气灶玻璃面板突然爆炸了。”

2020年12月份，胡女士在天猫老板官方旗舰店购买了27A5+57B0油烟机燃气灶套餐产品，实付款3 898.14元。产品于12月24日发货，1月30日安装，然而一个月后油烟机的玻璃面板发生爆炸，胡女士朋友的手也被划伤。“都没有用过几次，就出现了这样的问题，肯定有心理阴影，”胡女士对中国新闻周刊表示。

事情发生后，胡女士立马联系了老板官方客服，客服表示可以退货退款，同时还称按照相关规定，玻璃制品有3‰的自爆概率，“丝毫不提产品质量有问题”。中国新闻周刊曾向老板电器核实这一说法，其客服称，灶具面板的自爆率是3‰，最多只会裂不会爆。

但胡女士对客服的解释很不满意，在她看来，即使退货退款也造成了损失，“在装修时预留了尺寸，油烟机拆走再去买新的，尺寸可能不一样，那后续橱柜的处理就是损失。”因此，胡女士在12345、黑猫投诉等多个平台上对老板进行了投诉，希望能得到妥善的解决。“就是希望他们服务态度好一点，换一台新的油烟机也就算了。”胡女士表示。

中国政法大学知识产权研究中心特约研究员、北京云嘉律师事务所律师赵占领对中国新闻周刊表示，如果是产品质量不合格，或者商家在安装过程中操作不当，导致相关产品发生爆炸，商家需要对此承担法律责任，“需要向消费者赔偿损失，如果是产品有缺陷，实际上还涉及产品需要召回的问题。”

岳城律师事务所律师孙荣达告诉中国新闻周刊，如果确实存在产品质量问题，并且由于质量问题导致消费者的人身或者财产受到伤害、损失，消费者可以找商家赔偿。在他看来，允许产品在一定程度内存在瑕疵，但不代表因为瑕疵导致消费者受到损失，商家就可以不承担责任。

对于老板官方客服所谓的灶具面板存在3‰的自爆率，产业经济观察家梁振鹏则直接表示，这一说法非常不合理，“按照这个说法，厨电厂家如果每年卖出100万台燃气灶，就会有3 000台燃气灶存在爆炸的风险，那么很多家庭可能就会受到严重的人身伤害和财产损失。”他认为，抽油烟机、燃气灶等钢化玻璃面板破裂或者自爆，就是典型的产品质量问题。

事实上，老板电器并非首次出现产品爆炸事故。农历牛年第一天，就有消费者遇到了燃气灶爆炸的糟心事。在黑猫投诉平台上，该消费者表示，2018年11月在老板官方旗舰店买了一台燃气灶，没有想到，在2021年大年初一家人煮饺子的时候，燃气灶玻璃面板突然爆炸，给他和家人造成了很大的心理阴影。

事故发生后，该消费者给老板客服打电话，客服表示能更换玻璃面板，不会影响后续使用，“这么大的安全隐患，实在是不敢用了！这纯粹是质量问题！”该消费者要求老板退款并做出赔偿。当中国新闻周刊近期致电该消费者了解后续情况时，他确认了此事，同时表示事情已经处理好，详情不便多说。

2020年9月，中国裁判文书网的一则民事判决书显示，老板电器生产的燃气灶出现故障，报修之后，老板工作人员因“疏于对燃气灶和灶前金属软管连接处进行检查，未能排除潜在隐患”，导致消费者在使用燃气灶过程中发生爆炸事故，造成一人受伤和房屋损坏等损失，因此，老板电器被法院判决赔偿消费者损失29.08万元。

此外，在天猫老板官方旗舰店及黑猫投诉等平台上，消费者对老板电器的吐槽不断，多围绕产品质量不好、乱收安装费、售后服务差等方面。

老板电器屡次被消费者投诉存在质量问题，原因是什么？中国新闻周刊曾就相关问题联系老板电器，截至发稿，对方尚未回复。

家电行业分析师刘步尘对中国新闻周刊表示，燃气灶、抽油烟机等产品的玻璃面板发生爆炸，还是技术层面的问题没有解决，企业应该从这个层面思考一下，技术成不成熟，为什么又发生玻璃面板爆炸的事故。如果不是消费者在使用过程中重大失误造成的，厂家是有责任的。

“企业都是以谋利为目的，仅靠企业自己的社会责任感和道德约束，或者品牌意识是远远不够的，”梁振鹏表示。因此，他建议，市场监督管理局应该对厨电企业进行更加严格的产品质量检查、抽查，对不合格的产品要进行严厉的处罚。同时，相关部门还应该建立更加方便快捷的消费者投诉渠道，及时处理消费者反映的各种维权问题。

资料来源　杜一兰. 大年初一燃气灶自爆 老板电器屡现“爆炸门”［EB/OL］.［2021-03-16］. http://finance.sina.com.cn/tech/2021-03-16/doc-ikknscsi5334059.shtml. 原文基础上的节选与改编.

问题：一家市值数百亿的知名厨电企业，为何会频频发生产品自爆事故？

分析提示：一方面，老板电器通过邀请明星代言、赞助综艺节目、头部主播推荐等，使2019年的销售费用飙升至19.28亿元；财报显示，2019年老板电器的研发费用约为3亿元，占营业收入的比重为3.87%，低于部分同行龙头企业。另一方面，老板电器产品质量却饱受诟病，屡遭消费者投诉。企业若违背了最起码的职业道德和企业伦理，必然会受到查处和被市场所淘汰，最终受损的是企业自身的形象和诚信。企业的产品质量是否过关？消费者的权益和人身安全又该如何保障？老板电器作为知名厨电企业，更应该有大企业的责任和担当，不仅要打造好品牌形象，更要在技术层面下足功夫，加强研发投入。

10.1.2 家用电器基础知识

1）电声学基础

（1）声波：由机械振动或气流扰动引起的周围弹性媒质发生的波动现象。它具有波的一切特性，即反射、绕射、折射、干涉等。

（2）声波的几个基本参量：声强（I）、声速（v）、声压（P）、声功率（W）。

（3）声音的3个特性：

①音调：表示声音的高低，主要与频率（f）有关，f高声音尖，f低声音粗。

②响度：表示音量的大小，主要取决于振幅的大小，振幅大，音量大；反之亦然。音量大小一般用声压来表示。

③音色：表示某种乐器或声源所发出声音的特点。例如，用不同的钢琴同奏一首曲子时，虽然让它们发出同样的音调和响度，但人耳仍能区分开。音色与许多因素有关，主要取决于声波的波形。

（4）声音的3个特性与交流电的3个特性一一对应。

①响度与交流电的振幅相对应。

②音调与交流电的频率相对应。

③音色与交流电的波形相对应。

2）人耳的听觉特性

（1）可闻声音频率。频率（f）为20～20 000Hz的声音人耳可以听见。

（2）对声音的强弱感觉与声压和声强成对数关系。

人们根据人耳的这一特性，采用了一种简便的计量方法来表示声音的强弱，即把声音的强弱划分为12级，然后又把每级划分为10个分级，这样用120个分级就能把声音的强弱表示出来。分级有一个专用的名词，就是我们常说的分贝，用dB表示。

（3）双耳效应。我们听声音时是用双耳，双耳间的距离大约为20cm，由于声音在时间、强度和相位等方面有差别，尽管这种差别很微小，但灵敏的人耳还是可以感觉出来，由此判断出声音的方向，确定声源的位置。立体声就是根据人的双耳效应发展起来的。例如，台上有两个人站在两边对话，即使闭上眼睛人们也能分辨出是左面的人在说话还是右面的人在说话，这就是立体声效果，但绝不是简单地多装几个扬声器就能产生效果的。

既然声源的定位主要是依靠双耳效应，人们自然就想到利用两个传声器来代替双耳，以达到传送立体声的目的，所以一般把双声道录放系统发出的声音称为双声道立体声（如图10-1所示）。如果用多个声道录放系统，发出的声音则具有把聆听者包围起来的重放效果，所以称为多声道环绕立体声。

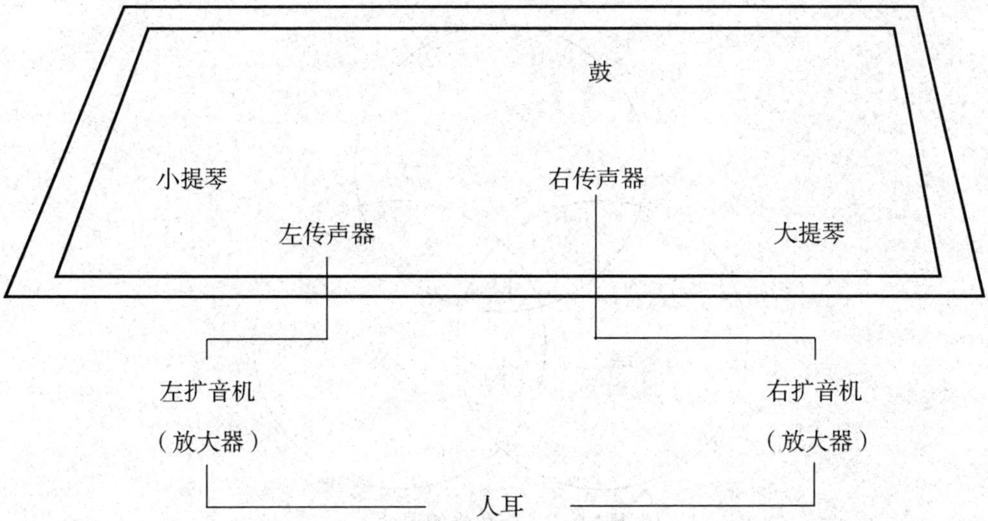

图 10-1　双声道立体声示意图

（4）人耳具有一种不寻常的能力，能在噪声环境下有选择地分出他感兴趣的某些“信号”。这是因为除了人耳对声音有方位感外，还有注意力集中的心理因素。当然，这只能发生在噪声与信号相差不大时，所以信噪比是收录机的质量指标之一。

一般来说，人耳只有在混响时间适当的空间里，才能听到明朗、响亮、层次丰富、浑厚有力及悦耳动听的音乐。

【同步思考 10-1】

问题：有 4 个扬声器的录音机就是立体声录音机吗?

理解要点：录音机是否为立体声，取决于声道。

3）光的特性

（1）光的本质。光和实物一样，是物质的一种，它同时具有波的性质和微粒的性质。这里主要涉及光所具有的波的性质，所以我们可以认为光是电磁波的一种。

（2）可见光。波长 380 ~ 780nm 的光为可见光。

（3）三基色原理。自然界大多数颜色可分为红、绿、蓝三种基本色系。这三种基本色系可以按不同的比例混合得到各种颜色，彩色正是利用了这一原理（如图 10-2、图 10-3 所示）。

我们从图 10-2 可以发现：红光+绿光=黄光；红光+蓝光=紫光；绿光+蓝光=青光；红光+绿光+蓝光=白光。

（4）光源。

光源可分为热光源和冷光源。

①热光源：当被加热到一定程度时发出热辐射现象的物体叫热光源。一般物体被加热到 500℃左右，开始辐射一部分暗红的可见光，大约加热到 1 500℃时开始发出白光，其中还有相当多的紫外线。常见的热光源有钨丝灯、太阳。

②冷光源：常见的冷光源有荧光、磷光、日光灯、液晶、等离子体等。

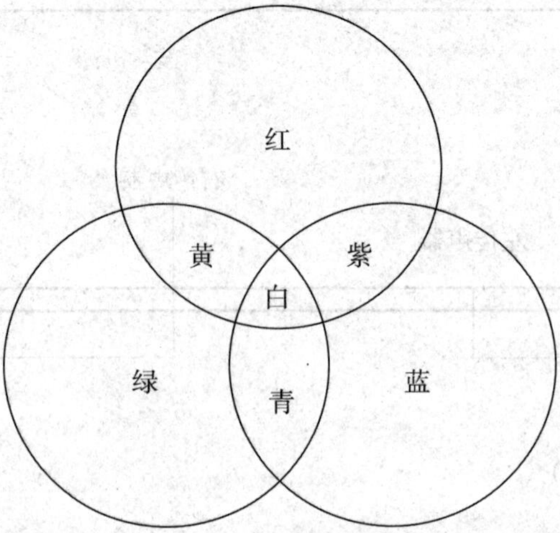

图 10-2 彩色光的混合

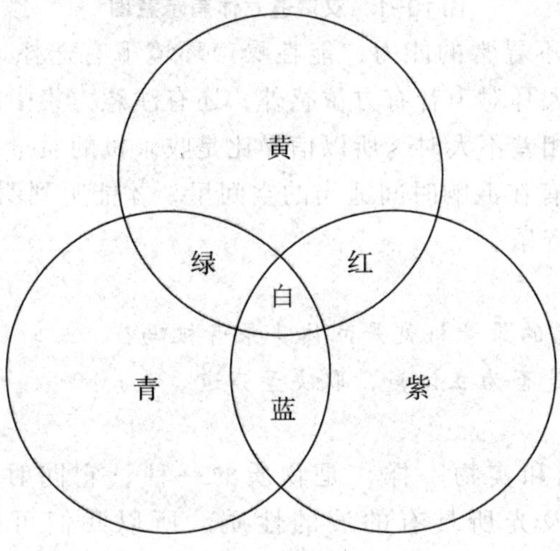

图 10-3 颜料混色

4）人眼的特性

（1）生理特性。人眼的生理特性包括两点：有盲点；人眼视野上下、左右的比例为 3∶4。

（2）亮度感觉与亮度成对数关系。

（3）彩色三要素。亮度——明亮程度的感觉；色调——颜色的感觉；饱和度——彩色色泽深浅的感觉。视觉敏感度见表 10-1。

表 10-1 视觉敏感度表

配色	视觉敏感度（%）	配色	视觉敏感度（%）
黑白	100	绿红	40
黑绿	94	红蓝	23
黑红	90	绿蓝	19
黑蓝	26		

（4）分辨力。人们对于彩色的分辨力大大低于对黑色和白色的分辨力。如果我们离开电视屏幕一定距离就能辨别出白色衬底上长度为1mm的黑色细节部分来的话，在同样的条件下，在红色衬底上的绿色细节部分在长度为2.5mm时才能被辨别出来，在蓝色衬底上的绿色细节部分在长度为5mm时才能被辨别出来。

（5）视觉惰性原理和闪烁感觉。实践证明，当光线闪烁达每秒50次以上时，人眼感觉不到闪烁，看到的只是无闪烁的光线。

5）无线电传播

（1）无线电波段的划分（见表10-2、表10-3）

表10-2　无线电波段的划分（按波长划分）

名称	波长范围（m）	频率范围（Hz）	应用
超长波	10 000以上	30	—
长波	3 000 ~ 10 000	30 ~ 100	电报通信
中波	200 ~ 3 000	100 ~ 1 500	无线电广播
中短波	50 ~ 200	1 500 ~ 6 000	电报通信、业余通信
短波	10 ~ 50	6 000 ~ 30 000	无线电广播、电报通信和业余通信
米波	1 ~ 10	$3\times10^4 \sim 3\times10^5$	无线电广播、电视、无线电导航、业余通信
分米波	0.1 ~ 1	$3\times10^5 \sim 3\times10^6$	电视、雷达、无线电导航、无线电接力、通信、其他专用
厘米波	0.01 ~ 0.1	$3\times10^6 \sim 3\times10^7$	电视、雷达、无线电导航、无线电接力、通信、其他专用
毫米波	0.001 ~ 0.01	$3\times10^7 \sim 3\times10^8$	—
亚毫米波	0.001以下		—

表10-3　无线电波段的划分（按频率划分）

名称简写	波长范围（m）	频率范围（Hz）
甚低频VLF	30 000 ~ 10 000	10 ~ 30
低频LF	10 000 ~ 1 000	30 ~ 300
中频MF	1 000 ~ 100	300 ~ 3 000
高频HF	100 ~ 10	$3\times10^3 \sim 3\times10^4$
甚高频VHF	10 ~ 1	$3\times10^4 \sim 3\times10^5$
超高频UHF	1 ~ 0.1	$3\times10^5 \sim 3\times10^6$
过高频SHF	0.1 ~ 0.01	$3\times10^6 \sim 3\times10^7$

（2）长波及中波的传播（如图10-4所示）

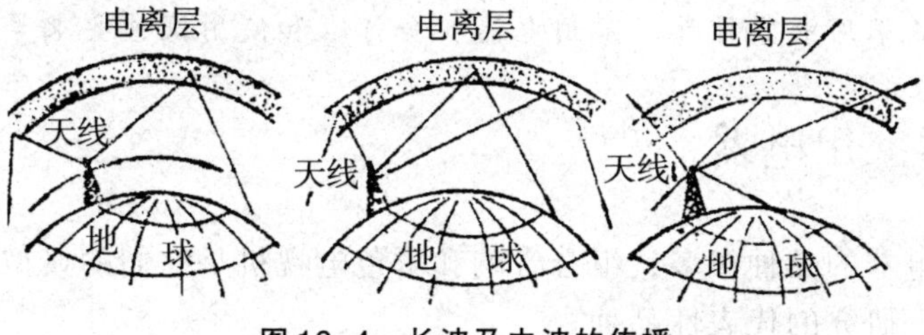

图10-4　长波及中波的传播

长波及中波在电离层中受到了强烈的折射，无论投射于电离层的入射角多么小，都会返回地面。长波的传播特点是比较稳定，但传播距离有限，一般不超过3 000km。

(3) 短波的传播

短波的优点是能以很小的功率借天空波传送很远的距离，因此可以进行远距离的国际无线电广播、无线通信等。

(4) 电视电波的传播

电视广播采用频率很高、波长很短的超短波传播，超短波只能沿着发射天线与接收天线，以直射波的形式传播。然而，超短波还可以通过地面或障碍物反射传播，因而又存在反射波。直射波与反射波同时存在，使电波以多种途径到达电视机，就连房间四周的墙壁以及家具也反射电波，这使电视信号场强的分布变得十分复杂，有的地方强、有的地方弱。

(5) 卫星传播

一般来说，只要有3颗定点卫星，就可实现全球传播。

【同步案例10-1】

家用电器的安全标准

背景与情境：各类家用电器均有安全标准，消费者应严格按使用要求操作，避免事故的发生。

家用电器安全标准分为0类、01类、Ⅰ类、Ⅱ类、Ⅲ类五大类。

0类：这类电器只要求带电部分与外壳隔离，没有接地要求，其主要用于人们接触不到的地方，如荧光灯的镇流器等。

01类：这类电器有工作绝缘，有接地端点，可以接地或不接地使用，在干燥环境（如铺木质地板的室内）中使用，可以不接地；在相对潮湿的环境中使用，则必须接地。

Ⅰ类：这类电器有工作绝缘，有接地端点和接地线，规定必须接地或接零，接地线必须使用外表为黄绿双色的铜芯绝缘导线，在接地线引出处应有防止松动的装置，接触电阻应大于0.1欧姆。

Ⅱ类：这类电器采用双重绝缘或加强绝缘，没有接地要求。所谓双重绝缘是指除有工作绝缘外，尚有独立的保护绝缘或有效的电器隔离。这类电器的安全程度高，可用于与人体皮肤相接触的器具。

Ⅲ类：这类电器是指使用安全电压（50伏以下）的各种电器，如剃须刀、电热毯等。在不能安全接地又不干燥的环境中，必须使用安全电压型的产品。

问题：你所在环境中的家用电器使用是否符合安全标准？

分析提示：从家用电器种类、家用电器安全标准和使用操作要求等方面来分析。

10.2 电子类家用电器

电子类家用电器的品种很多，组合音响和彩色电视机是它们的典型品种，也是电子类家用电器学习、研究的代表性品种。

10.2.1　组合音响

组合音响是指收、唱、录、放等功能齐全的高保真重放系统。这种组合并非简单的机械性拼装，而是包括电路在内的重新设计和组合。它能如实地反映声音信号的本来面目，并能使人有亲临音乐会现场的感觉。

组合音响的基本组成部分包括AM/FM调谐器、CD播放器、扬声器等。功能更强大的则相应增加MD播放器、环绕超重低音音箱；CD播放器提升为DVD播放器，向下兼容播放其他类型格式的碟片等，甚或提升为双碟、三碟播放；还有部分迷你组合音响带有刻录机或者带有网络收音功能等。

1）组合音响的分类

（1）按结构特点分类

组合音响根据结构特点不同可分为分体式和一体式两种。分体式组合音响把各个部分分成独立的单机，每个单机一般只具备一种相应的功能，各单机的外形尺寸基本相同，可分层叠放，各单机之间用专用导线连接；而一体式组合音响除了音箱单独分开外，其他各个部分都组合在同一机箱内。

（2）按式样分类

组合音响根据式样的不同可分为台式和落地式两种。台式组合音响的体积较小，质量较轻，适宜放置在台面上；而落地式组合音响有两个很大的音箱，整机体积较大，但音质较好。

（3）按性能分类

组合音响按性能可以分为家庭影院套装和迷你组合音响。家庭影院音响指专门针对电影播放所配置的音响，顾名思义在音效上其风格应与影院风格接近，所以最低配置应为5.1，杜比解码，DTS环绕立体声；迷你组合音响实际上就是小型化的组合音响，相对于家庭影院套装，迷你组合音响的特点就是小型化，常见的迷你组合音响由将各种播放设备和功放集成为一体的主机加上两个音箱构成。迷你组合音响并不追求功率强劲，而是以体积小、占用面积小、造型美观、音质纯美、摆设方便、操作简单吸引广大消费者的。

微型化、数字化、专业化、影视化、智能化是家庭音响必然的发展趋势。

2）组合音响的质量指标

音响系统整体技术指标性能的优劣取决于每个单元自身性能的好坏，如果系统中的每个单元的技术指标都较高，那么系统整体的技术指标就很好。其技术质量指标主要有6项：频率响应、信噪比、动态范围、失真度、立体声分离度、立体声平衡度。

（1）频率响应。频率响应是指音响设备重放时的频率范围以及声波的幅度随频率的变化关系，音响系统的总体频率响应理论上要求为20～20 000Hz。在实际使用中，由于电路结构、元件的质量等原因，往往不能够达到该要求，但一般至少要达到32～18 000Hz。

（2）信噪比。信噪比是指音响系统对音源软件的重放声与整个系统产生的新的噪声的比值，其噪声主要有热噪声、交流噪声、机械噪声等。一般检测此项指标以重放信号的额定输出功率与无信号输入时系统噪声输出功率的对数比值分贝（dB）来表示。一般音响系统的信噪比需在85dB以上。

（3）动态范围。动态范围是指音响系统重放时最大不失真输出功率与静态时系统噪声输出功率之比的对数值，单位为分贝（dB）。一般性能较好的音响系统的动态范围在9dB以上。

（4）失真度。失真是指音响系统对音源信号进行重放后，使原音源信号的某些部分（波形、频率等）发生了变化。高保真音响系统的谐波失真度应小于1%。

（5）立体声分离度。立体声分离度表示立体声音响系统中左、右两个声道之间的隔离度，它实际上反映了左、右两个声道相互串扰的程度。如果两个声道之间串扰较大，那么重放声音的立体感将减弱。

（6）立体声平衡度。立体声平衡度表示立体放音系统中左、右声道增益的差别，如果不平衡度过大，重放的立体声的声像定位将产生偏移。一般高品质音响系统的立体声平衡度应小于1dB。

普通唱机、录音机与激光唱机性能比较见表10-4。

表10-4 **普通唱机、录音机与激光唱机性能比较**

品种 性能	激光唱机	录音机		普通唱机
		普及机	高级机	
频率响应（Hz）	20 ~ 20 000	100 ~ 6 300	60 ~ 18 000	60 ~ 20 000
动态范围（dB）	90以上	—	70以上	75以上
信噪比（dB）	90以上	35以上	63以上	60以上
分离度（dB）	90以上	—	60以上	20 ~ 30
失真度（%）	<0.01	0.3 ~ 1	0.3以下	0.1 ~ 0.2
抖晃率（%）	仪器无法测量	0.2 ~ 0.4	0.15 ~ 0.3	0.03

3）组合音响的质量检验

（1）外观检验

组合音响的外观要求设计新颖、豪华、美观，各种指示要醒目大方，外壳要平整、光洁，不应有划伤、脱漆、锈蚀等现象发生，各按钮等应便于操作。

（2）性能检验

收音部分高低端频率的各电台信号强弱大体一致，大、小信号均无失真现象，距人耳1m倾听应无交流声，无各种噪声、杂音，无混台串音、啸叫和自激振荡等现象。调谐指示器的反应应灵敏，用电平表指示的表针摆动应平稳，用发光二极管指示的跳动应准确，颜色应明亮鲜艳，灵敏度越高越好，信噪比越大越好。灵敏度高，收到微弱电信号的能力就强，收到的台就多，声音也就越清晰。

对于录放音部分，可选择质量可靠的光盘、声卡、语音芯片等语音存储器，把音量调到最小，逐个按下播放、录音等功能按键，同时倾听录音机械运转时发出的“沙沙”声，处于录、放音工作状态时，声音应流畅而均匀。随后把音量调至最大，重复上述各动作，此时，除机械传动系统的“沙沙”声外，在扬声器内有轻微的“哈”声，在各种工作状态以及由一种工作状态转换成另一种工作状态时，在扬声器中均不应有其他杂声出现。再将短路插头插入话筒插孔，按下录、放音按键使录音机呈录音状态（实际处于消音状态），运转数分钟后进行放音，如噪声明显增大，则说明录放音部分消音功能不佳。最后进行录放试听，将音量调至适中位置，按下录音装置，距话筒0.5～1m处讲几句话或唱一段歌曲，然后放音，此时听到的声音应清晰、噪声小、有真实感，熟人能很快判断出是谁的声音。如声音颤抖、混浊、噪声明显、变调等，则说明该音响录放音或机械部分质量有问题。将音量调至最大放音略有失真是正常的。对于立体声检查，可放入一张光盘，观察两个声道是否平衡，检查时，处于距音响1m远的地方，检查者所在的位置对两组音箱的张角为40°～50°，调节声道平衡按钮，应能听到立体声。

音箱部分，一是观工艺，从音箱外表来判断该音箱的档次和品质优劣，好的音箱多是用天然木材制成的，现在一般用中密度纤维板（MDF）敷一层木皮做装饰，将表面打磨平整的产品可以算是中档以上的音箱，如表面敷的是PVC塑料贴皮，则档次要低一等。二是掂重量，好的音箱每只箱子可能有10～20kg，低档货多半重量比较轻。三是敲箱，用手指敲击箱体上下左右，如果发出坚实的脆响，则说明箱体木质坚硬，内部有多根筋支撑，并有一定的吸音和驻波措施，可以认为是正规厂家的产品。四是认铭牌，箱体背面有一块制作精致的铭牌，上面印有商标、厂家、生产序号以及各种技术指标等，可以说是音箱的身份证。一般来说试听时，好的音箱应该是很耐听的，具有明显的个性，能表现出音乐背景中细微的信息。

播放唱片、CD唱片进行试听时，要求音响效果达到高音清晰明亮，中音丰满并且有弹性，低音温柔而有力度，立体声效果强，真正体现出音乐厅演奏的真实感、空间感和临场感。

4）组合音箱的使用方法

（1）装配方法

组合音箱分层越多，连线也越多，连接的装配主要有输入线、输出线的装配和音箱的连线装配，在装配组合音箱之前应详细阅读说明书中的接线图，切不可盲目乱接，装配错误有可能会损伤机器。

一般组合音响配有左、右两声道音箱，在高档机中除了左、右声道外，还配有两只重放环绕立体声的后方小音箱，音箱连线尽可能不要太长，不要用普通的电线连接，最好采用双股平行音箱连接专用线。

（2）音箱的摆放

音箱的摆放是否合理，关系到使用者能否聆听到完美的立体声，音箱在居室中正确的摆位一般是在左右主音箱距离1.5～3m间调节，音箱离侧墙的距离不少于30cm，有条件的用钢脚钉坐地，则低频会变得更加浑厚有力。如果低音不足，可将音箱背贴墙放置，这样低音效果可增强一倍，若将其置于墙角，则效果再次倍增，以聆听者的位置与左右音箱呈40°～50°角为佳。音箱的摆放可参照图10-5。

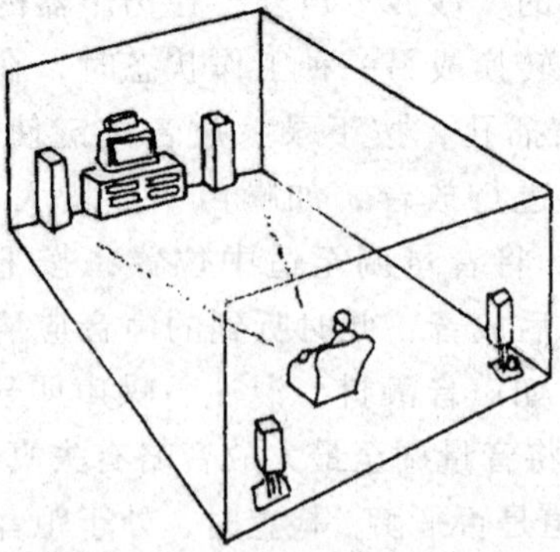

图10-5　音箱的摆放位置

5）组合音响的使用和保养

（1）每半年清洗接点一次。金属暴露于空气中不久，表层就会有氧化现象。即使讯号线插头表面经过镀金处理，与机身插头又有紧密接触，时间久了，仍然会发生一定程度的氧化导致接触不良，所以最多隔半年就要清洗一次。

（2）尽量避免机叠机。应尽量将最主要的CD讯源及扩音部分独立来摆放，因为重叠摆放会导致谐振而影响机器，所以要把器材独立置放在稳固的机架之上。

（3）干扰越少声音越好。室内的家用电器应避免与音响共享一组电源，即使要放在一起也应从别处获取电源。其次让接线纠缠在一起也会令线与线之间互相吸收噪声而破坏音质。无论是器材还是连接线，都应该保持不受其他电器或者电源线的干扰。

（4）喇叭摆放的位置。喇叭的摆放是音响使用中重要的一环，摆得不好难免令回放效果大打折扣。如何在房间中找到最好的摆放位置颇费功夫，除了不断细心聆听不同摆放位置的效果外，还可以请相关的专家来进行指导。

（5）昏暗环境有助聆听效果。在漆黑的环境中，耳朵会特别灵敏，而且减少了视觉上的障碍，对音响画面重组以及乐器的位置感便会格外清楚明确，气氛比亮灯时效果更佳，还可以用其他一些比较幽暗的灯光来营造听音氛围。

（6）吸音要适当。在一般的家庭环境中，家私杂物已经是上好的吸音材料，大可不必把吸音搞得太繁复，铺一张地毯就已有基本的加强吸音效果。喇叭距离后墙太近时，也可以考虑加一幅挂毯以增加吸音效果。另外，房间的玻璃及镜子都会有较强的反射声音作用，需要用窗帘来遮挡。要求高的不妨在墙角位置及室内的声音反射点上多做些吸音措施，但要注意吸音不可过分，适量的反射声是有助于提高声音的传播效果的。

10.2.2　彩色电视机

1）彩色电视机的分类

（1）按广播制式，可分为NTSC制（美国、日本、加拿大、韩国等国家采用），PAL制（德国、英国、意大利、中国等国家采用），SECA制（法国、俄罗斯、东欧各国采用）。

（2）按屏幕尺寸的大小，可分为小屏幕电视机和大屏幕电视机。

（3）按观看角度，可分为直视式电视机和投影式电视机。

（4）按功能，可分为普通电视机、高清晰度电视机、卫星电视机、多画面电视机、语言多重电视机、投影电视机、多媒体电视机、平板电视机、立体电视机、3D电视机、交互电视机、智能电视机、云电视机、4K电视机、曲面电视机、OLED电视机、量子点电视机、激光电视机等。

（5）按信号类型，可分为模拟电视、数字电视、地面电视（无线电视）、有线电视、卫星电视、移动电视、网络电视、宽带电视等。

（6）按成像原理，可分为阴极射线管显示器（CRT）、液晶显示器（LCD）、等离子显示器（PDP）、发光二极管显示器（OLED）、激光显示器（DLP）电视机等。

2）显像管彩色电视机的工作原理（如图10-6所示）

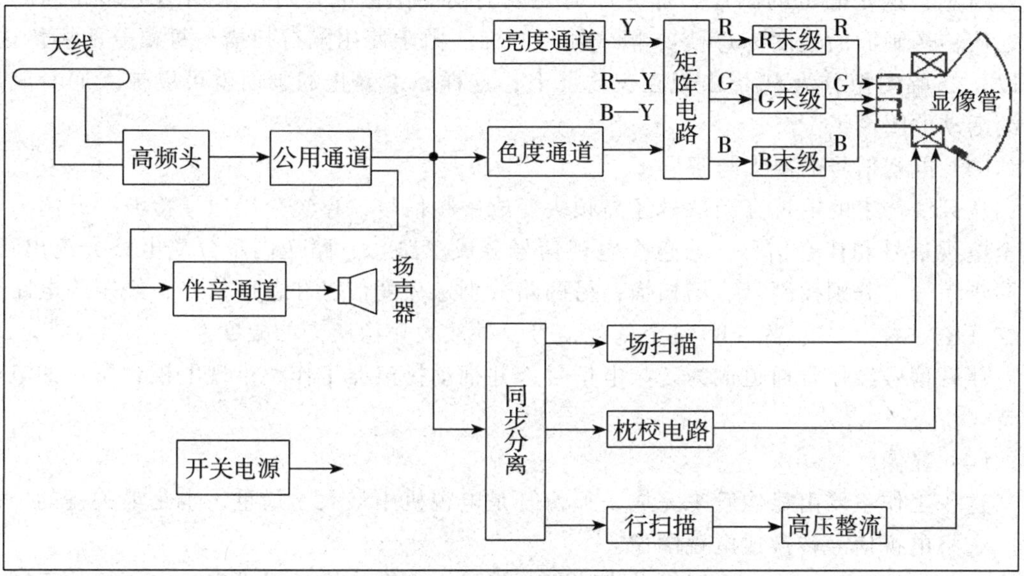

图10-6　显像管彩色电视机的工作原理图

（1）把景物变成电信号

该工作原理是先将景物摄像，并根据三基色原理，将自然界千差万别的颜色分解成红、绿、蓝3种单色光，把这些不同色光转换成图像电信号，再由电视台加工后发出。电视信号发送过程如图10-7所示。

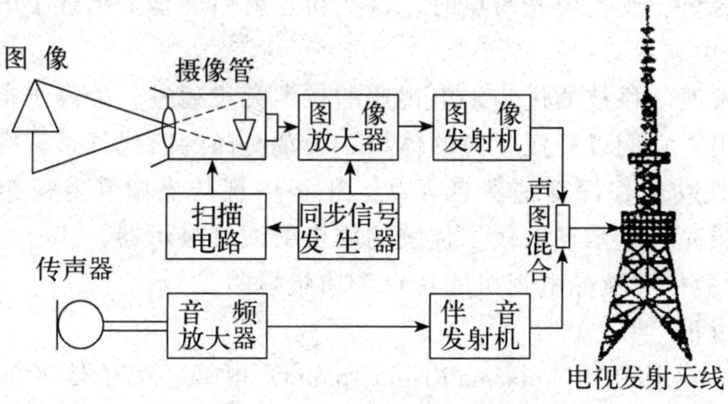

图10-7　电视信号发送过程

(2) 图像的分解与传递

从新闻图片中可以发现，图片是由许许多多明暗、疏密不同的小点组成的，这些小点叫像素，任何图像都是由像素构成的。图像中的像素越小，数目越多，则图像愈清晰。报纸上的图像，在每平方厘米内有1 000多个像素，35毫米的电影片每幅图像有100多万个像素。例如，每幅电视图像有625行，画面宽与高的比是4：3，因此垂直方向像素的数目为625个，在水平方向上像素的数目为833个（4÷3×625），所以整个画面的像素数目为520 625个（625×833），这么多的像素就能传送出较高质量的图像了。高清晰电视每幅图像1 125行，宽与高的比为5：3，整个画面的像素数目为2 109 375个（1 125×（5÷3×1 125）），这样不但图像高度清晰，而且还有宽银幕效果。

当然，这是固定的图像，那么如何变成活动的图像呢？可以采用与电影相同的原理，使传送画面的速度为每秒25幅（帧）画面。由于使用隔行扫描，每幅分两场传送，所以，25幅图像分为50场出现在荧光屏上，这样原来静止的画面就可以被人们看成是连续活动的图像了。

(3) 电视信号的放大与解码

从天线传来的电视高频信号经高频头变成中频信号，再经公用通道检波，分离为彩色全电视信号和伴音信号。彩色全电视信号分成三路，一路送同步分离电路分离出行、场同步信号，分别控制行、场扫描；另两路分别送亮度信号和色度信号，经矩阵电路得到红（R）、绿（G）、蓝（B）3个基色信号，并放大显像所需的幅度。

伴音信号经伴音通道成为音频电信号，并推动扬声器工作，重现电视台所送的电视伴音。

(4) 显像

这一工作主要由显像管来完成，显像管是电视机中最大、最重，也是最关键的一部分，它将电视信号转换成电视图像。

显像管由电子枪、荧光屏及玻壳三部分组成，将玻壳内抽成真空，电子枪位于圆柱形的管颈内，它发射出很细、高速的电子束穿过铝膜轰击荧光屏，使之发光。

彩色显像管实际上是三合一管，它的荧光屏是由大约120万个荧光粉点组成的，其中有1/3是红色的、1/3是绿色的、1/3是蓝色的，这些相继交错的彩色荧光粉点很小，其直径只有0.4mm左右，而且相互靠得很近，构成40万个像素，当3个电子束以各自的强弱轰击红色、绿色、蓝色荧光粉点时，这些粉点就使屏幕上出现了电视台所发送的彩色图像。

随着社会的发展、科技的进步，电视业的技术突飞猛进，等离子电视、液晶电视等平板电视相继推出，它们以轻便轻薄的体型、美观时尚的时代气息、绿色环保的优越性能、智能化的人性功能，深受消费者喜欢。平板电视与显像管电视相比，主要是用液晶、等离子体或激光等显示器取代了传统的阴极射线管显示器。

3）等离子电视机和液晶电视机的特点和质量检验

(1) 等离子电视

等离子电视，又称PDP（plasma display panel）电视。离子体屏幕型彩色电视机采用等离子体显示器作为显示装置。这种显示器是利用气体等离子体的原理制成的，是平板显示器中最有发展前途的器件之一。

等离子面板也叫气体放电显示面板，它由数量众多且体积很小的玻璃气室组成一个平板，在气室中通常充有惰性气体（一般是氙气和氖气的混合体），每三个气室排成一行组成一个像素，其中在一个气室的内壁涂有红色荧光粉，一个涂有绿色荧光粉，一个涂有蓝色荧光粉。在每个气室的上下各有一条横向X和纵向Y的电极导线，在驱动电路的控制下，每个气室的X、Y电极之间会放电，而在惰性气体中放电产生的气体等离子体发射出紫外线，紫外线激发荧光粉发光，这就是等离子电视名称的由来。放电产生的紫外线强度与放电的频率有关，频率越高，该像素点的亮度越高，再根据三基色原理组合成想要的亮度和颜色。由于等离子仍然是荧光粉发光，它具有CRT一样丰富的色彩表现能力，不需要阴极射线管和磁力偏转结构，因此不存在体积、球面、几何变形和受地磁干扰等问题。等离子电视不仅屏幕大，而且在图像清晰度、亮度、对比度、灰度等方面均能达到甚至超过显像管电视的标准，至于体积、重量、功耗等方面比显像管电视机更是有无可比拟的优越性。

（2）液晶电视

液晶电视，又称LCD（liquid crystal display）电视。它用液晶显示器件（LCD）取代了传统的阴极射线式显像管（CRT），具有携带方便、功能齐全、收看节目不受场所限制的特点。它与采用CRT的彩色电视机的主要区别是图像显示部分不同，在驱动电路方面也有很大的改变。

在液晶显示器中，最主要的物质就是液晶。液晶电视屏幕的构造是两块特殊的玻璃夹住液晶体，通过8比特驱动电路和高效背灯系统来调节成像，即液晶电视依后方一组日光灯管发光，然后经由一组菱镜片与背光模块，将光源均匀地传送到前方，依照所接收的影像信号，液晶玻璃层内的液晶分子会做相对应的排列，决定哪些光线是需偏折或阻隔的。组成屏幕的液状晶体有三种：红、绿、蓝，它们按照一定的顺序排列，这三种颜色就当作三基色，通过电压来刺激这些液状晶体，就可以呈现出千变万化的颜色。由于液晶电视采用点成像的原理，因此屏幕里面构成的点越多，成像效果越精细，纵横的点数就构成了液晶电视的分辨率。分辨率越高，效果越好。

LED电视是液晶电视的一种，它与LCD电视不同的是因为采用了发光二极管（即LED）作为背光源，因此，LED电视画面更优质，寿命更长，制作工艺更环保，并且能使液晶显示面板更薄。其具有色域广、寿命更长、环保节能、超薄美观等特点，已成为液晶电视的主流品种。

（3）等离子电视和液晶电视比较

等离子电视和液晶电视都属于平板电视，两者的最大区别在于使用的面板不同，成像原理也不一样。与液晶电视相比，等离子电视的画面相对较好，在动态清晰度方面表现优异，在视觉舒适度、色彩还原度、对比度、可视角度等方面的性能也较好。但耗电量相对较大，较笨重，发热量也较大，维修费用相对较高。液晶电视相对于等离子电视来说，其优势在于外形较轻薄、功耗较低、寿命更长、更环保，劣势在于色彩表现力不强、动态画面有拖尾重影现象。

等离子电视的优点是色彩还原能力好，显示色彩自然，暗场动态范围大，图像层次感丰富，图像拖尾时间少，动态清晰度高，可视角大，亮度均匀性好，容易实现大屏幕化；缺点是屏幕尺寸较少，没有小尺寸型号，体积和重量较大，耗电量较高，由于高温放电，易发生烧屏现象，屏幕亮度较低、颗粒感较为明显，发热量较大，噪声也比较明显。液晶电视的优点是尺寸型号齐全、覆盖大小尺寸，体积小、比较薄、耗电量小，图像没有行间和大面积闪烁，亮度高，显示图像透亮、鲜艳，不易造成残影和烧屏现象；缺点是观看图像的可视角度相对较小，运动图像容易产生拖尾，LED高能蓝光亮度过高，损害视力，易产生漏光，全屏亮度均匀性差，暗场动态范围小，对比度差，彩色还原能力差，彩色覆盖率小。

等离子电视虽然被认为画面优于液晶电视，但其高于液晶电视数倍的价格，使市场上等离子电视机产品已寥寥无几，市场份额越来越小；液晶电视机由于采用了家用电器领域的诸多高新技术，其功能十分完备，画面质量不断提升，深受消费者喜欢，成为平板电视机中的主流品种。

（4）液晶电视机质量检验

①检查电视机的机身是否有磨损、划伤、凹凸或碰撞之处，接口、插头是否完好，按钮和开关是不是管用，机身颜色是不是纯正好看；了解一下所要选购的电视机的寿命和售后服务信息。

②检查伴音质量时，调节音量，声音有明显变化，音量调到最大时，声音应洪亮悦耳，无失真和交流声，屏幕上的图像不应该随伴音大小而产生干扰，音量调到最小应该无声。在检查图像质量时，应将电视机的色饱和度关闭，频道选择器调成接受彩条信号状态，这时电视上会显示由亮到暗的8种彩条，这些彩条应该是均匀没有重叠的，屏幕上不能有黑框。用影碟现场试机时，需要观察以下方面：首先，观察在播放快速动作的图像时，有没有拖尾现象；其次，在播放大面积的海洋、蓝天或者火焰图像时，色彩是否均匀，层次过渡是否柔和；再次，在播放静止图像时，图像的细腻程度是否足够好；另外，灵敏度可通过观察荧光屏上的噪波点来判断，在无信号输入的情况下，噪波点越多、越小、越圆说明灵敏度越高、越好；最后，用手轻拍电视机壳前、后、左、右时，图像和伴音均不应出现变化，否则，说明内部有接触不良情况。

③在具体指标上，分辨率越高越好，响应时间越小越好，屏幕坏点越少越好，可视角度越大越好，亮度和对比度越高越好，反应时间越短越好，能效等级越高（数字越小）能耗越低，接口应与家庭相关设备相配套，16∶9是最适合人眼视角的屏幕格式，专用AV屏比PC屏好，背光灯的寿命就是液晶电视机的寿命。

4）OLED电视机和激光电视机简介

（1）OLED电视机

OLED，全称“有机发光二极管”，是一种显示屏幕技术。OLED显示技术具有自发光、广视角、几乎无穷高的对比度、较低耗电、极高反应速度等优点，被誉为液晶电视的“接班人”。采用OLED技术的电视是一种高端电视，与液晶电视相比，OLED电视具有不可比拟的优势。

就画质显示来说，OLED电视的黑色纯度极高，同样是在显示黑色背景的情况下，OLED电视呈现的就是纯黑色，而由于液晶电视存在漏光现象，在显示画面中会导致色彩不纯，黑色便会显得灰蒙蒙的，而每个像素点都自发光的OLED则不存在此问题。

正是由于自发光的特性，所以OLED电视的色彩显示非常浓郁，而且透光性能极佳，真实还原画面质感，可以给用户带来极致的画面临场感。而液晶电视依靠液晶分子的偏转来控制背光源透过的光线以显示图像，无论是在色彩表现还是画面视角方面都不能跟OLED电视相媲美。

同时，超薄机身也是OLED电视区别于传统液晶电视的一大优势。OLED显示技术不需要依靠背光的支持，便省去了液晶和背光模组，在液晶电视还在以厘米计算机身厚度时，OLED早就进入到了毫米时代。另外，OLED屏还具有柔性可弯曲的特性，结合OLED薄的特性，屏幕可以做成像一张纸那么薄，可以随意进行弯曲折叠，这样开发商就能在面板上进行一些时尚创意改造，让电视变成一件艺术品。

近年来，电视产品是否健康护眼受到了消费者的关注。面对青少年近视率逐渐提高的现实情况，大家在购买显示设备时不得不关注产品到底能不能防蓝光。液晶电视通过背光源显示画面，存在着有害蓝光辐射问题，而长时间观看电视有害蓝光便可穿透视网膜，加重眼睛的负担。反观OLED技术，由于采用的是像素自发光技术，每个像素都能够实现自行发光，OLED技术中采用的有机发光材料可以大大降低蓝光光谱的强度，同时，OLED电视都是采用DC调光，也不会出现屏闪现象，对人眼的危害相对更小。

OLED屏幕无限接近纯正的黑色、细腻的画质、真实的色彩显示、超薄的机身、防蓝光等优势，使得OLED技术被看作是替代LCD成为下一代彩电显示技术的主导者。

OLED电视机的缺点：一是寿命是普通LED电视机的50%；二是价格贵；三是所显示出来的色彩往往不够浓郁。

（2）激光电视机

激光电视机主要由激光发射器、调制器、偏转器以及抗光屏幕四部分构成，其成像原理是通过将视频信号分离成RGB三原色图像信号，控制三原色半导体激光发生器发射出相应强度的激光，再通过投影透镜的光束扫描到屏幕上从而形成图像。所以，激光电视机就是采用激光光源投影和投影幕布组成的电视机。

激光电视的优点：第一，超短焦，画面尺寸大，即使设备贴墙摆放，也能投射出80～100英寸的画面；第二，寿命长，光源亮度衰减小，一般投影仪在使用一段时间后，就会出现亮度不足的问题，这时候就需要用户另外购置更换投影灯泡，激光电视由于采用的是激光光源，不仅亮度比一般投影仪要高，而且亮度衰减速度很慢，上万小时的使用时间足以满足家庭所需；第三，智能化，老人小孩都适用，目前激光电视基本都自带智能系统并且支持智能语音功能，这在一定程度上减少了学习成本，对于有老人或小孩的家庭来说，是非常实用的；第四，超便携，想投哪里就投哪里，激光电视的体积比液晶电视小了很多，极大方便用户移动；第五，3D优势，再也不用去电影院，3D画面需要超大的尺寸才有震撼的效果，激光电视显然具备这个条件，搭配专业幕布和3D眼镜，震撼效果堪比IMAX影院。

激光电视的缺点：一是价格高，激光电视对于普通家庭来说，仍然属于“奢侈品”；二是受环境光影响较为严重，就是当环境光比较亮时（白天或户外），激光电视的画面色彩就会大打折扣；三是最佳的激光电视体验效果需要搭配抗光幕布才能实现，而购买抗光幕布又是一笔额外开支。另外，目前激光电视的护眼功能存在争议。

总之，OLED电视机和激光电视机综合性能优于传统液晶电视机，也存在价格高等问题。OLED电视机和激光电视机存在的问题，一方面，随着生产技术的不断提高，市场规模的不断扩大，会越来越完善；另一方面，从近几年的家电消费来看，消费者在购买家电产品时看重的产品因素不再是价格，而是更加倾向于高端化、智能化、品质化的产品，在这种消费大背景下，给OLED电视机和激光电视机的发展带来了更多的机会。

5）彩色电视机的选购和使用等

学习微平台

延伸阅读 10-1

（1）彩色电视机的选购

选购彩色电视机时应根据自己的使用目的、环境合理选择，如边远地区的用户可选灵敏度高的，小电网供电的用户可选宽电压电视机，城市用户选灵敏度适中的电视机即可。

在具体选购时，消费者还需要考虑电视机的品种、品牌、尺寸、功能、价格、造型、色彩等，然后再进行电视机质量方面的检查。

在售后服务方面，液晶电视机主要是看液晶屏幕的保修期。一般情况下，厂商都提供整机免费保修一年，其他部件免费保修三年的服务；需要壁挂使用的液晶电视机，要求厂商上门专业安装。

（2）彩色电视机的使用

①摆放位置。电视机周围不能有强磁场性物体，应保持其通风干燥，避免强光直射；摆放高度与人的视觉高度一致为好，观看时参考厂家推荐的电视观看距离，可达到最佳观看效果。

②环境光线。对于环境光线，以8瓦灯光亮度为宜，如环境背景太暗，电视图像稍有变化就能被人眼感觉到，反而显得图像不稳定、不清晰。

使用之前必须仔细阅读说明书，弄清各部件的功能，然后再按说明书上规定的操作程序操作。此外，观看时不要将亮度调得太大，不要频繁开关机，以免降低电视机的使用寿命。

（3）彩色电视机的包装与储运

电视机面积大，且为易损、易爆商品，因此，电视机的外包装一般用厚实的纸箱，整机应用塑料套包裹，并且应用泡沫塑料模压衬垫妥善填衬，不允许电视机在包装箱内晃动。电视机外包装上应有明显的“防潮”“向上”“小心轻放”等标志。搬运电视机时必须小心轻放，避免碰撞与振动。储存电视机时最好将其放在多层仓库的中间层，如储存在一般库房的底层，垛底必须垫高30cm以上，以免潮气侵入。存放电视机时不能贴墙堆垛，放置必须平衡可靠，可堆叠台数以包装标注为准。储存电视机的库房温度应在-5℃～35℃，相对湿度以50%～80%为宜，库房不能有酸性、碱性以及其他腐蚀性气体存在。

【同步业务10-1】

彩色电视机质量感官鉴别技能实训

业务分析：从人眼、人耳特性，彩色电视机的质量要求和检验等方面，分析、鉴别、评价彩色电视机的质量。

业务程序：

首先，选取要鉴别的彩色电视机。

其次，根据彩色电视机质量感官鉴别实训评分表（见表10-5）对选择的彩色电视机进行感官鉴别。

表10-5　　彩色电视机质量感官鉴别实训评分表

鉴别标准	评分标准	鉴别记录	成绩	
			扣分	得分
外观、图像、伴音、安全等质量指标鉴别熟练，方法得当，基本符合实际质量，评价正确，时间10分钟	每错漏一个主要指标扣4分；方法不得当，鉴别不熟练扣3~8分；评价不合理扣5~10分			
考评员：	计时员：	合计		

最后，对所鉴别的彩色电视机质量做综合性评价。

10.3　电器类家用电器

电冰箱、空调器和洗衣机是电器类家用电器的常见品种，电冰箱和空调器的工作原理有相似之处。

10.3.1　电冰箱

1）电冰箱的分类与型号

（1）电冰箱的分类

①电冰箱按其制冷方式不同，可分为电机压缩式电冰箱、电磁振荡式电冰箱、吸收式电冰箱、半导体式电冰箱4种。其中电机压缩式电冰箱应用范围最广，吸收式电冰箱生产批量较小，其他两类应用范围较小。

电机压缩式电冰箱具有制冷效率高、降温快、制冷量大、可靠性好、使用方便等优点，但噪声大；吸收式电冰箱是利用制冷剂蒸发时吸收汽化热制冷，且无噪声，还可利用电能以外的其他能源制冷，但制冷效率低，主要用于小型船舶或无电源地区；电磁振荡式电冰箱的制冷原理与电机压缩式电冰箱基本相同，主要是利用共振弹簧扩大振幅，压缩制冷气体，达到制冷目的，它结构简单、工艺要求低，因此成本低，但工作稳定性差，一般仅适用于50升左右的小型冰箱；半导体式电冰箱是利用两块不同金属片接触，通过直流电产生热端和冷端，以冷端为主，它结构简单，无噪声，但制冷效率低，适合制造小型冰箱。

②电冰箱按其冷却方式不同，可分为直冷式电冰箱和间冷式电冰箱两种。

直冷式电冰箱又称有霜电冰箱，它有两个蒸发器，分别安置于冷冻室和冷藏室内壁，直接制冷形成低温。其具有结构简单、冻结速度快、耗电小、寿命长、噪声小等优点，但冷冻室易结霜，使用较麻烦。

间冷式电冰箱又称风冷式电冰箱或无霜式电冰箱，它只有一个蒸发器，安置于冷冻室与冷藏室之间的隔层背部的夹层内，靠专用风扇通过风道强制性制冷，具有箱内温度均匀、不结霜、冷却速度快等优点，但结构复杂、耗电量较大、噪声较大、存贮食品干耗也较大。

③电冰箱按其星级不同，可为一星级电冰箱、二星级电冰箱、三星级电冰箱、四星级电冰箱等。一星级电冰箱是指冷冻室温度不高于-6℃的电冰箱。

④电冰箱按其使用的气候环境不同，可分为亚温带型（SN）电冰箱、温带型（N）电冰箱、亚热带型（ST）电冰箱、热带型（T）电冰箱4种，它们适合的环境温度分别是10℃～32℃、16℃～32℃、18℃～38℃、18℃～43℃。

⑤电冰箱按其有效容积不同，可分为50升电冰箱、75升电冰箱、100升电冰箱、150升电冰箱、180升电冰箱、220升电冰箱、300升电冰箱等。

⑥电冰箱按其用途不同，可分为冷藏箱、冷藏冷冻箱、冷冻箱等。

⑦电冰箱按其功能不同，还可分为绿色电冰箱、无菌电冰箱、智能电冰箱、静音电冰箱等。

（2）电冰箱型号的表示方法

电冰箱型号的表示方法如图10-8所示。

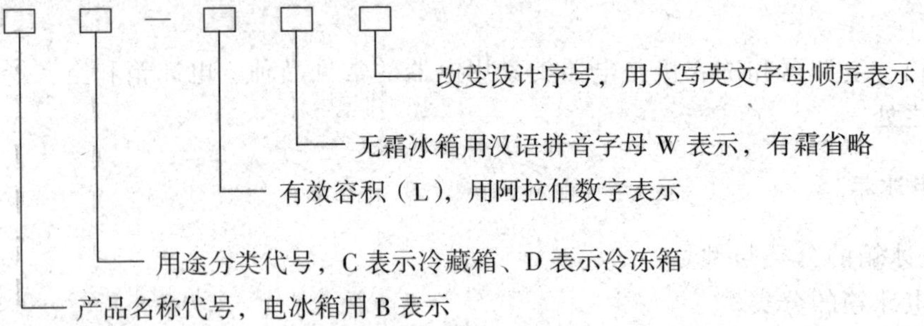

图10-8　电冰箱型号的表示方法

例如，BCD-216WB，为第二次改进设计的216升无霜式冷藏冷冻电冰箱。

2）电冰箱的结构与制冷原理

（1）电冰箱的结构

电机压缩式电冰箱主要由箱体、制冷系统、控制系统等几部分组成。

①箱体，一般由箱体外壳、隔热层、箱体内胆、门外壳、磁性密封门条、门内壁等组成，其作用是可使箱内保持一定的低温，尽量减少热量的导入，同时为了适应人们在生活中对冷冻冷藏食品的不同要求，把箱体分成冷冻和冷藏两个部分，有的还将两部分分成多个温区。

②制冷系统，由压缩机、冷凝器、干燥过滤器、毛细管和蒸发器组成，它们之间用空心管道连接，管道内充满制冷剂，构成一个密闭的制冷循环系统。其作用是使箱内温度降低，以达到冷冻冷藏目的。

③控制系统，包括温度控制装置、除霜控制装置、电机过载保护装置等。其作用是确保制冷系统按不同的使用要求自动安全地运转。

（2）电冰箱的制冷原理

电机启动后，电冰箱通过压缩机做功，吸入低压气态制冷剂，将制冷剂由低压气态压缩成高压高温气态，经排气管送到冷凝器。在冷凝器中，高压高温气态制冷剂通过管壁将热量传递给外界的空气而降温为液体，成为高压液态制冷剂。高压液态制冷剂通过干燥过滤器除去杂质和水分后，通过毛细管节流降压，送入蒸发器，由于制冷剂沸点很低，加之压力骤然降低，液态制冷剂在蒸发器内迅速蒸发，吸取大量热量使冰箱内部温度下降，液态制冷剂又变成气态，再次被压缩机吸入压缩，如此循环往复，以达到制冷目的。电机压缩式电冰箱制冷系统的工作原理如图10-9所示。

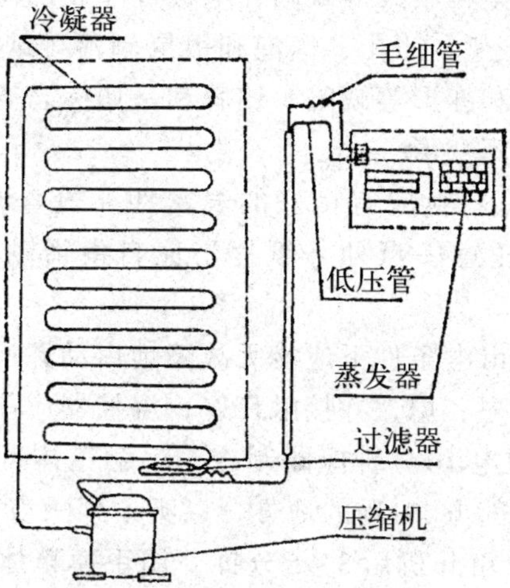

图10-9　电机压缩式电冰箱制冷系统工作原理示意图

3）电冰箱的质量要求与检验

（1）电冰箱的质量要求

①冷却性能。在规定的电压及频率波动范围内，当环境温度为15℃～32℃时，电冰箱运行并达到稳定状态后，其冷藏室温度应为3℃±1℃，冷冻室温度应达到各星级标准的规定值。

②冷却速度。冷却速度是指在规定条件下，在环境温度为32℃±1℃时，待箱内外温差基本保持一致的情况下，关上冰箱门，启动压缩机连续运行，使冷藏室温度降到10℃，冷冻室温度降到-5℃所需的时间，相关标准规定冷却速度不应超过3小时。

③耗电量和输入功率。在规定条件下，耗电量和输入功率的实测值不应超过额定的15%。

④启动性能。在规定条件下，压缩机均应能正常启动并运行。其具体要求是开机、停机各3次，每次开机3分钟、停机3分钟，各次启动均正常，无自动停机现象。

⑤耐泄漏性。以相应灵敏度的卤素检漏仪检查制冷系统，不应出现制冷剂泄漏现象。

⑥负载温度回升速度。负载温度回升速度以分钟表示，它反映了电冰箱箱体的保温性能。在规定测试条件下，切断正常运转的冰箱电源，冷冻室从-18℃上升到-9℃的时间为负载温度回升时间，标准要求该时间不应小于300分钟。

⑦噪声和振动。电冰箱在工作时，其振动振幅应不大于0.05mm，不应产生明显的噪声。标准规定，250升以下的电冰箱噪声不应大于52dB，现在市场上的电冰箱噪声值已远远小于该值。

（2）电冰箱的质量检验

①外观检查。电冰箱外表涂层应平滑光亮，色泽均匀、牢固，不应有划痕、流疤、皱纹、起泡、麻点、漏涂和尘粒集聚等缺陷；电镀件和装饰件应平整光亮，镀层应光滑细密、色泽均匀，不应有斑点、针孔、气泡和镀层剥落等缺陷；塑料件表面应平整光滑、色泽均匀，无明显缩孔和变形等缺陷；铭牌和一切标志齐全，冰箱体不应有明显的缺陷，搁架等应完全平直、不变形。

②气密性检查。电冰箱门封应有良好的气密性，检查时，将一层厚0.08mm，长200mm的纸片放在门封条任意一点处，纸片不应自由滑动。开箱门的拉力应大于5千克。

③运行检查。电冰箱在市电条件下应能无故障地启动并运行，压缩机无异常杂音出现；门开关应能控制照明灯亮、熄，并接触良好；温控器应能控制电冰箱开始工作、停止工作，并且接触良好，通电10分钟应能制冷；手触箱体可以有微微的振动感，但振动越小越好；人站在电冰箱前方1m远的地方，以听不到噪声为好。

④制冷性能检查。电冰箱开机后3～5分钟，用手摸箱体两侧，应能感觉到箱体温度上升，以升温迅速、均匀为好；开机30分钟后打开箱门，此时用手蘸水摸冷冻室内壁，应有粘冰的感觉；如有冰箱温度计，在冷藏室和冷冻室中间位置各放一只，将温控器旋钮旋至冷挡，关上箱门，开机1.5～2小时，冷冻温度达到各星级标准，冷藏室温度达到5℃左右，说明冰箱制冷性能正常。

⑤节能性能检查。按照国家《家用电冰箱耗电量限定值及能源效率等级》标准的规定，电冰箱的能效等级分成A、B、C、D、E共5个等级：A级表示最高节能水平；B级表示一般节能水平；C级表示普通节能水平；D、E级则属于国家将要强制性淘汰的产品节能水平。

国家相关部门要求国内所有冰箱企业生产的冰箱必须有“能效标识”标签才能进入市场销售。消费者通过贴在每台冰箱上的“能效标识”，即可对出售的电冰箱的能效等级一清二楚。

4）电冰箱的使用维护及简易故障排除

（1）电冰箱的使用

电冰箱应放在室内通风良好，远离热源的地方，避免阳光直射及水浸，箱体周围应留10cm以上的空间，以利于通风散热；电冰箱应平衡放置，如地面不平，可调整地脚螺丝使之平稳；电冰箱的使用电源应有良好的接地线。

（2）电冰箱的维护

对电冰箱门封处要经常检查，看是否清洁，若有脏物应及时清除，以免影响门封性能；电冰箱内外要经常用软布擦拭干净；电冰箱在搬运过程中，不可倒置和过分倾斜，以免冷冻油进入制冷系统而影响制冷，特别是要避免发生因电冰箱压缩机吊装弹簧脱落而造成的故障。

（3）电冰箱简易故障的排除

电冰箱简易故障排除的方法见表10-6。

表10-6　　电冰箱简易故障排除的方法

序号	异常现象	检查处理方法
1	新买的冰箱在初次使用时，压缩机连续几个小时不停机	此种现象并非出现故障，新冰箱在插上电源后，由于箱内与室内温度相同，在室温较高时，电机将自行运转（空箱3～5小时，这期间电机持续运转）
2	新冰箱噪声大	（1）箱体未调平稳，可重新调整平稳（最好用2～3厘米厚的4块小橡皮做垫子）； （2）固定部件的螺丝松动或脱落，可重新紧固螺丝

【同步思考10-2】

问题： 电冰箱在搬运时，不能过分倾斜？

理解要点： 电冰箱倾斜超过45°，会造成冷冻油进入制冷系统从而影响制冷，有的还会造成电冰箱压缩机吊装弹簧脱落而导致电冰箱出现故障。

10.3.2　空调器

1）空调器的分类与型号

（1）空调器的分类

①空调器按其主要功能不同，可分为冷风型空调、热泵型空调、电热型空调、热泵辅助电热型空调4种。冷风型空调只能制冷，不能制热，俗称单冷型。热泵型空调在压缩和排气管上装有电磁换向阀，可以改变制冷剂流向，既可制冷又可制热，俗称冷暖两制式。电热型空调采用电热元件制热。热泵辅助电热型空调在制热时同时采用电磁换向阀和电热元件。

②空调器按其结构形式不同，可分为窗式（整体）空调、分体式空调、大型集供式空调（中央空调）三种。窗式空调结构紧凑，体积小，安装方便，使用可靠，并装有新风调节装置，能长期保持室内空气新鲜，但噪声较大；分体式空调最大的优点是室内机组噪声小，且室内机组还可以做成多种式样，较为美观；大型集供式空调通过上、下风道向某一区域或房间提供冷气或暖气，适用于整幢建筑或某个单元房间等。

③空调器按其冷却方式不同，可分为风冷式空调和水冷式空调。

④空调器按其调控方式不同，可分为普通空调和变频空调。**变频空调器**采用智能变频装置来改变电流频率，以实现自动增减空调输出功率的目的。随着环境状况的改变，变频空调通过及时调整电流频率来保证电机以最佳输出功率运行。变频空调与传统空调相比，具有寿命长、省电、电压适应性强、快速制冷、超低温制热、舒适性好、低噪声运行、除湿功能合理等优点，但结构复杂、价格较高。

⑤空调器按其制冷量不同，可分为18千瓦空调、20千瓦空调、25千瓦空调、32千瓦空调、40千瓦空调、50千瓦空调、60千瓦空调、70千瓦空调、100千瓦空调、200千瓦空调等。

⑥空调器按其特殊功能不同，可分为健康空调、燃气空调、静音空调、节能空调、光伏空调、智能空调、自动清洁空调、独立除湿空调、低环境温度空调等。

低环境温度空调全称为低环境温度空气源热泵热风机，是一种利用电机驱动的蒸气压缩循环，将室外低温环境空气中的热量转移至房间等区域，使房间内部空气升温，以创造室内舒适环境为目的，并能在低至-25℃的环境温度下使用的采暖设备，它还可具有制冷和通风等功能。低环境温度空调作为一种清洁、高效、可靠的新型采暖设备受到越来越多的关注和应用。实测表明，低环境温度空调不仅能够满足北方低环境温度条件下“部分时间、部分空间”的间歇式分室采暖实际需求，同时可大幅度降低采暖能耗和采暖费用。

(2）空调器型号的表示

空调器型号的表示方法如图10-10所示。

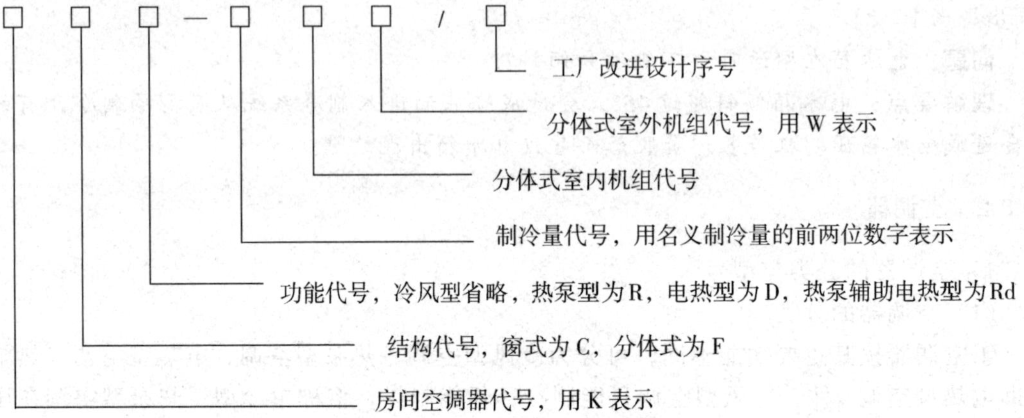

图10-10　空调器型号的表示方法

分体式室内机组代号，壁挂式、吊顶式、落地式、嵌入式、台式分别为G、D、L、Q、T。

例如，KFR-35GW/A，表示第一次改进设计，制冷量为3 500W的热泵型壁挂式分体房间空调。

2）空调器的结构和工作原理

(1）空调器的结构

窗式空调器由制冷装置、空气处理装置和电路控制系统三大部分组成，主要部件有控制板、蒸发器、冷凝器、压缩机、毛细管和风扇等。

分体式空调器由室内、室外机组以及连接室内、室外机组的管路、管接头组成。分体式空调器的主要部件与窗式空调器基本相同，只是为了减少室内噪声，满足室内多种安装形式的要求，把空调器做成了两部分。

(2）空调器的工作原理

窗式空调器的制冷原理与电冰箱相同，空气循环主要是因为空气循环系统装有两个风扇，一个是离心风扇，安装于室内一侧，另一个是轴流风扇，安装于室外一侧。轴流风扇从室外不断吸收稳定气流，进行热交换，于是热能被带到室外；离心风扇不断从室内吸取空气，经过风扇进入箱内，过滤后经过蒸发器，降温为冷气，再经通风道从风扇送入室内，使室内得到净化冷气，如此循环，达到了室内降温和净化空气的目的。在热泵型空调器中，蒸发器与冷凝器做得完全一样，并在压缩机排气管上装有一个四通电磁换向阀，当需要制热时，可使电磁换向阀换向。分体式空调器的工作原理与窗式空调器的工作原理相同。

3）空调器的质量要求与检验

（1）空调器的质量要求

①制冷量。制冷量是在空调器进行制冷时，单位时间内从密闭空间、房间或区域内除去的热量，单位为瓦。标准规定，空调器的实测制冷量以不小于额定制冷量的95%为合格。

②空气循环量。窗式空调器的空气循环量应为600～1 100m^3/h。

③制冷消耗功率。空调器制冷运行时所消耗的总功率，要求实测值不大于额定值的110%。

④能效比。能效比是指空调器在额定工作状况和规定条件下进行制冷运行时，制冷量与输入功率之比，简单地讲就是单位输入功率的产冷量。2020年7月1日正式实施的《房间空气调节器能效限定值及能效等级》（GB 21455—2019）新能效标准，统一采用SEER（单冷型空调器）或APF（热泵型空调器）考核空调器的能效，不再为定频空调和变频空调分别设置评价考核体系。将热泵型空调器额定制冷量小于等于45kW的能效限定值为3.3，额定制冷量大于45kW小于等于71kW的为3.2，额定制冷量大于71kW小于等于140kW的为3.1；同时，按照能效比大小划分为5个等级，其中1级能效等级最高；5级为能效限定值，即标准实施以后产品达到市场准入的门槛。

⑤噪声。标准规定，窗式空调器的噪声应小于60dB；分体式空调器的室内外机组额定制冷量小于25kW的噪声应分别小于45dB和55dB，25～45kW的噪声应分别小于48dB和58dB，45kW以上的噪声应分别小于52dB和62dB。现在市场上的空调器噪声值已远远小于该标准值。

（2）空调器的质量检验

①外观检查。空调器的外形应美观大方，机壳平整光洁及无损伤、脱漆和锈蚀；各开关、旋钮灵活；垂直、水平导风板松紧适宜，拨在任何位置都能定位；进风滤网拆装方便，没有破损。

②通电检查。接通电源，先启动风扇，再启动压缩机，均不应有较大噪声和较强振动；调节风速旋钮，应有不同风速的风吹出。

③制冷性能检查。将温控器旋钮调至最低温度，然后选择强冷挡运行5分钟后，应有冷风吹出。冷暖两用型空调器，将温控器旋钮调至最高温度，然后再选择强热挡，几分钟后应有热风吹出。

④启动性能检查。电源电压波动220V±10%时，空调器应均能正常启动和运转，每次停机后，间隔3分钟再重新启动，运行应正常。

4）空调器的选购、安装、使用与维护及简易故障排除

（1）空调器的选购

如果只考虑制冷，选购冷风型空调即可；如果需冬制暖夏制冷，可选购冷暖两制式空调；如果在-5℃以上制暖，可选择热泵式空调；如果要求在-5℃以下也能有较好的制暖效果，可选择电热型空调或热泵辅助电热型空调；如果北方地区冬季清洁取暖，可选择低环境温度空调；如果需保健、省电，可选健康空调、调频空调等；家庭经济条件好的消费者，还可选户式中央空调。

在空调器产品说明书上常有适用房间容积或面积这一项，用户可依此来选择空调器

的制冷量。此外，用户还可以概略估算，一般按每平方米150～170瓦选用，若房间门窗多、日照强，可按每平方米160～200瓦选用，顶层房间可按每平方米220～280瓦选用。在选购空调器时，匹数是人们常用的指标。空调匹数是指电器消耗功率，1匹=1马力=735瓦，匹并不是指制冷量。平时所说的空调是多少匹，是根据空调消耗功率估算出空调的制冷量。一般习惯用1匹等于2 500瓦的制冷量，1.5匹约等于3 500瓦的制冷量。其余机型可以根据制冷量来估算匹数，如50机型为2匹。

（2）空调器的安装

窗式空调一般安装在墙上或窗上，要求墙体和窗框结实牢固，墙洞平整，安装时空调器室外侧向下倾斜5～10mm，以便于顺利排出凝水；应使墙洞外罩两侧的进风扇叶露在墙外，以保证通风流畅；空内侧要有利于空气循环流通，以防死角。室外安装高度应高于地面1m以上。

在安装分体式空调时，由于分体式空调在出厂时，室内机组、室外机组、连接管（线）分开包装运给用户，经现场组装、调试，才能形成一个完整的运行系统，因此分体式空调的安装应由专业人员完成。另外，室内机组的安装部位要牢固，安全可靠，同时还应考虑操作方便，保持室内陈设的协调美观、排水管线能够自然排水；室外机组安装的地方要有坚实的底座，机组运行时发出的噪声和放出的热量不要影响邻居。

（3）空调器的使用与维护

空调器安装完毕，不要马上通电，应按说明书规定的注意事项仔细检查，待一切正常后再通电，并且空调器接地要良好，开始先通风试运转，然后逐一将各功能试运转。空调器在停止运转后，至少要过3分钟才能再次开机，否则容易损伤电机。

空调器应定期清洗过滤网，清洁面板及室内机壳，一般每年清洗1～2次；风扇、电动机要定期加润滑油。

（4）空调器的简易故障及排除方法（见表10-7）

表10-7 **空调器简易故障及排除方法**

故障现象	产生原因	故障排除方法
整机不启动	①电源接触不良 ②保险丝断了 ③有关继电器未复位 ④电控系统部件上出了故障 ⑤供电电压太低 ⑥温控器旋钮置于高于室温的位置 ⑦各开关、温控器等接触不良	①检查电源插头与电源插座是否接触良好 ②更换同规格的保险丝 ③等待一会儿，调整开关后再试启动，若还不行，应分段检查各个继电器 ④使用万用表按电器原理图分体分段检查，或请专业人员维修 ⑤用稳压电源供电 ⑥将温控器旋钮置于适当的位置 ⑦据电器原理检查各开关是否接触良好

【教学互动10-2】

互动问题：为什么说，在选购分体式空调时，不仅要选空调器产品本身，还要重视售后服务质量？

互动要求：同“教学互动1-1”的“互动要求”。

10.3.3 洗衣机

1）洗衣机的分类与型号

（1）洗衣机的分类

①洗衣机按其洗涤方式不同，可分为波轮式洗衣机、滚筒式洗衣机、搅拌式洗衣机、喷流式（叶轮式）洗衣机、喷射式洗衣机和超声波振动式洗衣机等，它们的特点见表10-8。

表10-8 洗衣机的类别和特点

方式	结构特点	优点	缺点
波轮式	类似于喷流式，把叶轮安装在桶底，波轮转动的方向可以改变，我国小型洗衣机多数属于此类	①具有喷流式洗衣机的全部优点 ②不易产生水的飞溅 ③织物不易扭绞 ④洗涤均匀	①容易磨损衣物 ②洗涤时衣物不宜过多，要严格控制一次洗涤的衣物数量
滚筒式	衣物放入筒内，浸入水中，用类似敲打的方式进行洗涤，适合制成大型洗衣机	①用水量少 ②磨损小 ③容量大	①洗涤时间长 ②制成小型洗衣机时，洗净率低 ③价格稍贵
搅拌式	用搅拌的方式进行洗涤，桶内搅拌叶片反复运动，使洗涤水流动	①洗涤均匀 ②织物磨损轻 ③洗涤数量大	①洗涤时间长，要30分钟以上 ②运转声音响 ③结构复杂，成本高，维修困难
喷流式（叶轮式）	在桶侧装有叶轮，叶轮以每分钟500~600转的速度回转，以叶轮激起的水流进行洗涤	①洗净率高 ②洗涤时间短 ③结构简单，维修方便 ④价格低，小型化	①容易磨损衣物 ②一次洗涤衣量不宜过多，要严格控制 ③水量不能低于水线，否则会引起飞溅
喷射式	利用喷气泵的原理从喷嘴压出高压水，使容器中的水循环而进行洗涤	①对衣物磨损小 ②适于化纤、丝绸、毛料等单薄易洗织物	①洗净率低 ②洗涤时间较长 ③需要高压泵及热源
超声波振动式	将洗衣振动板产生的超声振动传导给水，用超声振动水进行洗涤	①不易磨损衣物 ②结构简单 ③价格便宜	①洗净率低 ②洗衣量很小 ③可用于洗涤首饰

②洗衣机按自动化程度分为普通洗衣机、半自动洗衣机和全自动洗衣机三种。

国家标准规定，洗涤、漂洗、脱水各功能的操作需手工转换的洗衣机为普通洗衣机；在洗涤、漂洗、脱水各功能之间，只有其中任意两个功能转换不需要手工操作并自动进行的洗衣机为半自动洗衣机；同时具有洗涤、漂洗和脱水各功能，它们之间的转换全部不需要手工操作而能自动进行的洗衣机为全自动洗衣机。有些先进的全自动洗衣机还具有烘干、熨烫甚至折叠功能。

③其他分类。洗衣机除以上两种分类方式外，还可以分为手搓式洗衣机、离心力式洗衣机、离子洗净式洗衣机、臭氧洗涤式洗衣机、低噪声洗衣机、多水流洗衣机、变频洗衣机、模糊控制洗衣机、节能洗衣机、智能洗衣机等。

（2）洗衣机的型号

洗衣机型号的表示方法如图10-11所示。

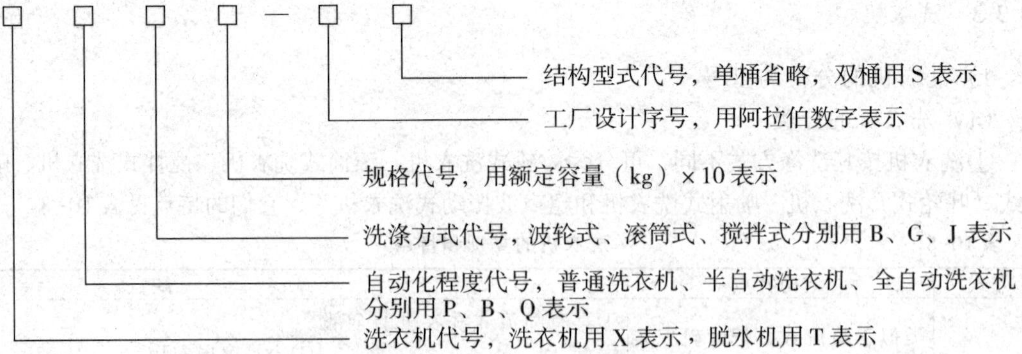

图10-11　洗衣机型号的表示方法

例如，XQG50-3，表示洗涤容量为5千克的滚筒式全自动单桶洗衣机，为厂家第3代产品。

2）洗衣机的结构和工作原理

（1）洗衣机的结构

洗衣机各种类型和机型的结构形式各异，但一般均由机箱部分、洗涤部分、脱水部分、控制部分、进排水部分等组成。

（2）洗衣机的工作原理

洗衣机洗涤衣物是仿照人工洗涤方式，把衣物放在洗衣桶中，与水和洗涤剂一起，在机械力的作用下使洗涤液剧烈地搅拌，衣物随水流不断旋转，衣物与衣物之间、衣物与水流之间、衣物与桶壁之间会产生摩擦冲击，在这种机械的搅拌、揉搓、抛甩以及洗涤剂的化学作用下，使衣物上的污垢脱离衣物卷入水中，以达到洗净衣物的目的。

3）波轮式洗衣机的质量要求与质量检验

（1）波轮式洗衣机的质量要求

①洗净比。**洗净比**是指在标准规定的洗净条件下，洗衣机洗净率与参比洗衣机洗净率之比。波轮式洗衣机洗净比不小于0.8。

②织物磨损率。织物磨损率是指在达到一定洗净比指标的情况下，被洗衣物的磨损程度。织物磨损率用失重比率来表示，波轮式洗衣机的失重比率应不大于0.2%。

③漂洗性能。漂洗性能是指洗涤的衣物放在清水中漂洗，去除附着在衣物上的洗涤剂溶液及污垢，最后达到漂清、洗净的能力。漂洗性能通常用漂洗比表示，洗衣机的漂洗比应大于1。

④脱水率。标准规定，全自动波轮洗衣机脱水率应大于45%，普通和半自动洗衣机脱水率应大于50%，滚筒式洗衣机脱水率应大于45%。

⑤噪声。洗衣机的噪声要求不高于65dB。市场上的洗衣机噪声值已远远小于该值。

⑥消耗功率。消耗功率应在额定输入功率的115%以内。

⑦节能环保性能。2013年10月1日正式实施的洗衣机能效标准《电动洗衣机能效水效限定值及等级》（GB 12021.4—2013），规定了电动洗衣机单位功效耗电量限定值、用水量限定值、节能评价值、节水评价值、能效等级和用水效率等级。该标准适用于额定洗涤容量为13kg及以下的家用电动洗衣机；不适用于额定洗涤容量为1.0kg及以下的洗衣机和没有脱水功能的单桶洗衣机；不适用于搅拌式洗衣机，对于洗衣干衣机只考

核其洗涤功能。

⑧绝缘电阻。洗衣机带电部分与外露的非带电金属部分之间的绝缘电阻应不小于 2MΩ。

⑨接地电阻。洗衣机的外露非带电金属部分与接地线末端之间的电阻应不大于 0.2Ω。

（2）波轮式洗衣机的质量检验

①外观检查。波轮式洗衣机的外形应美观大方，色调雅致，机壳表面光滑平整，无损伤，无锈蚀；各按钮、旋钮、开关完好无损，且灵活可靠；洗衣桶内壁应光滑，洗衣桶盛水后不漏水。

②波轮检查。波轮表面光滑，波轮与洗衣桶之间的间隙应当均匀，一般间隙以不超过 2mm 为好。如果间隙太大，衣物易进入间隙而使衣物受损；如间隙太小，波轮与洗衣桶易产生摩擦。用手转动波轮，应比较轻快、均匀、无杂音。

③运转检查。洗衣机在通电运转时，应无较大的振动和较强的噪声，也不应有异常声音。程序控制器、定时器、各种开关等控制部件的控制，应正确无误。脱水桶在运转时，如果打开脱水桶盖，应能立刻切断脱水电机电源，并随机制动脱水桶，机体应有良好的绝缘性，不漏电。

④附件检查。检查进排水管、电源线、插头和说明书等是否齐全。

4）滚筒式洗衣机的分类与结构

（1）滚筒式洗衣机的分类

滚筒式洗衣机按洗衣筒的安装方式不同，可分为立式滚筒洗衣机和卧式滚筒洗衣机两种。立式滚筒洗衣机由于需增加限位装置，结构较复杂，造价高，现在很少生产。目前国内外常见的是卧式滚筒洗衣机（如图 10-12 所示）。

图 10-12　卧式滚筒洗衣机

卧式滚筒洗衣机按装入衣物的方式不同又分为前装式和上装式两种。前装式滚筒洗衣机的正前方开有一处圆形可开关的门，衣物由此门投入或取出，门上安装玻璃视孔，通过它可清晰地观察衣物的洗涤情况。上装式滚筒洗衣机的形状呈箱式，由箱顶部开门，衣物从洗衣机的顶部投入或取出。上装式滚筒洗衣机的滚筒可由两个轴承支撑，工艺要求相对较低。

滚筒式洗衣机按洗涤用水的温度可分为冷水洗衣机和热水洗衣机两种。冷水洗衣机是指没有加热装置的洗衣机，热水洗衣机是指配有洗涤用水加热器的洗衣机。热水洗衣机的水温常控制在 40℃～60℃，必要时也可调到 90℃左右（主要用于消毒杀菌）。

滚筒式洗衣机按有无烘干功能，可分为无烘干功能洗衣机和带烘干功能洗衣机两类。带烘干功能的洗衣机还可分为加温蒸汽烘干和蒸汽冷凝烘干两种。

(2) 滚筒式洗衣机的结构

滚筒式洗衣机主要由进排水系统、洗涤系统、传动系统、支撑系统、电气控制系统和加热干衣系统6部分组成。

5) 洗衣机的选购

洗衣机的种类很多，常见的有波轮式、滚筒式和搅拌式3种。这3种洗衣机各有特点，在选购时可根据具体情况选择。

(1) 波轮式洗衣机

它的优点是结构简单、洗涤速度快、省时省电、洗净度高且价格便宜，由于很多部件采用塑料制造，因而重量轻、噪声小；缺点是缠绕率高，由于衣物缠绕会造成外部衣物洗得很干净，但绞在内部的衣物洗净效果不理想，显得均匀性略差，并且波轮式洗衣机的波轮在底部，衣服压在波轮上，波轮高速转动，与波轮接触的衣物磨损较大，为减少磨损，提高洗净度，往往耗水量增大。

(2) 滚筒式洗衣机

它的优点是洗涤均匀性好，缠绕率和损衣率极小，自动化程度高，耗水量很小；缺点是洗净度低，为了提高洗净度，往往采用热水洗涤，因而耗电量大，并且它的结构复杂，大多采用金属制造，重量重，不易搬动，价格较贵，为波轮式洗衣机的1.5～2倍。

(3) 搅拌式洗衣机

它表面上看起来像波轮式洗衣机，其实运动方式与波轮式洗衣机不同。它的搅拌叶转角小于360度，洗衣桶底部不高速旋转，因此，它的水流力度与相互之间的摩擦力较小。搅拌式洗衣机的洗净度介于波轮式洗衣机与滚筒式冷水洗衣机之间。搅拌式洗衣机的优点是洗净度高、洗涤均匀、损衣率小且缠绕率低，它的许多特点均介于波轮式洗衣机与滚筒式洗衣机之间。

3种形式洗衣机的优缺点比较见表10-9。

表10-9　**3种形式洗衣机的优缺点比较（1表示好，2表示较差，3表示最差）**

特点	波轮式	搅拌式	滚筒式
洗净度（水温30℃）	1	2	3
洗净均匀性	3	2	1
缠绕率	3	2	1
损衣率	3	2	1
耗水量	3	2	1
耗电量	1	2	3
洗涤剂用量	2	2	1
洗涤时间	1	2	3
自动化程度	2	2	1
脱水率	1	2	2
噪声	1	3～2	2
结构简单程度	1	3～2	3
重量	1	2	3

学习微平台

延伸阅读
10-2

■ 本章概要

☐ 内容提要

● 家用电器的种类很多，一般按工作原理分为5类，按用途分为12类，每类均有一些代表性品种。家用电器有七大特点。家电有关品种的消费是通过人的感觉器官来实现的，有的家电品种是声、光、电相互作用的产物，有关家电的基础知识是人耳和人眼的特性、声学知识、光学知识、无线传播等。

● 组合音响、彩色电视机、电冰箱、空调器、洗衣机是常见的家用电器，本章概述了它们的种类、性能特点、型号、结构、工作原理、质量要求与检验、选用和维护等知识。

☐ 主要概念和观念

▲ 主要概念

电子器具　组合音响　同步灵敏度　变频空调器　洗净比

▲ 主要观念

质量要求　质量检验与选用

☐ 重点实务

家用电器分类品种认知　家用电器质量感官鉴别　家用电器商品选用　家用电器商品维护

■ 基本训练

☐ 知识训练

▲ 简答题

（1）简述组合音响的一般组成。

（2）怎样才能看到理想的电视机图像？

（3）电冰箱是怎样制冷的？

（4）洗衣机按洗涤方式不同可分为哪几种？常见的是哪两种？各有何特点？

▲ 填空题

（1）光的三基色是红色、________、________3色。

（2）电视机的显像方式有荧光显示、________、________等。

（3）电冰箱主要由箱体、________和________3部分组成。

（4）XQG35-2表示洗衣容量为________kg的________全自动洗衣机，是厂家第二代产品。

▲ 单项选择题

（1）以下不属于冷冻器具的家用电器是（　　）。

A.电冰箱　　B.空调器　　C.冷饮机　　D.冷冻箱

（2）组合音响CD唱机的放音频响是（　　）。

A.100Hz ~ 6.3KHz　　B.60Hz ~ 18KHz

C.30Hz ~ 20KHz　　D.20Hz ~ 20KHz

（3）三星级电冰箱冷冻室温度应不高于（　　）。

A.-6℃　　B.-12℃　　C.-15℃　　D.-18℃

(4) 制冷量在25～45kW空调器的能效比不应小于（　　）。

A.3.0　　B.2.8　　C.3.3　　D.3.1

▲ 多项选择题

(1) 按工作原理分类，家用电器可分为（　　）。

A.电子器具　　B.制冷器具　　C.电热器具

D.照明器具　　E.电动器具

(2) 电冰箱的能效分成A、B、C、D、E共5个等级，属于国家将要强制性淘汰的产品等级是（　　）。

A.B级　　B.D级　　C.A级

D.E级　　E.C级

(3) 变频空调与传统空调相比，具有（　　）等优点。

A.寿命长　　B.结构简单　　C.省电

D.电压适应性强　　E.价格适中

▲ 讨论题

(1) 试论述市场上家用电器的品种及质量状况。

(2) 家电基础知识与家电质量评价有何关系？

(3) 空调器在选购和安装时要注意哪些事项？

□ 能力训练

▲ 案例分析

组合音响的装配调试、咨询服务

背景与情境： 参见表10-10。

表10-10　**组合音响操作技能鉴定评分表**

鉴定项目	鉴定标准	评分标准	鉴定记录	成绩	
				扣分	得分
装配调试	装配、调试顺序正确，操作熟练，能迅速正确地装配好音响，能迅速正确地调出各波段收音，并熟练地进行内外录、转录、放音、唱片播放，调试后音量适中，音色丰富，立体声的空间临场感强，时间12分钟	质量48分，时间12分，共60分。装配、调试步骤不对各扣1～5分，收音波段差错每个扣2分，录放4种形式差错每种扣3分，唱片播放差错扣5分，调试音量、音色不合要求扣2～7分，立体声感不强，扣2～8分，时间每超20秒扣1分			
咨询服务	正确迅速地介绍、展示组合音响各部分的功能、使用保养方法，并准确回答有关询问，回答时要耐心、热情、周到，时间8分钟	质量32分，时间8分，共40分。介绍错误每项扣1～3分，语言、语调、耐心不合要求各扣2～4分，不熟练扣1～3分，时间每超20秒扣1分			
			合计		

考评员：

问题：参见表10-10，完成组合音响操作技能鉴定实训，并对所鉴定组合音响的质量给出评价。

分析要求：同第1章“基本训练”中本题型的“分析要求”。

▲ 实训操练

实训项目：电器类有关小家电商品的简易维护实训。

实训步骤：

（1）准备电风扇、电饭锅、吸尘器、电吹风等一些小家电，以及扳子、起子、万用表、润滑油等相应的工具和材料。

（2）3～5个同学一组，选择3种小家电，制订简易维护方案。

（3）在老师的指导下对选择的3种小家电进行简易的维护实训。

（4）总结简易维护中的经验和存在的问题，撰写实训报告。

（5）各组在班级讨论交流、相互点评与修订各组的实训报告。

（6）在校园网的本课程教学平台上展示经过修订和教师点评的各组实训报告，供同学借鉴。

□ 善恶研判

海尔：从“大锤砸冰箱”到全球“运疫苗”

背景与情境：在经历了著名的“大锤砸冰箱”（将库房中质量有瑕疵的冰箱一次性销毁）事件、对冰箱质量精益求精的进程中，张瑞敏曾对媒体透露：“我希望，不管走到世界哪个地区，人家都会说，这个产品我们信得过，它是中国造的。”

1990年，海尔第一次向德国出口冰箱，就吃了个闭门羹。8 000台冰箱滞留海关，德国海关与商品检验局不予通行。张瑞敏想了个办法，德国冰箱与海尔冰箱撕去商标，放在一起进行检验，结果海尔冰箱的通过率更高……当年海尔就向德国出口2万台冰箱，正式进入欧洲家电市场，布局全球市场之路就此开启。张瑞敏下定决心，一定要走自主创牌之路，创出全球化的中国品牌！

“海尔全球化的创新实践，总结起来就是‘三步走’：‘走出去’‘走进去’‘走上去’。‘走出去’是指进入海外主流国家和市场；‘走进去’是指通过设计、制造、营销三位一体，进入海外主流渠道、销售主流产品；‘走上去’是指要通过开发整合、资源互换等，真正成为当地用户喜爱的品牌。”海尔集团首席品牌官王梅艳介绍说。

“因为疫情原因，用户对健康类家电的需求强烈，海尔把全球首创的“体验云众播”复制到泰国。不同于网红直播里的‘流量靠网红、成交靠价格’的售卖方式，海尔智家的‘体验云众播’是靠分享场景价值，为用户提供如何吃得好、穿得个性、住得舒服的解决方案，为泰国用户提供衣物消毒场景体验。通过不断创新，海尔在泰国连续9个月实现30%的高速增长。”王梅艳介绍说。

目前，海尔完成了对日本三洋电机、新西兰家电龙头斐雪派克、通用电气家电业务等的部分股权收购。海尔集团也形成海尔、卡萨帝、统帅、美国GE Appliances、新西兰Fisher & Paykel、日本AQUA以及意大利Candy等七大高端品牌矩阵，深入160多个国家和地区，服务超过10亿家庭。

“经过多年创新实践，海尔在品牌全球化方面取得了诸多成果，可以总结为三大创新标杆：品牌标杆、标准标杆和模式标杆。”王梅艳具体介绍说：

从品牌标杆维度来看，海尔已经从世界第一家电品牌转型为全球唯一物联网生态品牌；

在标准标杆维度，海尔实现了从科技标准到品牌标准的全面引领；

模式标杆指的是海尔的人单合一模式，海尔希望通过人单合一模式的不断探索和复制，创世界级物联网模式的“中国样板”。

“三大标杆”在针对新冠病毒疫苗超低温存储运输的海尔生物-70℃智控超低温转运解决方案实施过程中得到了一次最好的检验。

早在2020年疫情初期，结合了物联网技术已经在业内成为领先品牌的海尔生物医疗超低温冰箱就在欧洲、中东和东南亚等地区新冠病毒科研领域得到广泛应用。

随着新冠疫苗的研发成功，海尔生物医疗在2020年12月份就迅速研发出用于辉瑞新冠疫苗的超低温运输和保存的冷冻箱，迅速量产上市，在美国率先使用。同时，根据疫苗长途运输中存在的现实问题研发出快速迭代专用转运方案，研发出超低温疫苗转运箱，通过采用独特的绝热技术，在不插电的情况下，依靠干冰等制冷剂将-70℃稳定温度延长到25天，打破行业最长18天的纪录，树立了新的行业标杆。

海尔生物医疗创造出低温冷链技术与物联网融合、加之双制冷系统独立交替运行等新模式，解决了疫苗在冷链运输时温度控制不到位、信息追溯不及时等难题；并通过搭载不同温区蓄冷剂，实现多种温区调节，满足市面上所有存储温度需求的疫苗运输要求……海尔相继为美国、捷克、越南、菲律宾、哥斯达黎加等国提供新冠病毒疫苗-70℃智控超低温转运最新方案，并获得极大认可。

“我们正从制造大国向品牌强国迈进，这是时代赋予企业的使命。希望通过海尔的创新实践，牢牢把握科技创新主动权，不断升级迭代场景方案，为行业、为国家品牌建设带来更多的借鉴和新动能。”王梅艳说，“建设品牌强国，我们一直在路上，海尔希望携手更多优秀的中国品牌一起走向世界，为构建人类命运共同体贡献力量。”

资料来源　企业慧传播.海尔：从“大锤砸冰箱”到全球“运疫苗”（摘录）[EB/OL]. [2021-01-28]. http://haier.com/press-events/news/20210128_153584.shtml.

问题：

（1）点评本案例的道德伦理。

（2）试对上述案例做出你的善恶研判。

（3）通过网上或图书馆调研等途径搜集你做善恶研判所依据的行业规范。

（4）你对本案例有何感受？

研判要求：同第1章“基本训练”中本题型的“研判要求”。

第11章 汽车商品概述

◆ 学习目标

通过本章学习，应该达到以下目标：

职业知识：学习并掌握汽车的定义、特征、质量指标和性能特点，了解汽车的分类、型号，熟悉汽车的结构；能用本章理论知识指导相关认知活动，用实务知识规范相关技能活动。

职业能力：运用本章知识研究相关案例，培养学生在特定业务情境中分析问题与决策设计能力；通过“小型乘用车选购方案比较”的实训操练，训练学生经营汽车的专业操作技能。

职业道德：结合汽车商品的教学内容，依照行业道德规范或标准，分析企业“职业道德与企业伦理11-1”和章后“基本训练”之“善恶研判”情境下企业及其从业人员在汽车生产经营活动中行为的善恶，强化职业道德素质。

【引例】

2020厦门智能网联汽车展览会圆满落幕

背景与情境：2020年12月27日，为期三天的2020厦门智能网联汽车展览会圆满落幕！2020厦门智能网联汽车展览会以新的购车理念成为焦点。人工智能、无人驾驶、互联化、智能交互等概念贯穿所有展台，以硬核技术实力满足用户对于智能电动汽车深层次的智能化需求，让智能出行变得更加触手可及。从厂商发布的战略来看，各参展企业纷纷在未来出行领域布局，全方位展示了技术创新和出行模式创新成果，让观众真切地感受到，汽车已从简单的出行工具华丽变身，将成为人们娱乐、社交和共享的工具，成为一个集多种功能于一身的综合出行移动终端。

资料来源 佚名.2020厦门智能网联汽车展览会圆满落幕［EB/OL］.［2020-12-27］. https://www.sohu.com/a/440839687_120048089.

从1886年第一辆汽车的诞生至今已有100多年了，一个多世纪以来，汽车这一被称为"改变世界的机器"早已从价格昂贵的奢侈品变成了现代社会不可或缺的重要交通工具之一。汽车工业的发展衍生了与之相关的众多产业，成为一种现代汽车文化。

11.1 汽车的概念和分类

11.1.1 汽车的概念和特征

1）广义的汽车概念

汽车的概念与科学技术的发展有着密切的联系，在不同的时期和国家其含义不同。

世界上最早的汽车是蒸汽汽车、电动汽车。以内燃机做动力源，装备齐全、性能较高的汽车的出现至今才100多年，但其所表现出来的优良性能却淘汰了蒸汽汽车和电动汽车。因此通常人们常说的汽车一般都是指内燃机汽车，但从广义上讲，汽车应包括蒸汽汽车、电动汽车、内燃机汽车和其他燃料汽车。

在美国汽车工程师学会标准SAE J687C中对汽车的定义是：由本身动力驱动，装有驾驶装置，能在固定轨道以外的道路或地域上运送客货或牵引车辆的车辆。日本相关标准中对汽车的定义是：自身装有发动机和操纵装置，不依靠固定轨道和架线能在陆上行驶的车辆。以上两个国家定义的汽车范围都较我国的广，它们可以包括两个轮的摩托车，接近于我国道路机动车所指的范围。

2）我国的汽车概念

在我国国家标准GB/T 3730.1—2001《汽车和挂车类型的术语和定义》中对汽车的定义是：由动力驱动，具有4个或4个以上车轮的非轨道承载的车辆，主要用于：载运人员和（或）货物；牵引载运人员和（或）货物的车辆；特殊用途。其中还包括：（1）与电力线相连的车辆，如无轨电车；（2）整车装备质量超过400千克的三轮车辆。

3）汽车的特征

根据我国对汽车的定义，汽车产品应具有以下特征：

（1）车辆自身带有动力装置并依靠动力装置驱动运行。

（2）具有4个或4个以上车轮，但车轮不得依靠轨道运行。

（3）动力能源不得在运行途中依靠地面轨道，但可以由架线取得。

（4）车辆的主要用途是载送人员或货物，或其他特殊用途，但一般不包括自行式作业机械。

11.1.2 我国汽车的分类

1）中国现在通用的汽车分类标准

随着中国加入WTO后，汽车工业融入全球市场一体化的进程加快，原有的汽车分类标准已经不能适应汽车工业的发展。为此，按照与国际接轨的要求，2001年我国颁布了国家标准GB/T 3730.1—2001，主要用于一般概念、统计、牌照、保险、政府政策和管理依据。

该国标在按用途划分的基础上，将私人作为代步工具的车辆和公务及商业经营的运输车辆分成两大类，建立了乘用车和商用车概念，尤其是在轿车的划分上改革较大，使我们的认识从原有的不规范、不科学的“轿车”概念，逐步统一到乘用车的概念上来，具体分类见表11-1。

表11-1 **中国通用汽车分类标准**

汽车			
乘用车（不超过9座）	商用车		
	客车	货车	半挂牵引车
普通乘用车	小型客车	普通货车	
活顶乘用车	城市客车	多用途货车	
高级乘用车	长途客车	全挂牵引车	
小型乘用车	旅游客车	越野货车	
敞篷车	铰接客车	专用作业车	
仓背乘用车	无轨电车	专用货车	
旅行车	越野客车		
多用途乘用车	专用客车		
越野乘用车			
短头乘用车			
专用乘用车（包括旅居车、防弹车、救护车、殡仪车）			

（1）乘用车

乘用车是指在其设计和技术特性上主要用于载运乘客及其随身行李和/或临时物品的汽车，包括驾驶员座位在内最多不超过9个座位，它也可以牵引一辆挂车。乘用车涵盖了轿车、微型客车以及不超过9个座位的轻型客车。乘用车可分为普通乘用车、高级乘用车、小型乘用车、多用途乘用车等。

①小型乘用车。小型乘用车有封闭式车身，通常后部空间较小，有固定式硬车顶，有的顶盖可以开启一部分，至少有1排（2个或2个以上）座位，有2个侧门，也可有1个后开启门，有2个或2个以上侧窗。

②普通乘用车。普通乘用车有封闭式车身，有固定式硬车顶，有的顶盖可以开启一部分，至少有2排（4个或4个以上）座位，有2个或4个侧门，或有1个后开启门，一部分车有侧窗中柱。

③高级乘用车。高级乘用车有封闭式车身，前、后座之间可以设有隔板，有固定式硬车顶，有的顶盖可以开启一部分，至少有2排（4个或4个以上）座位，后排座椅前可安装折叠式座椅，有4个或6个侧门，也可有1个后开启门，有6个或6个以上的车窗。

④多用途乘用车。多用途乘用车是只有单一车室载运乘客及其行李或物品的乘用车。

（2）商用车

商用车是指在其设计和技术特性上用于运送人员和货物的汽车，并且可以牵引挂车，乘用车不包括在内。商用车可分为客车、货车等。

①客车。客车是指在其设计和技术特性上用于载运乘客及其随身行李的商用车辆，包括驾驶员座位在内座位数超过9座，有单层的也有双层的，可牵引一辆挂车。客车可分为小型客车、城市客车、长途客车、旅游客车等。

A.小型客车。小型客车是用于载运乘客，除驾驶员座位外，座位数不超过16座的客车。

B.城市客车。城市客车是一种为城市内运输而设计和装备的客车，这种车辆设有座椅及站立乘客的位置，并有足够的空间供频繁停站时乘客上、下车走动用。

C.长途客车。长途客车是一种为城间运输而设计和装备的客车，这种车辆没有专供乘客站立的位置，但在其通道内可载运短途站立的乘客。

D.旅游客车。旅游客车是一种为旅游而设计和装备的客车，这种车辆的布置要确保乘客的舒适性，不载运站立的乘客。

②货车。货车是指主要为载运货物而设计和装备的商用车辆。货车可分为普通货车、多用途货车、专用货车、专用作业车等。

A.普通货车。普通货车是一种在敞开（平板式）或封闭（厢式）载货空间内载运货物的货车。

B.多用途货车。多用途货车是在其设计和结构上主要用于载运货物，但在驾驶员座椅后带有固定或折叠式座椅，可运载3个以上乘客的货车。

C.专用货车。专用货车是在其设计和技术特性上用于运输特殊物品的货车，如罐式车、冷藏车等。

D.专用作业车。专用作业车是在其设计和技术特性上用于特殊工作的货车，如消防车、救险车、垃圾车、应急车、街道清洗车、扫雪车、清洁车、电视采访车、电力维修车等。

2）其他分类

（1）新能源汽车

新能源汽车是指采用非常规的车用燃料作为动力来源（或使用常规的车用燃料，但采用新型车载动力装置），综合车辆的动力控制和驱动方面的先进技术，形成的技术原理先进、具有新技术和新结构的汽车。新能源汽车包括有：混合动力汽车（HEV）、纯电动汽车（BEV）、燃料电池汽车（FCEV）、氢发动机汽车、燃气汽车、醇醚汽车等。

目前，我国市场上新能源汽车主要有纯电动汽车和燃气汽车，纯电动汽车家庭选用得多，燃气汽车公共交通选用得多，氢燃料电池汽车也有所发展。新能源汽车是汽车发展的一种趋势和方向，随着对环保等要求的日益提高、技术的发展，以及各个国家的肯定和支持，新能源汽车将逐步替代燃油车。2020年11月，国务院办公厅印发《新能源汽车产业发展规划（2021—2035年）》，要求深入实施发展新能源汽车国家战略，推动中国新能源汽车产业高质量可持续发展，加快建设汽车强国。

（2）智能汽车

智能汽车是在普通车辆的基础上增加了先进的传感器（雷达、摄像）、控制器、执行器等装置，通过车载传感系统和信息终端实现与人、车、路等的智能信息交换，使车辆具备智能的环境感知能力，能够自动分析车辆行驶的安全及危险状态，并使车辆按照人的意愿到达目的地，最终实现替代人来操作的目的。

智能汽车与一般所说的自动驾驶有所不同，它指的是利用多种传感器和智能公路技术实现的汽车自动驾驶。无人驾驶汽车是智能汽车的一种，也称为轮式移动机器人，主要依靠车内的以计算机系统为主的智能驾驶仪来实现无人驾驶的目的。

【同步思考11-1】

情境：2001年颁布的国家标准GB/T 3730.1—2001按用途不同，将私人作为代步工具的车辆和公务及商业经营的运输车辆分为乘用车和商用车两大类，尤其是在轿车的划分上改革较大，将原来不规范、不科学的“轿车”概念，逐步统一到乘用车的概念上来。

问题：GB/T 3730.1—2001国家标准已执行多年，为什么“轿车”一词仍然通用？

理解要点：改变人们的习惯需要一个过程，各方面的协调统一也需要时间，因此，作为经营者既要掌握汽车分类新标准，也要熟悉汽车分类的历史。

11.1.3 国产汽车产品型号编排规则

国产汽车产品型号由拼音字母和阿拉伯数字组成，包括首部、中部和尾部三部分：

（1）首部——由2～3个拼音字母组成，是识别企业名称的代号，如CA代表“一汽”，EQ代表“二汽”等。

（2）中部——由4位数字组成，分为首位、中间两位和末位数字三部分，其含义见表11-2。

表11-2　**汽车型号中部4位阿拉伯数字的含义**

首位数字（1～9）表示车辆类别		中间两位数字表示各类汽车的主要特征参数	末位数字
1	载货汽车	数字表示汽车的总质量（t）①	表示企业自定序列号
2	越野汽车		
3	自卸汽车		
4	牵引汽车		
5	专用汽车		
6	客车	数字×0.1m表示车辆的总长度②	
7	轿车	数字×0.1L表示发动机排量	
8	（暂缺）		
9	半挂车或专用半挂车	数字表示汽车的总质量（t）	

注：①当汽车总质量大于100t时，允许用3位数字表示。

②当汽车总长度大于10m时，数字×0.1。

（3）尾部——由拼音字母或加上阿拉伯数字组成，可以表示专用汽车的分类或变型车与基本型的区别。

例如，型号CA1092表示一汽集团生产的货车，总质量9t，末位数字2表示是在原车型CA1091的基础上改进的新型车。

11.2　汽车的总体构造

11.2.1　汽车的组成

通常，汽车由发动机、底盘、车身和电器与电子设备四大部分组成。典型轿车的总体构造如图11-1所示。

图11-1　典型轿车的总体构造

学习微平台

延伸阅读
11-1

1）发动机

发动机是使燃料在其内部燃烧而发出动力的部件，是汽车的动力装置。现代汽车广泛应用往复活塞式汽油和柴油内燃机，其一般由曲柄连杆机构、配气机构、供给系、冷却系、润滑系、点火系（仅用于汽油机）和启动系组成。

2）底盘

底盘是接受发动机的动力，使汽车运动并按驾驶员的操纵而行驶的部件。它是汽车的基体，发动机、车身、电器与电子设备及各种附属设备都直接或间接地安装在底盘上。底盘主要由传动系、行驶系、转向系和制动系四大部分组成。

（1）传动系

传动系将发动机的动力传给驱动车轮。传动系包括离合器、变速器、传动轴、主减速器及差速器和半轴等部分。

（2）行驶系

行驶系支撑整车的质量，传递和承受路面作用于车轮上的各种力和力矩，缓和冲击，吸收振动，保证汽车在各种条件下都能正常行驶。行驶系包括支撑全车的承载式车身、前悬架、后悬架、前轮、后轮等部分。

（3）转向系

转向系使汽车按驾驶员选定的方向行驶。转向系通常由带转向盘的操纵机构、转向器和转向传动机构组成，有的汽车还装有动力转向装置、碰撞防伤装置、转向减振器等。

（4）制动系。制动系可使汽车减速或停车，并保证汽车可靠地长时间停驻。制动系包括前轮制动器、后轮制动器及控制装置、供能装置和传动装置等。

3）车身

车身是装载乘客和货物的部件，分为承载式车身和非承载式车身，主要包括发动机罩、车身本体及副车架。货车还包括驾驶室和货箱。

4）电器与电子设备

电器与电子设备包括电源组（蓄电池和发电机）、发动机点火设备、发动机启动设备、照明和信号装置、仪表、空调、刮水器、音响设备、电控自动变速设备、电子防抱死制动设备（ABS）等。

11.2.2 汽车的总体布置

现代汽车按发动机相对于各总成的位置不同，通常有下列几种布置形式：

第一，发动机前置后轮驱动（FR）。大多数货车、部分轿车和部分客车都采用这种形式。

第二，发动机前置前轮驱动（FF）。现代大多数轿车都采用这种形式。

第三，发动机后置后轮驱动（RR）。这是目前大、中型客车盛行的布置形式，少数轿车也有采用这种形式的。

第四，发动机中置后轮驱动（MR）。方程式赛车和大多数跑车都采用这种形式。

第五，全轮驱动（4WD）。越野汽车一般采用这种形式。

11.3 新车的选购

11.3.1 汽车主要技术参数与性能指标

在购置新车之前，消费者首先要了解汽车的各种技术参数和性能指标，这些参数和指标为新车的选购提供了很重要的参考依据。

1）汽车的尺寸参数（如图11-2所示）

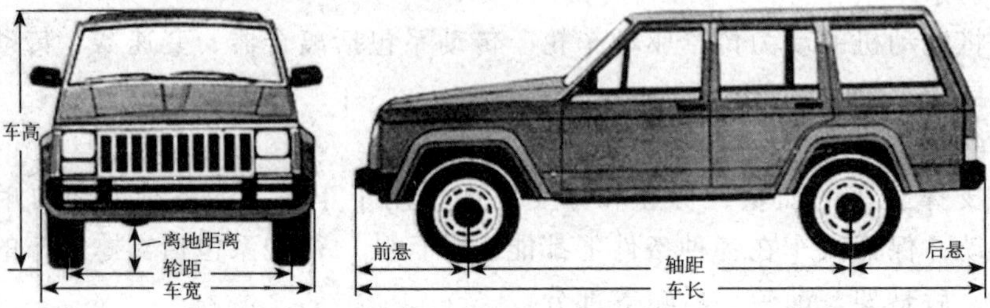

图11-2 汽车的尺寸参数

（1）车长

车长是指汽车前、后最外端突出部位之间的距离。车长也称汽车的总长，取决于汽车的用途、道路条件、吨位或载客人数。车长是对汽车的用途、功能、使用方便性等影响最大的参数，因此一般以车长来划分车身等级。车身长意味着纵向可利用空间大，这是显而易见的，但过长的车身会给调头、停车造成不便。4m长与5m长的汽车在驾驶感觉上会有很大的差异，一般中小型乘用车长4m左右，接近5m长的可算作大型车了。

（2）车宽

车宽是指车辆两侧平面突出的部位（后视镜、侧面标志灯、示位灯、转向指示灯、挠性挡泥板、折叠式踏板、防滑链、轮胎与地面接触部分变形除外）之间的距离。车宽主要影响乘坐空间和灵活性。对于乘用轿车，如果要求横向布置的3个座位都有宽阔的乘坐感（主要是有足够的肩宽），那么车宽一般都要达到1.8m。近年来，由于市场对汽车安全性要求的提高，车门壁的厚度有所增加，因此车宽也普遍有所增加。日本政府对车宽的限制比较严格，大部分在1.8m以下。欧洲车则倾向于增大车宽，但是车身太宽会降低在市区行走、停泊的方便性，因此对于轿车来说车宽2m是一个公认的上限，接近2m或超过2m的车会很难驾驶。道路用车（大货车、大客车）的车宽一般也不能超过2.5m。对于车外后视镜不能折叠的车辆，有些欧洲轿车规格表上的宽度一般把外伸后视镜也包括在内，因而其宽度接近甚至超过2m。

（3）车高

车高是指车辆在没有装载的情况下，支撑平面与最高突出部位之间的距离。车身高度直接影响车的重心（操控性）和空间。大部分轿车的高度在1.5m以下，与人体的自然坐姿高度相比低很多，主要是出于降低全车重心的考虑，以确保车辆在高速转弯时不会发生翻车。多功能汽车（multi-purpose vehicles，MPV）等为了营造宽阔的乘坐空间（头部空间）和载货空间，车身一般比较高（1.6m以上），但随之使整车重心升高，转弯时车身侧倾角度大，这是高车身车种的一个重大特性缺陷。此外在日本、中国香港等一些国家和地区，大部分的室内停车场都有高度限制，一般为1.6m，这也是确定车高的重要考虑因素。小型车为了在有限的占地面积内扩大车厢空间，近年来有向上发展的趋势，由于重心升高所导致的主动安全性下降是必然的。

（4）轴距

轴距是指车辆同一侧面相邻两个车轮中心线间的距离。在车长被确定后，轴距是影响乘坐空间最重要的因素，因为绝大多数的两厢和三厢轿车，乘员的座位都是布置在前后轴之间的。长轴距使乘坐的纵向空间增大，直接得益的是对乘坐舒适性影响很大的脚部空间。在行驶性能方面，长轴距能提高直路巡航的稳固性，但会使转向灵活性下降，回旋半径增大，因此在稳固性和灵活性之间必须做出取舍，取得适当的平衡。

（5）最小转弯半径

最小转弯半径是指将转向盘打到极限位置，车辆转向时外侧前轮的轨迹圆半径。最小转弯半径越小，说明汽车的机动性越好。

2）汽车的动力性指标

（1）最高车速

最高车速是指在无风条件下，在水平、良好的沥青或水泥路面上，汽车所能达到的最大行驶速度。

（2）加速时间（加速能力）

加速时间（加速能力）是指汽车在行驶中迅速增加行驶速度的能力，通常用加速时间和加速距离来表示。加速能力包括两个方面，即原地起步加速性和超车加速性。在道路上超车时，一段时间与被超车辆并行，最容易发生事故，加速能力强，就可以缩短这段时间，以提高超车的安全性。

（3）爬坡能力

爬坡能力是指汽车在良好的路面上，以1挡行驶所爬行的最大速度。对于越野汽车来说，爬坡能力是一个相当重要的指标，一般要求机械效率为60%或能够爬不小于30°的坡路；轿车一般爬坡的机械效率为20%左右。

3）汽车的燃油经济性

汽车的燃油经济性是指在一定的条件下，以最小的燃油消耗所能完成的运输工作量的能力。影响汽车燃油经济性的因素非常复杂，如发动机的油耗、传动系的影响、汽车外形阻力的影响、汽车重量的影响、轮胎的影响、汽车技术状况的影响、驾驶技术的影响、道路条件的影响、交通环境的影响（行人和车辆的密集程度）、环境状况的影响（气温、海拔高度、气候）等。汽车的最小燃油消耗是在特定的道路上，以等速行驶得出的数据，因此只能供参考。

4）汽车的操作及行驶指标

（1）汽车的制动性

汽车的制动性是指汽车在行驶时，能在短距离内停车，且维持行驶方向的稳定性，以及在下长坡时能维持一定车速的能力。

（2）汽车的操纵稳定性

汽车的操纵稳定性包括两部分，即操纵性和稳定性。操纵性是指汽车快速、准确地响应驾驶员发出的转向指令的能力；稳定性是指汽车在受到外界干扰时，能抵抗干扰而保持稳定行驶的能力。

（3）汽车的行驶平顺性

汽车的行驶平顺性是指汽车在一般使用速度范围内行驶时，能保证乘坐者不会因车身振动而引起不舒适和疲乏的感觉，以及保持所运货物完整无损的性能。

（4）汽车的通过性

汽车的通过性是指汽车在一定装载质量下，能以足够高的平均车速通过各种坏路和无路地带（如松软地面、坎坷不平地段），以及克服各种障碍（陡坡、台阶、壕沟等）的能力。

5）关于发动机的指标

（1）缸数

汽车发动机常用缸数有3缸、4缸、5缸、6缸、8缸、10缸、12缸。

（2）气缸的排列形式

一般5缸以下的发动机采用直列方式排列，少数6缸发动机也有采用直列方式排列的。这种排列方式发动机的气缸体成一字排开，缸体、缸盖和曲轴结构简单，制造成本低，转矩特性好，燃油消耗少，尺寸紧凑，应用比较广泛，缺点是功率低。6～12缸发动机一般采用V形排列，其中V10发动机长度较短、高度较矮，布置起来非常方便，而且一般认为V形发动机是比较高级的发动机，也是区别轿车级别的标志之一；V8发动机的结构非常复杂，制造成本很高，所以较少使用；V12发动机过大、过重，只有极个别的高级轿车采用。

（3）气门数

国产发动机大多数采用每缸2个气门，即1个进气门，1个排气门；国外轿车发动机普遍采用每缸4个气门，即2个进气门，2个排气门，从而提高了进、排气的效率，同时气门的重量也有所降低，有利于提高发动机的转速和功率。国外有的公司采用每缸5个气门，即3个进气门，2个排气门，主要作用是加大进气量，使燃烧更加彻底。气门数量并不是越多越好，5个气门确实可以提高进气效率，但是结构极其复杂，加工困难，一般较少采用。

（4）气缸工作容积（排量）

气缸工作容积是指活塞从上止点到下止点所扫过的气缸容积的总和，一般用L来表示。

（5）最高输出功率

最高输出功率一般用马力（PS）或千瓦（kW）来表示。发动机的输出功率同转速关系很大，随着转速的增加，发动机的功率也相应提高，但是到了一定的转速以后，功率反而呈下降趋势。一般在汽车使用说明书中最高输出功率标有每分钟转速（r/min），如100PS/5 000r/min，即在5 000r/min时达到最高输出功率100PS。

11.3.2 美、日、欧三大车系简介

在世界汽车领域，美国、欧洲、日本的汽车是最具代表性的汽车家族和流派。现在，这三大汽车流派在我国都有合资企业，尽管其车型都经过了本土化改造，但依旧展

现出不同的基因魅力，如果能把握不同车系的特点，在选购时就能提纲挈领，做到心中有数。因为汽车能较充分地体现一个国家的民族风格，每个车系的设计理念、设计特色，都是其所在国家传统文化、地理道路交通环境的全面反映。

美国、欧洲和日本三大车系，其车型外观、名称虽千变万化，但其本质却是万变不离其宗。总体说来，美国车大方、热情；日本车精致、易获得好感；德国车朴实无华、深藏不露、一丝不苟；法国车浪漫而富有艺术气息。

1）美国车系

美国车系的特点是：功率大、自重大、加速性能好、崇尚安全和安静、车身宽大、舒适。

美国国土辽阔，高速公路四通八达，路面条件好，长途驾车已是一件很平常的事，因此，一般美国车具有功率大、加速性能非常好、低转速高转矩、高转速高功率的特点。

在设计上，美国车对整车的安静非常重视，美国消费者把驾驶当作一种生活，他们对车提出居家般的要求——安静、舒适。在同级别的汽车中，上海通用汽车有限公司生产的别克车系的安静度是出类拔萃的。别克在造型处理中最特别的是，车身侧面为整体压铸件，配合三重密封隔音车门以及精湛的装嵌工艺，较好地隔绝了车外的噪声，加上流线型的反光镜和安静的V6发动机，被誉为“完美的静音舱”。别克车在“降噪工程”上共调用了150多种隔音材料，全车有几百处都进行了隔音处理，这使乘客舱处于相对密封状态。

宽敞的车厢是美国车的又一大特色。车厢宽敞空间就大，座位就可以做得宽大一些，乘坐起来没有压抑感，符合人体工程学的座椅设计使驾驶者不易疲劳。

2）欧洲车系

欧洲车系的特点是：底盘扎实、悬架系统较好、注重操纵性、追求驾驶乐趣、制造工艺精良。

欧洲是汽车和汽车工业的发源地。由于阿尔卑斯山脉纵贯欧洲大陆，欧洲丘陵地带多，平原少，城镇星罗棋布，因此欧洲轿车的底盘扎实，悬架系统较好，特别注重汽车的操纵性能，追求驾驶乐趣。德国车的刚劲沉稳、法国车超凡的操控性、意大利车出色的性能，一直为世人称道。

与美国、日本的汽车相比，欧洲车在车身安全性和机械系统的精良程度上技高一筹，如德国的奔驰、大众等车型。自工业革命以来，欧洲在机械技术方面一直走在世界前沿，体现在汽车工业上更为明显。虽然欧洲的新车总是毛病不断，细节方面也不如日本车周到妥帖，但在耐用性上欧洲车却是天下第一。总括来说，欧洲车属于讲究内涵和个性的一类，精华之处需要你慢慢品味，开上一段时间，你会发现它确有过人的魅力。

3）日本车系

日本车系的特点是：轻巧美观、造型新颖、油耗低、使用效率高、注重经济性、装饰做工细腻。

日本国土狭窄，人口密度大且集中于城市，人们精打细算，讲究效率。日本车灌注了东方人精微细腻的心理特征，在为乘员着想方面做得无微不至。在细节方面特别能体现日本人做事一丝不苟的特点，无论是车门缝隙的大小、漆面的光滑平整度，还是车厢的焊接工艺，与同等价格的美国车甚至欧洲车相比，日本车都要更加出色。

在发动机方面，日本车的特点是注重经济性，相同排量的日本车与欧美车型相比，功率要小一点。在技术方面，日本车往往开风气之先，尤其是在电子系统和发动机研制方面的科技十分先进。日本车型更新换代的平均周期为4年，其效率为全球第一，花样层出不穷，显得十分新颖时尚。日本生产的汽车在耐用性方面确实赶不上欧洲车，但在新车出错率方面的成绩，目前还无人能望其项背。日本车的悬挂和底盘都是遵循轻巧和舒适的原则，对于路况的反馈并不像美国车那么模糊，在行驶时它还是能通过弹簧的弹跳和车身的状态让人们感觉到各种路面的状况，但在路面坑洼不平的时候软式悬挂对于车身的控制就显得有些不稳，转向盘也会有些颤抖。当高速行驶时，日本车的优点是轻快，行驶时轮胎的抓地性不像欧洲车那么过于紧贴地面，因此感觉对车的控制不吃力，但由于车的路感不强，过急转弯操作转向盘时可能会转向过度，当出现紧急情况时，驾驶员采用过猛制动时车辆可能会出现侧滑和甩尾。

总之，日本轿车的特点是轻巧美观、造型新颖、改型快、适应性强，其车身钢板较薄、自重较轻、底盘较低，所以油耗低、使用效率高，并且车厢内各种设备齐全，装饰做工细腻。

近年来，随着各大汽车生产厂商之间的兼并重组，传统意义上的欧洲、美国和日本的车厂已经互相融合，互相渗透，生产的车型也是你中有我，我中有你。各个汽车生产厂商在设计过程中，都是用一个平台去打造不同市场上的产品，因此它们之间的相似之处就越来越多，差别也就越来越小。

不过，由于欧洲大陆、美国和日本有着不同的生活环境以及不同的人文理念，因此，他们各自生产的产品即使改头换面以迎合目标市场的口味后，也难以掩饰其本质特征。在美国市场，虽然像丰田、本田、日产等日本车厂在当地都有制造厂并且聘请当地的管理人员，但是那些专门为美国人打造的车子却依然流露着不少大和民族的特质，正所谓“江山易改，本性难移”，这里面包含着地域文化。在目前的各个车型级别中，美国、欧洲、日本三大汽车流派都有自己的代表作品，与其说是在展示汽车技术，还不如说是一场地域文化间的碰撞。

【教学互动 11-1】

互动问题： 试探讨未来5年汽车的发展趋势。

互动要求： 同“教学互动 1-1”的“互动要求”。

11.3.3 购置新车前要考虑的问题

在购买汽车时，首先应该考虑的是购买汽车用来干什么，购买什么样的汽车才能真正满足购车者的需求，应按自己的购车需求来选择最适合的车型。

1）以营运为目的

如果消费者购买汽车是为了搞营运，那么就应该让汽车完成更多的运输任务，创造最好的经济效益。

（1）货运服务

如果消费者购买汽车是为了搞货物运输，首先应考虑运输对象——货物的特点和特性，应按所运输货物的特点来选择合适的车型。假设运输各种不同的货物，可选择装有普通货箱的通用汽车。当经常运输的货物是单位体积重量较轻的农产品时，可选用货箱面积和容积较大的加长轴距货车，这样可避免因货轻而装不到额定载量。当经常运输的货物的单位体积重量较大时，则应选用普通标准货箱的货车。如果货车经常运输某一种或某一类货物，应选择与该类货物相适应的装有特殊货箱的专用汽车。例如，运输液态或粉状、颗粒状货物时，可选用有罐式车厢的专用汽车。运输易腐易烂、需要保鲜的货物时，可选用冷藏车，这样可使汽车发挥更高的效率。

其次应该考虑运输货物的数量和运送的距离。如果所运输的货物的批量大，而且运输距离较远，可选择装载能力大的大吨位重型货车；如果所运输的货物批量小，而且运输距离较短，就应该选择装载能力较小的中、小吨位的中型或轻型货车。应该尽量避免用大吨位的重型车装载少量货物运输。此外还要考虑汽车不应超载装货，那样会大大缩短汽车的使用寿命，也会造成很大的经济损失。

（2）客运服务

如果消费者购买车辆是为了客运，那么应首先调查客运市场的大小。如果从事长途客运，并且客运量较大，可以选购动力性较好的大型客车，这样会创造更大的经济效益；如果客运量较小，应选购座位较少的中、小型客车，否则会因上座率较低而不能达到预期的目标。

（3）出租车

如果消费者购买汽车是为了出租运输，那么首选的车型发动机的工作容积（排量）应在1.2～2.0L，如果发动机工作容积低于1.0L，在很多大中城市会因影响城市形象而被限制营运。如果发动机工作容积较大，虽然车较豪华，但可能会因上座率较低，而汽车燃油消耗量较大，导致运行费用支出过大。此外购买出租车还应注重环保要求，尽量购买装有尾气排放达标的电控汽油喷射式发动机的汽车，避免因尾气排放超标而被罚款或受到限制。

2）个人使用

如果消费者购买汽车是为了上班、下班或家庭使用，那么就应该让汽车为工作、生活带来更多方便，要做好汽车销售市场的调查，挑选个人所喜欢的款式、颜色、性能和经济状况能支付得起的汽车。

如果消费者经济条件不是很好，购车时，应该购买小型或微型车。这类车售价较低，油耗低，配件供应充足，维修费用低，也会给工作、生活带来很大的方便和快乐。

如果消费者经济条件好，可以购买中档车。这类车在安全性、乘坐舒适性等方面的性能更好，会给生活带来更大的乐趣和享受。

如果消费者所在地区相关设施充足，可选购电动汽车、智能汽车等新型车，享受新型车带来的新乐趣。

3）公务、商务用车

如果消费者购买的是公司用车或公务用车，一般以购买中档车为主，这类车各方面性能完全能满足工作要求，并且这类车的配件供应充足，维修费用较低，可以降低使用成本。如果公司比较有实力，也可以购买像雷克萨斯IS、奔驰C级等进口中高级车，这些轿车的动力性更好，设施更豪华，更能体现公司的实力和气派。如果公司资金雄厚，应以购买像宝马7系、奥迪A6等这样的高级车为主。这类车豪华气派，可充分显示身份和地位，为使用者提供更好的物质和精神享受。

4）男女购车的差别

男性和女性购车的标准是有区别的。男性更看重的是汽车的动力性能，他们往往喜欢动力澎湃、加速性能好、越野能力强、外观端庄威猛的车辆；而现代女性在生活事业的奔波忙碌中追寻着同男士一样的速度感，同样乐于享受汽车带来的快捷和独立的个人空间。女士在选购爱车时，往往应考虑自己本身的要求，并要加以评估，才能决定哪一种车最适合作为自己的“伴侣”。

总体来说，女人天性爱美求新，流线造型的车子往往是女性的首选，但是也要根据自己的实际情况进行选择。若是职业女性，不妨选外形庄重、线条平实、大小适中的车辆；若是时尚女性，则需考虑经济承受能力，要知道，修补复杂的漆面可是一笔不小的开支。

选择自动挡变速车还是选择手动挡变速车，取决于个人的驾驶习惯。若是在市区开车，为了避免塞车换挡的辛劳，当然是以自动挡变速车为第一优先考虑。若偏爱开快车驰骋于路上，则不妨考虑手动挡变速的车型，但应注意车子的操作系统反应要比较灵敏，这样驾驶时就可以省些力气。

安全性方面，应选择具有基本的安全配备的汽车，如安全玻璃、防撞保险杠、广阔的视野、较少的后视死角。女性开车比较谨慎小心，应考虑选择有气囊、ABS制动系统等对于驾驶人的生命安全有较大保障的车子。不要选冷气、音响等按键设置过低的车辆，以免开车时按键造成危险。中控锁对女性不可或缺，它可帮助车子在启动后自动锁上车门，以防不轨之徒造成干扰，也增加安全感。

5）汽车选购时的注意事项

（1）汽车自重与油耗成正比

从节油观点来看，汽车自重与油耗成正比，即重量越大的汽车越耗油，使用经济性相对较差。小型车自重每增加40千克要多耗燃油1%，但自重大的汽车具备在急转弯和急刹车状况下稳定性较好的优点，不易发生“飘车”现象。

（2）不同驱动方式有好也有坏

例如越野车，前后轮都有驱动力，牵引力大，通过性强，附着力大，稳定性好，车身和传动系统的钢板比轿车厚，安全系数高，适于越野，但重量大，节油性差。中高级轿车前后桥承载的负荷基本一样，牵引力大，在爬坡、泥泞道路和颠簸路上行驶时动力强，防后轮侧滑性和稳定性明显优越于“发动机前置，前桥驱动”的汽车，但传动轴退至后桥，导致地板凸起，几个总成分开布置，占据空间较大，很难使汽车小型化。中小型轿车省了传动轴，地板平坦，传动系紧凑，重量减轻，地板降低，重心下降，上坡时重量向后移，前桥负荷减轻不能产生足够牵引力，不易在上下坡较多的山区使用。微型车省去了传动轴，附着力大，牵引力也大，轴距较小，地板下没有排气管，发动机废气和噪声不会污染车厢；后桥负荷大，转弯易侧滑，操纵系统太长，结构复杂，行李箱太小。

（3）自动挡汽车省事不省钱

自动挡装备有自动控制装置，在行车过程中可根据车速自动调整挡位，无须人工操作，因此省去了许多换挡及踏踩离合的工作，其不足之处在于价格较贵，维修费用高，而且使用起来比手动挡车费油。

（4）选用装配子午线轮胎的汽车

装配子午线轮胎的汽车与装有斜交轮胎的汽车相比，耐磨性可以提高50%～100%，滚动阻力降低20%～30%，而且可以节油6%～8%。

（5）选用铝合金轮毂的汽车

目前铝合金轮毂的价格是钢轮毂的2～3倍，但其使用效益却远高于钢轮毂。

（6）纯电动汽车电池的选用

电动车跟燃油车除了发动机构造不同和续航时间长短不同外，基本是一模一样的。一辆纯电动汽车的成本有将近一半都花费在电池上，纯电动汽车时速快慢和启动速度大小取决于驱动电机的功率和性能，其续航里程之长短取决于车载动力电池容量之大小。电池有两个重要参数：一是电容量，就是可以含多少度电，电容量越大，意味着续航里程越长。二是功率，就是单位时间内所做的功，功率越大意味着性能越好。

【同步业务11-1】

假设你是所在地区4S店的销售经理，请你为某类顾客拟定一份家用小汽车选购建议书。

业务分析：运用所学知识，根据汽车市场行情，结合顾客消费需求，拟定家用小汽车选购建议书。

业务程序：

首先，进一步认知汽车知识，了解汽车市场现状。

其次，选定一类顾客，并对此类顾客的情况、所处环境做一些评估和假设。

最后，根据上述情况，拟定此类顾客家用小汽车选购建议书。

11.3.4 考察汽车的“血统”

汽车的开发和生产是一个复杂的过程，需要投入极大的人力、物力，因此，许多车辆都是在原有基础上改进而成的。这类似自然界生物的繁衍，我们了解一匹马、一只鸽子，往往要考察它们的血统，以便了解它们今后的发展。每一款汽车也都可能有它的“血统”，千万不要小看这个“血统”，它是在购车前必须考察的事项。

1）发动机

发动机是汽车的“心脏”，它的质量决定了汽车的根本质量。汽车发动机的创新是最难的，一般都有一个逐步发展、改进的过程。我国的汽车发动机多数是引进外国的产品，即使在欧美和日本，一种发动机也有可能被安装在许多不同款式的汽车上。因此，一款新车推出后，先要考察它的发动机。

2）底盘

汽车的底盘是车辆的行走部分，包括悬挂、制动、转向等。它的好坏直接影响着车辆的行驶。人们常常疑惑，为什么不同的车安装了相同的发动机，但各自的速度、驾驶性能、油耗却不一样呢？排除车身的因素，底盘的质量是主要影响因素。

考察底盘的“血统”，有一个很重要的术语——开发平台。由于底盘的开发和创新也不容易，因此，厂家往往在一个统一的开发平台上进行新车的研制，多数时候，甚至在同一个底盘上制造出不同的汽车，如上海通用的别克GL8与别克轿车用相似的底盘；广州本田的奥德赛MPV，采用的就是雅阁轿车的底盘。因此，考察汽车底盘的“血统”，可以为购车决策提供帮助。

3）车身

车身的“血统”最好考察，单从外观就可以了解。同时，车身与发动机和底盘相比，作用也是次要的。由于厂商往往在同一底盘和同一发动机的基础上来回变换车身款式，以吸引消费者，因此，只有在考察完上述发动机和底盘的“血统”后，才应该根据个人爱好去考察车身“血统”。

我国汽车工业的基础薄弱，引进、消化和吸收外国的产品是主要方式，因此，考察国产车的“血统”，对于消费者十分重要。

【同步思考11-2】

问题：汽车性能评价的主要指标有哪些，怎样评价汽车的性能？

理解要点：汽车性能评价主要指标有5个方面，评价时既要考察汽车主要性能指标，也要结合品牌、用户评价等因素综合评价。

11.3.5 解读汽车的说明书

厂商提供的说明书，是我们了解车辆性能的资料来源之一，它往往包括了该车的“血统”以及技术含量。但是，怎样才能从一大堆的术语中看出门道呢？我们以某一汽车为例：

发动机形式：1.6L，直列四缸，多点燃油电控喷射；发动机功率：66kW/5 600r/min；发动机转矩：128N · m /2 800r/min；最高车速：170km/h；加速性能：12.7s；变速方式：手动挡/自动挡；压缩比：9.4：1；燃油经济性：90km/h ——5.3 ~ 5.7L/100km；悬挂：前悬架——独立麦弗逊式悬架，后悬架——半独立悬架；最小转弯直径：10m；最小离地间隙：165mm；外形尺寸：4 026mm×1 608mm×1 420mm；重量（整备质量）：950kg；轴距：2 443mm；轮距：1 387/1 388mm（前/后）。

在一大堆的术语里，考察发动机的性能最重要。从说明书中我们可以看到，该车发动机为直列式四缸，排气量相对商务车较小，没有注明每个气缸气门的数量或注明每个气缸有两个气门，说明它没有采用先进的多气门技术。一般来说，从该车的气缸数以及排量大小，大致就可以知道这辆车的马力（功率）是否强劲，在其他条件一定的情况下，马力（功率）越大，车速越高；转矩越大，该车的牵引力越大。该车发动机的功率是66kW/5 600r/min，那就是说，当发动机转速达到5 600r/min时，输出最大功率为66kW；转矩为128N · m/2 800r/min，就是说，当发动机转速达到2 800r/min时，输出最大转矩为128N · m。

为什么发动机最大功率和最大转矩不是在同一转速下呢？因为当发动机启动后，有一个最小稳定的工作转速，随着发动机转速不断增加，发动机的输出功率和转矩也都随之增加，此转速达到2 800r/min时，转矩达到最大值，但此时的发动机功率并未达到最大值，再增加发动机转速，则转矩减小，功率继续增加，直至达到最大功率。如果在购车时发现两辆车的最大功率接近，最大转矩也一样，但相应的转速不一样，这在一定程度上表示这两辆车的爬坡和加速特性是不一样的。当一辆车的最大转矩表现在较低转速时，表明这辆车在低转速时牵引力较大，起步和快爬性能好；当一辆车的最大功率表现在较低转速时，稍提转速，功率会迅速增大，说明该车加速性好，很容易超车；而当一辆车的最大转矩出现在较高转速时，则表明这辆车的后备功率大，在高速行驶中负荷率低，燃油经济性要差些，一般只有中高档汽车才会采用这样的发动机。

发动机压缩比越大，在压缩终了时的混合气的压力和温度便越高，燃烧速度也越快，因而发动机发出的功率就大，经济性就好。该车的压缩比为9.4∶1，已超出某些较高档次的发动机。

最高车速和加速性能是评价汽车的两项重要指标。该车最高170km/h的时速对于家用轿车来说已经足够了。12.7s的加速性能，是指该车从0km/h加速到100km/h所需的时间。在小型家用车中，表现也属不错。

燃油经济性这项指标是非常重要的，不过也历来是人们争议最多的一个方面。生产商一般在说明书中给出的数据，是在车辆等速行驶时的燃料消耗，如等速（匀速）90km/h时油耗5L/100km等。这个等速行驶工况并没有全面反映汽车的实际运行情况，特别是车辆在市区行驶过程中会频繁出现加速、减速、怠速、停车等行驶工况。欧洲经济委员会ECE规定：要测量车速为90km/h、120km/h的等速百千米的燃油消耗量和按ECE-R.15循环工况的百千米油耗并各取1/3相加，作为混合百千米燃油消耗量来评价汽车的燃油经济性。现在我们得到的只是90km/h等速燃油消耗量，该厂方提供的数据只能作为部分参考。如果是城市居民，工作地在市中心，居住地在近郊或市里，那么应该希望车在较低负荷或较低车速下的油耗低，至于在满负荷工作情况下的油耗，可以作为次要考虑因素。

总长、总宽、总高这些数据很好理解，但这些数据与轴距、轮距统一考察会更有意义。轴距指的是前轮与后轮的轴间距离。轴距短些，车身就可能短，车辆本身就轻些，最小转弯半径也就小，但在颠簸道路上的稳定性会差些，轴距越短，车辆可能越颠。轮距分前轮距和后轮距，分别指的是前轮之间的距离和后轮之间的距离。轮距大些，对增大车厢宽度和提高车身横向稳定性有利。厂家往往会在有限的空间努力增大轴距和轮距。相同外形尺寸的车辆，轴距和轮距越大，稳定性可能越好，车内空间可能越大。

此外，有的厂商还提供了整备质量和汽车总质量这两个数据，前者是指车上带上全部装备包括随车工具、备胎等及加满燃料、水，但没有装货和载人时的质量；而后者则是指装备齐全，并按规定装满客、货时的整车质量。用汽车总质量减去整车整备质量，可以得出该车的载重量。一般来说，质量较重的车对高速行驶时的稳定性有一定帮助，但油耗会高些。

解读车辆的说明书，不能仅仅解读一种，最好的办法是将相似的车辆进行对比，这样，就会发现许多数据的秘密。

11.4　汽车的保养

在汽车使用过程中，有常规保养，还有因生产或生活需要，可能会暂时不使用或在一定时期内不投入使用情况下的保养。如果长期得不到维护，不但会造成汽车再次投入使用时不能正常工作，还可能会造成汽车的非常规磨损。因此，汽车的保养包括汽车的常规保养、汽车暂停时的养护和长期封存时的养护等。

11.4.1 汽车的常规保养

汽车的常规保养是指为维持汽车技术状况或工作能力而进行的一系列工作。汽车在行驶一定里程后，要按要求对汽车的各总成及附属设备进行清洁、检查、调整、润滑等作业，以消除各种隐患，保持和恢复良好的技术性能。汽车的常规保养属于预防保养，现代汽车制造厂商在车辆使用说明中都对自己生产车辆的常规保养提出了明确的要求，其中包括保养的周期、里程、作业的内容等。

1）车辆每行驶5 000～10 000km后

第一，更换发动机机油、机油滤清器，清理空气滤清器。

第二，检查蓄电池状况及喇叭灯光系统。

第三，检查防冻液的液面高度及冰点，清理散热器表面。

第四，检查制动系统有无漏油，摩擦片是否在规定厚度之内。

第五，检查发动机皮带磨损情况，必要时调整皮带的张紧度。

第六，检查变速器、传动轴、万向节护套有无渗油及损坏。

2）车辆每行驶10 000～15 000km或行驶时间超过1年

第一，更换燃油滤清器、空气滤清器。

第二，检查离合器行程，转向下支臂球头间隙、固定程度和防尘罩。

第三，检查轮胎花纹深度、轮胎气压、轮胎磨损情况，必要时做四轮定位。

第四，检查节气门、怠速阀是否过脏，必要时清洗。

第五，检查火花塞状况，必要时更换免拆清洗喷油嘴。

第六，检查转向助力、制动系统和自动变速器的状况。

第七，检测制动力、变速、转向是否正常。

第八，全车相关部位润滑。

【同步案例 11-1】

汽车行驶半年后要做哪些保养

背景与情境：车子行驶时间已经有半年了，这个时候需要做哪些保养？

分析提示：发动机外部：清洗发动机外表，清洗时注意对电气部分的防水处理。如果电气部分对防水要求较高的话，应避免用高压、高温的水枪来冲洗发动机，可以用毛刷蘸清洗剂清洗发动机外表。

分电器：用干净的抹布擦净分电器盖内的污物，清除分电器触点处的污物，消除触点烧蚀的斑痕，检查高速触点间隙或电子点火系统的磁极间隙，润滑分电器各润滑点。

学习微平台

三滤机油：用压缩空气吹去空气滤清器的灰尘；适时更换燃油滤清器并清洗管路接头的滤网；更换机油及机油滤清器。对于国产车还应清洗机油粗滤器、燃油预滤器和离心式机油细滤器。

延伸阅读 11-2

电瓶检查：蓄电池接线柱部分有没有腐蚀的现象，用热水冲洗蓄电池外表，清除蓄电池接线柱上的腐蚀物。测量调整蓄电池的电解液比重。

冷却液检查：补充冷却液、清洁水箱外表。

轮胎轮毂检查：轮胎的磨损情况，对轮胎实施换位。检查轮毂、轴承预紧情况，如有间隙应调整预紧度。

制动系统检查：调整手制动拉杆工作行程；检查调整鼓式手制动器的蹄片间隙；检查调整脚制动踏板的自由行程；检查车轮制动器蹄片磨损情况，如果达到磨耗记号应更换制动蹄片；检查调整车轮制动器蹄片间隙；检查补充制动液等。

紧固：检查底盘重要螺栓或螺线的紧定情况，特别是转向系统的重要螺栓和螺线，发现有松动或缺损情况，应补齐拧紧。

底盘检查：底盘各部分管路情况，查看有没有泄漏，检查紧固所有金属连接杆件，并检查橡胶轴套有没有损坏的情况，对底盘所有润滑点进行补脂润滑。

灯光检查：修理汽车灯光，检查维护制冷、取暖装置，清洁音响系统等。

资料来源　中国汽车保养网.汽车行驶半年后要做哪些保养［EB/OL］.［2021-01-27］. http://news.qqqbbb.com/20210127/2811582.html.

问题：汽车行驶半年后为什么要保养，在汽车保养中还要注意哪些问题？

分析提示：从汽车的生产、检测、维护、运行等方面来分析。

11.4.2　汽车暂停时的养护

1）防止金属生锈

汽车停驶，由于自然条件的影响，会使技术状况不断变坏，金属机件锈蚀。金属锈蚀后，会使机件强度降低，摩擦表面的光洁度遭到破坏，因而影响汽车使用寿命。金属机件的锈蚀主要是由于空气中含有酸、碱、盐等物质，与水分结合后形成电解液，附着在金属表面，发生侵蚀作用，空气中的氧气则加速了锈蚀的发展。例如，沿海湿热地区，由于大气和海露中含有较多的盐类，金属锈蚀的速度比内陆地区快4～6倍；露天停放的汽车，一般半年左右，外露金属的锈蚀面积可达50%以上。防止金属锈蚀的主要途径是避免与大气直接接触和防止机件受潮。为此，金属机件的封存，通常采用涂油、刷漆、密封包扎等方法。

（1）涂油

涂油主要用于防止相配合机件工作表面的锈蚀。例如，发动机气缸壁与活塞、活塞环之间的相配表面极为光洁，不允许有锈蚀现象，但发动机工作后，由于废气中含有二氧化碳、二氧化硫和水分等，这些有害气体如在气缸内存留过久，就会引起严重的锈蚀，因此，在发动机封存时，必须切实排尽废气，并加注50g左右的脱水机油（机油加注时的温度应在50℃～60℃），以彻底冲洗缸壁上的旧润滑油，并形成防锈油膜，其他金属机件如变速器、分动器、主减速器、转向器及万向节等也应按规定加注传动润滑油或润滑脂，以防锈蚀。

（2）刷漆

在汽车机件的外露表面喷刷油漆，不仅是为了美观，更重要的是使金属表面形成一层保护漆膜，与大气隔绝接触，以达到防锈的目的。因此，封存时凡漆膜遭到破坏的地方，都应该重新喷漆或刷漆。刷漆前应将机件表面的锈皮、油垢、灰尘等彻底除净，否则刷漆后将会产生气泡和脱皮现象。

（3）密封包扎

密封是比较简便易行的办法。凡是汽车内部机件与大气相通的管口、孔眼、缝隙，均应用油纸或其他不透气的材料加以堵塞封贴，或进行包扎，以阻止空气在机件内部对流，减免大气对金属的锈蚀作用。

2）防止橡胶制品的老化变质

汽车上的轮胎、传动带以及防尘罩等橡胶制品经常会发生老化、膨胀或变形，以致性能变差，寿命缩短，其老化主要是由于橡胶属于高分子碳氧化合物，容易吸收空气中的氧而被氧化，同时硫化橡胶还有一定的透气性，内部容易被氧化，特别是阳光直射能促使橡胶迅速老化。为防止老化，应避免阳光直射或与矿物油接触。

3）防止棉麻制品霉烂

汽车上的棉麻制品，如坐垫、靠背、地毯等，容易吸收水分，特别是在潮湿地区，更易受潮霉变，因此，应经常检查，适时晾晒。

4）防止汽油的抗爆性能降低

汽油的抗爆性能取决于汽油辛烷值的高低。汽车长期停驶，汽油的辛烷值会随着轻质成分的损失和胶质含量的增加而下降，从而使其抗爆性能降低，因此，汽车油箱要严密封存，避免温度过高。汽油储存的时间不要太长。

5）经常检查发动机的工作状况

每月应至少启动一次发动机，怠速运转4～5分钟，检查发电机的运转情况，如有异常，需及时调整、维修。

6）经常检查蓄电池

电解液液面必须高于极板10～15mm，不足时需及时添加蒸馏水，保持电量充足，必要时应对蓄电池充电。

11.4.3 汽车长期封存时的养护

长期停驶的车除了完成上述汽车暂停时的养护外还应注意以下几个方面的维护：

1）机油

即使车辆没开或没达到保养里程，每隔一年也要更换机油及滤清器。从表面上看，机油的状态是非常稳定的，而实际上，机油一旦开封，就有被氧化的可能，尤其是车子经常处于静止状态，机油被氧化的现象就更严重。机油被氧化后，不仅润滑效果大打折扣，一些酸性物质还会对机件造成严重腐蚀，另外，变质的机油会有许多沉淀物析出，这些沉淀物会堵塞油道或对摩擦表面造成严重磨损。

2）防冻液

防冻液更换的标准不是行驶里程的多少而是时间的长短，或者更确切地说是启动的次数。因为机器从冷到热再到冷这样一个循环就会使防冻液老化一次，积累到一定的次数，防冻液就必须更换了。另外，长期不用的防冻液，尤其是水基的乙二醇防冻液会变质。

3）制动液

长期封存、变质的制动液会腐蚀总泵、分泵的橡胶元件。如果车辆由于某种原因必须长期停驶，那么所采取的养护措施也不同于短期停放。在封存前，应放尽冷却系统中的全部防冻液，放掉机油，电瓶应在充足电后拔下插头，在停放期间还应定期充电。另外，还应用牢靠的千斤顶把车子架起来，使轮胎和悬架元件不再受力。汽车在长期停放期间，最忌两点：一是潮湿，二是鼠害。潮湿不仅会使金属部件锈蚀，还会损坏电气元件，这对于自动化程度较高的汽车的损害是致命的。鼠害很多人也许不太在意，可它的破坏力往往超出人们想象，电线、轮胎、内饰件都会成为老鼠口中的食物。

【职业道德与企业伦理11-1】

从与华为框架合作　看奇瑞智能化深度布局

背景与情境：如今的汽车行业，正处在电动化、网联化、智能化、共享化的“新四化”巨变之中，为了积极应对时代变化，奇瑞汽车提前布局，加速从传统汽车向智能汽车、新能源汽车方向转型。近日，奇瑞汽车与华为在芜湖签订了全面合作框架协议，在云计算、大数据、智能汽车解决方案等领域展开深入合作，共同推动双方业务的发展。

在“新四化”的浪潮下，奇瑞在2010年就开始研发汽车智能互联技术。基于多年的智能技术研发积淀，奇瑞于2018年发布了“奇瑞雄狮”智能化品牌战略，该战略并非单点战略，而是涉及研发、制造、营销、服务等各方面的整体智能化解决方案。“奇瑞雄狮”规划的业务包括“雄狮智云”、“雄狮智驾”、“雄狮智造”、“雄狮智赢”及“雄狮智行”等，覆盖了奇瑞未来的全产业价值链。

布局智能网联，“奇瑞雄狮”为智能化转型赋能

智能化时代，智能互联已经成为汽车发展的全新动力，正在为出行带来颠覆性变革。作为“奇瑞雄狮”的核心内容之一，代表智能互联业务的“雄狮智云”，也是智能汽车技术和业务的核心价值链。目前，奇瑞汽车自主研发的“雄狮智云”智能网联系统（Lion Cloud OS）已经发展到4.0阶段，并全面搭载在奇瑞全系车型上，用户已经达到50万+。

2020年，奇瑞推出了多款搭载“雄狮智云”智能网联系统的产品，包括瑞虎8 PLUS、全新一代瑞虎8、全新一代瑞虎7神行版、艾瑞泽5 PLUS等，这些车型通过搭载“雄狮智云”智能网联系统，让用户不仅可以用方言与汽车交互，还能够用手机远程操控汽车，实现更和谐、更便捷的移动生活用车体验。

发展自动驾驶，构建未来智能移动出行时代

除了“雄狮智云”智能网联系统，奇瑞还在积极布局自动驾驶业务“雄狮智驾”。据了解，2019年，在ADAS领域，已实车搭载ACC、AEB、APA等高级辅助驾驶功能。目前已实现L2.5级自动驾驶技术搭载新产品上市，2025年，将实现L4级高度自动驾驶技术。

事实上，奇瑞在自动驾驶的数据信息安全和商业化探索方面也早已开始布局。2018年4月，奇瑞与百度联合成立了百度Apollo汽车信息安全实验室。该平台联合各大车企及芯片合作伙伴等开展深度技术研究，防止安全漏洞引起的车企安全及个人信息泄漏，为打造出更智慧、更安全的智能汽车提供更加坚实有力的保障。

深化开放合作，携手共创智能出行生态

除了在智能互联技术领域的持续深耕，奇瑞汽车还整合了自身在智能汽车领域多年的积累，与产业链相关的许多企业合作，为用户创造出更加丰富的增值服务。

2019年，奇瑞汽车与包括美团、酷我音乐、喜马拉雅在内的多家知名互联网企业签订生态合作协议，基于“雄狮智云”智能网联系统，在车载生活服务产品、车载海量

音乐服务、车载音频内容服务、车载用户电台服务应用等领域打造更丰富的用户服务。此前，奇瑞还牵头召开“奇瑞雄狮生态联盟大会”，近百家知名互联网、科技公司和汽车产业链相关企业，以“奇瑞雄狮”智能化品牌战略为核心达成“联盟”协议。

智能化的时代终将来临，此次奇瑞与华为达成框架合作，也将进一步为奇瑞汽车智能化升级强势赋能，加速筑造未来智慧出行新生态。

资料来源 笃志.从与华为框架合作 看奇瑞智能化深度布局［EB/OL］.［2020-12-21］. http://qichequan.net/news/hangyexinwen/2020/37407.html.

问题：奇瑞与华为达成框架合作协议对我们有何启迪？

分析提示：奇瑞汽车与华为签订全面合作框架协议，在云计算、大数据、智能汽车解决方案等领域展开深入合作，共同推动双方业务的发展，这种不断进取创新的企业精神、超前的发展意识、与时俱进的满足顾客需要，体现了良好的职业道德与企业伦理，社会受益，企业也受益。

■ 本章概要

□ 内容提要

● 汽车的概念与科学技术的发展有着密切的联系，在不同的时期和国家其含义不同。2001年我国颁布了强制性汽车分类国家标准GB/T 3730.1—2001，按用途将汽车分为乘用车和商用车两大类，现在社会上又增加了新能源汽车和智能汽车的其他分类。国产汽车产品型号由拼音字母和阿拉伯数字组成，包括首部、中部和尾部三部分。

● 汽车一般由发动机、底盘、车身和电器与电子设备四大部分组成，现代汽车按发动机相对于各总成的位置不同，通常有5种布置形式。美国、欧洲和日本三大车系，总体说来，美国车大方、热情；日本车精致、易获得好感；德国车朴实无华、深藏不露、一丝不苟；法国车浪漫而富有艺术气息。

● 在购置新车之前，首先应按自己的购车需求来选择最合适的车型，了解汽车的各种技术参数和性能指标，这些参数和指标为新车的选购提供了很重要的参考；还要考察汽车的“血统”，注意到男女购车的标准是有区别的，并且要仔细解读汽车的说明书。汽车的保养包括汽车的常规保养、汽车暂停时的养护和长期封存时的养护等。

□ 主要概念和观念

▲ 主要概念

汽车　乘用车　新能源汽车　最高车速　汽车的燃油经济性　汽车的常规保养

▲ 主要观念

汽车的选购　汽车的保养

□ 重点实务

汽车分类认知　汽车选购技能　汽车保养方法

■ 基本训练

□ 知识训练

▲ 简答题

（1）我国对汽车是如何定义的？汽车具有哪些特征？

（2）简述汽车的总体构造。

（3）消费者购置新车时要考虑哪些问题？

（4）简述汽车常规保养的内容。

▲ 填空题

（1）商用车辆是用于运送________和________的汽车。

（2）安全性方面，应选择具有基本安全配备的汽车，如安全玻璃、________和较少的后视死角等。

（3）即使车辆没开或没达到保养里程，每隔一年也要更换________和________。

▲ 单项选择题

（1）高级乘用车有（　　）侧门。

A.2个　　B.2个或3个　　C.4个或6个　　D.6个以上

（2）选择自动挡变速车还是手动挡变速车，取决于个人的（　　）。

A.经济状况　　B.年龄　　C.驾驶习惯　　D.性别

（3）在汽车说明书的一大堆术语里，考察（　　）最重要。

A.燃油经济性　　B.发动机的性能　　C.品牌　　D.加速性能

▲ 多项选择题

（1）乘用车可分为（　　）等。

A.小型乘用车　　B.小型客车　　C.高级乘用车

D.多用途乘用车　　E.普通乘用车

（2）汽车的动力性指标有（　　）。

A.加速时间　　B.燃油经济性　　C.最高车速

D.爬坡能力　　E.制动能力

▲ 讨论题

（1）观察你所在校园中国产汽车产品的型号？

（2）简述当地市场国产汽车的种类和质量状况？

（3）美国、欧洲和日本三大车系各有何特点？

□ 能力训练

▲ 案例分析

如何选购新能源电动汽车？

背景与情境：新能源电动汽车市场品牌杂乱繁多，价格落差较大，质量良莠不齐，如何选购一辆称心如意的新能源电动汽车困扰着很多朋友。

一些朋友因为一时贪图价格便宜，购买了杂牌的电动汽车，结果出现了很多安全隐患，不仅人身受到了伤害，就连维权也是无从保障。

那么如何选择电动汽车呢？新能源电动汽车厂家人员从以下四个方面给大家提供了一些参考，希望对准备买电动汽车的朋友有所帮助。

（1）选品牌。一般情况下，名牌产品都有很长的经营时间，大多经过了监督部门严格的审查评定，并且在开发设计、零部件配置、生产过程、售后服务等方面都形成了一套成熟的标准化管理体系，质量稳定可靠，信誉程度高，售后有保证。

（2）选服务。服务也是产品质量的一个组成部分，在购买电动汽车时一定要注意了解该产品的服务承诺，看一看是否在本地区拥有售后服务点、离工作生活的地方远近以及在服务质量、信誉方面的口碑如何。

（3）选配置。电动汽车是否经久耐用、安全经济，与它的构成部件有着极为紧密的联系，因此，消费者在选购时，一定要对其配置进行精心选择。首先得看蓄电池的生产商是否有实力，产品是否过硬；其次要注意蓄电池的使用寿命。随着电动汽车业的逐步成熟，吸引了越来越多资金雄厚的企业转行进行电动汽车蓄电池的研发。

①看续航里程。

以前大家买车考虑排量和油耗，这些在新能源汽车上不用担心，现在都担心续航里程。别看厂家有各种漂亮的续航数据，真正到用户手里的里程要打不少折扣。这里也有多方面的影响，如气温、驾驶习惯、车载设备使用等因素，甚至有些新能源车主为了续航里程夏天或冬天不敢开空调。因此，对续航能力有要求的消费者，一定根据自己的实际情况和需求选择纯电动汽车。

②看充电方式。

说完了续航，接下来就是和它息息相关的能源站——充电方式的问题了。现在的电动车充电方式无外乎两种——自家用和公用。自家用的没问题，很方便，晚上到家就可以充电，公用的就难免有些不方便了。

首先你得找到充电网点；其次得考虑充电排不排队的问题，以现在电动汽车数量逐渐增多的趋势看，以后很可能出现车比桩多的情况。

现阶段建议大家一定要在具备自有充电桩的情况下，再考虑购买电动汽车。

③OTA 空中下载技术。

现在很多品牌都将 OTA 空中软件下载升级当作一个重要的卖点来宣传，它的功能类似于智能手机的系统升级。汽车 OTA 升级以后会刷出很多新的功能，使得一部车也具有不断进化的能力，那么大家在考虑新能源汽车的同时，不妨关注一下这款车具不具备 OTA 升级的功能，不过目前也仅限在中高端车型才具备。

（4）亲自试驾。亲自试驾感觉电动汽车的启动、加速、定速、刹车、平衡性等功能是否与说明书一致。

资料来源　汽车智库.如何选购新能源电动汽车？[EB/OL].[2020-10-27]. http://m.sohu.com/a/427735027_492545.

问题：

（1）消费者为什么会选择新能源汽车？

（2）案例中对选购新能源电动汽车的建议是否科学？

分析要求：同第1章“基本训练”中本题型的“分析要求”。

▲ 实训操练

实训项目：小型乘用车选购方案比较。

实训步骤：

（1）3～5人一组，制订汽车选购方案。

（2）到汽车销售市场观摩客户选购汽车的过程。

（3）将客户的选购汽车过程与小组汽车选购方案进行比较。

（4）分析小组汽车选购方案存在的问题。

（5）各组在班级讨论交流、相互点评与修订各组的选购方案。

（6）在校园网的本课程教学平台上展示经过修订和教师点评的各组选购方案，供同学借鉴。

□ 善恶研判

说说修车那些躲不开的“糟心事”

背景与情境：过度维修、弄虚作假、恶意损坏……说起修车时遭遇的“套路”，不少消费者都忍不住吐槽。截至2020年，全国汽车保有量已达2.8亿辆，然而随之而来的是与汽车维修保养相关的纠纷快速增多。事实上，从消费者修车的那些“糟心事”中不难发现，由于消费者在技术、法律知识等方面往往处在弱势地位，这种“信息不对称”正是造成消费者维权困难的深层次原因。

修车的“坑”有多深?

大坑一：过度维修

过度维修是目前汽车维修保养领域比较常见的问题。所谓过度维修，顾名思义，就是明明只是一个小问题，进行小小的修理即可，但个别汽修厂商为了多赚钱，往往会夸大问题的严重性，报出一系列本不需要维修的项目，提高收费金额。

对于车辆维修的专业问题，很多车主很少能够插得上手，基本就是将车开到维修地点后全权交给维修方。直到拿到长长的账单，看到远超出自己预期的费用时，车主才会发出“怎么会这么贵”的感慨。但是，在维修人员充满了专业术语的解释下，特别是在强调了不修理会影响行车安全的情况下，很多车主虽然有所质疑但也只能选择接受。

例如，在一些车辆的修理中，汽修厂商只更换零件而不修理，甚至本来只是其他的一个部件损坏了，但是修理时却更换了连同其他部件在一起的总成。针对这种情况，业内人士指出，有一部分维修内容是由于车辆厂家对维修有明确规定，为了保障车辆安全，要求对受损部件或总成进行更换。但是，也有很大一部分维修内容属于过度维修，一方面汽修厂商认为零部件拆卸、修理太麻烦，另一方面零部件或总成更换的利润高于修理，干脆一换了事。《经济参考报》记者发现，类似的问题在一些豪华车品牌的维修中比较突出。

此外，在一些比较容易产生损耗的零部件，例如刹车片、电瓶、轮胎的维保，以及油路清洗、变速箱油更换等工序中，容易发生过度保养情况，即在零部件仍然可以正常使用的情况下，车主可能会被劝说更换零部件。

有网友举例说，一些汽修厂商抓住车主重视车辆安全这一心理“恐吓”车主。比如，诸如刹车片这种价格不是特别昂贵的配件，汽修厂商会“怂恿”车主直接购买新的，而那些被拆下来的还可以继续使用的刹车片便被偷偷转卖了。

网友还吐槽说，曾经有人做过实验，拔掉车上的一个保险丝使发动机出现故障码，然后送到汽修厂商处修理，结果车主被“告知”这个坏了那个也坏了，需要更换新零件，报价几千元。

而从起初的清理积炭，到现在的干冰清洗积炭、涡轮增压清洗、压缩机换油等项目，以及进一步衍生出的机油油道清洗剂、三元催化清洗剂、机舱塑料养护剂、气缸弹道修复剂等，对于非专业的广大车主来说，类似这些维保项目的必要性越来越难分辨。

业内人士表示，汽车后市场“小病大修”“过度养护”等问题已经是老生常谈的话题。由于存在一定的技术门槛，普通车主很难对维修保养的各类项目做出准确判断和分辨，因此将小毛病当作大毛病进行修理，以借机抬高报价便成为一些汽修厂商的惯用伎俩。

大坑二：弄虚作假

过度维修可能还算是好的，因为毕竟将车修理过了，但是弄虚作假则属于汽修厂商的主观恶意，甚至是对车主的故意欺诈。

配件以次充好、以旧充新是汽车维修中比较常见的弄虚作假手法。目前的零配件市场充斥着许多不合格的假冒伪劣产品，有些汽修厂商为了节省成本，会使用次品来冒充进口零配件。

有网友在网上投诉，修车时明明购买的是原厂产品，但是却被汽修厂商偷偷地换成了副厂生产的产品，拿来的零部件没有正规包装，也不主动要求车主验收配件。以次充好可以产生巨大利润，特别是对于一些零整比非常高的车辆，一个以次充好的零配件利润可以达到上千元。

另外，在维修过程中，有的汽修厂商会将旧零件翻新后冒充新零件进行使用，并且按照全新配件价格收费，在侵犯了车主经济利益的同时，也对汽车的驾驶性能和驾驶安全形成隐患。

网友说，有的汽修厂商在维修保养发动机时，会告知车主需要更换机油，却多报加油量，有的汽修厂商则使用没有公布的自定义工时定额收费，还有的汽修厂商“打闷包”，结算清单上没有工时费和材料费，而只写明其他费用、合计费用。

山东省日照市丁先生的车发生了交通事故，车辆内饰、大灯、叶子板和侧门受损，他就近选择了一家汽修厂商修车，修理完开回家后仔细查看收费明细表，他才发现多出了更换减振器和四轮定位两个项目。于是，丁先生不断与汽修厂商进行交涉，希望将没有产生的费用要回来，但是汽修厂商却称无法退钱。此事经当地媒体报道后，汽修厂商表示赠送丁先生汽车保养。

2020年，有多家品牌汽车的4S店被曝出在维修保养中弄虚作假。一些4S店在根本未做清洗节气阀等服务的前提下，凭空虚报了所需的清洗剂等物料费用和工时费用。

大坑三：恶意损坏

比弄虚作假更为过分的是对车辆进行恶意损坏，在维修中人为提高车辆损毁程度从而谋利。

2020年9月，上汽大众的个别4S店被媒体曝出存在诸多侵犯车主权益的乱象，包括对车主维修的车辆进行人为破坏。据报道，4S店的工作人员将送修车辆原本完好的水箱框架砸坏，拍照后才示意维修技师拆解定损。而被砸坏的水箱框架售价在1 000元左右，直接导致车辆维修费用上涨。甚至有维修技师表示，每个车都砸，要不然挣不到钱。

该事件被曝光后，上汽大众迅速做出回应，称已第一时间启动对此事的调查，该经销商涉嫌严重违反上汽大众经销商经营管理指导方针，责令该经销商立即停业，接受相关调查。并且针对全国经销商的售后服务行为启动了专项检查，以确保所有服务流程和服务质量符合规范和要求。

一些专家表示，维修机构人为损坏车辆而增加维修费用的行为并不鲜见。尤其是一些因事故损毁相对比较严重的车辆，在其破损部分较大、涉及零部件较多的情况下，车主对于零部件的损害程度、是否应该更换或修理等问题，基本没有概念，而往往是按照汽修厂商给出的修理方案实施。而且这些费用基本都是由保险公司承担，除非数额与预期相差巨大，否则一般情况下车主不会对维修内容和费用产生太大质疑。

擦亮眼：谨防掉“坑”

不少网友提醒，现实中的修车“套路”远不止以上这些，针对车辆修理中的各种“坑”，要做到心中有数，谨慎应对。

业内人士表示，汽车后市场存在的种种问题，一方面源于行业管理、监管困难，另一方面也是利益博弈的结果，是经销商、保险公司，甚至汽车企业等多方主体，在众多复杂利益链条绑定下的结果。因此，车主在修车时一定要擦亮眼睛及时应对，以防遭遇“维修套路”。另外，相关部门应加强监管，并出台相关法规政策，为汽车消费市场的发展壮大及时清障。

资料来源　李志勇，浦超. 说说修车那些躲不开的“糟心事”（摘录）[N]. 经济参考报，2021-02-05.

问题：

（1）分析本案例中的道德伦理？

（2）试对上述问题做出你的善恶研判。

（3）通过网上或图书馆调研等途径搜集你做善恶研判所依据的行业规范。

（4）你对本案例有何感受？

研判要求：同第1章“基本训练”中本题型的“研判要求”。

综合案例

综合案例1

专家解读|新版膳食指南（一）：食物多样，谷类为主

背景与情境： 食物多样是平衡膳食模式的基本原则。谷物为主是平衡膳食的基础，谷类食物含有丰富的碳水化合物，它是提供人体所需能量的最经济、最重要的食物来源。

关键推荐

◇每天的膳食应包括谷薯类、蔬菜水果类、畜禽鱼蛋奶类、大豆坚果类等食物。

◇平均每天摄入12种以上食物，每周25种以上。

◇每天摄入谷薯类食物250~400g，其中全谷物和杂豆类50~150g，薯类50~100g。

◇食物多样、谷类为主是平衡膳食模式的重要特征。

为什么这么推荐？

每一种食物都有不同的营养特点。只有食物多样，才能满足平衡膳食模式的需要。中国的平衡膳食模式，是中国营养学会膳食指南专家委员会根据中国居民膳食营养素参考摄入量、我国居民营养与健康状况、食物资源和饮食特点所设计的理想膳食模式。

这个模式所推荐的食物种类和比例，能最大限度地满足人体正常生长发育及各种生理活动的需要，并且可降低包括心血管疾病、高血压等多种疾病的发病风险，是保障人体营养和健康的基础。

根据2012年中国居民营养与健康调查数据，我国居民膳食中50%以上的能量、蛋白质、维生素B1、烟酸、锌和镁，40%的维生素B2、铁和30%的钙都是来自谷薯类及杂豆类食物。谷物为主也是最经济、合理的能量来源。全谷物富含维生素B、脂肪酸等，营养更丰富。杂豆和薯类以碳水化合物为主，所以放于此以满足主食多样化需要。

对健康的重要性

我们知道，人体必需的营养素有40余种，这些营养素均需要从食物中获得。人类需要的基本食物一般可分为谷薯类、蔬菜水果类、畜禽鱼蛋奶类、大豆坚果类和油脂类五大类，不同食物中的营养素及有益膳食成分的种类和含量不同。除供6月龄内婴儿的母乳外，没有任何一种食物可以满足人体所需的能量及全部营养素。因此，只有多种食物组成的膳食才能满足人体对能量和各种营养素的需要。只有一日三餐食物多样化，才有可能达到平衡膳食。

谷类为主，也是中国人平衡膳食模式的重要特征。谷类食物含有丰富的碳水化合物，它是提供人体所需能量的最经济、最重要的食物来源，也是提供B族维生素、矿物质、膳食纤维和蛋白质的重要食物来源，在保障儿童青少年生长发育、维持人体健康方面发挥着重要作用。

然而，近30年来，我国居民膳食模式正在悄然发生着变化，居民的谷类消费量逐年下降，动物性食物和油脂摄入量逐年增多，导致能量摄入过剩；谷类过度精加工导致B族维生素、矿物质和膳食纤维丢失而引起摄入量不足，这些因素都可能增加慢性非传染性疾病的发生风险。

因此，坚持谷类为主，特别是增加全谷物摄入，有利于降低Ⅱ型糖尿病、心血管疾病、结直肠癌等与膳食相关的慢性病的发病风险，可减少体重增加的风险，增加全谷物和燕麦摄入具有改善血脂异常的作用。

日常如何实现？

新膳食指南建议我国居民的平衡膳食应做到食物多样，每天的膳食应包括谷薯类、蔬菜水果类、畜禽鱼蛋奶类、大豆坚果类等食物。除了烹调油和调味品，平均每天摄入12种以上食物，每周25种以上食物。

若量化一日三餐的食物“多样”性，其建议指标为：谷类、薯类、杂豆类的食物品种数平均每天3种以上，每周5种以上；蔬菜、菌藻和水果类的食物品种数平均每天有4种以上，每周10种以上；鱼、蛋、禽肉、畜肉类的食物品种数平均每天3种以上，每周5种以上；奶、大豆、坚果类的食物品种数平均每天有2种，每周5种以上。

按照一日三餐食物品种数的分配，早餐摄入4～5个品种，午餐摄入5～6个食物品种；晚餐4～5个食物品种；加上零食1～2个品种。

所谓谷类为主，就是谷类食物所提供的能量要占膳食总能量的一半以上；谷类为主，也是中国人平衡膳食模式的重要特征，是平衡膳食的基础，一日三餐都要摄入充足的谷类食物。

在家吃饭，每餐都应该有米饭、馒头、面条等主食类食物，各餐主食可选不同种类的谷类食材。采用各种烹调加工方法将谷物制作成不同口味、风味的主食，可丰富谷类食物的选择，易于实现谷物为主的膳食模式。

在外就餐，特别是聚餐时，容易忽视主食。点餐时，宜先点主食或蔬菜类，不能只点肉菜或酒水；就餐时，主食和菜肴同时上桌，不要在用餐结束时才把主食端上桌，从而导致主食吃得很少或不吃主食的情况。

全谷、杂豆、薯类推荐选择

全谷物，是指未经精细化加工或虽经碾磨/粉碎/压片等处理仍保留了完整谷粒所具备的胚乳、胚芽、麸皮及其天然营养成分的谷物。

我国传统饮食习惯中作为主食的稻米、小麦、大麦、燕麦、黑麦、黑米、玉米、裸麦、高粱、青稞、黄米、小米、粟米、荞麦、薏米等，如果加工得当均可作为全谷物的良好来源。

杂豆指除了大豆之外的红豆、绿豆、黑豆、花豆等。

薯类有马铃薯（土豆）、甘薯（红薯、山芋）、芋薯（芋头、山药）和木薯，目前，马铃薯和芋薯又常被我国居民作为蔬菜食用。薯类中碳水化合物含量为25%左右，蛋白质、脂肪含量较低；马铃薯中钾的含量也非常丰富，薯类中的维生素C含量较谷类高，甘薯中的胡萝卜素含量比谷类高，甘薯中还含有丰富的纤维素、半纤维素和果胶等，可促进肠道蠕动，预防便秘。

与精制谷物相比，全谷物及杂豆类可提供更多的B族维生素、矿物质、膳食纤维等营养成分及有益健康的植物化合物，全谷物、薯类和杂豆的血糖生成指数远低于精制米面。

资料来源　杨晓光.新版膳食指南（一）：食物多样，谷类为主［EB/OL］.［2016-05-14］. http：//www.chinafic.org/html/huati/2501.html.

问题：

（1）专家解读的膳食指南对你的饮食和健康有何帮助？

（2）考察你周边人的饮食习惯，你对他们的饮食有何建议？

分析要求：同第1章“基本训练”中本题型的“分析要求”。

综合案例2

《家用电器安全使用年限》系列标准发布，明确六大类家电寿命

背景与情境：2020年1月10日，中国家用电器协会在北京召开“家用电器安全使用年限系列标准新闻发布会”。至此，涵盖冰箱和葡萄酒柜、空调、洗衣机和干衣机、吸油烟机、燃气灶、电热水器六大品类八种产品的《家用电器安全使用年限》系列标准（以下简称《标准》）正式发布。

《标准》将促进家电行业的健康发展、消费升级

作为与人们美好生活密切相关的重要消费品产业，我国家电行业市场化程度高，产品产业链完整，国际竞争力强。2018年我国主要家电产量稳居世界首位，其中电冰箱、洗衣机、空调的年产量分别占总产量的一半以上。

经过40年的发展，我国家电保有量不断增加。据中国家用电器协会测算，2018年，我国主要家电产品社会保有量分别是电冰箱4.4亿台、洗衣机4.3亿台、空调5.2亿台、热水器3.7亿台、吸油烟机2.5亿台。其中，相当数量的家电实际使用年限在10年以上，家电实际报废量远低于理论报废量，超过50%的老旧产品仍在被消费者使用。

虽然近年来有关部门制定了相关法规和政策，推动了家电更新消费，但受到家电使用寿命缺乏标准、更新换代理念没有形成、回收渠道不够畅通等因素的影响，老旧产品得不到及时更新，严重影响了居民家电的消费体验，存在能耗高、隐患大等问题，阻碍了家电产品的可持续发展。

国家发展改革委产业司一级巡视员王东表示，国家发展改革委同生态环境部、商务部印发了推动重点消费品更新升级、畅通资源循环利用的实施方案，将研究制定家用电器安全使用年限系列标准作为重点任务之一，结合我国实际情况，制定出家电安全使用年限的系列标准，建立家电按期更新换代机制，加快家电以旧换新。他对《标准》的发布给予了肯定，认为该《标准》对于家电行业的健康发展和消费升级都具有重要意义，希望家电行业的龙头企业能发挥示范引领作用，倡导绿色、低碳、健康、安全的消费理念。

工业和信息化部消费司处长肖杜宇表示，此次发布的《标准》旨在提醒消费者家中的家电产品超期使用后能耗将明显提高，同时安全隐患也会增加，与之相比，新产品将更加节能、绿色、高效、安全可靠，有助于保护消费者的人身、财产安全，建议消费者更换老旧家电产品。同时她也指出，《标准》的发布也将进一步推动中国家电行业深入贯彻“三品”战略的实施，帮助消费者梳理科学合理的消费理念，促进家电行业绿色健康发展，为家电行业产品设计制造提供指引。

长期以来，由于我国家电产品保持着较高的质量水平，人们没有家电使用寿命的概念，导致很多家电产品都在超期“服役”，产品各项性能明显衰退，能耗也明显增加，

同时超年限使用越久，发生安全事故的概率越高，因此有必要就家电产品安全使用年限提供专业意见，制定相关标准，提醒消费者适时更换超龄家电产品。

在《标准》编制过程中，中国家用电器协会标准化委员会采取协调性、合理性、实用性及前瞻性原则，广泛听取了各方意见，深入结合社会及市场环境保障标准的科学性、合理性、可实施性及传播效率，《标准》从安全使用年限要求、正常使用条件、消费提醒三个方面进行规范，提醒消费者超期服役产品可能承载的风险。

中国家用电器协会理事长姜风在会上向家电企业提出了三点建议：一是家电企业要重视用户价值，切实维护消费者的利益；二是针对用户使用环境和场景，推出更多的智能、环保、高品质的创新产品，满足用户换新升级的需要；三是加强宣传，促进生态文明，引导绿色生活方式。

明确六大类、八种产品安全使用年限

会上，中国家用电器协会标准起草组专家周海昕博士对《标准》进行了解读。《标准》由共计40家行业企业和相关机构参与起草，其制定的主要目的是减少因家电超期使用带来的安全隐患，同时也旨在引导消费者适时更换家电产品，形成一个良好的、合理的产品使用周期。这不仅能促进消费者享受到行业技术进步所带来的创新产品，也可以推动行业健康发展，助推消费升级。

根据《标准》，生产者（制造商）应对其设计的冰箱、空调、洗衣机、吸油烟机、燃气灶的安全使用年限予以说明。其中，家用电冰箱和葡萄酒柜、房间空调器的安全使用年限为10年，家用洗衣机和干衣机、吸油烟机、家用燃气灶的安全使用年限为8年；空调安全使用年限从生产日期计起，其余从销售日期计起。

值得注意的是，根据推算，预计仅2020年一年将有1.79亿台家电产品达到安全使用年限，其中洗衣机3 700万台以上，空调5 200万台以上，电冰箱5 800万台以上，电热水器1 800万台以上，吸油烟机1 400万台以上，更新换代的市场潜力巨大。

2018年中国家用电器协会针对电热水器涉水涉电、使用环境复杂、安全风险较高的实际情况，制定了T/CHEAA 0003—2018《储水式电热水器的安全使用年限》协会标准。会上，中国家用电器协会电热水器专业委员会专家周立国也针对这一标准进行了介绍。截至2020年1月，采用该标准进行安全使用年限标注的企业共计19家、20余个行业主流品牌，这些品牌的市场占有率达到约75%，在行业内有非常大的示范作用。

周立国针对企业可能对标准抱有的四个疑问给出了解答，其中强调不能将安全使用年限与产品质保年限混为一谈。安全使用年限是在设定的产品正常使用条件下，推算出来的确保使用（者）安全的基本年限，是基于企业分析收集到的危险源、既往销售产品安全故障的统计和分析数据以及一致的推算方法形成的行业共识；标注安全使用年限是公益性消费提醒活动，不会给消费者、生产者、经销商等相关方的法律责任带来任何改变。而企业宣传的产品质保年限，是企业自己对消费者做出的产品整机或关键部件的修理、更换、退货承诺。

渠道积极响应、配合《标准》落地

推动消费者对老旧产品更新换代，除了行业共同对消费者的知识普及外，也离不开渠道的支持。会上，京东、苏宁、国美均表示，将积极响应并配合推动《标准》的落地，并分享了在推动产品更新换代方面所积累的经验。

京东家电客户体验部总经理姜婷婷表示，京东平台对消费者进行调研发现，消费者的需求更趋向于多样化、标准化、社会化和升级化，他们希望能够使用更加节能、环保、健康、智能的产品。目前京东家电为消费者提供免费上门、免费拆机、免费搬运服务，与行业相关机构联合制定了超过40条旧家电的检测标准，回收服务覆盖3 000多个地区，具备超4 500名专业工程师为消费者提供换新服务。2019年，京东家电回收换新的用户量同比增长200%以上，拉动了超200万台的家电销量增长。

北京苏宁易购销售有限公司总经理郝嘉表示，2019年苏宁平台在家电“以旧换新”方面达成了60亿元的销售转化、133万的参与人次、200万的换新数量、286万的回收电子电器产品件数和82%的传统大家电换新占比。苏宁根据不同地区的特点采取有针对性的本地化方案，比如淮安苏宁树立了家电“以旧换新”乡镇场景的标杆，上海苏宁通过社区服务来挖掘城市“以旧换新”消费潜力，大连苏宁则深度挖掘行业痛点，创新“送新拖旧”服务一体化模式。

北京国美管家信息技术有限公司总监乔艳华表示，在实现以旧换新服务的过程中，国美针对周边社区、乡镇市场、异业合作、对公业务的特点，分别通过前期推广、提前回收、发放凭证、到店购物等方式推动以旧换新，并形成从下单、网点接单、网点派工、工人接单、回收完成到系统自动结算一整套以旧换新的服务链条。

据悉，《标准》得到了家电制造企业的高度重视。会上，海尔、美的、海信、老板电器、方太、奥克斯、长虹美菱、TCL空调、华帝、万和、万家乐、惠而浦、博世热力、奥马、帅康、澳柯玛等制造企业承诺采用该《标准》，并积极进行消费教育，引导淘汰超期服役产品，并以满足消费需求的创新产品及新技术赋能的创新商业模式推动全新机制下的家电换新升级。

记者获悉，会议结束后，部分卖场中海尔等参与采标企业的产品上已张贴了相关安全使用年限提醒信息。

资料来源　安龙.《家用电器安全使用年限》系列标准发布，明确六大类家电寿命［EB/OL].［2020-01-10］. http://news.cheaa.com/2020/0110/567811.shtml.

问题：《家用电器安全使用年限》系列标准发布，对家电市场有何影响？

分析要求：同第1章“基本训练”中本题型的“分析要求”。

综合案例3

特斯拉在华狂奔失速：产品屡陷“召回门”被五部委约谈

背景与情境：“特斯拉的电池管理技术，包括车和桩，从设计之初都是把安全放在第一位的，这可以说是我们安身立命之本。”2月8日，对于外界关注的充电安全问题，特斯拉大中华区总裁朱晓彤在接受采访时如是说道。

而在2月8日，国家市场监督管理总局网站披露，近日，市场监管总局与中央网信办、工业和信息化部、交通运输部以及应急管理部消防救援局，就消费者反映的异常加速、电池起火、车辆远程升级（OTA）等问题共同约谈了特斯拉汽车（北京）有限公司、特斯拉（上海）有限公司。

2月8日晚，特斯拉相关负责人向《中国经营报》记者表示，特斯拉诚恳接受政府部门的指导，并深刻反思公司在经营过程中存在的不足，全面加强自检自查，并将严格遵守中国法律法规，始终尊重消费者权益。“目前公司正在政府主管部门的指导下，强化内部工作机制和流程，全方位加强内部管理。”

被五部委约谈

作为全球市场的重要组成部分，中国对于特斯拉的重要性不言而喻。据其向SEC递交的文件透露，2020年特斯拉在中国市场收入达66.62亿美元，同比大增123.6%。而在2019年，特斯拉在中国区实现营收29.79亿美元，2018年则为17.57亿美元。

在华疾驰的背后，特斯拉的产品质量投诉问题也屡见报端。在国家市场监督管理总局网站披露的文件中，五部委还要求特斯拉严格遵守中国法律法规，加强内部管理，落实企业质量安全主体责任，有效维护社会公共安全，切实保护消费者合法权益。

对于消费者集中反映的问题，特斯拉方面称，将系统排查，切实落实消费者权益保护工作，进一步落实企业质量安全主体责任，有效维护社会公共安全，未来更好地助力中国新能源汽车市场良性健康发展。

在汽车分析师张翔看来，此番五部委联合约谈特斯拉，表明政府有可能要对特斯拉采取强制召回或罚款的行动。“对于特斯拉来说，被五部委约谈，所产生的负面影响很大。”

“异常加速、电池起火、车辆远程升级（OTA）等问题，都是新能源汽车消费者关心的质量问题。对于中国消费者的遭遇，特斯拉不能随意敷衍，不仅要有表态，更要有实际行动，拿出解决方案，及时消除隐患，切实保护消费者合法权益。别再让质量让路销量。特斯拉，别忘了，我们最关心的是安全！特斯拉，请牢记，质量面前没有‘特’例！”新华网在2月9日如是评论道。

值得一提的是，特斯拉CEO马斯克近期也首次承认了特斯拉存在的问题。“我们花了一些时间真正解决生产问题。在之前提高产量期间，我们发现油漆没有干，如果我们早点发现，就能早点解决。加快生产过程中，需要额外一至两分钟让车辆油漆晾干，但实际上却没有足够时间晾干油漆。这就是一个例子，没错，我们的生产如地狱。”

不仅如此，马斯克还给出了购车建议：“不要在生产旺季购买特斯拉汽车。要么一开始就买，要么等产量稳定下来以后再买。”

质量问题频发

在此番约谈之前，特斯拉还屡陷“召回门”。2月5日，特斯拉向国家市场监督管理总局备案了召回计划。自2月5日起，召回生产日期在2013年9月18日至2018年2月20日期间的部分进口Model S车辆，共计20 428辆；召回生产日期在2016年3月12日至2018年2月16日期间的部分进口Model X车辆，共计15 698辆。

据了解，上述召回范围内的部分车辆装载有eMMC多媒体存储卡，该存储卡具有行业标准的3 000次编程/擦除周期，但随着时间的推移，根据实际使用情况的不同，eMMC硬件会耗尽每个存储单元的寿命周期。

当eMMC存储单元硬件达到寿命极限的损耗时，eMMC控制器将无法维护文件系统的完整性。而上述损耗情况可能会导致中央显示屏软件功能的故障，并可能间接导致倒车影像故障、除霜/除雾控制故障和外部转向灯无法点亮的故障，存在安全隐患。

上述问题也并非中国市场独有。2月2日，美国国家公路交通安全管理局（NHTSA）

发布的召回公告显示，特斯拉已申请召回约13.5万辆汽车，召回的车辆从2012年到2018年之间生产的Model S，以及2016年到2018年生产的Model X，召回原因也是上述车辆的嵌入式多媒体存储卡（eMMC）存在故障。

不仅如此，在车辆召回之前，特斯拉在2021年1月底还因“甩锅”国家电网而被外界所关注。2021年1月底，江西南昌的一位特斯拉Model 3车主在特斯拉专用充电桩充电后无法启动。对此，特斯拉售后称是国家电网的电流太大导致的。

不过，在1月31日凌晨，国网南昌供电公司发布消息称，特斯拉自用充电站有其特有的充电技术标准，特斯拉电动车是与特斯拉专用充电装置直接连接并使用，而非由电源线路连接特斯拉电动车，且在使用中电源线路电压稳定无异常，周边其他用电设备也都正常工作，符合国家规定的电源质量要求，并建议特斯拉公司请专业人士认真查找车辆充电故障原因。

对于国家电网“硬刚”，2月1日上午，特斯拉汽车（北京）有限公司官微发文称，关于近日南昌车主充电后出现异常的情况，初步判断故障是充电时瞬间电流过载导致的。由于当时导致电流过载的具体原因还在检查中，售后人员在与车主沟通时被追问原因，因此提及多种可能因素供用户参考理解。

“这个沟通被录音，并且选取关于国家电网的部分进行剪辑传播。对于由此引发的网友误会以及给南昌电网造成的困扰，我们深表歉意。”特斯拉上述公司如是解释此前对外的发声。

记者注意到，J.D.Power发布的2020美国市场新车质量研究（IQS）报告显示，特斯拉初始质量得分为250PP100，这意味着每100辆特斯拉车型便会出现250个问题，排名垫底。

“政府的出手很及时，如果不制裁一下特斯拉，其他企业也会跟风，那就会使得中国汽车制造的质量下滑。”张翔说道。

资料来源　夏治斌，石英婧. 特斯拉在华狂奔失速：产品屡陷“召回门”被五部委约谈［N］. 中国经营报，2021-02-10.

问题：市场上新能源汽车有哪些？五部委约谈特斯拉对新能源汽车的生产、销售和消费会产生什么样的影响？

分析要求：同第1章“基本训练”中本题型的“分析要求”。

综 合 实 训

综合实训1

食品技能鉴定实训

班级____________ 姓名____________ 学号____________ 成绩____________

鉴定内容、方法及要求	按规定要求分别捆扎瓶、盒2～4只；感官鉴别茶叶、酒的质量；介绍展示3种食品，答复咨询，指导选购；销售3种零售需称包的食品			
鉴定项目	鉴定标准	评分标准	鉴定记录	扣分
捆扎食品	牢固、美观、新颖，便于携带，拎攀绳8cm，绳头1cm内，商标朝外并对称；时间120秒	质量12分，时间3分，共15分；美观新颖、拎攀不合要求每扎各扣1分，绳松动每扎扣1～3分，拎攀绳每长1cm扣1分，绳头每长1cm扣1分，商标不朝外或不对称每只扣1分，每超3秒扣1分		
鉴别食品	真伪、品种、质量指标、等级鉴别迅速、正确、全面，并能说明分析原因；时间240秒	质量24分，时间6分，共30分；真伪、品种、质量指标、等级每漏、错一个扣1分，分析原因不合要求扣1～5分，每超3秒扣1分		
接待技能	介绍展示食品的成分、品质特征、食用贮藏方法，答复咨询，指导选购的内容全面、准确、重点突出，语言简明、热情；时间360秒	质量24分，时间6分，共30分；每漏或错一处扣2分，重点不突出、指导不当分别扣1～3分，语言不简明、不热情，分别扣1～3分，每超10秒扣1分		
销售食品	称量准确，误差不超过±5克，计价开票迅速、正确、无差错，字迹清晰，唱收唱付清楚，包扎新颖、美观，反映礼品特点；时间300秒	质量20分，时间5分，共25分；每超过±5克扣2分，每张发票缺、错项每项扣1分，金额、找零差错每笔各扣2分，字迹不清、唱收唱付不合要求每笔各扣1分，包扎美观、新颖不合要求，未反映礼品特点每笔各扣1～3分，捆扎不牢，未留提环每笔各扣1～2分，每超10秒扣1分		
考评员：	计时员：		合计	

考评日期：　　　年　　月　　日

综合实训2

服装类商品技能鉴定实训

班级__________ 姓名__________ 学号__________ 成绩__________

鉴定内容、方法及要求	鉴别5种服装，目测3位顾客的穿衣与用料，识别5种国际服装洗熨符号，销售两套男女西服，要求鉴别目测准确，识别正确，销售业务熟练无差错

鉴定项目	鉴定标准	评分标准	鉴定记录	扣分
鉴别商品	鉴别服装面料、质量及型号迅速、准确，原因说明清楚；时间240秒	质量24分，时间6分，共30分；面料、质量每错一种扣1.5分，型号每错1个扣0.5分，质量鉴别原因说明不清楚扣1~4分，每超过5秒扣1分		
看体拿衣计料	目测顾客体型及穿装规格，为特体顾客拿衣，为顾客计算服装用料迅速、准确，目测误差不超过±0.5cm，拿衣误差不超过±2cm，计算误差在±1cm内；时间200秒	质量24分，时间6分，共30分；上、下衣长，胸围、腰围误差每超过标准±1cm扣1分，计算上、下衣用料误差每超过标准±1cm扣1分，每超过5秒扣1分		
识别服装符号	识别迅速、准确；时间50秒	质量7分，时间3分，共10分；每错一种符号扣1.5分，每超过5秒扣1分		
销售服装	服装折叠平整，装盒式样美观，包扎熟练、迅速、牢固、美观，反映礼品特点，计价开票迅速、准确，字迹清楚，唱收唱付符合要求；时间120秒	质量24分，时间6分，共30分；忘系扣子，折叠不整齐，装盒不美观，包扎不牢固，不能反映礼品特点各扣1~2分，开票漏、错项每项扣1分，金额差错，字迹不清，唱收唱付不合要求，每笔扣1~2分，每超过5秒扣1分		
考评员：		计时员：	合计	

考评日期：　　年　　月　　日

综合实训3

洗涤化妆商品技能鉴定实训

班级____________ 姓名____________ 学号____________ 成绩____________

鉴定内容、方法及要求	感官鉴别3种洗涤化妆品的真伪、香型、质量；目测3位顾客的肤型、发质，并建议购买品种；介绍展示商品、答复咨询、指导化妆；销售3种商品，要求将结果、原因写在记录上，接待、指导、销售熟练无差错			
鉴定项目	鉴定标准	评分标准	鉴定记录	扣分
鉴定商品	商品标识、香型、外观和一般内在质量鉴别迅速、正确，并能说明分析原因；时间180秒	质量24分，时间6分，共30分；每漏发现一项标识、一个质量问题每件每项扣2分，分析原因不合要求每个品种扣1～3分，每超过5秒扣1分		
目测肤型、发质	目测肤型、发质迅速、准确，建议品种适用；时间50秒	质量12分，时间3分，共15分；每错一个肤型、发质每人每项扣1分，建议品种有误每件扣1分，每超过5秒扣1分		
接待技能	介绍展示商品的性能、特点、使用和保养方法，答复咨询、指导化妆内容全面、准确、重点突出，方法得当，语言简明；时间600秒	质量24分，时间6分，共30分；每漏或错一处扣2分，化妆品选用不当，指导方法不当分别扣2～4分，语言不简明，不热情分别扣1～3分，每超过10秒扣1分		
销售商品	计价开票迅速、准确无差错，字迹清晰，唱收唱付清楚，包扎新颖美观，反映礼品特点；时间300秒	质量20分，时间5分，共25分；每张发票缺、错项每个扣1分，金额找零差错每笔扣2分，字迹不清，唱收唱付不合要求每笔各扣1分，包扎美观、新颖不合要求，未反映礼品特点每笔扣1～3分，捆扎不牢、未留提环每笔各扣1～2分，每超过10秒扣1分		
考评员：		计时员：	合计	

考评日期： 年 月 日

主要参考文献

［1］万融.商品学概论［M］. 5版.北京：首都经济贸易大学出版社，2020.
［2］窦志铭.商品学基础［M］. 5版.北京：高等教育出版社，2020.
［3］刘清华，李海凤.商品学基础［M］. 3版.北京：中国人民大学出版社，2020.
［4］万融，陈红丽.商品学概论［M］. 7版.北京：中国人民大学出版社，2020.
［5］蔡玉秋，肖晓旭.商品学［M］. 北京：中国电力出版社，2019.
［6］陆影.商品学基础与实务［M］. 大连：东北财经大学出版社，2019.
［7］孙参运.商品学基础与实务［M］. 3版.北京：中国财政经济出版社，2019.
［8］汪永太. 商品检验与养护［M］. 5版.大连：东北财经大学出版社，2019.
［9］曹汝英.商品知识［M］. 5版.北京：中国财政经济出版社，2019.
［10］傅凯，李宁.商品学基础［M］. 2版.北京：化学工业出版社，2018.
［11］伊铭，张士英.现代商品学［M］. 2版.大连：大连理工大学出版社，2018.
［12］曾锦燕.商品学知识［M］. 3版.北京：电子工业出版社，2017.
［13］谈留芳.商品学［M］. 2版.北京：科学出版社，2018.
［14］申纲领.商品学［M］. 3版.北京：北京理工大学出版社，2017.
［15］杨帆，赵东明，高丽娜.商品学实务［M］. 北京：机械工业出版社，2017.
［16］袁观洛.纺织商品学——从纤维、纱线、面料到服装［M］. 3版.上海：东华大学出版社，2017.
［17］王羽.商品知识与实训［M］. 北京：机械工业出版社，2017.
［18］徐东云.商品学［M］. 2版.北京：清华大学出版社，2017.
［19］汪永太.商品学［M］. 3版.北京：电子工业出版社，2015.
［20］中国商品学会，http：//www.cscs.org.cn.
［21］中国居民膳食指南，http：//dg.cnsoc.org/.
［22］CCTV13每周质量报告，http：//tv.cctv.com/lm/mzzlbg/.
［23］国家市场监督管理总局，http：//www.samr.gov.cn/.
［24］CCTV-2消费主张，http：//tv.cctv.com/lm/xfzz/.
［25］中国质量新闻网，http：//www.cqn.com.cn/.

[1] [illegible]商品学[illegible][M]. [illegible]出版社, 2018.
[2] [illegible]商品学基础[illegible][M]. [illegible]出版社, 2020.
[3] [illegible]: 中国人民大学出版社, 2020.
[4] [illegible]商品学[illegible][M]. [illegible]北京: [illegible]出版社, 2018.
[5] [illegible][M]. 北京: 中国[illegible]出版社, 2020.
[6] [illegible]商品学[illegible][M]. [illegible]大学出版社, 2019.
[7] [illegible]出版社, 2019.
[8] [illegible]2019.
[9] [illegible]商品学[illegible][M]. [illegible]中国[illegible]出版社, 2019.
[10] [illegible]商品学[illegible][M]. 2版. 北京: [illegible]出版社, 2018.
[11] [illegible]: [illegible]大学出版社, 2018.
[12] [illegible]商品学[illegible][M]. [illegible]北京: 电子工业出版社, 2017.
[13] [illegible]商品学[illegible][M]. [illegible]出版社, 2018.
[14] [illegible]北京: [illegible]大学出版社, 2017.
[15] [illegible]: [illegible]出版社, 2017.
[16] [illegible][M]. [illegible]
出版社, 2017.
[17] [illegible]北京: 机械工业出版社, 2017.
[18] [illegible]2017.
[19] [illegible]北京: 电子工业出版社, 2016.
[20] 中国[illegible]. http://[illegible]
[21] 中国[illegible]. http://[illegible].org
[22] CCTV[illegible]. http://[illegible]
[23] [illegible]. http://www.[illegible].gov.cn
[24] CCTV-2[illegible]. http://[illegible]
[25] 中国[illegible]. http://www.[illegible].cn